QUMRÂN
ET LES MANUSCRITS DE LA MER MORTE

Les hypothèses, le débat

Bruno Bioul

QUMRÂN ET LES MANUSCRITS DE LA MER MORTE

Les hypothèses, le débat

Préface de Jean-Daniel Dubois
Directeur d'études à l'École Pratique des Hautes Études

Avec la participation de

• Mireille Bélis • André Caquot • Pauline Donceel-Voûte • Hanan Eshel
• Norman Golb • Katharina Galor • Yizhar Hirchfeld
• Jean-Baptiste Humbert • Émile Puech • James VanderKam

François-Xavier de Guibert
3, rue Jean-François Gerbillon, 75006 Paris

LISTE DES SPÉCIALISTES PARTICIPANT AU DÉBAT

• Mireille BÉLIS est agrégée de Lettres Classiques et docteur en archéologie. Elle est rattachée à l'École Biblique et Archéologique Française de Jérusalem
• André CAQUOT est professeur honoraire au Collège de France, membre de l'Institut de France, Paris
• Pauline DONCEEL-VOÛTE est professeur d'archéologie orientale à l'Université catholique de Louvain, Belgique
• Hanan ESHEL est maître de conférence à l'Université Bar Ilan, Israël
• Katharina GALOR est maître de conférence invité à l'Université de Brown, Providence, RI, USA
• Norman GOLB est professeur émérite à l'Université de Chicago, USA
• Yizhar HIRSCHFELD est maître de conférence à l'Université hébraïque de Jérusalem
• Jean-Baptiste HUMBERT est chargé de l'archéologie à l'École Biblique et Archéologique Française de Jérusalem
• Émile PUECH est directeur de recherche au CNRS et professeur à l'École Biblique et Archéologique Française de Jérusalem
• James VANDERKAM est professeur à l'Université Notre-Dame, Il, USA

© Office d'Édition Impression Librairie
F.-X. de Guibert, Paris, 2004
ISBN : 2-86839-938-X

*À mon épouse Kelly et à mes
enfants Nicolas, Sophie et Marie*

L'Histoire est le témoin des temps,
la lumière de la vérité,
la vie des souvenirs,
la maîtresse de la vie,
la messagère de l'Antiquité

(Cicéron, *De Oratione*, I, 2)

SOMMAIRE

Note préliminaire.. 7
Préface, par Jean-Daniel Dubois.. 13

1. L'épopée des recherches

Histoire d'une découverte.. 20
Les premières recherches archéologiques.................................. 24
La publication des manuscrits.. 27
Les fouilles du Khirbet Qumrân et la théorie du Père de Vaux..... 33
• Histoire du site.. 33
    A. L'établissement de Qumrân.. 33
    B. Le cimetière.. 40
    C. Le site d'Aïn Feshkha... 42
• Les ruines et les manuscrits.. 45

2. Le débat

Questions générales... 53
Les manuscrits.. 73
• Questions générales... 73
• L'origine des manuscrits... 93
• Les principales théories en présence................................... 107
• Les manuscrits sectaires... 116
• Quelques cas particuliers.. 123
• Les manuscrits et le christianisme....................................... 128
• Apport des manuscrits.. 131
Les Esséniens... 137
• Les Esséniens des manuscrits et ceux des auteurs anciens...... 139
• Les Esséniens et le site de Qumrân..................................... 147
• Les Esséniens et les judéo-chrétiens.................................... 150

Sommaire

Le site de Qumrân.. 155
  • La nature du site : les différentes hypothèses...................... 160
  • L'occupation du site... 186
  • L'interprétation de certains *loci*.. 196
  • Le matériel archéologique.. 206
  • Le cimetière... 214
  • Les grottes.. 220
  • Les perspectives... 224

3. Conclusions

Ce qui est sûr... 235
  • En ce qui concerne les manuscrits.................................... 235
  • En ce qui concerne l'établissement de Qumrân................... 238
Les problèmes qui subsistent.. 240
  • En ce qui concerne les manuscrits.................................... 240
  • En ce qui concerne l'établissement de Qumrân................... 247
Conclusion.. 248

Annexes

1. L'affaire Moïse Shapira.. 253
2. Principales hypothèses concernant l'origine des manuscrits
et le caractère de l'établissement de Qumrân........................... 255

Proposition de chronologie de Qumrân
par Jean-Baptiste Humbert.. 265

Chronologie générale.. 267

Glossaire... 273

Bibliographie générale... 279

Index général... 303

Index des livres bibliques et des manuscrits cités...................... 310

NOTE PRÉLIMINAIRE

C'est sans aucune prétention d'érudition que ce livre a été conçu ; nous avons voulu en faire un ouvrage accessible au plus grand nombre, à ceux que l'histoire, l'archéologie et l'exégèse ne rebutent pas et qui s'y adonnent en amateur éclairé ou en savant averti. Il s'agit davantage d'une œuvre de réflexion et d'information plutôt que de recherche fondamentale, car nous n'avons pas travaillé sur le matériel brut mais plutôt à partir des travaux des spécialistes qui ont eu accès aux documents archéologiques et textuels. Nous avons voulu proposer un état de la question sur ce que l'on sait aujourd'hui du site de Qumrân et des manuscrits découverts dans des grottes voisines, en faisant appel au savoir de plusieurs savants renommés pour leur bonne connaissance du sujet. Qu'ils sachent que nous les remercions tous du fond du cœur d'avoir répondu si complaisamment à nos questions sans s'attacher à l'étiquette (pour certains d'entre eux nous étions parfaitement inconnu) ni s'offusquer de nos propos quelquefois maladroits.

C'est au cours des nombreuses lectures, des discussions et des rencontres que nous avons faites (et parfois suscitées) qu'a germé l'idée de ce livre. Les réactions des étudiants qui suivent notre cours sur le sujet à l'Université de Bourgogne depuis quatre ans nous ont conforté dans ce dessein. En effet, devant la diversité des opinions, il nous a semblé opportun de rédiger un ouvrage qui offre au lecteur l'essentiel des théories sur Qumrân et les manuscrits, et qui reprenne l'ensemble des questions que les non-spécialistes que nous sommes pour la plupart se posent encore aujourd'hui. Nous vivons une drôle d'époque où le paradoxe fait partie du quotidien, et dont le moindre n'est pas de vivre dans une société de plus en plus laïque et athée qui reste pourtant intriguée sinon fascinée par tout ce qui touche à la religion, et en particulier aux origines du christianisme. Rédacteur en chef d'une revue d'archéologie et d'histoire depuis plus de dix ans, nous savons par expérience que la religion est un sujet "vendeur", tout comme l'Égypte, la Préhistoire et le Moyen Âge. Nous n'avons pas vraiment d'explication à cela sinon le sentiment que l'homme, au plus profond de lui-même, est véritablement un homo religiosus *que l'idée de transcendance attire. Qumrân et les manuscrits font partie de ces rêves d'absolu métaphysique.*

Quiconque s'intéresse au site et aux manuscrits a compris depuis longtemps que le sujet passionne et divise ; à côté d'études sérieuses, beaucoup d'auteurs plus ou moins crédibles ont écrit sur la question, parfois de manière franchement subjective. Alors que tous les manuscrits n'ont pas encore été édités et que le matériel archéologique du site attend une publication définitive, une armée de "savants", d'"experts", de "spécialistes", et d'amateurs quelquefois mal éclairés, ont porté à la connaissance du public leur point de vue sur "l'énigme des manuscrits de la mer Morte". Les études valables consacrées au sujet sont plus rares mais elles progressent aujourd'hui sur un terrain rendu plus sûr par les dernières avancées de la recherche. C'est pour démêler quelque peu une situation compliquée et obscurcie par de longues années de conjectures que nous avons écrit ce livre. La question principale qui a motivé sa rédaction est simple : que sait-on aujourd'hui des manuscrits et du site de Qumrân ? Et d'elle découle un flot de questions subsidiaires : d'où proviennent les manuscrits ?, sont-ils vraiment esséniens ?, quels sont leurs liens avec le christianisme ?, à quoi servaient les grottes qui les abritaient ?, pourquoi les y a-t-on cachés ?, qui occupait le site de Qumrân ?, qu'y faisait-on ?, le site, les manuscrits et les Esséniens sont-ils liés ? Autant de questions qui sentent beaucoup le déjà-vu et le sensationnel, mais qui n'ont pas encore reçu de réponses précises et définitives. Ce livre propose des pistes en faisant mieux connaître les hypothèses raisonnables qui ont été proposées depuis une dizaine d'années. Le lecteur comprendra pourtant très vite qu'on est encore loin de résoudre bon nombre de problèmes tant que les fouilles du Père Roland Guérin de Vaux (1903-1971), directeur de l'École Biblique et Archéologique Française de Jérusalem, chargé à la fois de la publication des manuscrits et des fouilles de Qumrân, n'auront pas été publiées dans leur intégralité. Le travail est en cours.

L'ouvrage s'articule en trois parties : la première débute par un rappel succinct de l'histoire de la découverte des rouleaux, de leur publication et des recherches archéologiques menées sur le site de Qumrân et celui de 'Aïn Feshkha qui lui est lié ; elle s'achève par la présentation de la théorie qu'avait élaborée le Père de Vaux au cours de ses recherches et qui soutient l'hypothèse de l'origine essénienne des manuscrits et du site de Qumrân. Cette partie est capitale pour comprendre le chapitre suivant qui rend compte des réponses d'une dizaine de spécialistes de renommée internationale, attachés à l'étude des manuscrits ou du site, aux questions que nous leur avons posées. Cette partie du livre prend la forme d'une discussion ; le choix de ces personnalités s'est fait sur la base de leur réputation scientifique – toutes sont mondialement reconnues pour leur compétence en la matière –, et parce qu'elles défendent des points de vue parfois radicalement différents. L'intérêt de cette "table ronde" est de montrer que la recherche a fait d'énormes progrès dans les domaines archéologique, historique et socio-culturel, en replaçant les manuscrits et le site de Qumrân dans un contexte plus général, tout en reconnaissant que l'on est toujours incapable de répondre aujourd'hui correctement et définitivement à un certain nombre de problèmes historiques et archéologiques. Un archéologue, spécialiste de Qumrân et dont les études sur le site et certains objets mobiliers font référence, nous avouait récemment qu'en tout état de cause, tant que le matériel issu des fouilles du Père de Vaux à Qumrân n'aura pas été entièrement publié, il se refuserait à proposer une hypothèse qui serait a priori *bancale*.

Les questions posées dans cette deuxième partie ont trait à ce que nous appelons "la triangulaire du Père de Vaux", que d'autres nomment "la théorie traditionnelle de Qumrân" ou la "version standard", à savoir les manuscrits, les Esséniens et l'établissement proprement dit. Le lecteur s'apercevra que beaucoup de points présentés ici ou là comme acquis, sont en définitive remis en question par un certain nombre de spécialistes ; les manuscrits sont moins concernés aujourd'hui qu'il y a dix ans : leur publication presque intégrale n'a pas causé l'agitation annoncée par des journalistes en mal de sensation ; le site, par contre, n'a pas encore trouvé d'interprétation définitive pour la raison évoquée plus haut. Est-ce à dire que ce livre n'a pas de raison d'être si l'on n'est sûr de rien ? C'est peut-être aller trop vite et trop loin car si le matériel archéologique et les manuscrits ne sont pas encore tous publiés, il n'en reste pas moins que ce qui l'a été autorise un certain nombre d'hypothèses et en rejette d'autres. C'est ce que l'on lira dans la dernière partie de l'ouvrage qui résume les grandes idées qui se dégagent de la réflexion comparée des différents intervenants.

Avant de terminer, nous voudrions dire encore quelques mots sur la recherche actuelle dans le domaine de la Qumrânologie. Beaucoup d'auteurs rassemblés ici sont américains ou israéliens anglophones ; cela ne résulte pas uniquement d'un choix personnel mais également d'une situation sur laquelle il nous paraît important de nous arrêter quelque peu. Personne ne conteste *aujourd'hui que la recherche francophone en général, et française en particulier, est sous-représentée dans ce domaine, non pas que nos chercheurs soient moins performants qu'autrefois, mais parce que le sujet semble moins les intéresser[1]. Nous ne pouvons pas apporter d'explication à cela, mais nous constatons que la production et la diffusion des travaux en langue française sont assez réduites, et nous le déplorons profondément. Il serait souhaitable que de jeunes chercheurs francophones participent davantage aux travaux de recherches et de diffusion du matériel de Qumrân car la mainmise des anglophones dans ce domaine devient chaque jour plus forte, et cela est d'autant plus préjudiciable que très peu de jeunes chercheurs anglophones parlent le français. Du coup, la diffusion de l'information en francophonie se fait par personnes interposées qui traduisent plus ou moins fidèlement les travaux anglo-saxons[2]. Loin de nous l'idée d'obscurantisme scientifique et de sectarisme linguistique primaire, mais à une époque où la différence et l'exception culturelle font les choux gras de nos ministres de la Culture, il n'est pas inutile de rappeler que les chercheurs francophones ont joué un rôle essentiel dans cette magnifique histoire de Qumrân, et qu'ils sont appelés à le faire encore dans les années à venir s'ils le souhaitent vraiment. Puisse ce travail susciter de nouvelles vocations dans ce domaine passionnant de la Qumrânologie.*

Bruno Bioul, Fontaine-lès-Dijon, le 9 avril 2004

---

1 Nous en voulons pour preuve la parution, en 2002/2003, de cinq ouvrages relatifs à Qumrân et aux manuscrits de la mer Morte. Un seul est l'œuvre d'un auteur français (É. Puech) ; les quatre autres sont des traductions d'auteurs américains ou israéliens (L. Schiffman, N. Silberman, M. Wise et al. et J. Magness. Cf. la bibliographie en fin de volume). En outre, parmi ces derniers, trois sont en réalité des traductions d'ouvrages parus il y a 6 à 10 ans !

2 Sans nier la qualité de la traduction du livre de M. Wise et al. cité dans la note précédente, il ne faut pas oublier que les manuscrits qui y sont traduits en français l'ont été non pas à partir des originaux mais à partir d'une traduction anglaise, sans recours aux textes hébreux, araméens et grecs, ce qui peut être préjudiciable pour une étude textuelle. Pour une traduction française de ces manuscrits, il faut consulter l'ouvrage collectif paru aux éditions Gallimard sous la direction de A. DUPONT-SOMMER et M. PHILONENKO, La Bible. Écrits intertestamentaires, collection La pléiade, Paris, 1987. Malheureusement, cet ouvrage ne contient que la traduction d'une petite partie des manuscrits. Voir aussi les ouvrages de J. CARMIGNAC cités en bibliographie.

Remerciements

Ce livre n'aurait pas vu le jour sans les encouragements particuliers d'Yizhar Hirschfeld, Norman Golb, Robert Donceel, Pauline Donceel-Voûte, Katharina Galor et Jean-Baptiste Humbert. Puissent les réactions des lecteurs ne pas leur donner tort. Je suis hautement redevable de l'attention que Jean-Daniel Dubois, directeur de recherche à l'École pratique des hautes études à Paris et spécialiste des manuscrits de Nag Hammadi, a bien voulu porter à cet ouvrage en me faisant l'honneur de le préfacer. Mes remerciements les plus sincères vont aussi à mon père, Victor, à ma sœur, Geneviève, et à mes collègues, Anne, Armelle et Maryse, qui ont su prendre le temps de relire ces pages et d'y apporter, outre leurs corrections orthographiques et typographiques, les changements nécessaires que leur vision critique de lecteurs non avertis mais éclairés leur ont permis de percevoir. Je ne pourrais pas terminer sans avoir une pensée particulière pour ma collègue Sophie qui a consacré une partie de son temps à la réalisation des cartes et des plans sans lesquels la lecture des pages qui suivent eût été difficile.

PRÉFACE

Parmi les découvertes archéologiques du XXᵉ siècle, celle des manuscrits de la mer Morte n'a pas occasionné plus de controverses entre les spécialistes et dans le grand public, toujours avide de polémiques et d'informations à sensation. Soixante ans après la trouvaille, les manuscrits suscitent toujours un grand intérêt au cœur des spécialités historiques de l'Antiquité. En même temps, aux abords de la mer Morte, le site de Qumrân, fouillé et refouillé, n'a pas encore livré une interprétation qui aboutisse au consensus. Faut-il s'en plaindre ? Ou s'en réjouir ? Si les divergences existent au sein de la communauté scientifique sur l'interprétation à donner du site et de la documentation archéologique, il est heureux de ne pas se fier à la thèse de l'un ou l'autre des spécialistes. L'heure d'un recul critique est bienvenue et un bilan consensuel n'est pas vraiment souhaitable, étant donné la variété des questions posées aux historiens et aux spécialistes des textes.

L'idée originale de ce livre repose sur un questionnaire soumis à divers spécialistes concernés. La mise en scène de leurs réponses, traduites en français quand cela s'avérait nécessaire, permet un dialogue fructueux où les divergences ne sont pas gommées et où les convergences apparaissent par-delà les travaux scientifiques en cours qu'un lecteur de bonne volonté a le droit de ne pas connaître. Loin d'être un bilan construit sur une seule thèse, ce livre met à la disposition du public, particulièrement francophone, les aspérités d'un débat entre spécialistes, et non des moindres, puisqu'il s'agit de la majorité des savants actuels dont la recherche porte sur les textes de Qumrân ou la région où ils ont été trouvés. Il revient alors à l'auteur du volume de faire ressortir en conclusion les points d'accord dans les discussions et les sujets où la recherche avance sans aboutir à un résultat définitif.

Ce qui ressort très clairement des débats pleins de vie et de remarques critiques, c'est que la découverte de Qumrân n'est pas une mine d'or pour les fabricants d'histoires à sensation. Nous ne sommes plus à l'heure des histoires de complot, des actes de malveillance, des activités de faussaires en textes ou en objets, ou des enjeux ecclésiastiques cachés ! Qumrân reste un site encore imprenable, et pour une large part, inexpliqué. Qumrân, c'est finalement un bel objet de la critique historique au cours du XXe siècle. Depuis l'affaire Shapira (voir *Annexe 1*), une découverte d'un manuscrit insolite du *Deutéronome*, à la fin du XIXe siècle, jusqu'au cercueil de zinc prétendument découvert dans le cimetière de Qumrân, la recherche est jalonnée d'épisodes qui ont défrayé la chronique. Il demeure que la masse documentaire mise au jour dans cette découverte, et l'étude du site et des environs, ne cessent d'apporter leur lot de questions irrésolues et de propositions nouvelles. On remarquera que le débat en cours, tel qu'il aurait pu se passer au milieu d'un congrès consacré aux manuscrits de la mer Morte, permet quand même de mesurer le chemin parcouru depuis les années cinquante et le premier enthousiasme suscité par la découverte. Si la documentation écrite est maintenant disponible, après de longues années de publications et d'éditions critiques, la documentation archéologique sort encore au compte-goutte. On ne niera pas les efforts répétés de plusieurs spécialistes de l'École biblique et archéologique de Jérusalem, chargés d'exploiter l'héritage du Père R. de Vaux, le premier directeur de la fouille, dont l'ouvrage magistral, *L'archéologie et les manuscrits de la mer Morte,* Londres, 1961, a orienté tous les travaux des premières générations de chercheurs. Mais comme l'intérêt pour Qumrân est maintenant partagé dans le monde entier, et que les travaux érudits sont sortis du cénacle des spécialistes francophones, sans compter que l'archéologie israélienne a aussi pris une part très active à l'étude de nombreux secteurs de cette découverte, il faut accepter que la recherche sur les dossiers en cours progresse à pas lents. Un lecteur avisé saura reconnaître sans peine les avis répétitifs des spécialistes interrogés, et les manies des uns ou des autres. Leur seule mise en présence par le biais du dialogue fait sens, d'autant plus qu'ils ne travaillent pas tous ensemble, et qu'ils ne portent pas toujours des jugements d'estime sur les travaux de leurs confrères. Ce même lecteur avisé pourra dépasser aisément les jugements à l'emporte-pièce et recourir, s'il le désire, à la bibliographie qui accompagne le volume.

Un premier chapitre, très utile pour ceux qui aborderaient l'étude de Qumrân seulement récemment, présente l'œuvre et les thèses du Père de Vaux avec sobriété et respect. Avec le recul, on comprend mieux l'impact des thèses du Père de Vaux sur la génération de ceux qui ont exploité ses travaux pour en construire la thèse d'une occupation du site de Qumrân par les Esséniens sur le mode d'une vie en communauté quasi-monastique. On lira avec une pointe d'humour les débats entre collègues sur l'identification du "réfectoire" de la communauté, ou du site longtemps qualifié de *scriptorium*, après la découverte des encriers censés expliquer l'activité de copie de manuscrits, à la manière des bibliothèques des couvents médiévaux. On retiendra tout autant les affirmations péremptoires de certains intervenants sur les squelettes de femmes et d'enfants découverts dans le cimetière au sommet de la falaise qui surplombe la mer Morte, alors que les Esséniens, censés occuper le site, vivaient une vie d'ascèse.

À force de revenir sur tel ou tel élément encore problématique, on voit bien comment la recherche progresse d'hypothèse en hypothèse ; finalement quelques certitudes simples commencent à s'établir de manière irréversible. Non, Qumrân ne doit pas être lu comme un site pré-monastique ! Non, Qumrân n'a pas toujours été occupé par des Esséniens ! Non, le tremblement de terre qui expliquerait des fissures dans les constructions ne date pas de 31 avant notre ère et n'est pas le prélude à un abandon provisoire du site ! Non, le chef spirituel des Esséniens, le Maître de Justice, ne doit pas être identifié à Jacques le Juste, frère de Jésus. Oui, il faut détendre les liens très serrés que l'on a établis au début entre Qumrân et les Esséniens ! Oui, il faut réfléchir aux sortes de Juifs pieux ou riches qui ont occupé le site, à un moment de son histoire ! Oui, il faut réfléchir à la muraille qui court de Qumrân jusqu'au site de Aïn Feschka ! Oui, un examen des tissus de Qumrân oriente la recherche sur la culture du baumier aux abords de la mer Morte ! Oui, la masse documentaire découverte dans les grottes de Qumrân ne provient pas que de mains esséniennes ! Oui, il est difficile de faire de Jean-Baptiste et Jésus des Esséniens qui ont vécu à Qumrân ! Bref, toutes ces options peuvent décevoir les amateurs d'hypothèses sensationnelles sur les origines chrétiennes ou sur les diverses formes de judaïsme au temps de Jésus. Par ce livre, on touche du doigt les questions qui intriguent, les problèmes que l'on peut résoudre, ou les dossiers encore en friche. Pour un public francophone plutôt habitué à connaître, par ouïe-dire tout au moins, l'importance historique des manuscrits de Qumrân, il était utile de revenir aux questions majeures que le site de Qumrân pose actuellement aux spécialistes des textes et de l'archéologie.

Comme le Père de Vaux à l'origine, les spécialistes des textes aimeraient bien découvrir dans les notices antiques des historiens parlant de la présence des Esséniens aux bords de la mer Morte, la trace littéraire d'une occupation du site de Qumrân par les Esséniens. Sans aller jusqu'à déplacer, comme certains, les Esséniens historiques à quelques kilomètres de là, à En-Gedi, il reste que les notices des historiens antiques parlant des Esséniens manifestent encore de nombreuses zones d'ombre. Quant aux spécialistes de la poterie, des tissus, des pratiques rituelles en général, et funéraires en particulier, attestées à Qumrân, il leur faut continuer à rassembler les matériaux dispersés dans diverses collections et à les analyser dans le cadre des sites analogues découverts récemment. Tous ces sites manifestent des pans de la vie en Palestine aux Ier siècle avant et Ier siècle après notre ère sans toutefois apporter de l'eau au moulin de l'interprétation essénienne du site de Qumrân. Les partisans de l'hypothèse traditionnelle d'un lien fort entre Qumrân et la littérature des Esséniens ont sans doute encore de beaux jours devant eux étant donné la diffusion de cette thèse dans de très nombreuses publications de vulgarisation. Il n'empêche que la masse documentaire des écrits trouvés dans les diverses grottes de Qumrân a permis de refaire l'histoire de la langue hébraïque et araméenne aux alentours de l'ère chrétienne, sans compter les très nombreux manuscrits bibliques, et les commentaires de textes de la Bible qui ont permis de remonter de plusieurs siècles l'histoire des documents bibliques historiquement attestés. Les règles d'interprétation des textes de la Bible et les pratiques de commentaire juridique de la Torah ont aussi permis d'éclairer d'un jour très neuf l'interprétation que l'on se faisait jusqu'à présent des divers milieux du judaïsme, quelques siècles après l'Exil à Babylone et avant la mise en place du judaïsme rabbinique. Il faut souhaiter que les spécialistes de l'archéologie de Qumrân continuent de questionner les spécialistes des textes, et qu'ils disposent tous des résultats des fouilles archéologiques promis depuis longtemps. Et la recherche sur le judaïsme attesté par Qumrân pourra continuer de se faire, peut-être plus sereinement et plus indépendamment des spécialistes de l'essénisme. De même qu'après la découverte de l'*Évangile apocryphe de Thomas,* dans le cadre des manuscrits coptes de Nag Hammadi en 1945, la recherche sur les évangiles ne peut plus se faire comme si l'*Évangile de Thomas* n'existait pas, de même Qumrân et les Esséniens font partie du paysage du judaïsme contemporain des origines chrétiennes. Tant pis si le messianisme développé par les Esséniens n'explique pas les courants messianiques attestés dans le Nouveau Testament. Qumrân et les Esséniens ont renouvelé l'approche actuelle des courants messianiques juifs et chrétiens anciens. Il faut rendre hommage à Bruno Bioul d'avoir su mettre à la disposition de son lecteur les clés d'un débat si riche en perspectives sur un judaïsme à plusieurs facettes qu'il ne faut plus aborder à partir des appréciations des spécialistes des origines chrétiennes.

Jean-Daniel DUBOIS
Directeur d'études
École pratique des hautes études, Paris

1. L'ÉPOPÉE DES RECHERCHES

Pour bien comprendre le débat que suscitent aujourd'hui encore les manuscrits et l'établissement de Qumrân, il est bon de préciser un certain nombre de points. Trop souvent, hélas, les auteurs qui traitent de ce sujet partent du principe que le lecteur connaît ne fût-ce que les grandes lignes de la théorie dite "traditionnelle" du Père de Vaux : les manuscrits découverts dans des grottes proches de la mer Morte sont l'œuvre d'un groupe d'Esséniens résidant à Qumrân. Pourtant, il faut bien reconnaître qu'il n'en est pas ainsi : le lecteur intéressé sait que la découverte de ces manuscrits est souvent présentée comme "la plus importante du XXe siècle", et même si on peut toujours tergiverser sur le sens à donner à cette expression, il n'en demeure pas moins vrai que c'est cette invention qui a, statistiquement, le plus alimenté les conversations au cours de ces dernières années. Pourtant un paradoxe demeure : si tout le monde en a entendu parler, en effet, rares sont les personnes qui sauraient dire précisément pourquoi ces manuscrits et ce site sont si importants, et quelles sont les raisons qui, depuis des décennies, opposent les spécialistes quant à l'origine des rouleaux, leurs propriétaires et l'interprétation à donner aux ruines de Qumrân. Pour en comprendre le sens et la cause, il faut retourner aux sources, c'est-à-dire à l'œuvre du Père de Vaux, le premier à avoir proposé un tableau complet sur le sujet à partir des résultats de ses fouilles et des premiers travaux de publication des manuscrits dont il assurait la direction. Ainsi, après un bref exposé sur l'histoire de la découverte des manuscrits, sur celle des fouilles du Khirbet Qumrân et sur la publication des rouleaux, nous présenterons en détail la théorie du Père de Vaux telle qu'il l'a défendue dans son ouvrage intitulé *L'archéologie et les manuscrits de la mer Morte*, paru à Londres en 1961[1].

1 Voir bibliographie.

Histoire d'une découverte

Le XXe siècle fut certainement l'un des siècles les plus féconds en découverte de manuscrits : même en mettant de côté celle de la *genizah* du Caire qui eut lieu en 1896, mais dont l'exploitation scientifique se déroula dans les premières années du XXe siècle, on peut citer celle d'Éléphantine en 1906, de Nag Hammadi en 1945 ou encore celle de Dakhla en 1998, toutes trois situées en Égypte[2]. En Palestine, les découvertes sont aussi nombreuses (Khirbet Mird, wadi Murraba'at, Masada, Nahal Hever (wadi Habra)...), mais l'histoire nous apprend qu'elles sont également très anciennes. Eusèbe de Césarée (vers 260-340 ap. J.-C.) rapporte qu'Origène (185-254 ap. J.-C.) aurait trouvé une version grecque des *Psaumes* qu'il présente dans ses *Hexaples* (six versions de l'Ancien Testament disposées en colonnes) ainsi que d'autres manuscrits hébreux et grecs dans une jarre, près de Jéricho, sous le règne "d'Antonin", c'est-à-dire Caracalla[3]. Vers 800, Timothée Ier (727-819 ap. J.-C.), patriarche nestorien de Séleucie du Tigre, notait lui aussi dans une lettre en syriaque qu'il envoyait au métropolite Serge d'Élam, que des livres avaient été trouvés dix ans auparavant dans des rochers près de Jéricho. La découverte faite il y a un peu plus de cinquante ans sur les rives occidentales de la mer Morte, dans le désert de Judée, n'est donc pas à proprement parler exceptionnelle ; toutefois, un fait remarquable est la quantité de manuscrits mis au jour et les progrès qu'ils ont induits dans l'étude du judaïsme de la période dite du Second Temple, et du christianisme primitif.

Le site de Qumrân se trouve à l'heure actuelle en territoire palestinien, près de la mer Morte, à environ 1 km du rivage, et à plus de 300 m sous le niveau de la mer Méditerranée. Ses vestiges sont situés sur une terrasse marneuse qui surplombe les rivages occidentaux de la mer Morte d'une bonne cinquantaine de mètres. C'est dans ces terrasses qu'une partie des grottes à manuscrits a été découverte. Les autres se situent dans

---

2 La *genizah* du Caire renfermait plus de 140 000 manuscrits juifs du IXe au XIXe siècle ; les *papyri* d'Éléphantine appartenaient à une communauté juive installée sur l'île, près d'Assouan, aux VIe-Ve siècles av. J.-C. ; la collection gnostique de Nag Hammadi comprenait douze *codices* reliés et une partie d'un treizième *codex*, écrits en langue copte (le sahidique), contenant 52 traités d'inégale longueur des IIe et IIIe siècles de notre ère ; la découverte de Dakhla, dans le désert occidental de l'Égypte, a mis au jour deux milles *papyri* d'époque gréco-romaine dont d'importants et rares documents chrétiens.
3 Eusèbe, *Histoire ecclésiastique*, VI, 16, 1-4. Origène mentionne d'ailleurs lui-même le fait. Pour plus de détails, voir PAUL, A., *Les manuscrits de la mer Morte. La voix des esséniens retrouvés*, éd. Bayard/Centurion, Paris, 1997, pp. 43-45.

Épopée des recherches

des falaises calcaires qui dominent le site, à plus ou moins longue distance. Le climat qui y règne est subtropical : Jéricho par exemple est à la même latitude que Marrakech. Les pluies sont rares (en moyenne 50 mm par an) ; l'air y est constamment sec. À environ 3 km au sud de Qumrân, près d'une source portant le nom de 'Aïn Feshkha, une importante installation de type agricole et industriel a été mise au jour. Elle est reliée au site de Qumrân par un long mur.

Bien des points resteront à jamais obscurs dans l'histoire de la découverte des manuscrits. Cela n'a pas grande incidence sur la recherche, mais laisse quand même un goût d'inachevé quelque peu frustrant. C'est John Trever, un jeune chercheur attaché à l'*American School of Oriental Research* (ASOR) de Jérusalem, et l'un des premiers savants, avec William Brownlee, à avoir vu les manuscrits qu'on lui apporta en 1948, qui en fit le premier compte rendu[4]. Vers la fin de 1946 ou au début de 1947, un jeune garçon du nom de Mohamed Ahmed el-Hamed, surnommé ed-Dhib ("le Loup")[5], du clan des Ta'amireh, une tribu bédouine vivant sur les rives nord-ouest de la mer Morte, alors en territoire jordanien, se mit en quête d'une chèvre ou d'une brebis disparue du troupeau qu'il gardait avec ses cousins. Parvenu à localiser l'animal qui s'était réfugié dans une grotte, il lança un caillou pour l'en déloger et entendit en retour le bruit inattendu d'une poterie qui se brise. Méfiant et curieux à la fois, ed-Dhib revint deux jours plus tard avec un ami et explora la grotte. Il y découvrit dix jarres dont deux renfermaient, enveloppés dans des linges de lin, des rouleaux très anciens, identifiés plus tard comme étant une copie complète du livre d'*Isaïe (Isaïe^a)*, le *Manuel de Discipline* (aujourd'hui nommé *Règle de la Communauté*), un *Commentaire d'Habaquq*, une collection de psaumes (*Hodayot*), une autre copie partielle d'*Isaïe (Isaïe^b)*, une *Genèse apocryphe* et le *Rouleau de la Guerre* appelé plus précisément le *Règlement de la Guerre des Fils de Lumière contre les Fils des Ténèbres*.

En mars-avril 1947, les Bédouins apportèrent leurs sept rouleaux à Bethléem et contactèrent un marchand du nom de Georges Ishaya Shamoun, alias Faidi Salahi, puis un autre nommé Khalil

---

4 TREVER, J., *The Discovery of the Scrolls*, dans *Biblical Archaeologist*, 11, pp. 46-68. Voir sur ce sujet VANDERKAM, J. C., *The Dead Sea Scrolls Today*, W. B. Eerdmans Publishing Company, Grand Rapids, 1994, p. 3.
5 Hershel SHANKS, *L'énigme des manuscrits de la mer Morte*, Desclée De Brouwer, 1999, pp. 19-22, révèle qu'en définitive on ignore jusqu'à l'identité réelle du jeune berger et que plusieurs Bédouins se sont présentés comme étant le véritable ed-Dhib. En outre, certains récits de la découverte parlent de trois jeunes Bédouins qui auraient trouvé les manuscrits : Khalil Musa, Jum'a Ahmed Muhammad Khalil et Mohammed ed-Dhib.

Iskander Shahin, mieux connu sous le nom de Kando, cordonnier syrien orthodoxe[6]. Les deux marchands étaient amateurs d'antiquités et membres de l'Église syrienne jacobite de Jérusalem. Les Bédouins répartirent leurs manuscrits en deux lots : Salahi en reçut trois et Kando quatre, puis les deux marchands partirent à la recherche d'acheteurs potentiels : Kando fit affaire avec le métropolite jacobite de Jérusalem, Mar Athanase Josué Samuel qui, incapable de les identifier mais néanmoins intrigué, les montra, via un de ses paroissiens employé au *Palestine Archaeological Museum* de Jérusalem, à un jeune chercheur hollandais de l'École biblique, le Père J. van der Ploeg. Celui-ci identifia un passage du livre d'Isaïe et s'empressa d'alerter ses supérieurs du couvent Saint-Étienne qui refroidirent cependant son enthousiasme en lui rappelant les mésaventures tragiques de l'antiquaire Shapira en 1883[7]. De son côté, Salahi consulta le fils d'un riche antiquaire arménien de Jérusalem, Levon Ohan qui, à son tour, contacta Éléazar Sukenik, professeur d'archéologie à l'Université hébraïque de Jérusalem.

À cette époque, la Palestine, sous mandat britannique, était secouée par de violents combats, et Jérusalem divisée en zones militaires séparant les secteurs arabe et juif de la ville[8]. Sukenik décida de rencontrer Ohan à la limite des deux zones, et c'est à travers les barbelés que ce dernier lui montra un fragment de parchemin que lui avait remis Salahi. Le savant nota d'emblée que les caractères hébraïques qui y figuraient remontaient au début de notre ère et, en son for intérieur, décida d'acheter les rouleaux dont provenait ce fragment. Mais il voulut d'abord se rendre à Bethléem pour les voir, ce qui, à l'époque, était très dangereux. C'est là, chez Salahi, qu'il contempla pour la première fois les trois rouleaux que les Bédouins avaient confiés au marchand. Il revint d'abord avec deux rouleaux puis acheta le troisième une semaine plus tard : il avait alors en main le *Hodayot*, le *Rouleau de la Guerre* et *Isaïe(b)*.

---

6 Lorsqu'ils découvrirent les premiers rouleaux, les Bédouins crurent qu'il s'agissait de morceaux de cuir. Pensant que ce cuir pourrait leur être utile, ils le portèrent naturellement chez le cordonnier Kando ! Ce dernier ne put s'en servir car il était trop abîmé, mais il remarqua des lettres écrites ; le marchand d'antiquité, flairant une bonne affaire, prit alors le relais du marchand de chaussures (épisode cité par l'abbé Jean Carmignac lors d'une conférence qu'il donna à Cambrai en 1986 et mentionné dans *Les nouvelles de l'association Jean Carmignac*, n°20, novembre 2003, p. 6).
7 Voir *Annexe 1* pp. 251-252.
8 Le récit de ces événements vécus sur place par un jeune chercheur français qui ne cache pas ses sentiments prosionistes a fait l'objet de plusieurs chapitres du livre de J. PERROT, *Et ils sortirent du Paradis. Carnet d'un archéologue en Orient (1945-1995)*, Éditions de Fallois, Paris, 1997.

En janvier 1948, Sukenik apprit l'existence des quatre rouleaux de Kando. En fait, ce dernier les avait vendus à Mar Samuel quelques mois plus tôt, à l'été 1947, pour la somme de 24 livres palestiniennes (100 dollars environ). Par l'intermédiaire d'Anton Kiraz, une connaissance de Mar Samuel, Sukenik réussit à voir les quatre manuscrits, mais n'ayant pas les moyens de les acheter, il les rendit à Kiraz à contre-cœur. Ce n'est que six ans plus tard, en 1954, que le fils de Sukenik, Yigael Yadin, les acheta. Entre-temps, en février 1948, Mar Samuel, décidé à attendre que la situation politique se calme pour vendre ses manuscrits, tenta d'entrer en contact, via un moine jacobite appelé Boutros Sowmy, avec le directeur de l'*American School* de Jérusalem, Millar Burrow. Mais en l'absence de celui-ci, c'est un jeune chercheur, John Trever, qui reçut Sowmy et les précieux rouleaux. Or, Trever possédait deux qualités essentielles : c'était un brillant chercheur et un excellent photographe. Il se rendit compte immédiatement de la valeur scientifique et historique des rouleaux qu'il data du IIe siècle av. J.-C.[9]. Il décida aussitôt de les photographier, ce qui fut fait dans les jours suivants. La qualité des clichés était telle que les premières études de Burrow se sont faites à partir d'eux. Mais un doute l'assaillit bientôt : ces manuscrits étaient-ils vraiment originaux ? Trever envoya ses clichés à William Foxwell Albright, de l'Université Johns Hopkins, à Baltimore. La réponse de ce dernier arriva en mai 1948, et elle était sans équivoque : les manuscrits étaient même plus anciens que le papyrus Nash.

À la même époque, en Palestine, le climat politique se détériorait chaque jour, et devant la montée inquiétante de la violence, l'école américaine ferma ses portes tandis que Mar Samuel, qui détenait toujours les manuscrits, se résolut à les mettre à l'abri à Beyrouth.

En janvier 1949, à l'invitation de Millar Burrow, le patriarche se rendit aux États-Unis avec les manuscrits qui, devenus célèbres, furent exposés dans plusieurs villes. Pourtant, à la recherche de fonds pour sa congrégation, Mar Samuel ne parvenait pas à les vendre ; la Jordanie, Israël et même Anton Kiraz en revendiquaient tous la propriété. La situation était alors si confuse que les universités de Yale et de Duke, un moment intéressées, trouvèrent de bonnes raisons de ne pas les acheter. En désespoir de cause, Mar Samuel décida de passer une annonce qui parut le 1er juin 1954 dans le *Wall Street Journal*. Par un heureux concours de circonstances, Yigael Yadin, le fils d'Eléazar Sukenik, donnait alors des conférences aux Etats-Unis. Averti de la publication de

---

9 Il nota en effet que l'écriture des rouleaux était similaire à celle du papyrus Nash que les experts datent des environs de 150 av. J.-C. *Cf.* H. SCHANKS, *op. cit.*, pp. 29-30.

l'annonce, il s'attacha à acheter les rouleaux pour le compte de l'État d'Israël. La transaction eut lieu via des intermédiaires, et après d'âpres discussions, les quatre manuscrits furent vendus pour la somme de 250 000 dollars grâce à une avance consentie par un industriel new yorkais, Samuel Gottesman. En février 1955, le premier ministre israélien, Moshe Sharett, annonça au cours d'une conférence de presse, qu'Israël possédait sept manuscrits d'une très haute antiquité.

On plaça ces précieux témoins de l'histoire juive dans un musée spécialement aménagé à Jérusalem, le Sanctuaire du Livre, dont le toit rappelle le couvercle des jarres dans lesquelles étaient conservés les rouleaux, et que les enfants de Gottesman firent construire en mémoire de leur père. Un huitième rouleau provenant d'une autre grotte[10] vint les rejoindre en 1967, au lendemain de la "Guerre des Six Jours" : ce manuscrit, retrouvé sous une dalle de la cuisine de Kando, est le *Rouleau du Temple*, le plus long des manuscrits de Qumrân (8,75 m).

LES PREMIÈRES RECHERCHES ARCHÉOLOGIQUES

Dès 1948, l'apparition des manuscrits suscita l'enthousiasme des savants. Des recherches furent aussitôt entreprises pour localiser le lieu de leur découverte et, espérait-on, retrouver d'autres rouleaux[11]. Mais ni les Bédouins, ni Kando et Salahi qui s'étaient déjà rendus sur les lieux, ne consentirent à révéler le secret de l'emplacement de la découverte. Le directeur du département des Antiquités sous le mandat britannique, Gerald Lankester Harding, obtint alors que la légion arabe fouillât le secteur voisin de la mer Morte d'où provenaient les manuscrits. Ce n'est qu'en janvier 1949 qu'un officier belge, le capitaine Philippe Lippens, diplômé de l'Institut orientaliste de l'université catholique de Louvain, alors observateur des Nations Unies dans cette zone, s'intéressa au problème. Il réunit toutes les informations qu'il put et, grâce à elles, le capitaine Akkash el-Zebn réussit à trouver la grotte le 28 janvier. Aussitôt avertis, G. Lankester Harding et le Père Roland de Vaux, directeur de l'École biblique et archéologique française à Jérusalem, arrivèrent sur les lieux et en entreprirent l'étude.

---

10 On a parlé de la grotte 11 mais rien n'est moins sûr.
11 L'histoire de ces recherches ainsi que celle de la découverte des manuscrits ont fait l'objet de plusieurs publications. L'une des plus complètes est celle de G. Lankester Harding dans son livre *The Antiquities of Jordan*, publié par la *Jordan Distribution Agency* et Lutterworth Press, 1974, 1980⁴, pp. 187-200.

La première fouille archéologique de la grotte se déroula du 15 février au 5 mars 1949 et permit de retrouver des jarres, des bols, des pièces de tissus ainsi que de très nombreux fragments de manuscrits dont certains appartenaient à deux des manuscrits intacts découverts par les Bédouins.

Mais curieusement, personne ne sembla alors intéressé par l'existence possible d'autres grottes recelant peut-être elles aussi des manuscrits. En revanche, les archéologues repérèrent des ruines antiques situées à 1 300 m au sud de la grotte et appelées par les gens du lieu *Khirbet Qumrân*, les "ruines de Qumrân". À vrai dire, malgré quelques propositions érudites (Milik, Allegro, Puech,…), son nom antique n'a pas été formellement identifié. Les premières recherches portèrent surtout sur des tombes. Les fouilleurs conclurent qu'il n'existait aucun lien entre les rouleaux de la grotte et ces ruines qu'ils estimaient être un fort romain du Ier siècle de notre ère[12].

Ils se ravisèrent deux ans plus tard, et à la fin de 1951, des fouilles systématiques de l'établissement de Qumrân furent entreprises sous la direction du Père de Vaux ; elles durèrent jusqu'en 1958 avec la fouille de l'établissement voisin d'ʿAïn Feshkha. Harding et de Vaux mirent au jour un matériel très important qui les amena à repenser le caractère du site ; ils découvrirent, entre autres, de très nombreuses poteries semblables à celles trouvées dans la grotte, ce qui les poussa à établir un lien entre Qumrân et les manuscrits.

Pendant que les archéologues fouillaient, les Bédouins recherchaient d'autres rouleaux. En février 1952, il découvrirent une deuxième grotte près de la première. Les nouveaux fragments qu'ils mirent au jour attirèrent enfin l'attention des savants sur l'existence possible d'autres grottes. Une vaste campagne de prospection fut lancée ; débuta alors une véritable course poursuite entre archéologues et Bédouins ; c'était à celui qui découvrirait le plus de grottes à rouleaux : en mars 1952, les archéologues inspectèrent plusieurs grottes et découvrirent ainsi la grotte 3, à deux kilomètres au nord de Qumrân, qui contenait entre autres des fragments d'œuvres bibliques, d'apocryphes et même

---

12 Le site de Qumrân avait déjà été visité dans le passé. En 1851, le français Félicien de Saulcy crut y voir les ruines de Gomorrhe parce que les Arabes de la région prononçaient le mot Qumran "Gumran" ; dans les années 1857-1858, E. G. Rey avait observé les deux murs qui reliaient Qumrân au site de Feshkha (E. G. REY, *Voyage dans le Haouran et aux bords de la mer Morte, exécuté pendant les années 1857-1858*, Paris, s.d., cité par R. de Vaux, *L'archéologie et les manuscrits de la mer Morte*, p. 67) ; en 1914, le savant allemand Gustav Dalman estimait qu'il s'agissait d'un fortin romain ; dans les années trente, le Père F. M. Abel concluait que les tombes appartenaient à un cimetière d'une ancienne secte musulmane. Cf. VANDERKAM, J. C., *op. cit.*, p. 9.

d'ouvrages inconnus ; ils y trouvèrent également le fameux *rouleau de cuivre*, véritable catalogue de trésors supposés cachés à travers la Palestine. En septembre 1952, les Bédouins découvrirent la grotte 4 dont l'entrée s'ouvre à une petite centaine de mètres des ruines de Qumrân, sur l'éperon voisin. Ils savaient que leurs investigations étaient illégales, alors ils travaillaient quand il n'y avait plus personne dans les ruines ; Hershel Shanks résume bien la situation en plaisantant : "les archéologues creusaient pendant la journée et les Bédouins pendant la nuit[13]! La grotte 4 est la plus riche ; des milliers de fragments d'un peu plus de 575 manuscrits y ont été retrouvés ainsi que du matériel comme des lampes et de la poterie. Mais pas un seul rouleau intact. Lorsque les archéologues s'y rendirent, les Bédouins avaient déjà commencé à vendre certains morceaux de manuscrits ; ils délogèrent les pillards et mirent eux-mêmes au jour des centaines de fragments.

Tandis qu'ils travaillaient à la grotte 4, les archéologues découvrirent la grotte 5 toute proche, qui recelait les restes d'environ 25 manuscrits. Les Bédouins, de leur côté, repérèrent la grotte 6 à une trentaine de mètres en amont du wadi Qumrân ; ici encore, les archéologues purent en retirer quelques fragments écrits.

L'année 1955 fut, sans conteste, très fructueuse puisque quatre grottes supplémentaires, dont personne n'avait soupçonné l'existence jusqu'alors, furent découvertes, toutes situées sur le plateau marneux de Qumrân, en direction de la mer Morte : la grotte 7 contenait 19 fragments de papyrus provenant d'au moins 13 manuscrits, tous écrits en grec ; la 8, cinq textes fragmentaires ; la 9, un fragment de papyrus non identifié ; et la 10 un *ostracon*, c'est-à-dire un tesson de poterie portant une inscription de deux lettres appartenant à un nom propre.

La grotte 11 fut, semble-t-il, découverte en 1956 par les Ta'amireh. On ignore encore aujourd'hui le nombre exact de manuscrits que les Bédouins y trouvèrent ; nous savons qu'il y en avait au moins trois, presque intacts, et une multitude de fragments d'autres écrits mis au jour par les archéologues. Mais certains chercheurs sont convaincus qu'il en existe d'autres conservés aujourd'hui chez des particuliers.

Au total, près de 900 manuscrits ont été retrouvés dans les 11 grottes depuis 1947. Les plus anciens remontent au milieu du IIIe siècle av. J.-C. et les plus récents ne sont pas postérieurs à 68 de notre ère. Certains ouvrages ont été retrouvés en plusieurs copies alors que

---

13 SHANKS, H., *op. cit.*, p. 41.

d'autres n'existent que sous la forme de minuscules fragments. Ils ont été écrits en trois langues : hébreu, araméen et grec, sur papyrus ou parchemin. Les chercheurs les répartissent en deux grandes catégories : les écrits bibliques (tous les livres de l'Ancien Testament sont représentés à l'exception de celui d'Esther) qui représentent entre 20 et 25 % du total, et les livres non-bibliques, très divers, qui se répartissent entre les hymnes et les psaumes, les commentaires, les livres sapientiaux, les textes juridiques, les lettres, les pseudépigraphes, les apocryphes et les ouvrages "sectaires" (un tiers environ du total) dont des règles d'association, des visions apocalyptiques, des œuvres liturgiques. Des rouleaux dits "cryptiques", en écriture araméenne sans doute codée ont également été découverts[14].

LA PUBLICATION DES MANUSCRITS

Pour étudier ces fragments de manuscrits qui arrivaient par milliers au *Palestine Archaeological Museum* de Jérusalem, on décida de mettre sur pied une équipe de spécialistes chargés de les répertorier et de les étudier. La découverte de la grotte 4 (la plus riche) par les Bédouins avait soufflé *a posteriori* un vent de panique dans les milieux spécialisés qui réalisèrent alors l'importance de rassembler au plus vite tous les manuscrits mis au jour. Si les Bédouins avaient pu vendre leurs trouvailles à différents acquéreurs sur le marché des antiquités, jamais les savants n'y auraient eu accès, et la perte scientifique eût été considérable. Afin d'éviter ce désastre, un accord fut conclu avec les Ta'amireh au début des années 50, pour leur acheter tous les fragments de la grotte 4 qu'ils avaient trouvés (à raison d'un dinar jordanien par centimètre, c'est-à-dire 5,60 dollars à l'époque)[15]. Les fonds nécessaires à l'achat furent fournis par un groupe d'écoles – française, américaine, anglaise et allemande – établies à Jérusalem-Est ainsi que par le Vatican.

Pour travailler sur ces textes, on demanda au Père Roland Guérin de Vaux, le fouilleur des grottes et du site de Qumrân, de réunir une petite équipe internationale de spécialistes qui prendrait en charge l'étude de ces précieux fragments sous l'égide de la Jordanie, puisqu'à l'époque, ce pays

---

14 Voir à ce propos le petit article de P. DONCEEL-VOÛTE, *La vie quotidienne à la campagne*, dans B. BIOUL (dir.), *Jésus au regard de l'Histoire*, Dossiers d'Archéologie 249, janvier 2000, p. 45.
15 Hershel SHANKS (dir.), *L'aventure des manuscrits de la mer Morte*, édition du Seuil, Paris, 1996, p. 16.

contrôlait la région où furent découverts les manuscrits. Le Père dominicain s'assura donc la collaboration de huit chercheurs qui, sans vraiment de surprise, appartenaient aux nations qui avaient contribué à l'achat des manuscrits. C'est ainsi qu'on trouva à ses côtés :
- Frank Moore Cross, un Américain, arrivé le premier en 1953 ;
- Joseph Tadeusz Milik, prêtre français d'origine polonaise ;
- John Allegro, agnostique et chercheur à l'université d'Oxford ;
- John Strugnell, chercheur anglais, d'Oxford également, qui devint par la suite directeur de l'équipe éditoriale ;
- Jean Starky, professeur à l'Institut catholique de Paris, arrivé en 1954 ;
- Dominique Barthélémy, prêtre dominicain français ;
- Patrick Skehan, professeur à l'Université de Washington ;
- Claus-Hunno Hunzinger, luthérien allemand qui démissionna rapidement et qui fut remplacé par :
- Maurice Baillet, prêtre français.

La composition de cette équipe suscita par la suite de fortes réprobations et favorisa le climat de suspicion qui s'installa dans les années 80 et 90 ; en effet, pour étudier ces manuscrits témoins de l'histoire juive, aucun Juif, Israélien ou non, ne fut intégré à la première équipe[16].

Les huit chercheurs reçurent chacun un lot de manuscrits à étudier, et se mirent au travail rapidement dans une longue salle du musée des antiquités palestiniennes qu'ils nommèrent "scrollery". Les membres de l'équipe s'entendaient fort bien, à l'exception, semble-t-il, de John Allegro. La communication se faisait en français et en anglais. Même si ce travail se déroula dans des conditions qui, aujourd'hui, nous paraissent regrettables – on peut voir sur certaines photos les jeunes savants travaillant dans une salle aux fenêtres ouvertes, baignée de soleil, tenant les fragments dans leurs mains tout en fumant des cigarettes –, la première étape, celle, fastidieuse, de l'assemblage des fragments, fut en grande partie achevée à la fin des années 50.

Une fois les assemblages réalisés, les membres de l'équipe se répartirent les textes en vue de leur publication. Seul Allegro parvint à publier toute la part qui lui avait été assignée, mais ses travaux étaient tellement criblés d'erreurs que certains de ses collègues durent publier un article de correction qui dépassait en longueur sa propre publication.

---

16 On pourrait d'ailleurs faire le même constat aujourd'hui en ce qui concerne les chercheurs palestiniens puisque le site de Qumrân et les grottes se trouvent, depuis les accords d'Oslo de 1993, en territoire palestinien.

Il faut cependant préciser que le travail de déchiffrement fut particulièrement délicat : après un nettoyage initial, les fragments étaient photographiés plusieurs fois, souvent à chaque stade de leur reconstitution. Ensuite on les plaçait sous verre, ce qui malheureusement contribua à la détérioration de plusieurs d'entre eux car l'humidité et la chaleur s'accumulaient entre les plaques. À partir de 1958, la livraison des fragments de la grotte 4 était achevée. Les membres de l'équipe étaient parvenus à attribuer les milliers de fragments à près de 500 manuscrits différents en les rassemblant de leur mieux en se fiant aux joints, au sens du texte, à la forme de l'écriture et même aux trous laissés dans le texte par les vers et les rongeurs à travers les couches de cuir successives. Commença alors la transcription qui devait permettre de les étudier sans recourir aux fragments ou aux photocopies.

Ce travail de transcription achevé, on demanda à de jeunes chercheurs d'établir une table de concordance entre les textes non-bibliques des grottes 1 à 10, en établissant une liste de chaque mot du texte accompagné de la référence du document où il figurait, de sa colonne, de sa ligne et des mots adjacents. C'est ainsi qu'en 1957 déjà, quatre nouveaux membres arrivèrent :
- Joseph Fitzmyer, de l'Université de Washington ;
- Raymond Brown, de l'Union Theological Seminary de New York ;
- William Oxtoby, de l'Université de Toronto ;
- Javier Teixidor, un savant catalan.

Le scandale éclata dès les années suivantes car, après 1960, l'équipe chargée de la publication ne publia que 20 % du total des manuscrits de la seule grotte 4, soit une centaine de manuscrits sur les quelque 500 que contenait la grotte. C'est dire aussi que pendant près de 20 ans, environ la moitié des manuscrits de Qumrân n'avait pas encore été publiée. L'échec de ce travail était dû surtout à cette répartition dont nous avons parlé et qui allait, au cours du temps, se transformer petit à petit en une sorte de monopole, commuant d'une certaine façon la responsabilité éditoriale d'un texte en propriété personnelle. Hershel Shanks, l'un des adversaires les plus acharnés de cette situation figée, souligne qu'"interdiction fut faite aux autres chercheurs de publier un texte attribué, même si son responsable manquait à son devoir de publication. Les "propriétaires" se crurent même autorisés à léguer leurs "droits" à de jeunes disciples, qui accédèrent ainsi à la succession et bénéficièrent à leur tour des privilèges accordés à leurs aînés"[17]. Pourtant les choses avaient bien commencé puisque, dans les années 50, tous les manuscrits de la grotte 1 (les 7 rouleaux découverts par Mohamed edh-Dihb) avaient été publiés par des savants américains et israéliens étrangers à l'équipe du Père de Vaux, et que les fragments trouvés dans cette même grotte par les archéologues (les textes de 62 rouleaux) et tout le matériel de la grotte 4 avaient été assemblés, photographiés, répertoriés, déchiffrés, transcrits et mis en concordance.

Puis les choses s'enlisèrent. En 1977, Geza Vermès, qui avait fait ses études à Louvain et qui enseignait alors à Oxford, résuma publiquement la situation en la qualifiant de "scandale académique par excellence du XXe siècle". Près de 10 ans plus tard, en 1985, plus de la moitié des fragments de la 4Q (grotte 4 de Khirbet Qumrân) restait à publier.

Pourtant, en 1967, après la guerre des Six Jours, on aurait pu penser que les choses allaient changer : en effet, les Israéliens s'étaient emparés de la Vieille Ville et de Jérusalem-Est où se trouvait le musée archéologique et les manuscrits. On aurait pu croire qu'alors l'équipe éditoriale aurait été élargie avec la participation de savants juifs et que la publication se serait accélérée. Pourtant il n'en fut rien ; Avraham Biran, directeur du département israélien des Antiquités, et Yigael Yadin, doyen des archéologues israéliens, confirmèrent le statu quo et l'équipe de publication qui avait été mise en place sous l'autorité jordanienne. La seule chose qui changea fut le titre des publications officielles intitulées auparavant *Découvertes dans le désert de Judée, en Jordanie* et qui devint *Découvertes dans le désert de Judée*, la mention *en Jordanie* ayant été supprimée !

Les choses commencèrent à bouger au milieu des années 80 lorsque le directeur de la *Biblical Archaeology Review* (BAR), Hershel Shanks, décida d'ouvrir publiquement le débat. Par une série d'articles et de conférences, il dénonça la détention abusive des droits de publication par les membres de l'équipe désormais dirigée, depuis la mort du Père de Vaux en 1971, par le Père Pierre Benoît, dominicain et directeur de l'Ecole biblique de Jérusalem comme son prédécesseur, et leur attitude qui était celle de "véritables potentats régnant sur une assemblée de jeunes courtisans monopolisant un droit qu'ils avaient usurpé". En 1987, un nouveau changement intervint à la tête de l'équipe de publication : John Strugnell en fut nommé directeur. Il

---

[17] Hershel SHANKS, *L'énigme des manuscrits de la mer Morte*, édition Desclée de Brouwer, Paris, 1999, p. 54.

désirait hâter la publication ; pour ce faire, il élargit son équipe en y intégrant des chercheurs juifs et israéliens ; il réussit à convaincre les savants qui avaient reçu des lots trop importants de les partager avec des confrères, et proposa un "calendrier prévisionnel" de fin des travaux pour 1996. Toutefois, la règle d'or s'imposait toujours : l'accès aux manuscrits inédits restait interdit à toute personne étrangère à l'équipe. Pourtant, Strugnell décida d'imprimer et de distribuer une trentaine d'exemplaires de la table de concordance préparée à la fin des années 50 et restée jusqu'en 1988 dans le sous-sol du musée Rockefeller (le *Palestine Archaeological Museum*). Grâce à cette publication, le professeur Ben Zion Wacholder, du Hebrew Union College à Cincinnati, dans l'Ohio, parvint avec l'aide d'un de ses étudiants mordu d'informatique, Martin G. Abegg, à recréer les fragments d'un texte inédit de Qumrân. Devant le succès de leur entreprise, les deux chercheurs commencèrent à produire d'autres transcriptions de textes puis à les mettre à la disposition de l'ensemble du monde savant sous forme de fascicules publiés par la *Biblical Archaeology Society* à Washington. Le premier volume, paru le 4 septembre 1991, provoqua la colère des éditeurs de l'équipe de publication et de l'Office des Antiquités d'Israël. Mais leur surprise ne s'arrêta pas là. Le 22 septembre de la même année, William A. Moffet, directeur de la bibliothèque Huntington de San Marino, en Californie, annonçait que la bibliothèque possédait près de 3 000 clichés des manuscrits de Qumrân et qu'elle en ouvrait l'accès à tous. Ces clichés étaient des négatifs des fragments des manuscrits que la bibliothèque avait reçus d'Élizabeth Hay Bechtel qui, dans les années 1980, avait obtenu l'autorisation de photographier non pas les manuscrits eux-mêmes mais les photographies des manuscrits. Cette opération avait pour but d'assurer la continuité de l'étude des manuscrits au cas où les originaux subiraient quelque dommage. Élizabeth Bechtel déposa ses clichés à la Huntington où ils furent oubliés pendant près de 10 ans.

Entre-temps, à la fin de 1990, Strugnell, qui avait tenu des propos antisémites, fut remplacé par Emmanuel Tov, professeur à l'Université hébraïque de Jérusalem, auquel on adjoignit deux autres chercheurs, Eugene Ulrich, de l'Université Notre-Dame (Indiana), et Émile Puech, de l'École Biblique française de Jérusalem. Devant la multiplication des copies des manuscrits non encore édités (car en plus de la Huntington, trois autres institutions en possédaient des copies : le *Hebrew Union College*, l'*Ancient Biblical Manuscript Center* à Claremont en Californie et l'*Oxford Center for Postgraduate Hebrew Studies* (Institut des Hautes Études Hébraïques d'Oxford), l'équipe éditoriale et l'Office des Antiquités d'Israël craignirent que cette disponibilité des manuscrits ne nuise aux travaux des chercheurs chargés de les publier. Car même avec l'arrivée de Tov, les choses n'avaient toujours pas changé : seuls ceux à qui les textes avaient été attribués pouvaient voir les manuscrits inédits et surtout les publier. Une timide avancée fut réalisée par les autorités israéliennes qui consentirent à donner libre accès aux manuscrits moyennant une déclaration certifiant que leur consultation était destinée uniquement à des recherches personnelles et non à la préparation de l'édition d'un texte. En d'autres termes, on pouvait regarder mais pas utiliser pour une publication ce qu'on avait vu.

L'avant-dernier acte se joua le 19 novembre 1991 lorsque la *Biblical Archaeology Society* édita en deux volumes des photos des textes non publiés, soit 1187 planches de fragments. C'était le matériau brut enfin disponible. Le problème de l'accès était désormais résolu mais au prix d'un long travail et de multiples procédures judiciaires : l'une d'elles a opposé la *Biblical Archaeology Society* à Elisha Qimron, de l'Université Ben Gourion, pour non-respect des droits d'auteur par la publication, sans mention des spécialistes qui y travaillaient, et sans leur permission, d'un texte connu sous le sigle MMT (*Maqsat Ma'aseh ha Torah* ou "Lettre halakhique") qui avait été reconstitué par Strugnell et Qimron. Un premier jugement par défaut condamna la revue américaine à verser 25 000 dollars de dommages et intérêts au chercheur israélien. En septembre 2000, la Cour suprême d'Israël a finalement condamné les éditeurs du texte, H. Shanks, R. Eisenman et J. Robinson, à verser 15 000 dollars au plaignant. C'était la première fois qu'un savant revendiquait des droits d'auteur sur la reconstitution d'un texte ancien dont il n'était pas, à l'évidence, l'auteur, et qu'il obtenait gain de cause !

En 1999, les éditions E.-J. Brill, en accord avec l'Office des Antiquités d'Israël, ont publié sous la forme d'un cd-rom, la quasi intégralité des manuscrits de Qumrân, ainsi d'ailleurs que d'autres documents découverts dans le désert de Juda[18].

---

18 *Dead Sea Scrolls Electronic Reference Library*, édité par E. Tov, E.-J. Brill éditions, 1999, 228 euros. En 1993, les éditions Brill avaient déjà publié des microfiches des manuscrits dans un ouvrage édité par E. Tov, *The Dead Sea Scrolls on Microfiche/ A Comprehensive Facsimile Edition of the Texts from the Judean Desert*, Leiden.

Aujourd'hui, les spécialistes travaillent dans un climat beaucoup plus détendu et ouvert, puisque la très grande partie des manuscrits a été publiée[19]. Qu'en est-il des autres ? On peut raisonnablement penser que ces fragments restants ne recèlent aucune surprise majeure, telle qu'une copie des Évangiles ou une mention directe de Jésus de Nazareth. La grande proportion de textes déjà publiés permet de supposer la teneur générale de ceux encore inédits. Cependant, on ne peut être sûr de rien. En outre, il reste peut-être d'autres manuscrits à découvrir, soit dans les grottes elles-mêmes (une exploration plus systématique par les Israéliens a été faite avant la mise en application des accords d'Oslo, mais sans résultat probant), soit chez des particuliers qui se seraient rendus propriétaires de textes mis au jour il y a longtemps. John Strugnell, par exemple, affirme connaître l'existence d'au moins quatre rouleaux conservés aujourd'hui en Jordanie, dont deux qu'il aurait vus de ses propres yeux.

LES FOUILLES DU KHIRBET QUMRÂN ET LA THÉORIE DU PÈRE DE VAUX

Il a fallu plusieurs saisons de fouille au Père de Vaux et à ses équipes (entre 1951 et 1958 si on y inclut les fouilles de 'Aïn Feshkha) pour établir une histoire du site et de la communauté propriétaire des manuscrits qui, aujourd'hui encore, et malgré les nombreuses objections émises, est considérée par certains comme acquise. C'est le résumé de ses recherches, synthétisées dans une monographie publiée en 1961 que nous faisons ici.

1. Histoire du site
A. L'établissement de Qumrân

Les premières traces d'occupation humaine à Khirbet Qumrân remontent au VIIIe–VIIe siècle av. J.-C., c'est-à-dire à l'époque israélite de l'âge du Fer. Il s'agit alors d'un fortin dont le plan rectangulaire "s'apparente à celui des fortins israélites qui ont été explorés dans la plaine de la Buqé'ah, sur le plateau qui domine Qumrân, et dans le Négeb, à 'Aïn Qedeïrât et ailleurs" (p. 2). À la suite de M. Noth[20], le Père de Vaux

---

[19] Trente neuf volumes présentés sous le titre général de *Discoveries in the Judean Desert*, Oxford University Press. Chaque volume comporte l'édition du texte en hébreu, araméen ou grec, sa traduction en français ou en anglais, et les photos des rouleaux.
[20] M. NOTH, *Das Buch Josua*, 1938, p. 72, cité par DE VAUX, *op. cit.*, p. 71.

pensait que le site abritait à l'époque la cité d'"Ir-(ham)mèlah qui est appelée "la Ville du Sel" dans le livre de *Josué* 15, 62 (pp. 71-72). Quelques grottes furent également occupées : "il faut enfin signaler qu'un peu de poterie israélite a été trouvée dans certaines grottes de la falaise et indique que celles-ci ont été utilisées à la même époque" (p. 72). Selon le Père dominicain, ces découvertes "s'accordent avec l'hypothèse qui reconnaît (…) une réorganisation administrative de Juda sous Ozias" (781-740 av. J.-C.) (p. 73). L'approvisionnement en eau du site se faisait par ruissellement des eaux de pluie dans une grande citerne ronde (*locus* 110), "la plus profonde et la seule citerne ronde à Khirbet Qumrân" (p. 2). Un long mur, partant de l'angle sud-est des ruines, se dirigeait vers le sud jusqu'au wadi Qumrân, "délimitant ainsi une esplanade au sud des bâtiments" (p. 2). Puis l'endroit fut abandonné pendant plus de 500 ans.

Dans la seconde moitié du IIe siècle av. notre ère, Qumrân est à nouveau occupé. Le Père de Vaux identifia deux phases principales, séparées par une courte période d'abandon : la première court de 140 av. à 31 av. J.-C., la seconde de la fin du Ier s. avant à 68 voire 135 après J.-C.

Il subdivisa la première période en deux sous-phases, Ia et Ib. D'après l'analyse des monnaies et autres objets de la période suivante, la **phase Ia** débuta vers 140 av. J.-C. par l'établissement d'un nouveau groupe humain, et ne dura pas très longtemps. Dans l'ensemble, l'ancien établissement israélite fut aménagé : on construisit un canal au nord du site pour alimenter la citerne ronde réutilisée, et l'on creusa deux autres citernes rectangulaires (*loci* 117 et 118) à proximité de l'ancienne, avec un bassin de décantation commun (p. 3) ; un autre petit canal fut creusé pour amener l'eau à l'une des nouvelles citernes ; au nord de l'ancienne enceinte entourant la citerne ronde, on ajouta des chambres (*loci* 115-116 et 125-127), et plus au nord encore, de petites pièces (*loci* 129, 133, 140 et 141).

L'établissement de la chronologie de cette phase Ia a manifestement posé de gros problèmes au fouilleur qui souligne, presque candidement, qu'"il est difficile de déterminer exactement le temps où se fit cette installation. On ne peut lui attribuer que des tessons et quelques pots trouvés sous les niveaux postérieurs dans la région sud du bâtiment principal. Cette poterie ne se distingue pas de celle de la période Ib et aucune monnaie ne lui est associée. La chronologie ne peut donc être établie qu'approximativement et en relation avec la période suivante, qui est mieux documentée. (…) Le caractère modeste des constructions et la rareté du matériel archéologique attestent que cette première installation a été d'une courte durée" (p. 4).

Les bâtiments du Khirbet Qumrân vont petit à petit prendre leur forme définitive au cours de la **phase Ib**, qui débuta sans doute vers 130, sous le règne de Jean Hyrcan (134-104 av. J.-C.). On arrivait sur le site par une route venant du nord à travers la plaine bordant la mer Morte et qui montait sur le plateau. L'entrée principale de l'établissement s'ouvrait dans le mur nord, au pied d'une solide tour (*loci* 9-11). Deux autres entrées, plus petites, s'ouvraient au nord-ouest (*locus* 139) et à l'est, près du *locus* 84, identifié comme un atelier de potier. La tour possédait deux niveaux et était isolée du reste des bâtiments par des espaces ouverts (*loci* 12 et 18). Autour d'elle, plusieurs chambres avaient été aménagées, dont deux présentaient l'aspect de salles de réunion (*loci* 4 et 30). Le Père de Vaux identifia une pièce rectangulaire (*loci* 38 et 41) comme étant des cuisines : " il est probable qu'elle servait déjà de cuisine, comme à la période suivante où plusieurs foyers y étaient installés" (p. 5). De nouvelles citernes (*loci* 49 et 50, 91) furent encore construites, dont certaines à escaliers (*loci* 56-58), ainsi que des magasins (*loci* 120 et 121), peut-être une écurie (*locus* 97) et plusieurs cours. Plus au sud, vers le wadi Qumrân, s'étendait une grande esplanade. Le Père de Vaux nota d'emblée l'importance et le nombre des citernes qui, selon lui, étaient dues à l'extension des bâtiments et à l'augmentation de la population du site. Ces aménagements nécessitèrent la construction d'un aqueduc qui devient canal en pénétrant dans l'établissement (p. 6). Il remarqua également que devant chaque citerne ou groupe de citernes, "des bassins de décantation assuraient la propreté de l'eau" (p. 7). L'installation d'eau "très développée et très soigneusement établie" (p. 7) est l'une des caractéristiques les plus frappantes de Qumrân. Son existence est à mettre en relation avec les nécessités d'un groupe relativement nombreux. Le Père de Vaux souligne aussi une seconde caractéristique du Khirbet Qumrân : il s'agit d'un établissement communautaire (p. 8), mais il précise aussitôt : "cet établissement n'est pas prévu pour une habitation en commun mais pour l'exercice de certaines activités communes" (p. 8). Il s'appuie sur deux exemples : l'existence de salles de réunions et la présence d'ateliers. Les premières sont localisées dans le *locus* 4 (il s'agit d'une pièce pour des réunions restreintes, "une sorte de salle du conseil" (p. 8)), le *locus* 30, plus spacieux et qui a pu servir à des assemblées plus nombreuses, et le *locus* 77, le plus vaste (22 m x 4,50 m) et aussi le plus marqué puisque "vers son extrémité ouest, un emplacement circulaire dallé se détache du sol plâtré environnant et marque apparemment l'endroit où se tenait le président de l'assemblée" (p. 8). Mais cette salle a également servi de réfectoire ; en effet, les fouilleurs ont remarqué qu'une adduction d'eau y arrivait et que le sol en était pentu pour faciliter le nettoyage ; en outre, tout à côté, une chambre annexe (*loci* 86, 89) recelait une quantité énorme de vases : terrines, cruches, assiettes, bols, gobelets ; "ce dépôt doit être en relation avec un usage qu'on faisait dans la grande salle voisine. Or ces vases composent un service de table complet : jarres pour répartir l'eau, cruches et gobelets pour boire, terrines pour distribuer la nourriture, assiettes et bols pour manger. C'est donc la vaisselle qui était entreposée près de la salle de réunion et celle-ci servait aussi de salle à manger" (pp. 9-10).

Ici, le Père dominicain souligne que certains repas avaient un caractère religieux car les fouilleurs ont mis au jour un certain nombre d'ossements d'animaux déposés entre de grands tessons de jarres ou de marmites, parfois dans des récipients intacts fermés par un couvercle, ou encore recouverts simplement d'une assiette (p. 10). En règle générale, ces dépôts sont légèrement enfouis et affleurent au sol. Aucun d'eux ne contient le squelette complet de l'animal (il s'agit de moutons adultes, de chèvres adultes, d'agneaux, de chevreaux, de veaux, de vaches ou de bœufs et d'un animal non identifié). On les trouve dans des endroits très divers ; le Père de Vaux était persuadé que si l'on décapait l'esplanade, on en trouverait beaucoup d'autres. La majorité de ces dépôts date de la période Ib, mais la coutume a persisté à la période suivante. Il s'agit, pour le savant dominicain, de restes de repas à caractère sacré car "ce soin avec lequel on mettait de côté les os après que la chair eût été cuite et mangée révèle une intention religieuse" (p. 11).

L'autre caractéristique de la vie communautaire du Khirbhet Qumrân est la présence de nombreux ateliers : le *locus* 34 (trois petits bassins utilisés pour un usage indéterminé), une laverie (*locus* 52) et un atelier de potier (*loci* 75, 70, 65, 64 et 84). Ce dernier a produit de très nombreux vases retrouvés à Qumrân, même si le fouilleur ignore d'où provenait l'argile (p. 13). Il s'agit d'une production locale, originale par rapport aux autres sites de la même époque. Beaucoup de formes sont communes aux périodes Ib et II, avec toutefois des différences (un type de jarres, des assiettes, des gobelets et des lampes).

Mais des comparaisons peuvent être faites aussi avec d'autres sites, et c'est ce matériel, conjugué avec les données de la numismatique, qui poussa le Père de Vaux à établir une chronologie de la période Ib de façon assez précise (pp. 14-19) : la céramique appartient à l'époque hellénistique, et les monnaies séleucides et asmonéennes mises au jour sur

Épopée des recherches 37

le site suggèrent d'établir le début de la période Ib sous le règne d'Alexandre Jannée (103-76 av. J.-C.) voire de Jean Hyrcan Ier (135-104 av. J.-C.). Cette phase se serait terminée tragiquement par un tremblement de terre et un incendie vers 31 av. notre ère. Le Père de Vaux admet néanmoins que rien ne permet d'établir clairement que les deux catastrophes sont contemporaines et liées : "aucun témoignage de l'archéologie ne contredit cette solution. Cependant aucun témoignage, non plus, ne la confirme. (…) La question reste donc ouverte et, si j'admets que l'incendie a coïncidé avec le tremblement de terre de 31 av. J.-C., c'est parce que cette solution est la plus simple et que la solution contraire ne s'appuie sur aucun argument positif" (p. 18).

Le site fut alors abandonné et resta inoccupé jusqu'à la mort d'Hérode le Grand. La **phase II** débuta vers 4 av. J.-C. avec la réoccupation du site par "la même communauté" (p. 19) : "en effet, le plan général resta le même et les principales pièces retrouvèrent leur destination primitive. On déblaya et on répara mais on ne fit que des modifications secondaires dans l'aménagement des bâtiments". Certaines pièces ne furent pas réutilisées (*loci* 10, 86), d'autres au contraire furent renforcées, telle la grosse tour dont la valeur défensive fut augmentée par la construction d'un glacis, le *locus* 89 dont le sol fut établi au-dessus de l'amas de vaisselle et des débris de la période Ib que le Père de Vaux a décrit plus haut, et le système d'eau qui fut un peu modifié. Il y a peu de constructions nouvelles, mais s'agissant de la dernière période importante d'occupation, les fouilleurs sont mieux renseignés sur l'utilisation et l'ameublement des bâtiments : les *loci* 38-41 étaient des cuisines qui comportaient cinq places à feu (p. 22) ; l'atelier du potier resta en service ; les *loci* 101 et 125 étaient des ateliers où l'on pratiquait une industrie inconnue ; le *locus* 100 était un moulin (la culture du blé ou de l'orge pouvant se faire "dans la plaine de la Buqe'ah qui domine Khirbet Qumrân à l'ouest et où, comme nous l'avons dit, un ancien chemin conduisait" (p. 23)) ; le *locus* 30 a pu servir, au rez-de-chaussée, de salle de réunion et, à l'étage, de *scriptorium* : "La salle était encombrée par les débris de l'étage supérieur, qui avait le même plan et qui s'est effondré à la fin de la période II. Dans ces débris se trouvaient les fragments de structures de briques crues recouvertes de plâtre soigneusement lissé. Ces morceaux énigmatiques ont été consolidés et emportés à Jérusalem ; patiemment assemblés, ils ont permis de reconstituer une table longue d'un peu plus de 5 m., large de 40 cm. et haute seulement de 50 cm. Il y avait aussi les morceaux de deux autres tables, plus petites. Ces tables sont certainement tombées de l'étage supérieur où la longue table était dressée parallèlement au mur est et associée à une banquette basse liée à ce mur. On pourrait penser à un mobilier de salle à manger, mais nous avons identifié celle-ci ailleurs et elle ne comportait pas de table ; il serait d'ailleurs étonnant que le réfectoire ait été à l'étage. De plus, parmi ces débris se trouvaient deux encriers, l'un en bronze et l'autre en terre cuite, qui sont d'un type connu à l'époque romaine par les découvertes d'Égypte et d'Italie ; l'un deux contenait encore de l'encre desséchée. Ne convient-il pas de considérer ces tables et ces encriers comme le mobilier d'une salle où l'on écrivait, d'un *scriptorium,* comme on dira plus tard dans les monastères du Moyen Âge ?" (p. 23). Suit un petit passage concernant la position des scribes. Le Père de Vaux enchaîne (pp. 24-26) : "On a reconstitué aussi une plate-forme basse qui était appuyée contre le mur nord de la même salle ; elle est encore en plâtre, entourée d'un rebord et divisée en deux compartiments creusés chacun d'une cupule. Nous faisons l'hypothèse qu'elle servait aux purifications accessoires à la copie et au maniement des Livres Saints qui, d'après la *Mishna,* "souillaient les mains". (…) Nous ne savons (…) pas où était le magasin de livres, mais cette ignorance ne modifie pas l'interprétation qu'on peut donner de la salle qui contenait la table et les encriers : le plus vraisemblable reste qu'elle était un *scriptorium*".

Revenant quelque peu sur la céramique de cette période, le Père de Vaux distingue deux types de productions, l'une originale, "qui souligne l'autonomie de Khirbet Qumrân" (p. 26), l'autre, la grande majorité, qui "a ses parallèles exacts dans les tombes juives du Ier s. ap. J.-C. de la région de Jérusalem, dans les sondages contre le mur nord de Jérusalem (…) enfin dans les fouilles de la Jéricho hérodienne".

Il enchaîne aussitôt sur la chronologie de cette période en tentant d'en préciser le début et la fin. Une fois encore, les monnaies sont quasiment les seules données utiles dans ce domaine fournies par l'archéologie ; les sources historiques viennent avantageusement les compléter. Les monnaies les plus anciennes remontent au règne d'Hérode le Grand (37-4 av. J.-C.), les plus récentes datent de la première révolte (66-73 ap. J.-C.). En plus de ces monnaies, le Père de Vaux parle d'un trésor de 561 pièces d'argent découvert dans trois pots enfouis dans le *locus* 120 (pp. 26-28) ; deux de ces vases sont d'un type étranger aux séries de Qumrân. "À part quelques exceptions, il ne comprend que des monnaies de Tyr et presque exclusivement des tétradrachmes ; certaines pièces remontent aux derniers souverains séleucides mais la plupart appartiennent au monnayage autonome de Tyr, dont l'ère commence en 126 av. J.-C. (…) La pièce la plus récente est un tétradrachme de l'an 118 de Tyr (9/8 av. J.-C.). (…) Mais cette date ne donne qu'un *terminus post quem* pour l'enfouissement car, dans le monnayage de Tyr, l'an 118 est suivi d'une lacune relative des émissions qui ne reprennent avec une certaine abondance, qu'en l'an 126 (1 av. J.-C./1 ap. J.-C.). (…) Le trésor a donc été enfoui entre 9/8 av. J.-C. et 1 av. J.-C./1 ap. J.-C. Le Père dominicain suggère deux origines possibles : un enfouissement dans les ruines abandonnées entre les périodes Ib et II ou un dépôt dans un lieu sûr au début de la période II. Une autre trouvaille monétaire lui permet de préciser encore la date du début de la période II : il s'agit de pièces retrouvées dans les déblais de la tranchée A ; elles s'étalent des années 131/130 av. J.-C. aux années 4 av. J.-C./6 ap. J.-C. (règne d'Hérode Archélaüs). "Si la réoccupation s'est faite dans les premières années de son règne (i.e. Archélaüs), cette date s'accorderait avec le trésor de monnaies d'argent qui a été enfoui au plus tard en 1 av. J.-C./1ap. J.-C. et justifierait l'attribution à la période II des monnaies d'Hérode le Grand, encore récentes et apportées par les artisans de la réoccupation. La conclusion probable est donc que la période II a commencé au début du règne d'Hérode Archélaüs, entre 4 et 1 av. J.-C." (p. 28).

La fin de cette même période est marquée par une destruction violente due à une action militaire liée à la Première Révolte juive : pour preuve, les traces d'incendie des toitures et les pointes de flèches en fer retrouvées sur tout le site. Le recours à la numismatique (33 pièces de la Première Révolte, 1 monnaie des procurateurs, 1 d'Agrippa Ier et 1 monnaie d'argent frappée à Antioche sous le règne de Néron en 62/63 ap. J.-C.) et aux sources écrites, notamment Flavius Josèphe, autorise le savant dominicain à dater l'événement tragique de juin 68 ap. J.-C., lorsque l'établissement de Qumrân est pris par les soldats romains.

Commence alors la dernière phase d'occupation du site, la **période III**. Elle correspond à l'établissement d'un petit poste militaire destiné à surveiller les rives de la mer Morte et à servir de base arrière de ravitaillement de l'armée par bateau. Le caractère du site change donc : tout n'est pas réoccupé, et les bâtiments qui le sont ont été renforcés (doublement du mur nord, creusement d'un fossé le long du mur ouest, etc.) (p. 34). Le système d'adduction d'eau est également modifié puisque les Romains ne conservèrent que la grande citerne du sud-est (*locus* 71) ; "c'est, on le voit, une transformation radicale : il n'y a plus de locaux collectifs, il n'y a plus d'ateliers et le four du potier sert alors de magasin à chaux. Il y a seulement, pour les besoins de ce petit groupe, un four à pain installé au-dessus des ruines au pied de la tour. (…) La période III marque une franche rupture : la vie communautaire à Qumrân n'existe plus, elle a cessé en 68 ap. J.-C." (p. 35). Les quelques objets mis au jour par les fouilleurs sont, pour l'essentiel, de la poterie ("on y rencontre les mêmes formes qui, à la période II, avaient des parallèles fréquents dans les autres sites du Ier s. ap. J.-C. mais on n'y retrouve pas les types originaux de Khirbet Qumrân") et des monnaies (un groupe de pièces de 67/68 ap. J.-C., une monnaie d'Antioche sous Néron, une monnaie aux noms de Claudia, fille de Néron et de Poppée sa femme, de 65 ap. J.-C. au plus tôt, une monnaie d'Antioche sous Vespasien et Titus en 69/70, deux monnaies d'Ascalon en 72/73, quatre monnaies de *Judea Capta* au nom de Titus, une monnaie d'Agrippa II de 87 ap. J.-C.) "Des seules monnaies de Khirbet Qumrân, on pourrait donc conclure (…) que le poste militaire a été supprimé au lendemain de la chute de Masada en 73 ap. J.-C." (p. 36).

Plus tard encore, les ruines furent utilisées comme cachette ou poche de résistance par les insurgés de la Seconde Révolte juive en 132-135 ap. J.-C., avant de tomber définitivement dans l'oubli.

B. Le cimetière

À une cinquantaine de mètres à l'est des ruines, un vaste cimetière regroupe environ 1 100 tombes (pp. 37-39). Elles sont disposées en rangées régulières subdivisées en trois quartiers séparés par des allées. Le Père de Vaux ne manque pas de souligner que "cette belle ordonnance contraste avec le désordre habituel aux cimetières antiques de Palestine" (p. 37).

Les tombes sont signalées en surface par des galets, et orientées, en règle générale, nord-sud (sauf une orientée est-ouest). Les archéologues en ont examiné 26. Voici comment le Père de Vaux les décrit : "Elles sont d'un type constant : sous l'ovale de galets, un puits rectangulaire est creusé dans le cailloutis puis dans la marne plus consistante du plateau jusqu'à une profondeur qui varie entre 1.20 m et 2 m. Au fond du puits le *loculus* est creusé, presque toujours en débordant sous la paroi orientale du puits. Il est fermé tantôt par des briques crues et tantôt par des pierres plates, colmatées avec de la terre" (p. 37). Toutes, sauf une, sont des tombes individuelles : le défunt est allongé en décubitus dorsal, tourné vers le sud (sauf un), les mains croisées sur le pelvis ou allongées le long du corps. Il y a un cas de réinhumation, c'est-à-dire que les squelettes incomplets de deux individus ont été rassemblés dans un *loculus* en deux tas séparés. Le fouilleur note également que quelques tombes situées dans la partie occidentale du cimetière sont légèrement différentes : "(…) à la limite ouest du cimetière, un groupe de trois tombes d'un type un peu différent a été fouillé : elles étaient marquées par un cercle de pierres et, au fond d'une fosse, encore orientés nord-sud mais de façon moins régulière, sous une couverture de dalles ou de briques crues, se trouvaient les débris d'un cercueil de bois qui contenait le corps en position dorsale. Une autre tombe, également en bordure du cimetière, était une fosse rectangulaire, plus large et moins profonde que dans les tombes normales ; le squelette y reposait sur le dos, la tête au sud, la main gauche sur le pelvis, la main droite sur la poitrine" (p. 37).

Ce vaste cimetière se prolonge vers l'est, mais les tombes y sont placées moins régulièrement et leur orientation n'est pas constante.

Parmi les 26 tombes fouillées, une vingtaine contenait les restes d'individus masculins, cinq ceux d'individus féminins et une ceux d'un enfant. Le matériel y est absent (à l'exception de quelques perles et boucles d'oreilles près de deux squelettes féminins). Néanmoins, le Père de Vaux assure que ces tombes sont contemporaines de l'occupation communautaire du site. Quelques tessons retrouvés avec les briques crues ou dans le remplissage des *loculi* sont "identiques à ceux recueillis dans les ruines ; deux cas sont plus clairs : le remplissage d'une tombe contenait les fragments d'une jarre de la Période Ib, celui d'une autre tombe avait une lampe intacte de la Période II" (p. 38).

Deux autres cimetières, plus petits, ont été reconnus, l'un "sur le plateau au nord du Khirbet Qumrân : il compte une douzaine de tombes groupées et quelques autres aux environs ; elles sont semblables à celles du grand cimetière. Deux d'entre elles furent fouillées en 1955 : l'un des squelettes était masculin, l'autre féminin" (p. 46-47) ; l'autre juste au sud du wadi Qumrân : "on y compte une trentaine de tombes, dont l'orientation est variable. Quatre tombes ont été ouvertes en 1956 : il y avait une tombe de femme et trois tombes d'enfants entre 6 et 10 ans" (p. 47).

Ainsi se clôt la description de l'établissement de Qumrân et des cimetières adjacents. Avant de décrire brièvement les vestiges archéologiques situés entre le Khirbet Qumrân et 'Aïn Feshkha, le Père de

Vaux résume sa pensée sur l'histoire du site : "Toutes les phases de l'histoire de Khirbet Qumrân n'ont pas la même importance. (...) Le fait essentiel est l'occupation communautaire des Périodes I et II. Un groupe d'hommes est venu s'installer à Khirbet Qumrân dans la seconde moitié du IIe siècle av. J.-C., Période Ia. Très vite les constructions s'étendirent et prirent leur forme à peu près définitive, Période Ib. En 31 av. J.-C., un tremblement de terre endommagea les bâtiments qui restèrent ensuite abandonnés jusqu'aux années qui encadrent le début de l'ère chrétienne. Ils furent alors réoccupés par la même communauté, Période II, et subsistèrent jusqu'en 68 ap. J.-C., où ils furent détruits par l'armée romaine.

La principale caractéristique des bâtiments de Qumrân est leur adaptation à une vie commune et la prépondérance des locaux d'usage collectif sur les pièces qui ont pu servir au logement. D'autre part, le nombre des tombes du cimetière est trop élevé par rapport aux possibilités d'habitat des bâtiments et à la durée de leur occupation" (p. 39).

C. Le site d''Aïn Feshkha.

Entre le Khirbet Qumrân et l'établissement d''Aïn Feshkha, distants de 3 km environ, les archéologues ont repéré et fouillé un certain nombre de vestiges que le Père de Vaux décrit brièvement :
• un grand bâtiment quadrangulaire de 60 x 64 m abritant quelques chambres contre son mur ouest ; il est, d'après l'étude de la céramique, antérieur au bâtiment israélite de Qumrân et a été remplacé par la construction de l'âge du Fer qui se trouve sous le Khirbet Qumrân ;
• ensuite un long mur de pierre de plus de 500 m, à l'est du grand bâtiment, qui descend vers le sud et que le Père de Vaux décrit comme la clôture d'une plantation ; il est probable qu'il ait été construit lui aussi à l'époque israélite, "mais ce mur a certainement continué de servir pendant la période communautaire de Khirbet Qumrân, et il est vraisemblable qu'il a alors été prolongé vers le sud jusqu'à 'Aïn Feshkha, où l'on retrouve (...) un mur de construction différente en liaison avec les bâtiments qui vont être bientôt décrits" (p. 48) ;
• enfin une petite construction carrée d'une douzaine de mètres de côté, aux murs bien construits, dont les rares vestiges céramiques sont contemporains de ceux de Qumrân. Il s'agirait d'une tour de garde ou d'un bâtiment d'exploitation lié aux travaux agricoles.

Lorsqu'on continue vers le sud, toujours en direction d''Aïn

Feshkha, on rencontre de nombreuses petites sources d'eau quelque peu saumâtre.

Le site d'Aïn Feshkha que décrit le savant dominicain se compose d'un bâtiment rectangulaire de 24 x 18 m, d'un enclos méridional d'environ 40 m de côté, et d'un enclos septentrional s'étendant sur 23 m vers le nord et sur une quarantaine de mètres vers l'est.

Le bâtiment rectangulaire comporte deux portes sur sa façade orientale qui donnent sur une cour intérieure bordée de constructions sur les quatre côtés, essentiellement des magasins (pp. 49-50). Une terrasse surmontait les chambres du sud et une grande pièce du nord. Le Père de Vaux pense qu'il pourrait s'agir d'une construction communautaire répartie entre magasins et pièces d'administration et de logement (p. 50) dont l'occupation s'est déroulée en trois temps : la période d'occupation principale est dénommée, comme à Qumrân, "Période II" et, ajoute le Père de Vaux, "il n'y a pas de doute possible : elle est contemporaine de la Période II de Khirbet Qumrân" (p. 51) ; la Période I, beaucoup moins bien documentée, correspond à la Période Ib de Qumrân ; la dernière occupation, la Période III, est plus difficile à dater : elle ne concerne qu'une petite partie des ruines, et les monnaies mises au jour s'échelonnent du règne de Domitien (81-96 ap. J.-C.) à celui d'Antonin le Pieux (136-161 ap. J.-C.). Pour le Père de Vaux, le caractère des deux premières occupations est clair : ces périodes sont liées à celles de Qumrân ; le site a été occupé par la même communauté (p. 55) ; il a donc la même histoire aussi.

L'enclos méridional a également connu des périodes différentes : à la période I, il s'agissait d'un parc pour le bétail, destination qu'il conserve à la Période II, mais que l'on complète par la construction d'un hangar destiné, suppute le Père dominicain, au séchage des dattes : "cela correspondrait à la seule grosse culture qui paraisse possible dans cette région. Le palmier-dattier aime l'eau salée (…), il exige (…) une haute température pendant l'été ; ces conditions sont remplies dans la bande de terre qui s'étend de Feshkha à Khirbet Qumrân : il y a les sources importantes de 'Aïn Feshkha et de 'Aïn el-Ghazal et une quantité de petites sources, toutes un peu saumâtres, les racines des arbres peuvent rapidement atteindre la nappe d'eau (…). Les poutres de bois de palmier, les palmes et les dattes retrouvées dans les ruines de Khirbet Qumrân et dans les grottes indiquent que le palmier était autrefois cultivé dans les environs. Une installation liée à cette culture ne serait pas hors de place à Feshkha, mais ce hangar a pu servir pour bien d'autres choses et la question doit rester ouverte" (p. 59). À l'époque byzantine, 'Aïn Feshkha est occupé par des moines installés à Mardes (Khirbet Mird), à 9 km à l'ouest de Feshkha. Ils y cultivaient un jardin potager selon le témoignage de Jean Moschos (*Pré spirituel*, § 158).

L'enclos septentrional pose beaucoup plus de problèmes d'interprétation : construit à la Période II, il contient, dans sa partie orientale, un système de canaux et de bassins alimentés par des sources aujourd'hui taries. Selon le fouilleur, il ne s'agit pas de citernes ni de bains, mais d'une installation à caractère industriel où l'eau jouait un grand rôle : atelier pour la préparation des peaux (pp. 63-64) ? atelier pour la préparation des parchemins (pp. 65-66) ? ou installation destinée à l'élevage de poissons (p. 66) ? Le Père de Vaux ne prend pas position. Il se contente de souligner que cette installation a cessé de servir à la Période III.

Ainsi se clôt le chapitre consacré à l'archéologie de Qumrân. En quelques lignes, le Père de Vaux résume l'histoire de Qumrân et de Feshkha : ce dernier établissement, de type agricole et industriel, est au service de la communauté de Qumrân (p. 67) ; il est constitué d'un bâtiment d'exploitation auquel sont accolés un enclos pour le bétail et des bassins qui ont servi à une certaine industrie. Les quelques ressources naturelles que possède la région rendent possibles l'élevage de moutons et de chèvres, l'exploitation d'une palmeraie, la culture de l'orge, l'utilisation des roseaux, le commerce du sel et du bitume. Feshkha fut principalement occupé entre la seconde moitié du IIe siècle av. J.-C. et 68 ap. J.-C. par les mêmes personnes qu'à Qumrân : "les mêmes hommes qui habitaient dans les grottes ou sous des huttes près de la falaise se réunissaient à Khirbet Qumrân, ils y avaient des activités communes et des magasins communs, ils travaillaient dans les ateliers de Khirbet Qumrân ou à la ferme de Feshkha, ils étaient enterrés dans le grand cimetière ou dans les cimetières secondaires. Pendant près de deux siècles, une communauté a donc vécu dans cette région déshéritée. (…) On peut estimer que le groupe, à la période la plus prospère, ne comptait pas beaucoup plus de 200 membres. C'était un groupe organisé (…). L'originalité du mode de sépulture, la grande salle de réunion, qui servait aussi pour des repas collectifs dont les restes étaient soigneusement enterrés, tout cela suggère que cette communauté avait un caractère religieux et qu'elle observait des rites particuliers" (pp. 69-70).

2. Les ruines et les manuscrits

Le caractère communautaire du site de Qumrân établi, le Père de Vaux s'attache ensuite à relier les découvertes archéologiques qu'il a faites au contenu des manuscrits (avant tout, des manuscrits sectaires) qu'il a la charge de publier : "mais il faut encore (…) établir le rapport qui existe entre les ruines et les manuscrits qui ont été trouvés dans les grottes voisines" (p. 71).

On a vu que l'occupation israélite du site trouve un écho dans le livre de *Josué* au chapitre XV, 61-62 ; Qumrân y est mentionné parmi les six villes situées dans le désert sous le vocable de "Ville du Sel". Quant au matériel recueilli, il n'est pas antérieur au VIIIe siècle av. J.-C.

Le Père de Vaux se préoccupe ensuite de "déterminer la relation qui existe entre les manuscrits, les grottes et les ruines et, cette relation étant assurée, de voir comment les textes et l'archéologie s'éclairent mutuellement" (pp. 73-74). Il s'attache au préalable à démontrer que les manuscrits ont bien été trouvés dans les grottes voisines de l'établissement de Qumrân, qu'ils sont anciens et qu'ils ont été déposés dans les grottes il y a longtemps (pp. 74-79).

Sa démonstration repose sur un préalable : prouver que les manuscrits retrouvés dans les onze grottes appartiennent bien à la communauté de Qumrân. Pour se faire, il rappelle que, comme il l'a démontré précédemment, l'occupation ou l'utilisation des grottes est contemporaine de celle de Qumrân (p. 80) ; ensuite que les manuscrits et la poterie de ces mêmes grottes sont eux aussi contemporains (p. 80) ; ce qui lui permet de conclure que les manuscrits étaient la propriété des personnes occupant le site et les grottes. Aucun manuscrit n'a été retrouvé dans les ruines de l'établissement car, exposé aux intempéries, un texte rédigé sur papyrus ou parchemin n'aurait pas résisté aux assauts de la pluie (même si elle est rare dans cette région), du vent, du froid nocturne et des hommes ; par contre des *ostraca*, c'est-à-dire des tessons de poterie ou des morceaux de calcaire portant un petit texte ou quelques mots, y ont été mis au jour, et leur écriture est identique à celle des manuscrits et des inscriptions courtes portées sur une jarre de la grotte 4, une autre de la grotte 7 et un *ostracon* de la grotte 10 (p. 80). Cela prouve, selon le Père dominicain, que les grottes ne sont pas des *genizôt* où auraient été déposés des manuscrits de provenance inconnue, sans rapport avec Qumrân, ni des *génizôt* de la communauté de Qumrân : "on peut accepter que la communauté ait eu une *genizah* (…) mais on refusera d'admettre qu'elle ait eu onze *genizôt* et, puisque l'état des manuscrits est partout semblable, que la composition des différents lots est constante et que les mêmes ouvrages se rencontrent dans plusieurs grottes, on doit reconnaître qu'aucune de ces grottes n'est une *genizah* et que tous ces ouvrages proviennent de la communauté et étaient acceptés par elle" (pp. 80-81).

L'origine des manuscrits est donc ainsi clairement établie. Le Père de Vaux précise encore : "Certes, on copiait des manuscrits dans le *scriptorium* de Qumrân et les mains des mêmes scribes sont discernables dans plusieurs manuscrits, on peut supposer aussi (…) que certains ouvrages ont été composés à Khirbet Qumrân mais on n'y faisait pas que cela" (p. 81). Suivent quelques lignes où le savant rappelle que l'établissement était un lieu d'activités liées à l'agriculture et à certaines industries pratiquées par les membres de la communauté. Il enchaîne : "les manuscrits retrouvés dans les grottes, qu'ils aient été écrits sur place ou qu'ils fussent venus d'ailleurs, étaient possédés par la communauté et lus par ses membres : ils composaient sa bibliothèque et ils peuvent donc être utilisés pour définir les tendances du groupe" (p. 81). Leur dispersion dans différentes grottes peut s'expliquer de diverses manières :

1. Les manuscrits ont été abandonnés par un ou plusieurs membres de la communauté dans les grottes qu'ils habitaient (grottes 5, 7 à 9) ;
2. Ils ont été entreposés ou cachés avec leur vaisselle dans une cavité voisine de leur lieu de campement (grottes 2, 3 et 6) ;
3. Ils constituent la bibliothèque de la communauté et ont été cachés en hâte au moment de l'abandon de l'établissement (grotte 4) ;
4. Une partie de cette bibliothèque a été plus soigneusement dissimulée dans un lieu plus sûr et plus éloigné (grotte 1) à moins qu'il ne s'agisse d'une cache choisie par un groupe plus nombreux et installé près de cette grotte (p. 82).

La date d'abandon des manuscrits est précise : aucun texte n'a pu être composé, ni copié, ni déposé dans les grottes après juin 68 ap. J.-C. Le Père de Vaux énumère les différentes hypothèses qui pourraient expliquer ce dépôt (pp. 82-83) mais aucune ne trouve grâce à ces yeux, excepté celle qui suggère que certains manuscrits ont été apportés dans les grottes par des inconnus après le dépôt des autres rouleaux ; encore que cette hypothèse, ajoute-t-il aussitôt, n'est valable que dans un seul cas : celui du *rouleau de cuivre* de la grotte 3, très différent de tous les autres : "il a été trouvé dans la partie antérieure de la grotte, posé contre la paroi rocheuse, un peu à l'écart de la masse de poterie brisée et des fragments écrits sur peau et sur papyrus. (…) J. T. Milik (…) le (…) date (…) vers 100 ap. J.-C." (p. 84).

Le rapport entre le site de Qumrân et les manuscrits est ainsi bien établi. Reste à montrer comment ils s'accordent et s'éclairent mutuellement. Le Père de Vaux aborde ce problème sous trois angles : l'organisation de la communauté, son histoire et son caractère, c'est-à-dire son identité.

Pour le premier point, il établit un parallèle entre certains manuscrits sectaires comme la *Règle de la Communauté*, la *Règle de la Congrégation* et le *Document de Damas* et le site de Qumrân : "cette Communauté s'appelle elle-même le Reste d'Israël, le Véritable Israël, la Nouvelle Alliance. Ses membres se sont séparés d'Israël et de son sacerdoce (…). Ils se sont retirés au désert et mènent en commun une vie de travail, de prière et d'étude de la Sainte Loi. L'admission dans la communauté est précédée d'un temps de probation et d'un noviciat. La communauté est hiérarchisée et elle a à sa tête un prêtre et un intendant ou inspecteur, elle a un conseil restreint et des assemblées générales, elle se réunit pour des prières et des repas religieux. Tout cela s'accorde admirablement avec l'isolement au désert des installations de Khirbet Qumrân et de Feshkha et avec la destination collective d'une grande partie des constructions. Dans le détail, cette organisation et ces règles justifient le nom de "salle du conseil" que nous avons proposé pour la chambre entourée d'une banquette, *locus* 4, et l'interprétation de la grande pièce du *locus* 77 à la fois comme une salle de réunion et comme une salle à manger. Nous avons conclu qu'on y prenait des repas religieux dont les restes avaient été enterrés rituellement en différents endroits du Khirbet. Il est vrai que ni la *Règle de la Communauté* ni aucun autre texte de Qumrân ne font allusion à ce rite particulier des dépôts d'ossements (…). Mais il n'est pas douteux que toutes les prescriptions de la Règle pouvaient être observées dans les installations de Khirbet Qumrân" (pp. 85-86).

Le deuxième point concerne l'histoire de la communauté. Ici encore, le savant dominicain établit un rapport étroit entre les manuscrits, qui parlent de la communauté, et les ruines, qui lui donnent un cadre chronologique précis. Les renseignements recherchés se trouvent pour l'essentiel dans le *Document de Damas* et dans les commentaires bibliques. Le problème est que "malheureusement ces indications sont énigmatiques, elles évitent les noms propres et procèdent par allusions voilées" (p. 86), ce qui engendre de vives discussions sur l'histoire du groupe et l'identité de certains personnages. D'après les textes mentionnés, le fondateur du groupe est appelé le Maître de Justice, "personnage d'une très haute valeur, qui a profondément marqué l'organisation et la spiritualité de la communauté" (p. 86). Il eut pour adversaire un personnage qualifié de Prêtre Impie. Le Père de Vaux tentera plus loin de l'identifier. Pour l'heure, il s'attache à un passage du *Document de Damas* qui parle des "convertis d'Israël qui sont sortis du pays de Juda et se sont exilés au pays de Damas" (VI, 5 ; VI, 19 ; VIII, 21). Il s'agit pour lui d'une allusion symbolique à la région de Qumrân (pp. 87-88), tout comme l'est aussi le "pays de Juda" qui désigne les princes des prêtres de Jérusalem. Cette interprétation est l'occasion pour lui de souligner l'existence de différences importantes entre la *Règle de la Communauté* et le *Document de Damas* : "elles portent, en particulier, sur la structure sociale et empêchent que les deux règles aient été suivies en même temps par le même groupe. De plus, ces différences sont telles qu'elles ne peuvent pas s'expliquer par une évolution de la discipline à l'intérieur de la communauté. Si "Damas" est un nom symbolique de Qumrân, il faut alors admettre la coexistence à Qumrân de groupes qui s'accordaient sur l'essentiel mais qui n'avaient pas une organisation et un mode de vie identique. (…) Les grottes de la falaise contenaient des jarres à provisions et de la vaisselle domestique (…). Cela suggère que les individus ou les groupes qui vivaient dans ces grottes ou près d'elles avaient un régime de vie indépendant. Le *Document de Damas* expose la règle des *mahanôt*, des "camps" établis "au pays de Damas", XII. 22-23 ; XIII. 7, 20, etc. et l'on y voit que ces camps, bien qu'ils fussent soumis à un chef commun, XIV. 8-9, avaient une certaine autonomie. Ces "camps" pourraient être les huttes et les tentes dressées au pied de la falaise de Qumrân. D'autre part, à la différence de la *Règle de la Communauté*, le *Document de Damas*, VII. 6-7 ; XIX. 2-3, comme aussi la *Règle de la Congrégation*, prévoit que les membres puissent se marier et avoir des enfants ; cela pourrait rendre compte des femmes et des enfants enterrés dans les cimetières secondaires" (p. 89).

Ceci dit, le Père de Vaux évoque prudemment les différentes propositions émises concernant l'identité du Prêtre Impie. S'appuyant sur les résultats de ses fouilles qui fixent la première installation à la Période Ia (vers 140 av. J.-C.), il admet qu'il pourrait s'agir de Simon Maccabée (143-134 av. J.-C.) comme l'a proposé F. M. Cross[21]. Il s'attache ensuite

---

21 F. M. Cross, *The Ancient Library*, pp. 101-105.

à démonter l'hypothèse de C. Roth[22], selon laquelle le Prêtre Impie était Ménahem, un chef zélote de la Première Révolte (pp. 91-94).

Le troisième et dernier point concerne la dénomination de la communauté. Réfutant une identité zélote et judéo-chrétienne, il s'arrête plus longuement sur les trois partis mentionnés par Flavius Josèphe dans les *Antiquités juives* (XVIII, 15-25), à savoir les Pharisiens, les Sadducéens et les Esséniens. Les probabilités sont néanmoins "inégales" (p. 95). Il s'avère à l'étude que l'identification de la communauté de Qumrân avec les Sadducéens ou les Pharisiens est impossible (pp. 95-96) ; celle avec les Esséniens est beaucoup plus probante, mais par le seul recours aux textes (p. 96). Le Père de Vaux cite alors cinq exemples de contacts ou de ressemblances que l'on peut relever entre les écrits de Qumrân et les croyances et usages des Esséniens, en distinguant à chaque fois le témoignage des auteurs anciens (essentiellement Philon d'Alexandrie, Pline l'Ancien et Flavius Josèphe), celui des manuscrits et les données de l'archéologie : le mariage, les rapports à l'argent, les activités agro-pastorales, la pratique des bains rituels et l'emploi de la hachette (pp. 96-100). Pourtant, aussi étonnant que cela puisse paraître, le Père de Vaux conclut sa démonstration par cette constatation : "Tout cela ne mène pas loin et l'on voit qu'une même incertitude qualifie tous les témoignages archéologiques qu'on serait tenté d'exploiter pour établir le caractère essénien de la communauté de Qumrân. Ils ne contredisent pas cette dénomination, c'est tout ce qu'on peut assurer et c'est tout ce qu'on peut leur demander : la question relève de l'étude des textes et non de celle des monuments" (p. 100). Il ne lui reste alors plus que l'unique témoignage de Pline l'Ancien qui, dans son *Histoire naturelle* V, 17, 73 rapporte que les Esséniens vivaient isolés à l'ouest de la mer Morte, à l'écart du rivage et dans la compagnie des palmiers. En dessous d'eux (*infra hos*) se trouve Engeddi. La discussion porte alors sur le sens à donner à l'expression *infra hos*, "en dessous" : "au pied" ou "au sud" ? L'archéologie n'a révélé aucun vestige au-dessus d'Engeddi, ni de palmiers ; les Esséniens vivaient donc au nord de l'oasis, et entre elle et la pointe nord de la mer Morte, il n'y a qu'un seul site : Qumrân.

---

22 C. ROTH, *The Historical Background of the Dead Sea Scrolls*, 1958 ; *The Jewish Revolt against the Romans (66-73) in the Light of the Dead Sea Scrolls*, dans *Palestine Exploration Quarterly*, 1958, pp. 104-121 ; *The Zealots in the War of 66-73*, dans *Journal of Semitic Studies*, IV, 1959, pp. 332-355 ; *The Zealots and Qumrân: the Basic Issue*, dans *Revue de Qumrân*, II, I, nov. 1959, pp. 81-84, titres cités par R. de Vaux, p. 91 n. 2.

La conclusion est toute simple : "(...) au terme de notre étude, nous pouvons poser une question. Cette communauté, dont l'archéologie suit l'existence à Qumrân pendant deux siècles et qui a laissé une littérature considérable, n'est pas une petite secte inconnue, elle doit appartenir à l'un des mouvements importants et connus du Judaïsme ; nous avons jugé que les gens de Qumrân ne pouvaient être assimilés ni aux Zélotes, ni aux Sadducéens, ni aux Pharisiens : alors, à quels autres pourrait-on les rattacher qu'aux Esséniens, dont Pline dit précisément qu'ils habitaient cette région ? (...) L'archéologie (...) permet d'établir que les manuscrits de Qumrân sont sûrement authentiques et qu'ils sont anciens, qu'ils ont appartenu à une communauté religieuse qui a vécu sur les bords de la mer Morte depuis la seconde moitié du IIe siècle av. J.-C. jusqu'en 68 ap. J.-C. et que, vraisemblablement, aucun des manuscrits déposés dans les grottes n'est postérieur à cette date. Les événements de la vie de la communauté qui se sont passés à Qumrân et qui sont relatés dans les manuscrits doivent entrer dans ce cadre chronologique." (p. 104).

Ainsi se conclut l'étude magistrale que le savant dominicain consacra, des années durant, au site de Qumrân et aux manuscrits. La théorie qu'il mit sur pied est remarquable à plus d'un titre, le moindre n'étant pas la précision exquise avec laquelle s'articulent tous les éléments tirés des sources archéologiques, historiques et textuelles qu'il avait rassemblées. On ne peut manquer d'admirer cette construction savante, si parfaitement ordonnée, que l'on découvre en lisant ces pages. Tout se tient, s'emboîte et se cheville à merveille, révélant ainsi toute la puissance de réflexion et toutes les connaissances du Père de Vaux. Cette interprétation qu'il fut amené à donner du site fut suivie, avec quelques modifications parfois importantes, mais respectant toujours le même schéma de base – la triangulaire manuscrits, Essénien, Qumrân –, par une très grande majorité de spécialistes. Beaucoup aujourd'hui y restent farouchement attachés ; d'autres, cependant, la contestent de plus en plus fortement, en tout ou en partie. Malheureusement, le Père de Vaux mourut en 1971 sans avoir eu le temps de publier le rapport final de ses fouilles et sans voir la publication complète des textes des manuscrits.

Aujourd'hui, que reste-t-il de la théorie du Père de Vaux ? La multiplication des fouilles d'établissements contemporains de Qumrân, la mise en perspective des recherches dans un contexte historique plus large, enfin une meilleure connaissance de l'histoire juive au tournant de notre ère permettent-elles d'entériner les conclusions du savant dominicain, ou faut-il, au contraire, faire table rase du passé et proposer un nouveau modèle explicatif qui ne traite pas nécessairement des manuscrits, du site et des grottes comme un ensemble ? C'est pour tenter de répondre à cette question que nous avons voulu connaître l'opinion de quelques spécialistes des manuscrits et du site de Qumrân.

2. LE DÉBAT

Questions générales

1. B. Bioul. La mise au jour, en 1947, de rouleaux manuscrits dans des grottes voisines de Qumrân est l'une des découvertes archéologiques majeures du XXe siècle. Y avait-il eu des découvertes de ce genre auparavant ? et il y en a-t-il eu d'autres après ?

• **Y. Hirschfeld.** Oui, il existe des témoignages historiques sur des découvertes de rouleaux dans des grottes près de Jéricho. Origène, au IIIe siècle de notre ère, et Timothée au IXe s. fournissent des informations dignes de confiance à propos de manuscrits hébreux retrouvés dans des grottes de Jéricho. Les rouleaux retrouvés dans les grottes de Qumrân sont le reliquat d'une bibliothèque beaucoup plus importante. Les témoignages d'Origène et de Timothée ont été confirmés par la découverte de *papyri* par Hanan Eshel dans des grottes à l'ouest de Jéricho il y a 10 ans environ.

• **H. Eshel.** C'est exact. Pour autant que nous le sachions, des manuscrits ont été trouvés dans la région de Jéricho au IIIe siècle puis au IXe siècle comme en témoigne une lettre écrite en syriaque envoyée d'Antioche à Damas. On peut aussi comparer la découverte de Qumrân avec la mise au jour de bibliothèques en Mésopotamie et à Nag Hamadi en Égypte.

• **É. Puech.** Pour être plus précis, le patriarche nestorien Timothée Ier, vers 800 ap. J.-C., parle de la pratique ancienne de conserver des manuscrits dans des jarres dans une lettre qu'il a envoyée au métropolite Serge d'Élam : selon un récit qui rappelle étrangement celui de Mohammed ed-Dhib, un chasseur de Jéricho ayant vu son chien disparaître dans une grotte près de la mer Morte, l'y suivit et découvrit à sa grande surprise des jarres contenant des manuscrits. De même, Eusèbe, évêque de Césarée, écrit qu'au IIIe siècle de notre ère, Origène a recopié dans ses *Hexaples* (ouvrage disposé en six colonnes où il compare les versions grecques et hébraïques de l'Ancien Testament) des versions provenant de Jéricho, trouvées sous le règne de Caracalla (211-217) dans des jarres. Ce mode de conservation est très ancien puisque Jérémie, à la fin du VIIe siècle av. J.-C. rapporte la parole de Dieu (32, 14) disant : "Ainsi parle le Seigneur le tout-puissant, le Dieu d'Israël – prends ces documents, le contrat de vente scellé que voici et le document ouvert que voilà, et place-les dans un récipient de terre cuite pour qu'ils se conservent longtemps".

• **P. Donceel-Voûte**. Des manuscrits ont encore été découverts par les Israéliens lors des fouilles de Masada (1963-1965) ; il y a aussi les découvertes du wadi en-Nahr, du nahal David, du wadi Murabba'at (1952), et bien d'autres encore.

• **M. Bélis.** Pensez aussi aux *papyri* continuellement découverts dans les sables d'Egypte (cartonnages de momies). La collection des textes d'Oxyrhynchus est bien plus importante en quantité et beaucoup plus diverse que les documents de Qumrân.

Le désert de Judée a livré d'autres textes, après les explorations à Qumrân. Certains appartiennent au matériel des grottes où se sont réfugiés les derniers insurgés conduits à l'origine par Bar Kokhba. À la différence des rouleaux et des fragments de Qumrân, ce sont des documents privés, à peu d'exceptions près.

2. B. Bioul. Alors, qu'est-ce qui a fait l'intérêt de la découverte de Qumrân ?

• **É. Puech**. Ces manuscrits éclairent d'un jour nouveau les textes sacrés du judaïsme, les choix opérés pour la genèse du canon biblique et le terrain où le christianisme s'est élaboré. En outre, Eugene Ulrich, de l'Université Notre-Dame, dans l'Indiana, a parfaitement résumé les avancées que les rouleaux de la mer morte ont fait faire à notre connaissance de la transmission textuelle des livres de la Bible dans un article publié dans mon dernier livre paru aux éditions du Rouergue :
1. Antérieurs de plus de 1 000 ans par rapport aux plus anciennes copies conservées jusqu'alors, ils ont montré l'étonnante exactitude de nos textes

traditionnels transmis au fil des siècles par rapport au texte originel ; 2. Certains manuscrits s'éloignent sur plus d'un point du texte massorétique et présentent de fortes similitudes avec le Pentateuque des Samaritains ; 3. La Septante, traduction en grec des Écritures hébraïques faite au IIIe siècle av. J.-C., a également reçu, grâce aux manuscrits de Qumrân, la preuve de la fidélité de sa traduction ; 4. On peut dire aujourd'hui que plus de la moitié des livres de la Bible hébraïque circulaient dans des éditions littéraires différentes au tournant de notre ère ; 5. Enfin, on peut ajouter qu'avant la découverte de ces rouleaux, le matériel épigraphique palestinien entre 200 av. et 70 ap. J.-C. se limitait aux inscriptions sur des monnaies, sur des tombeaux et sur des ossuaires. Les manuscrits ont radicalement changé la situation, et les thèmes traités sont très divers : astronomie, astrologie, médecine, élevage, agriculture, ingénierie, science des matériaux, sciences alimentaires.

• **Y. Hirschfeld**. Oui, cette découverte jette une lumière nouvelle sur la vie intellectuelle et l'activité littéraire à Jérusalem au cours de ce qu'on appelle la période du Second Temple.

• **K. Galor**. Les implications des rouleaux sur le christianisme primitif et le judaïsme pré-rabbinique sont énormes. Ils représentent un lien important entre la littérature plus ancienne et les dévelopements plus tardifs du christianisme et du judaïsme.

• **H. Eshel**. Oui, pour la première fois, nous avons sous les yeux une bibliothèque religieuse de l'époque du Second Temple qui éclaire le judaïsme ancien, et par extension, l'histoire de l'Église primitive. Jusqu'à la découverte des manuscrits de Qumrân, les spécialistes travaillant sur cette période avaient surtout des sources grecques et latines. Aujourd'hui, nous possédons 900 manuscrits, la plupart en hébreu, qui nous apprennent beaucoup de choses sur cette période ainsi que sur le contexte religieux et social dans lequel ont vécu Jésus et Paul.

• **A. Caquot**. Le site de Qumrân a révélé des documents originaux, hébraïques et araméens, remontant à une époque sur laquelle on en avait très peu et, de surcroît, les plus anciennes copies du texte biblique. Les textes nouveaux ont révélé un mouvement religieux à peine soupçonné, et présentent des traits de la plus haute importance pour l'intelligence de la période dite intertestamentaire.

*3. **B. Bioul**. On est aussi frappé par la qualité de leur préservation. À quoi est dû le remarquable état de conservation des manuscrits et des objets archéologiques mis au jour dans cette région de la mer Morte ?*

• **Y. Hirschfeld.** Avant tout, leur conservation n'est pas aussi bonne qu'on peut le croire ; beaucoup de manuscrits sont très fragmentés, mais de façon générale, le climat sec et l'isolement ont contribué à conserver ce qui nous est parvenu.

• **M. Bélis.** Certains manuscrits sont en miettes et les spécialistes ont assez dit au prix de quels efforts patients ils les ont rassemblés et reconstitués. Les manuscrits ont cependant survécu au-delà des espérances ou de la norme en raison des conditions climatiques des grottes sèches, mais aussi parce qu'on avait pris soin de les envelopper dans des toiles de lin (mais pas tous, sans doute par manque de temps) qui les mettaient à l'abri des moisissures ou des rongeurs. Les destructions ont d'abord abîmé les bâches obturant les jarres, puis les housses de tissu avant d'affecter les manuscrits. Mais il y a tout lieu de penser que beaucoup de matériel s'est perdu, quoique le lin se conserve assez bien en milieu alcalin.

• **É. Puech.** La conservation des manuscrits est liée non seulement aux conditions climatiques de la région mais avant tout à leur mise à l'abri dans des grottes qui n'ont pas été saccagées par la suite et dans des jarres fermées avec des couvercles, et la plupart sans doute enveloppés de tissus de lin mais sans produits. Ceux qui gisaient en vrac sur un sol de nattes, quelques-uns lacérés par les Romains, nous sont parvenus en bien piteux état.

• **H. Eshel.** Il reste que la raison de cette bonne conservation des manuscrits est liée aux conditions climatiques autour de la mer Morte où il pleut rarement et où l'humidité est pratiquement nulle.

*4. **B. Bioul**. Si l'on évoque les conditions climatiques, peut-on raisonnablement penser que, dans l'établissement même de Qumrân, des manuscrits situés dans des niveaux archéologiques recouverts par des couches de destruction auraient pu se conserver en tout ou en partie en restant à l'abri des intempéries ?*

• **J.-B. Humbert**. C'est fortement improbable. D'ailleurs le site n'a pas fourni beaucoup d'autres matières organiques. Et puis, de quelles couches de destruction parlez-vous ?

• **P. Donceel-Voûte**. Le site a donné quelques objets en matériaux périssables, essentiellement des végétaux qui n'étaient pas forcément carbonisés (nattes, feuilles de palmier). L'encre a été conservée sur des tessons et des supports minéraux (pierres) mis au jour dans l'établissement. Il semble que les conditions climatiques aient fort varié d'un secteur à l'autre.

• **Y. Hirschfeld**. Il ne faut pas oublier que ce sont surtout les efforts des personnes qui ont caché les rouleaux qui les ont protégés. Les manuscrits ont été enveloppés et placés dans des jarres puis enterrés à l'intérieur de grottes isolées.

• **H. Eshel**. Les manuscrits ont été mis au jour dans 11 grottes dénommées 1Q (Q pour Qumrân), 2Q, 3Q, 4Qa, 4Qb, 5Q, 6Q, 7Q, 8Q, 9Q et 11Q. Ces grottes se répartissent en deux groupes : celles qui se trouvent dans les falaises calcaires (1, 2, 3, 6 et 11), et celles qui se situent dans les falaises marneuses (toutes les autres). Mohamed ed-Dhib nous a dit que dans la grotte 1, il avait trouvé 3 rouleaux dans une jarre, et il y a de bonnes raisons de croire que c'est exact. Tous les autres rouleaux ont été retrouvés dans les remblais à l'intérieur de la grotte, mais pas dans un niveau de destruction. Aussi, la raison première de la conservation de ces rouleaux est les conditions climatiques plutôt que le fait d'avoir été recouverts par une couche de destruction qui les aurait protégés.

5. B. Bioul. Lorsqu'on évoque Qumrân, on associe d'emblée le site aux manuscrits et aux Esséniens. Ces trois termes (manuscrits-Esséniens-Qumrân) ont été liés comme s'ils appartenaient à une même réalité, comme s'il s'agissait d'une évidence. Pourquoi ?

• **A. Caquot**. On n'a jamais dit que c'était une évidence ; c'était une hypothèse de travail qui a été faite par Dupont Sommer et Sukenik. Le *Manuel de discipline* appartenant à la secte correspondait par bien des côtés à ce que disait Flavius Josèphe des Esséniens. Depuis on s'est aperçu qu'il y avait des éléments dans les textes de Qumrân que Flavius Josèphe ne permettait pas d'entrevoir.

• **J. VanderKam.** Ces termes paraissent liés parce qu'il existe des associations tout à fait plausibles qui ont été relevées et mentionnées dans la littérature scientifique depuis le début ou presque : celle de Qumrân (un site) avec les manuscrits (trouvés dans les grottes voisines) a été une des conclusions à laquelle les archéologues sont arrivés parce qu'ils identifièrent le même type de poterie sur le site et dans les grottes ; l'établissement d'une connexion entre les manuscrits et les Esséniens vient du fait que les enseignements des premiers cadrent au plus près avec ceux attribués aux Esséniens plutôt qu'avec ceux de n'importe quel autre groupe juif de l'époque. C'est un constat qui a été fait presque dès l'origine de l'étude des manuscrits par les spécialistes de différentes traditions religieuses (juifs et chrétiens), et qui continue à être considéré comme l'identification la plus probable.

• **Y. Hirschfeld.** Selon moi, c'est uniquement parce que le Père de Vaux a réussi à convaincre beaucoup de chercheurs que sa théorie était la bonne, notamment Yigael Yadin qui n'a jamais visité le site de Qumrân (du moins pas avant 1967) et n'a pas vu les petits objets de la fouille.

• **N. Golb.** Oui, c'est en particulier à cause du "lavage de cerveau" du public fait par A. Dupont-Sommer et le Père de Vaux.

• **K. Galor.** Il est vrai que le Père de Vaux nous a fourni un modèle très cohérent sur la relation entre les Esséniens, les manuscrits de la mer Morte et l'établissement de Qumrân. Il a créé un cadre très pratique dans lequel toutes les sources (historiques, épigraphiques et archéologiques) se complètent et se soutiennent l'une l'autre.

• **J.-B. Humbert.** En outre, on savait par les sources que les Esséniens avaient élu domicile du côté de la mer Morte.

• **H. Eshel.** Oui. Il y a quatre auteurs anciens qui ont parlé des Esséniens ; deux étaient juifs, Flavius Josèphe et Philon. Ils ont décrit ceux-ci vivant en différents endroits à travers la Judée. Les deux autres, Pline l'Ancien qui écrivait en latin, et Dion Chrysostôme qui écrivait en grec, décrivent les Esséniens habitant sur la rive occidentale de la mer Morte. Comme les manuscrits ont été découverts à Qumrân et que leur description correspond à bien des égards à ce que Josèphe et Philon ont dit, il est tout à fait logique de relier les manuscrits aux Esséniens de Qumrân, et de suggérer que la secte de Qumrân était un groupe au sein d'un mouvement Essénien plus large.

*6. **B. Bioul**. Alors, les chercheurs qui, comme N. Golb, veulent traiter les manuscrits et les ruines séparément, ont-ils raison?*

• **J.-B. Humbert.** Oui, c'est une bonne méthode, en tout cas scientifiquement souhaitable.

• **M. Bélis.** C'est une direction qui doit être prise par les chercheurs, même à titre d'hypothèse. Reste que les manuscrits ne sauraient avoir été déposés de part et d'autre de Qumrân à l'insu de ses résidents.

• **K. Galor**. Il est important d'étudier les manuscrits d'un point de vue historique et textuel, et d'étudier le site d'un point de vue archéologique. N. Golb a suggéré d'étudier séparément les ruines et des manuscrits. Cependant, on ne peut pas ignorer le fait que les rouleaux et le site de Qumrân relèvent du même contexte politique, géographique et économique. Même si aucun manuscrit n'a été mis au jour sur le site et qu'il existe du moins un certain recouvrement chronologique, ils viennent toujours de la même région. Je pense que N. Golb adopte une position extrême en essayant de contrebalancer le fait que beaucoup d'historiens et très peu d'archéologues ont essayé d'aborder les problèmes des vestiges matériels de Qumrân.

• **H. Eshel**. Je partage volontiers votre avis. Il n'y a aucune raison de séparer les manuscrits du site. Tout archéologue qui y travaille doit interpréter toutes les informations trouvées sur le site. Si l'on accepte les idées de Golb, alors il faudrait se demander si on doit également relier les murs avec le reste des vestiges ou si l'on doit étudier le site sans considérer les monnaies, la céramique, etc.

• **Y. Hirschfeld**. Pour ma part, je trouve que Golb a raison. La plupart des spécialistes reconnaissent qu'aucun manuscrit n'a été retrouvé sur le site lui-même, et admettent que le nom de Qumrân est une appellation arabe qui n'apparaît pas dans les rouleaux. Par conséquent, il n'y a aucune raison d'identifier les personnes qui ont écrit les manuscrits et/ou les ont possédés et/ou les ont cachés avec celles qui résidaient à Qumrân.

• **É. Puech.** Il est évident, pour qui connaît un tant soit peu les lieux, qu'il y a un lien entre les grottes à manuscrits et les ruines de Qumrân. On ne peut accéder à plusieurs grottes qu'en traversant le site enserré entre un mur et un ravin. La céramique étant identique de part et d'autre, l'occupation des lieux y est contemporaine. En cela Golb n'a certainement pas raison. Comme des Esséniens ont occupé la région à cette époque-là au dire d'auteurs anciens, il est normal que de Vaux ait soutenu l'hypothèse essénienne avancée par Sukenik, hypothèse de loin la meilleure. Qu'on n'ait pas retrouvé de manuscrits dans les ruines ne surprend nullement étant donné les destructions et le climat plus humide qu'à Masada. Enfin le nom ancien de Qumrân-Sokoka apparaît plusieurs fois dans le *rouleau de cuivre*.

7. *B. Bioul. Il faut quand même rappeler que ce n'est qu'une fois que l'on a trouvé les premiers manuscrits et fouillé les premières grottes qu'on s'est intéressé au site voisin de Qumrân, en y recherchant l'endroit où ces manuscrits avaient été écrits. Est-ce uniquement la proximité géographique qui a fait de Qumrân le candidat tout désigné au titre d'établissement Essénien producteur de manuscrits ou y a-t-il d'autres raisons ?*

• **M. Bélis.** Assurément oui, en s'appuyant sur Pline.

• **P. Donceel-Voûte.** On peut supposer que le contenu y est entré pour une part chez certains chercheurs.

• **J. VanderKam.** Lorsque la première grotte fut localisée par les archéologues, ils furent, de manière tout à fait compréhensible, intrigués par le site de Qumrân qui était le plus proche des grottes. Ce dernier avait été brièvement étudié dans le passé par un certain nombre de visiteurs, mais il n'y avait jamais eu de fouilles minutieuses des ruines. À l'époque, en 1949, ils ne trouvèrent aucune trace de relation entre la grotte et le site. Cependant, lorsque le même type de poterie fut trouvé sur le site et dans la grotte – et plus tard quand les autres grottes furent localisées, la plupart très près du site – la relation entre celui-ci et les manuscrits retrouvés dans les grottes devint très forte. Par exemple, il est très difficile de dissocier la grotte 4 de l'établissement de Qumrân parce qu'ils sont extrêmement proches, et c'est justement dans cette dernière que la majorité des manuscrits a été mise au jour. Il faut pratiquement traverser tout le site pour atteindre la grotte 4. En outre, puisque des encriers ont été découverts

Planche 1

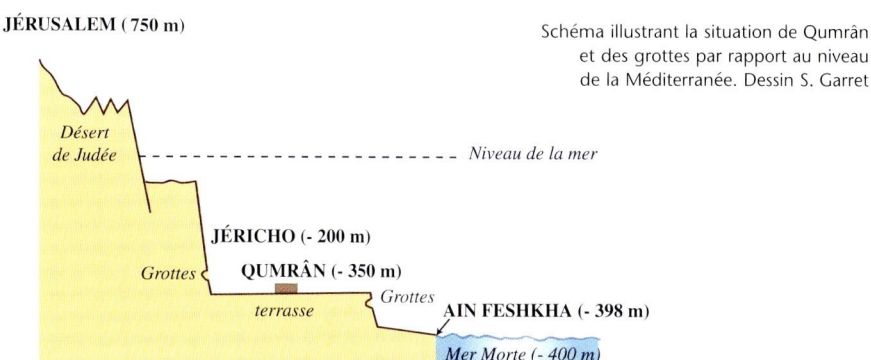

Plan schématique du Khirbet Qumrân avec emplacement des *loci* aux périodes Ib et II. D'après E.-M. Laperrousaz, *Qoumrân, l'établissement essénien*, pl. 1. Dessin S. Garret.

Schéma illustrant la situation de Qumrân et des grottes par rapport au niveau de la Méditerranée. Dessin S. Garret

Planche 2

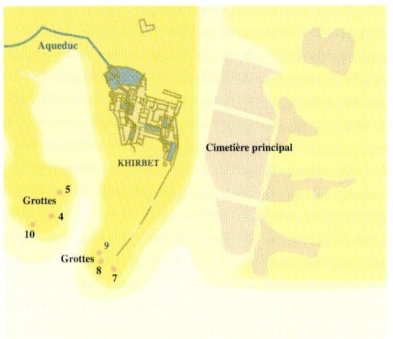
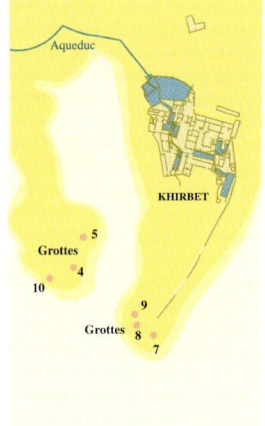

À gauche. Carte de situation de Qumrân, sur la rive nord-ouest de la mer Morte. Dessin S. Garret.
À droite, en haut. Site de Qumrân et emplacement du cimetière principal.
D'après F. Mébarki et É. Puech, 2002, p. 154. Dessin S. Garret.
À droite, ci-dessus. Plan de situation du site et des grottes. D'après F. Mébarki
et É. Puech, 2002, p. 23. Dessin S. Garret.

Le Père de Vaux à Qumrân.
© R. Donceel

Planche 3

Vue d'une des grottes surplombant le site de Qumrân (grotte 6), prise depuis l'établissement au sud-ouest. On devine, au bas de la photo, l'aqueduc qui longe le chemin emprunté par les visiteurs de la grotte.
Cliché Th. Coomans.
© Arke.

Vue aérienne de l'établissement de Qumrân. On distingue bien la partie résidentielle formant un carré à l'angle nord-ouest duquel se détache la grosse tour renforcée d'un glacis, et la partie industrielle au sud et autour de la citerne ronde.

Planche 4

L'établissement de Qumrân peu après les fouilles (1963). Direction NE. Les ruines sont au centre de la photo prise depuis la grotte 6. Au fond, la mer Morte.
© R. Donceel/J.-M. Dentzer.

Ci-dessus. Vue du site en direction du NE. Au centre, les vestiges de la tour.
© R. Donceel/J.-M. Dentzer

Ci-contre. Zone industrielle au nord-ouest. Direction SSE. Cliché Th. Coomans.
© Arke

Le débat – Questions générales 61

dans les ruines, il est très probable que la rédaction ou la copie de *certains* manuscrits ait eu lieu à Qumrân.

• **É. Puech**. Je souscris à cet avis. Encore une fois, les grottes 4 à 10 sont en rapport direct avec le site. Tout autre conclusion exigerait une explication qui dépasse la logique la plus élémentaire. En outre, plusieurs encriers ont été retrouvés sur le site, ce qui appuie l'hypothèse d'un *scriptorium* tout comme la présence de jarres cylindriques identiques de part et d'autre.

• **H. Eshel**. Plus de 8 jarres cylindriques ont en effet été retrouvées dans la grotte 1 ; elles sont uniques et inconnues sur d'autres sites de Judée. Les fouilles ont débuté à Qumrân en 1949 ; il s'agissait de vérifier s'il existait des jarres semblables à celles des grottes sur le site. Et il y en avait ! En outre, comme vient de le souligner James VanderKam, le site est très proche des grottes marneuses, et il est impossible d'atteindre la grotte 7 via la 9 sans passer par le site. Dès lors, il est inexact de dire, comme certains l'ont fait, qu'aucun rouleau n'a été retrouvé sur le site puisque ces trois grottes font partie intégrante du site.

• **K. Galor**. En effet, la proximité des grottes et du site ne peut pas être ignorée. Néanmoins, il existe encore une autre raison pour laquelle les spécialistes ont immédiatement fait le lien : c'est parce que très peu d'autres sites de la région avaient été fouillés. À l'époque de la découverte, la céramique et les "jarres à manuscrits" en particulier, apparaissaient comme uniques, propres au site de Qumrân et aux grottes contenant les manuscrits.

• **N. Golb**. C'est aussi à cause de la combinaison de la proximité du site et des déclarations que l'on trouve dans le *Manuel de discipline* soulignant une communauté de fraternité que l'on a associé le site aux Esséniens et aux manuscrits.

• **Y. Hirschfeld**. Je serai plus direct. Pour le Père de Vaux et ses collègues de l'École biblique, il existait une tentation à laquelle ils n'ont pas résisté : celle d'utiliser la proximité des grottes et du site de Qumrân, et la similarité de la céramique comme preuves suffisantes pour identifier les propriétaires des manuscrits avec les habitants de Qumrân. En réalité, la céramique retrouvée sur le site et dans les grottes peut être identifiée sur la plupart des établissements autour de la mer Morte au cours de la période du Second Temple. La proximité n'est pas un argument suffisant. Les grottes de Jéricho sont proches de Jéricho, mais la plupart des spécialistes admettent que l'origine des rouleaux de ces grottes est Jérusalem. L'identification de Qumrân avec les Esséniens et comme centre de production et d'entreposage des rouleaux n'était rien de plus que le désir caché des fouilleurs.

*8. **B. Bioul**. Chargé à la fois de la publication des manuscrits et de la fouille du site de Qumrân, le Père R. de Vaux n'a-t-il pas été influencé par ce que disaient les manuscrits à propos de l'histoire de la communauté et de ses origines lorsqu'il date l'établissement de la secte à Qumrân vers 140 av. J.-C. et qu'il interprète le site comme étant le centre majeur des Esséniens ?*

• **K. Galor**. Absolument !

• **Y. Hirschfeld**. Je suis d'accord. Comme Flavius Josèphe mentionne d'abord les Esséniens comme les partisans d'une "philosophie" du temps de Jonathan (*Ant.* 13, 171-173), il était très tentant pour le Père de Vaux d'utiliser les monnaies séleucides qu'il avait trouvées dans la fouille pour affirmer que la secte s'était établie à Qumrân vers 150 av. notre ère. En fait, en se basant sur ces pièces, les débuts de Qumrân au cours de la période du Second Temple devraient être datés de la seconde moitié du IIe siècle av. notre ère. L'époque où Jean Hyrcan fonda Hyrcanion sur la route de Jérusalem à Qumrân et dirigea la Judée pendant plusieurs années (134-104), est une candidate bien meilleure. Certains chercheurs, comme J. Magness dans son livre récent, ont suggéré que Qumrân avait été fondé à l'époque d'Alexandre Jannée (103-76), mais cette hypothèse ignore les monnaies du IIe siècle qui ont été retrouvées sur le site (même si elles ont pu être en circulation après leur époque, nous ne devons pas ignorer la possibilité qu'elles reflètent leur propre période).

• **M. Bélis**. Le Père de Vaux a orienté sa fouille dans le sens que vous indiquez parce qu'il pensait qu'il ne pouvait pas exister un autre site plus approprié à l'établissement essénien. Il n'ignorait cependant pas que les textes historiques comme les manuscrits découverts et publiés sous sa direction n'évoquent jamais les réalités géographiques précises et ne nomment jamais les lieux de l'implantation essénienne et de ses membres, même les plus importants.

• **H. Eshel.** Il est en effet possible qu'il ait été influencé, mais cela ne signifie pas nécessairement qu'il ait tort puisque sa datation repose solidement sur la céramique.

• **É. Puech.** Je ne pense pas que de Vaux ait été influencé par les manuscrits ou par Flavius Josèphe. Il se fonde d'abord sur les données objectives de l'archéologie pour dater la période Ib de Jean Hyrcan Ier et remonter ensuite la période Ia sous Simon (sa préférence) ou même Jonathan (la préférence de son épigraphiste, Milik). Il est quand même curieux que le manuscrit 4Q523 que j'ai déchiffré et publié bien après la mort de de Vaux fasse allusion à Jonathan et à ses escouades comme pilleurs de trésors du temple, conclusion rejoignant par là les données littéraires des *Livres des Maccabées*. Si on étudie de près les données des manuscrits, les meilleures hypothèses pour le Maître de Justice et le Prêtre Impie remontent à cette époque-là. Il existe donc des allusions historiques dans les manuscrits si on prend la peine de les étudier de près.

• **J.-B. Humbert.** Vous oubliez une chose : c'est que les manuscrits ne parlent pas des origines historiques de la secte.

• **N. Golb.** C'est tout à fait exact. Il n'a jamais été démontré que les manuscrits nous donnent une quelconque explication sur l'histoire de la communauté essénienne.

• **P. Donceel-Voûte.** Il faut réagir contre la référence à "l'histoire". Aucun manuscrit historique n'a été découvert dans les grottes ; un seul manuscrit suggère l'existence d'une communauté : il s'agit de celui appelé justement "Règle de la Communauté" qui est un énoncé de règles d'association, banal dans le monde hellénistico-romain très associatif. Et RIEN n'y parle des Esséniens, nulle part.

9. B. Bioul. Quelles ont été les raisons qui ont déterminé la nomination du Père Roland de Vaux et de Gerald Lankester Harding comme directeurs des fouilles de Qumrân ?

• **H. Eshel.** Ils étaient qualifiés, à la bonne place et au bon moment, à savoir Jérusalem en 1949.

• **Y. Hirschfeld.** De plus, ils avaient les moyens et l'autorité nécessaires pour fouiller Qumrân. Le site les intéressait à cause de la découverte des manuscrits de la grotte 1. C'est ce qui se passe habituellement dans la plupart des fouilles.

• **P. Donceel-Voûte**. L. Harding était le directeur du *Department of Antiquities of Jordan* (DAJ), pays où se trouvait Khirbet Qumrân avant 1967, et, à ce titre, organisait souvent les chantiers et les contrôlait. Le DAJ est d'ailleurs tout autant partie prenante à la fouille que l'École biblique et archéologique française et le *Palestine Archaeological Museum*, ce que les Jordaniens ne manquent pas de rappeler quand on leur parle de publication, en évoquant les milliers de dinars qu'ils ont dépensés pour la fouille.

• **K. Galor**. R. de Vaux et L. Harding faisaient partie des archéologues de premier plan travaillant en Jordanie à cette époque. L'équipe se voulait internationale, et les Écoles française et britannique entretenaient de bonnes relations.

• **J.-B. Humbert**. On oublie surtout de rappeler que les débuts de Qumrân se sont déroulés sur fond de grand chambardement politique. La situation en 1950 était des plus difficiles. Normalement le dossier Qumrân devait aller à Sukenik qui avait "tenu le bon bout". Mais la conquête de la Palestine a conduit à faire ériger des barbelés à la bordure ouest de Jérusalem. Sukenik s'est retrouvé du mauvais côté, Qumrân étant de l'autre. Si les Anglais n'étaient plus dans l'ancien mandat devenu Israël, ils restaient bien implantés en Transjordanie. Lankester Harding était à la tête des Antiquités nouvellement créées à Amman. Les quelques archéologues demeurés sur place dans ces temps de guerre larvée n'étaient qu'une poignée. La solide réputation du Père de Vaux à Jérusalem et l'amitié que lui portait Harding les ont liés dans une situation où il fallait agir de toute urgence. Répétons que l'on a beaucoup oublié qu'il leur fallait agir vite, très vite, et qu'il était impensable de différer pour chercher d'autres compétences ailleurs.

*10. **B. Bioul**. Mais s'il fallait agir dans l'urgence, pourquoi avoir choisi ceux qui étudiaient déjà les manuscrits pour fouiller aussi les grottes et le site de Qumrân ? Était-ce une pratique courante à l'époque de confier l'étude des vestiges archéologiques et des textes aux mêmes personnes ?*

• **J.-B. Humbert.** Il ne s'agit pas des mêmes personnes, sauf Milik.

• **M. Bélis.** Si vous avez en vue que les spécialistes des textes et les archéologues étaient les mêmes, n'est-ce pas parce que les uns et les autres venaient de Jérusalem, et plus spécialement (mais pas tous) de l'École biblique, et qu'on les voit aux côtés des fouilleurs (Starcky) sur les clichés ? Les éditeurs des textes n'ont pas participé aux chantiers dans leur écrasante majorité, exception faite de J.T. Milik comme vient de le dire J.-B. Humbert.

• **H. Eshel.** De toute façon, puisque les rouleaux avaient été trouvés sur le site, il était tout à fait normal que les mêmes personnes s'occupent à la fois de l'archéologie du site et des textes qui lui étaient liés, de la même manière que Yadin était responsable des fouilles de Masada et de la publication des textes qu'il y avait trouvés.

• **P. Donceel-Voûte.** N'oubliez pas que les manuscrits sont aussi des objets archéologiques et revêtent, à ce titre, une dimension archéologique à l'instar des remblais, de la poterie, etc.

• **Y. Hirschfeld.** C'est surtout une question de coïncidence. Après la Seconde Guerre mondiale et celle de 1948, la partie ouest (*West Bank*) était peu accessible et négligée. Peu d'archéologues s'étaient rendus dans la partie est de Jérusalem. Comme d'habitude, c'était une question d'argent. L'École biblique avait un penchant pour la recherche des preuves de l'existence de Jésus en Terre Sainte d'une part, et de l'autre les Bédouins du désert de Judée pouvaient être engagés à peu de frais. Comme ce fut le cas à l'époque coloniale, tout s'est passé rapidement. Harding, qui était à la tête du Département des Antiquités de Jordanie, a probablement signé le permis de fouille de Qumrân pour le Père de Vaux et lui-même.

• **N. Golb.** La coutume, aujourd'hui encore, veut que les inventeurs, c'est-à-dire les archéologues, aient le droit de publier avant tout le monde tous les textes mis au jour. Cependant, traditionnellement, comme c'est le cas des découvertes de *papyri* grecs ou de textes cunéiformes, le matériel écrit est, en règle générale, confié à des spécialistes, c'est-à-dire des philologues, pour être publié.

11. B. Bioul. Mais pourquoi avoir choisi le Père R. de Vaux, en particulier, qui s'occupait déjà de la collecte des manuscrits et qui fut également chargé de leur publication ?

• **Y. Hirschfeld**. Eh bien, au début des années cinquante, il n'y avait pas beaucoup de scientifiques qui vivaient à Jérusalem, et encore moins qui étaient impliqués dans l'étude des manuscrits.

• **H. Eshel**. En outre, c'est la procédure régulière en matière d'archéologie palestinienne : celui qui fouille un site est aussi responsable de la publication des trouvailles qui y sont faites, ce qui, dans ce cas précis, inclut les manuscrits.

• **M. Bélis**. Le Père de Vaux était le plus apte à le faire dans l'après-mandat. La situation du pays était un chaos sanglant et les bords de la mer Morte, une sorte de coupe-gorge livré aux Bédouins. On a choisi les autorités là où elles étaient, le slogan étant "il fallait arrêter le pillage" (expression de 1952).

• **J.-B. Humbert**. De toute façon, les deux opérations étaient mêlées. Parce qu'on ignorait que la fouille du khirbeh serait profitable, elle ne fut pas à l'origine un grand projet avec une logistique compliquée. Elle aurait pu s'arrêter sur un sondage pour vérifier que les trous clandestins des Bédouins n'avaient pas touché de sédiments sensibles. L'opération de sauvetage s'est ensuite normalement développée avec l'intérêt qu'on lui a porté.

• **K. Galor**. Selon mon point de vue, c'est surtout la forte et irrésistible personnalité du Père de Vaux qui lui a assuré ce rôle de leader.

• **N. Golb**. Oui, parce qu'il le voulait !

• **P. Donceel-Voûte**. Le Père de Vaux s'est en quelque sorte choisi lui-même. D'ailleurs, c'est encore le cas aujourd'hui lorsque quelqu'un introduit une demande de fouille pour un site qui l'intéresse.

12. B. Bioul. On reviendra bien sûr sur la question de la (re)mise en question de l'interprétation du Père de Vaux. Mais pouvez-vous déjà nous dire quelques mots sur les nouvelles hypothèses concernant le site de Qumrân et l'origine des manuscrits ?

• **P. Donceel-Voûte**. Pour ce qui est du site de Khirbet Qumrân, il suffit de relire les textes des géographes qui parlent de cette partie de la Palestine et qui, selon moi, sont assez explicites sur le caractère de la région et son intérêt pour les productions agricoles de grand prix. En ce qui concerne les manuscrits, il faut bien s'entendre sur le mot "origine" : 1. s'agit-il de la rédaction originelle ? Dans ce cas, les origines me semblent très variées (manuscrits bibliques en hébreu et araméen, archives en grec et documents divers) ; 2. s'agit-il de l'origine de la ou des copies présentes ? Il faut alors parler des divers supports, des différentes écritures, de l'emploi d'encres variées, le tout imposant l'évidence de copistes aussi éloignés géographiquement que chronologiquement. 3. S'agit-il du lieu où les manuscrits étaient conservés et lus avant leur dépôt dans les grottes ? C'est, selon toute probabilité, Jérusalem.

• **K. Galor**. Selon N. Golb, le site a servi de forteresse ; pour A. D. Crown et L. Cansdale c'était un entrepôt commercial ; d'après les époux Donceel il s'agissait d'une *villa rustica* ; pour Y. Hirschfeld un manoir judéen. J.-B. Humbert suggère de différencier la villa asmonéenne de l'extension essénienne ultérieure.

• **H. Eshel**. En réalité, il existe à peu près 9 théories différentes qui se contredisent les unes les autres : Qumrân était une forteresse, une villa romaine, une auberge, une ferme agricole, un hôpital, etc. Quant à l'origine des manuscrits, seul Golb a suggéré qu'ils venaient d'ailleurs, faisant d'abord l'hypothèse qu'ils provenaient du Temple, ensuite qu'ils appartenaient à des bibliothèques privées de Jérusalem. S'il avait pris le temps de lire la *Règle de la Communauté* ou les *pesharim*, il y aurait vu les indices d'une polémique très importante avec les autorités de Jérusalem. Il semble que Golb ait préféré écrire ses idées plutôt que de lire réellement les manuscrits.

• **Y. Hirschfeld**. Il faut dire que de plus en plus de spécialistes aujourd'hui voient le site de Qumrân et les vestiges voisins de 'Aïn Feshkha comme un établissement rural complexe. Je pense que le premier à avoir fait cette remarque est Philip Davies dans son article révolutionnaire de 1988. En basant leur recherche sur le matériel de Qumrân, les Donceel sont arrivés à la même conclusion, ainsi que Jürgen Zangenberg, Z. Kapera, Yizhak Magen et moi-même. Par son étude comparative entre la céramique de Qumrân et celle du palais d'hiver de Jéricho, Rachel Bar-Nathan a, elle aussi, tiré les mêmes conclusions. Quant à l'origine des manuscrits, de plus en plus de spécialistes pensent qu'un nombre aussi important de livres (qui ne constituent qu'une partie d'un ensemble beaucoup plus important) ne pourrait provenir, en Judée, que de Jérusalem, la métropole qui était le centre politique, économique, religieux et spirituel des Juifs dans le pays.

• **M. Bélis.** La controverse est essentielle pour toute enquête archéologique, l'absence de tout témoignage concernant le *dépôt* des manuscrits (je ne parle pas de leur contenu) force à dépasser la simple description des objets découverts à Qumrân. Il est normal et souhaitable d'élargir les perspectives, de s'émanciper de l'interprétation communément acceptée et d'explorer d'autres aspects (négligés jusqu'ici) de la chronologie du site, aussi bien que de ses liens possibles avec l'histoire générale de la région.

Il est normal et souhaitable de cesser de penser Qumrân isolément, comme une enclave, hors du contexte qui a été le sien.

Le tout est de savoir que chacun de ceux qui formulent de nouvelles hypothèses sont les successeurs mais aussi les héritiers de ceux qui ont interprété le site dans les années 50. Oublions quelques fantaisistes et les empêcheurs de tourner en rond qui attisent stérilement les polémiques anciennes. Chaque chercheur doit être conscient aujourd'hui qu'il n'arrive pas sur un sol ferme, qu'il est lui-même un individu issu de sa propre histoire, façonné par ses maîtres, bref un "animal historique" et que, par conséquent, il regarde et interprète à son tour le(s) site(s) de Qumrân avec sa subjectivité. Il appartient à chacun de nous d'en être conscient et de mobiliser ses ressources intellectuelles et sa rigueur pour tendre vers la plus grande objectivité ! L'atteindre reste forcément un lointain horizon.

*13. **B. Bioul**. Mais ne pourrait-on pas tenter une synthèse entre les théories de Golb, des Donceel, d'Hirschfeld, de Jean-Baptiste Humbert et de l'école de Groningue (voir annexe 2) ? Elle présenterait l'hypothèse d'une origine hiérosolymitaine des manuscrits qui auraient été cachés, lors de l'invasion romaine, dans des grottes proches d'un établissement à caractère industriel et/ou agricole, dont les propriétaires étaient des adhérents ou des sympathisants d'un groupe religieux encore inconnu, ou tout simplement des juifs pieux soucieux de préserver le patrimoine intellectuel et religieux de leur pays ?*

• **P. Donceel-Voûte.** Cette façon de présenter les choses est en effet acceptable mais au prix d'une certaine relativisation : l'association des vues de N. Golb demande cependant à ce que l'on tienne compte du fait qu'il privilégie le rôle défensif et militaire du site ; parler de Juifs pieux qui auraient tenté de "préserver le patrimoine religieux de leur pays" ne doit pas masquer qu'il s'agit aussi de leurs archives ; il faut également insister sur l'absence totale de preuve de la pratique d'un culte sur place malgré ce qu'en dit J.-B. Humbert. Selon mon mari, on peut même envisager comme propriétaire un membre de la famille asmonéenne ou hérodienne : ces terres de dépressions autour de Jéricho sont longtemps restées dans le patrimoine des dynastes, et le resteront d'ailleurs jusqu'aux Omeyyades par exemple.

• **Y. Hirschfeld.** Un groupe religieux inconnu est toujours une possibilité, une façon de spéculer, mais les spéculations sont sans fin. Les rouleaux étaient des livres saints. Nous avons de nombreuses preuves par Flavius Josèphe et d'autres auteurs que ces livres (Bible, apocryphes, pseudépigraphes) étaient importants pour tous les Juifs, notamment pour ceux qui vivaient dans des zones rurales. Je serais tenté de penser que les Juifs qui vivaient à Qumrân avaient de la sympathie pour les rouleaux et les personnes qui sont venues les cacher. Ils les ont sans doute aidés en leur donnant des jarres pour les contenir et également en repérant les grottes. Peut-être que la connaissance du désert autour du site par la population locale est la raison pour laquelle nous avons les rouleaux, 1880 ans après leur enfouissement.

• **M. Bélis.** Je souscris volontiers à l'idée que présente Y. Hirschfeld : on ne peut mener une opération-cachette à l'insu de ceux de Qumrân ou contre leur volonté. La sûreté des cachettes est telle qu'en 2003, il reste très difficile de retrouver la localisation exacte de certaines grottes, malgré la documentation existant sur leur morphologie.

• **N. Golb.** À cause de leur contenu réellement hétérogène et parce que des rouleaux similaires ont également été retrouvés à Masada, je pense que l'hypothèse de juifs pieux, soucieux de conserver leur héritage intellectuel et religieux est beaucoup plus vraisemblable que celle de sympathisants d'un groupe religieux inconnu.

• **K. Galor.** Je ne pense pas qu'on puisse un jour identifier les auteurs des manuscrits, que ce soit en se basant sur les découvertes archéologiques ou sur l'étude paléographique et épigraphique.

• **H. Eshel**. Le mouvement essénien était sans doute divisé en plusieurs groupes dont celui de Qumrân.

• **M. Bélis.** Pour répondre directement à votre question, de l'avis général, je ne pense pas qu'une synthèse des théories en présence est possible. La première réalité sur laquelle il est primordial de s'appuyer est ce que l'archéologie a mis au jour – et sans en écarter ce qui ne cadre pas avec une théorie posée *a priori*.

Les textes sont maintenant (presque) tous accessibles dans la collection *Discoveries in the Judaean Desert*, sous l'énergique direction d'Emmanuel Tov.

Le nouveau viendra à présent des publications consacrées à l'archéologie et aux études archéométriques ; l'École biblique et archéologique française de Jérusalem se charge de reprendre le matériel et de présenter à la communauté scientifique un matériel considérable. Les contributeurs, dont je fais partie, espèrent que les spécialistes de Qumrân utiliseront leur travail qui vient compléter ce que le Père de Vaux avait déjà publié sans pouvoir achever son œuvre. Les nouvelles technologies auxquelles les archéologues de l'Ebaf (École biblique et Archéologique française) ont fait appel n'existaient pas du vivant de R. de Vaux. C'est dire que l'ouvrage (ou plutôt les ouvrages) à paraître vont bien au-delà d'une simple compilation et d'une synthèse des notes laissées par R. de Vaux.

La "synthèse" dont vous parlez entre les théories exposées depuis paraît séduisante, à première vue. Tout échange de vues a son intérêt. De là à imaginer que toutes puissent s'intégrer harmonieusement dans une interprétation globale ne tient pas la route. Il faut reprendre les données archéologiques sans leur faire dire ce qu'elles ne disent pas (la banquette du *triclinium*, la table d'un *scriptorium*) ou même le contraire de ce qu'elles disent. De la rigueur, du bon sens, avant toute chose. Libre à chacun d'entreprendre sa propre recherche, pourvu qu'il ne mette pas la charrue avant les bœufs (l'hypothèse avant les données archéologiques) et qu'il garde l'esprit ouvert à la discussion.

Que l'on reprenne aussi les premières publications (*Revue biblique, DJD, BASOR, PEQ* etc.) qui, elles, s'appuyaient sur les réalités du terrain et n'étaient forcément pas encore influencées par les "écoles" et les querelles partisanes et désespérantes qui ont fleuri ensuite et sclérosé la recherche. Un peu d'humilité et beaucoup de patience, voilà ce qui peut donner des résultats. Ensuite, que l'on dialogue avec honnêteté et méthode.

Le débat – Les manuscrits

Questions générales

*14. **B. Bioul**. Les manuscrits sont presque tous publiés aujourd'hui, 39 volumes parus dans la collection des* Discoveries in the Judean Desert, *Oxford University Press. Est-ce dire que la polémique sur leur publication est achevée ?*

• **A. Caquot**. Oui, dans la mesure où la publication est presque achevée ; tout ce qui n'est pas paru paraîtra bientôt.

• **É. Puech**. Il reste encore plusieurs volumes à publier dans la série officielle des *Discoveries in the Judaean Desert* à Oxford, au moins les 17, 32 et 37, mais d'autres devraient être programmés si on veut des publications diplomatiques de tous les manuscrits et ne pas se contenter de publications préliminaires dispersées dans des articles ou notes, ainsi par exemple des 18 colonnes de l'*Apocryphe de la Genèse* de la grotte 1.

• **N. Golb**. Quoi qu'il en soit, Bruno, si vous parlez de la polémique qui concerne leur publication, alors on peut dire oui, elle est achevée ; par contre, si vous faites allusion au problème de l'origine des manuscrits, ma réponse est non.

• **Y. Hirschfeld**. Je suis entièrement d'accord avec N. Golb. La polémique n'est pas terminée parce que la question principale qui concerne l'origine des rouleaux – Qumrân ou Jérusalem – est toujours ouverte, et beaucoup de choses dépendent des preuves archéologiques qui n'ont été que partiellement publiées.

• **H. Eshel**. Les spécialistes sérieux, ceux qui travaillent sur l'édition et la publication des textes, acceptent tous les interprétations du Père de Vaux. Cependant, la polémique oppose un groupe de spécialistes des textes et quelques archéologues qui acceptent les interprétations du Père de Vaux, et quelques spécialistes, surtout des archéologues, qui n'ont jamais lu les textes et qui ont d'autres idées à leur sujet.

*15. **B. Bioul**. John Strugnell, ancien éditeur en chef et ex-directeur de l'équipe internationale chargée de la publication des manuscrits, affirme avoir vu des* manuscrits chez des collectionneurs particuliers. Existerait-il encore des manuscrits inconnus non publiés ?

• **A. Caquot**. On ne le sait pas. Strugnell parlait en effet d'un manuscrit entier d'Hénoch, mais rien ne permet de vérifier ce qu'il a dit.

• **É. Puech**. Des rumeurs ont en effet couru sur la présence d'autres inédits de Qumrân dissimulés au Moyen-orient (Koweit, Liban, Jordanie) ou aux Etats-Unis. Puisque nulle preuve scientifique de l'existence de tels rouleaux n'est, jusqu'à ce jour, venue confirmer ces propos, mieux vaut les ignorer ou les mettre au compte des (fausses) nouvelles à sensation. En revanche il y a encore des fragments qui apparaissent sur le marché des antiquités ou qui avaient été achetés par des particuliers dans les années qui suivirent les découvertes, et qui refont surface en étant mis à la disposition des éditeurs au compte-gouttes.

• **J. VanderKam**. Il existe quelques manuscrits conservés sous forme de fragments et qui n'ont pas encore été publiés dans des éditions officielles, mais les originaux sont entre les mains des Autorités des Antiquités d'Israël. Je ne *sais* pas si des manuscrits ou des fragments de manuscrits sont conservés chez des particuliers, mais c'est possible. John Strugnell, avec toutes ses années d'expérience et ses nombreux contacts, peut posséder plus d'informations à ce sujet. On entend de temps à autre des rumeurs circuler à propos de manuscrits qui, d'une façon ou d'une autre, sont conservés chez des particuliers, mais je n'ai pas d'information solide à ce sujet.

• **H. Eshel**. Espérons que le professeur Strugnell ait raison lorsqu'il dit qu'il existe d'autres rouleaux de la grotte 11. Au cours de ces trois dernières années, quelques manuscrits qui étaient conservés chez des particuliers ont été apportés par Skohen et publiés par Charlesworth, et il semble qu'il y en ait encore dans quelques collections privées qui seront publiés dans un futur proche.

• **N. Golb**. Je n'en connais aucun personnellement, mais je ne pense pas que tout ce qui a été découvert est aujourd'hui connu et publié. Il demeure encore beaucoup de questions ouvertes, par exemple celle concernant le véritable lieu de dépôt et de cache du *Rouleau du Temple*.

16. B. Bioul. Revenons plus en détail sur l'invention, au sens étymologique du terme, des manuscrits, et ses circonstances. Qui les a vraiment découverts ?

• **H. Eshel.** On raconte que deux ou trois Bédouins sont responsables de la première découverte ; ils appartenaient à la tribu des Taʻamireh : il s'agit de Mohammed ed-Dhib, Ahmed Muhammad et Khalil Musa.

• **É. Puech.** Jusqu'à preuve du contraire, on n'a pas de raisons sérieuses de mettre en doute le rapport des Bédouins consigné par de Vaux, Milik et d'autres, plus proches des faits et des personnes en question. Ils en savaient certainement bien plus que nous.

• **M. Bélis.** En réalité, cette question est beaucoup plus complexe qu'il n'y paraît : il faut absolument établir une distinction entre les effractions et les visites (sans hostilité) antiques, et la trouvaille au XXe siècle de la grotte 1Q.

L'histoire très romanesque de l'Ali Baba qui cherche sa bestiole relève du conte oriental, fabriqué par intérêt pour éviter au Bédouin d'entrer en délicatesse avec les autorités, puisqu'il était passible de poursuites pour son pillage.

Qui n'est pas la meilleure question ; "quand" et "comment", ce serait déjà moins anecdotique.

Il semble (relisons de Vaux et la *Revue biblique*) que les Bédouins qui patrouillaient sur les bords de la mer Morte ont fortuitement mis la main sur des manuscrits anciens, voire antiques, bien avant 1948. Ils ont proposé aux ouvriers juifs (extrayant la potasse) de leur vendre leurs trouvailles. L'histoire tourne court…

Le Père de Vaux savait pertinemment que les manuscrits encrassés, décomposés et nauséabonds ne disaient pas grand chose à leurs inventeurs, en termes culturels ou historiques, si bien que les débris de rouleaux leur ont servi d'engrais pour fumer la terre des orangeraies, sans penser à mal.

Ce qu'il faut répondre à votre question, c'est surtout que les archéologues sont toujours (ou presque) arrivés *après* les "travailleurs clandestins" et que les couches archéologiques étaient dévastées.

Enfin, *où* les manuscrits ont-ils été trouvés ? On connaît les doutes qui planent sur les rouleaux emportés par les Bédouins de la grotte 11Q ainsi que le cas particulier du *Rouleau du Temple*, censé en provenir. A lire (et relire) les "Rapports préliminaires" et les archives laissées par les participants "réguliers" (R. de Vaux) et les chefs de mission, on s'aperçoit que les ouvriers, recrutés parmi les ex-pilleurs, travaillaient sous le contrôle d'un contremaître qui ne se tuait pas à rédiger des comptes-rendus : il n'en existe pas de trace. Certes, chaque équipe dépendait d'un responsable européen ou des Antiquités jordaniennes, ou de l'École américaine. Ils n'ont apparemment rien écrit non plus, sauf s'ils ont consigné le déroulement de leur travail dans leurs archives privées. À ma connaissance, aucun n'a publié quoi que ce soit sur l'expédition qui, en mars 1952, a exploré méthodiquement – non, systématiquement, car il ne ressort pas qu'il y ait eu une méthode très rigoureuse dans le déroulement des explorations – la falaise au nord et au sud de Khirbet Qumrân. La question m'intéresse et j'ai fait mon possible pour enrichir le dossier. Jusqu'à présent, ma quête n'a guère donné de résultats, sauf en Grande-Bretagne et auprès de témoins que j'ai interrogés (le Père Raymond de Tournay, aujourd'hui disparu, était aux côtés de R. de Vaux la toute première fois qu'un scientifique a atteint la grotte 1Q).

17. B. Bioul. L'histoire des Bédouins reste donc la plus probable. Cependant, lorsqu'en 1948, John Trever, jeune chercheur à l'American School de Jérusalem, photographie les premiers rouleaux qui lui sont présentés, il est assez vite assailli par un doute : ces manuscrits sont-ils vraiment authentiques ? L'affaire Shapira (voir encadré en fin de volume) était encore dans tous les esprits, et Trever s'inquiéta de leur légitimité. Qu'est-ce qui a permis aux spécialistes de savoir s'ils étaient authentiques ? quelles en sont les preuves ?

• **A. Caquot.** Tout d'abord, les conditions de découverte : celle-ci a été faite par des ingénus. Ensuite, une paléographie permettant de situer l'écriture des documents dans le cadre de l'évolution des écritures araméennes à la fin du Ier millénaire. Enfin, les recoupements avec les informations de Flavius Josèphe qui ont fait entrevoir l'hypothèse essénienne. Solomon Zeitlin a cru y reconnaître des manuscrits médiévaux, mais peu de savants l'ont suivi.

• **J. VanderKam**. Lorsque John Trever a, pour la première fois, examiné les manuscrits apportés par les représentants du monastère Saint-Marc (ils en avaient acheté quatre en 1947), il n'a pas été assailli par un doute concernant leur authenticité. Au contraire, il soupçonna qu'ils étaient très vieux, mais il voulait les soumettre à des examens appropriés dans le but d'établir leur ancienneté. La première méthode qu'il utilisa fut la paléographie ; il compara la forme des lettres avec celles d'autres textes anciens disponibles. Son examen paléographique le rassura sur leur authenticité – il y avait, par exemple, certaines caractéristiques scripturales telles que des corrections faites sur les manuscrits qui, pensait-il, était une chose qu'un faussaire n'aurait jamais faite. Les conclusions de Trever sur les dates des écritures furent vérifiées par William Foxwell Albright, le paléographe le plus fameux de l'époque. De son côté, et de façon tout à fait indépendante, Éléazar Sukenik, savant à l'expérience paléographique importante, arriva à des résultats similaires.

• **M. Bélis.** John Trever a vite compris à quoi il avait affaire, intuition confirmée par les félicitations qu'Albright lui a adressées par télégramme.

La mise en circulation de faux est d'une constante banalité, partout, sur toutes sortes de supports (l'ossuaire de Jacques, frère de Jésus, pour parler de l'actualité, ou la stèle de Joash). Un rouleau est une autre affaire. Il est difficile d'imaginer qu'on parvienne à écrire sur une peau antique, alors que la pierre d'un ossuaire caractéristique d'une période ancienne permet tous les exploits à des lapicides modernes.

L'affaire Shapira avait étrillé particulièrement le monde des paléographes à l'École biblique ; les "aînés" ont d'ailleurs tempéré leurs frères plus jeunes (Van der Ploeg) qui avaient vu les rouleaux détenus par Kando. Le doute fut dissipé par l'état de certains rouleaux (l'*Apocryphe de la Genèse*, le *Rouleau de Lamech*) : assurément, le support et le texte étaient authentiquement solidaires et solidairement authentiques, si l'on peut dire, et anciens. Leur date était à déterminer. Les résultats obtenus indépendamment par l'épigraphie et par le Carbone 14 se recoupent. La querelle s'est rapidement éteinte et je ne vois rien qui justifie le réveil du petit volcan.

La question cruciale était *la provenance* des manuscrits : leur contexte pouvait (on l'espérait du moins) apporter des réponses et des éléments pour dater non pas les manuscrits, mais *leur dépôt* ; on soupçonnait que les rouleaux n'avaient pas été écrits à la même époque. Les Bédouins pouvaient avoir regroupé des manuscrits sortis de grottes distinctes, ou mentir (une habitude invétérée et une mesure de protection évidente). Les archéologues les ont convaincus de les conduire à la grotte : le chaos était déjà un éloquent témoin du pillage, et par voie de conséquence, du dépôt. Il restait des fragments des mêmes textes, les toiles de lin arrachées et jetées sur place, des poteries. Pas de monnaie.

Si vous me le permettez, je voudrais finir par une petite anecdote :

un Bédouin avait perdu pendant le pillage son rouleau à cigarettes. Les archéologues l'avaient recueilli et placé sur une grande table du *Palestine Archaeological Museum* (Rockefeller Foundation, devenu Rockefeller Museum) avec toutes les autres trouvailles de la grotte 1Q. Le Bédouin l'a désigné ingénument lorsqu'on lui a demandé s'il reconnaissait l'un ou l'autre des objets exposés... Il n'empêche que l'authentification se consolidait encore.

• **É. Puech**. Le marché des antiquités à Jérusalem fourmille de faux en tout genre, y compris de fragments de manuscrits à imitation parfois difficile à déceler. Toutefois, il n'est pas rare que le faussaire se trahisse lui-même et le paléographe entraîné reconnaît assez vite la duperie. Pour la grotte 1 redécouverte par la Légion arabe de Jordanie et le capitaine belge onusien, Lippens, la preuve fut assez simple et rapide puisqu'on dégagea des fragments qui complètent les rouleaux trouvés par les Bédouins. D'un seul coup la provenance et l'authenticité étaient assurées. La preuve pour les autres grottes fut aussi assez rapide à établir.

• **H. Eshel**. Comme l'écriture des rouleaux est semblable à celle de certains ossuaires de l'époque du Second Temple qui portaient des inscriptions formelles, cela a aidé Sukenik à établir l'ancienneté des rouleaux. Plus tard, des tests au C14 pratiqués sur les textiles enveloppant les rouleaux, et même ensuite sur les rouleaux eux-mêmes, ont conforté les conclusions paléographiques.

• **Y. Hirschfeld**. On peut préciser que la preuve corroborante de la paléographie, de l'épigraphie, de la datation au C14 ainsi que la géographie mises en parallèle avec d'autres sites tels Masada et le Wadi Murraba'at font qu'à l'évidence, les rouleaux sont authentiques.

*18. **B. Bioul**. Les manuscrits sont donc authentiques. Mais s'agit-ils de copies et/ou d'autographes ?*

• **P. Donceel-Voûte**. Votre question revient à se demander si le livre d'*Isaïe* retrouvé à Qumrân est bien de la main d'Isaïe ! Certainement pas, aucun texte biblique mis au jour ne l'est. D'autre part, le texte attribué au "Seigneur des Ténèbres" ressemble à beaucoup d'autres du même type, et la *Règle de la Communauté* n'est sans doute qu'une copie pour un ou plusieurs de ses membres. Seules les archives et les textes cryptiques peuvent être des autographes, mais c'est une hypothèse de travail. Pour cela, je vous renvoie aux articles publiés dans les actes du Congrès de New York de 1994.

• **N. Golb.** Mon opinion est que le *rouleau de cuivre* est un autographe, mais tous les autres manuscrits sur parchemin ou papyrus sont des copies.

• **H. Eshel.** C'est exact, la plupart des rouleaux sont des copies. Mais je ne suis pas d'accord avec Norman Golb. Pour moi, le *rouleau de cuivre* n'est pas un autographe. Par contre, je pense que le 4Q *Test* est un autographe. Seuls quelques spécialistes ont écrit leur opinion sur ce problème particulier. Néanmoins, on peut dire que 99 % des rouleaux sont des copies, notamment les *pesharim* que certains voudraient voir comme des autographes.

19. B. Bioul. Comment classe-t-on aujourd'hui les manuscrits ?

• **H. Eshel.** Il existe plusieurs manières de classer les manuscrits découverts à Qumrân : selon la langue, le matériau etc. Toutes sont valables, mais pour une introduction régulière, je suggère de les répartir en trois groupes : bibliques, sectaires et apocryphes. Cette répartition facilite les choses, surtout lorsqu'on commence à étudier les rouleaux.

• **J. VanderKam.** On peut en effet classer les quelque 900 manuscrits – presque tous partiellement conservés – de différentes manières. Naturellement, on utilise aujourd'hui des termes qui ont une signification pour nous, même si ce n'était pas ceux employés par les propriétaires des manuscrits. Près de 230 d'entre eux peuvent être qualifiés de "bibliques" parce qu'ils contiennent les textes des livres que l'on retrouve dans les Bibles, qu'elles soient juive et/ou grecque (on pourrait y inclure ici les apocryphes). Un autre ensemble regroupe des œuvres telles que le *Livre d'Hénoch* et celui des *Jubilés* que l'on nomme "pseudépigraphes" ; une catégorie plus importante est constituée par les livres que le groupe qui en était propriétaire utilisait à des fins communautaires (la *Règle de la Communauté*, des *Calendriers*, des *Commentaires*). Certains autres semblent avoir été écrits avant que la communauté propriétaire des manuscrits ne soit formée : ils ont été apportés sur le site ou ils reflètent les pratiques d'un judaïsme plus large comme c'est le cas, par exemple, des *Sagesses* et des textes liturgiques.

• **A. Caquot**. Mais la question est de savoir si les apocryphes et les pseudépigraphes étaient ou non sectaires ; ça c'est tout le débat ! Par exemple, au début on considérait qu'un livre comme celui d'*Hénoch* était un écrit de la secte de Qumrân. Maintenant on en est moins sûr. Il y a, certes, des affinités avec la secte de Qumrân, mais ce n'est pas nécessairement la secte de Qumrân qui a produit *Hénoch*.

• **Y. Hirschfeld**. Une répartition entre littérature biblique et post-biblique me paraît être la meilleure des classifications.

• **A. Caquot**. Il vaut mieux dire "biblique" et "non-biblique". Biblique au sens de "bible hébraïque", car le *Livre de Tobit*, qui est biblique pour le canon grec, ne l'est pas pour le canon hébraïque. Et on a trouvé l'original araméen à Qumrân !

• **É. Puech**. Les manuscrits qui nous sont parvenus comprennent : des textes bibliques, c'est-à-dire qui ont été retenus pour figurer dans le corpus des textes de la Bible hébraïque élaboré vers la fin du Ier siècle ap. J.-C. ; des apocryphes, c'est-à-dire des textes qui n'ont pas été retenus dans les canons juif ou chrétien ; enfin toute une littérature proprement essénienne ou qumranienne. Les manuscrits bibliques regroupent le *Pentateuque*, les livres prophétiques, les hagiographes et les textes deutérocanoniques ("canon en second" en grec) ; les apocryphes regroupent des textes déjà connus par ailleurs ou totalement inconnus avant la découverte de Qumrân ; on peut citer le *Livre des Jubilés*, le *Livre d'Hénoch*, les *Testaments des douze patriarches*, le *Testament de Lévi*, le *Testament de Nephtali*, le *Testament de Juda*, le *Testament de Qahat*, les *Visions de 'Amram*, un *Apocryphe de la Genèse* (qui a été trouvé dans la grotte 1), la *Prière de Nabonide* (totalement inconnu avant Qumrân), les *Paroles de Michel*, le *Livre des Géants*, la *Naissance de Noé* etc. (je vous renvoie à mon dernier livre). Enfin, la littérature Essénienne est représentée par le *Document de Damas*, la *Règle de la Communauté*, la *Règle de la Congrégation*, le *Recueil des Bénédictions*, la *Règle de la Guerre*, plus connue sous le nom de *Rouleau de la Guerre des Fils de Lumière contre les Fils des Ténèbres*, le *Rouleau du Temple*, le *Rouleau des Hymnes*, les *Paroles des Luminaires*, des "commentaires" ou *pesharim* des Écritures, Prophètes et Psaumes comme le *Pesher d'Habaquq* et le *Pesher de Nahum*, sans oublier le *rouleau de cuivre* et d'autres ouvrages encore qu'il serait fastidieux de décrire ici.

*20. **B. Bioul.** Dans quelles langues les manuscrits sont-ils écrits et avec quelle(s) encre(s) ?*

• **H. Eshel.** Les rouleaux sont écrits en trois langues : plus de 90 % sont en hébreu, quelques-uns en araméen et très peu en grec.

• **Y. Hirschfeld.** Il y en a aussi en latin.

• **É. Puech.** Le latin concerne des monnaies et un sceau ! Quant à l'encre utilisée, il s'agit d'une encre noire composée de suie (carbone), d'huile et d'éléments végétaux comme la galle du chêne par exemple. C'était une encre couramment employée dans l'Antiquité, même chez les non-juifs. On trouve aussi, mais plus rarement, de l'encre rouge, à base de cinabre (sulfure de mercure naturel), utilisée pour rédiger les en-têtes ou les ouvertures de paragraphes comme c'est le cas, par exemple, dans une copie du *Deutéronome* et un exemplaire du livre des *Nombres* retrouvés dans la grotte 4.

*21. **B. Bioul.** Quels sont les manuscrits les plus anciens et ceux les plus récents ?*

• **J. VanderKam.** Les manuscrits de Qumrân les plus anciens, d'après les écritures dans lesquelles ils ont été copiés, sont 4Q*Sam*^{b}, 4Q*exod-Lev*^{f} et 4Q*Jer*^{a}. Ils remontent à la période qu'on appelle "archaïque", vers 250-150 av. J.-C. Les manuscrits les plus récents datent du Ier siècle de notre ère ; beaucoup d'exemples viennent de la grotte 11, mais les autres grottes ont aussi fourni des textes de cette période. Le terme employé pour ces écrits plus récents est "période hérodienne tardive", et les dates en question tournent approximativement autour de 20-70 ap. J.-C.

• **H. Eshel.** Le manuscrit le plus récent est probablement le 6Q30 qui remonte vraisemblablement à 68 de notre ère.

• **É. Puech.** Non, le plus récent est certainement 3Q15, le *rouleau de cuivre* gravé peu avant la destruction du site au printemps 68.

*22. **B. Bioul.** On a utilisé plusieurs méthodes pour dater les manuscrits, notamment la paléographie et le C14. Néanmoins, les dates suggérées par la* *paléographie n'ont pas toujours été corroborées par le C14. Qu'en est-il aujourd'hui ?*

• **H. Eshel**. La situation est très claire puisque la plupart des dates C14 correspondent aux datations obtenues par les études paléographiques.

• **J.-B. Humbert**. Dans le cas contraire, le C14 prévaut sur les impressions des paléographes.

• **É. Puech**. Je crois plutôt que l'étude paléographique réalisée par un expert est certainement plus précise que le C14 comme le rappelait encore dernièrement le Professeur Cross. Les documents datés montrent que le C14 offre des fourchettes fort larges et parfois hors de la date en question. Il n'est donc pas une réponse plus sûre, en ne donnant qu'un ordre de grandeur, n'en déplaise à ceux qui ne jurent que par les sciences dites exactes. Et encore n'a-t-on analysé pour le moment que le support de l'écriture, support qui n'est pas nécessairement contemporain de la copie, c'est le cas en particulier pour 4Q542. La masse des différentes mains permet maintenant d'établir une grille assez fine des habitudes des scribes sur quelque trois siècles.

• **N. Golb**. Les tenants de la théorie traditionnelle tentent tous de défendre la datation de Frank Cross ; les autres s'aperçoivent que les datations au C14 réfutent très souvent les estimations originelles.

23. *B. Bioul. Peut-on vraiment faire confiance à la datation au C14 ? Il existe de nombreux exemples où cette méthode de datation a été prise en défaut.*

• **Y. Hirschfeld**. Les résultats du C14 se confirment eux-mêmes puisqu'ils donnent des dates pour les rouleaux situées dans la période du Second Temple.

• **H. Eshel**. Je crois moi aussi qu'on peut lui faire confiance d'autant plus que je ne connais pas beaucoup d'exemple d'erreurs en rapport avec cette période.

• **J.-B. Humbert**. Oui, mais sans en attendre ce qu'il ne faut pas attendre :

une précision absolue. Le C14 n'est valable en fin de compte qu'en séries.

*24. **B. Bioul**. La paléographie hébraïque, dont Frank Moore Cross s'est fait le champion, est-elle, elle aussi, une méthode de datation sûre ?*

• **Y. Hirschfeld**. Plus ou moins, oui.

• **N. Golb**. Seulement lorsqu'il y a des manuscrits datés pour servir de base aux conclusions paléographiques.

• **P. Donceel-Voûte**. La paléographie est une science, et comme telle, elle est en élaboration, elle est susceptible de progrès. La paléographie papyrologique de l'hébreu et de l'araméen est peu avancée pour l'époque concernée (IIe s. av./Ier s. ap. J.-C.), précisément par manque de manuscrits.

• **A. Caquot**. Elle permet quand même une datation en gros : on sait que les manuscrits sont postérieurs au IIIe siècle, d'après l'écriture normale de l'hébreu carré, et que certains sont antérieurs au papyrus Nach, contemporains ou de peu postérieurs.

• **H. Eshel**. Je crois qu'elle est en fait très sûre lorsqu'on regarde les découvertes faites au cours de la dernière décennie : un contrat de mariage de Maresha et les documents de Ketef Jericho ont montré que le professeur Cross avait été très précis dans sa datation lorsqu'on peut la comparer avec des documents datés.

• **É. Puech**. Je suis d'accord avec vous. L'observation attentive de chaque écriture, paléo-hébraïque, araméenne ou grecque, permet au spécialiste de situer le document dans un laps de temps relativement précis. Par exemple, l'écriture asmonéenne (entre 150 et 40 av. J.-C. environ) ne ressemble pas tout à fait, dans le tracé de ses lettres, à l'écriture hérodienne qui débute dans la seconde partie du Ier siècle av. J.-C. En outre, à l'intérieur d'une même période, la graphie évolue : la cursive, la semi-cursive ou l'écriture formelle asmonéenne et hérodienne, entre le début et la fin de l'époque, ne sont pas tracées de la même manière. L'étude graphique d'un texte renseigne sur le ou les copiste(s) ayant écrit le manuscrit, car les changements de mains n'échappent pas au spécialiste. Le paléographe peut aussi dater une écriture par la présence de *keraia*, sorte de fioriture au début ou à la fin d'un tracé de lettre qui n'apparaît dans les écritures que de façon tardive, à la période hérodienne, et se rencontre plus couramment au Ier siècle ap. J.-C.

• **J. VanderKam**. Pour la datation de la plupart des manuscrits et des fragments provenant des grottes de Qumrân, la paléographie a été le seul moyen valable. Pas un seul texte retrouvé ne contient d'indications sur la date à laquelle il a été écrit. À l'époque des premières découvertes, le nombre de textes sûrement datés avec lesquels on pouvait comparer les trouvailles de Qumrân était réduit, mais Albright avait déjà esquissé un développement typologique des écritures juives, ce qui fait qu'on a pu "contextualiser" les mains de Qumrân. Cross est allé au-delà des conclusions d'Albright en se basant sur les nombreux textes de Qumrân et sur tous ceux retrouvés dans différents sites comme le Wadi Murabba'at et Masada. Les périodes que Cross a définies et les dates approximatives qu'il leur a assignées ont constitué les modèles, les étalons sur lesquels presque tous les éditeurs ont daté les textes de Qumrân. Cross pense que l'on peut dater certains manuscrits à 25 ans près alors que d'autres spécialistes préfèrent rester plus prudents en disant que l'on peut dater les écritures à un siècle près. Les résultats des tests au C14 ont au moins confirmé que les textes appartiennent à la même période générale à laquelle les paléographes les avaient assignés.

*25. **B. Bioul**. Un autre moyen employé pour dater des documents écrits est l'utilisation d'indices historiques (dates, événements, noms propres etc.) qu'ils recèlent, ce que les historiens appellent les critères internes de datation. Existe-t-il des références de ce genre dans les manuscrits ?*

• **Y. Hirschfeld**. D'après H. Eshel (1997, 92-93), un rouleau, le 4Q448, mentionne le roi Jonathan (il s'agit sans doute d'Alexandre Jannée). D'autres rouleaux comme les 4Q322-324 mentionnent peut-être Shelomsiyon, son fils Hyrcan, et Aemilius, le gouverneur romain de Syrie en 63 avant notre ère.

• **H. Eshel**. C'est exact. Il existe un certain nombre de références historiques dans quelques manuscrits qui datent tous de la période située entre 167 et 48 avant notre ère. Je viens de terminer un ouvrage sur l'histoire politique des Asmonéens à la lumière des manuscrits qui sera bientôt publié. J'ai également écrit un article sur le 4Q*Test* et Jean Hyrcan, le *pesher Nahum* et Alexandre Jannée, le 4Q448 intitulé *Prière pour le bien être du roi Jonathan*. Je recommande aussi de lire l'article d'Amussin paru dans HURCA 77.

• **J. VanderKam.** Il faut dire que les manuscrits rapportent rarement les événements historiques d'une façon qui nous est familière, et ils ne mentionnent que très peu les personnes en donnant leur nom. Il y a, cependant, quelques exceptions. Certains souverains étrangers comme les rois séleucides Antiochus (IV) et Démétrius (III) sont cités dans le *Commentaire de Nahum*, alors que d'autres textes très mal conservés permettent de lire quelques noms de personnes. Y. Hirschfeld vient de les citer : Shelomsiyon (Alexandra Salomé qui gouverna la Judée de 76 à 67 av. J.-C.) et son fils Hyrcan (Hyrcan II) qui fut roi très peu de temps pendant et juste après le règne de sa mère, et qui fut grand-prêtre de 76 à 67 puis de 63 à 40. L'officier romain Aemilius Scaurus est aussi mentionné. Il fut actif en Judée après la conquête de la région par Pompée en 63 av. J.-C. On peut encore mentionner les deux premiers grands-prêtres Maccabées, Jonathan (seule une partie de son nom est conservée ; il régna de 152 à 142 av. J.-C.) et son successeur et frère Simon (142-134 av. J.-C.).

• **É. Puech.** Aux personnages historiques qui viennent d'être mentionnés, on peut ajouter par exemple le général Peitholaos exerçant en 56-51 av. J.-C. lu en 4Q468^e, ou les allusions aux campagnes d'Antiochus IV en Egypte et à Jérusalem en 4Q248, ou les mentions de Jonathan Maccabée dans deux manuscrits (4Q523 et 4Q448), sans oublier celles du Lionceau furieux, Alexandre Jannée. Ces indications servent de *terminus post quem*.

• **A. Caquot.** En définitive, il y a peu de manuscrits qui contiennent des références historiques évidentes. On a parlé de Jonathan le grand-prêtre (4Q448). Il y a également la référence aux *Kittîms*, dans le *Commentaire d'Habaquq* où leur arrivée est annoncée ; et les *Kittîms* sont les Romains. On les avait pris au début pour les Grecs parce que le nom désigne à l'origine les habitants de Kition en Chypre et que le *Rouleau de la Guerre* appelle "*Kittîms* d'Assour" les Grecs de Syrie. Mais l'allusion au culte des enseignes militaires dans le *Commentaire d'Habaquq* indique qu'il s'agit des Romains. Mais s'agit-il des Romains de Pompée qui entrèrent à

Jérusalem en 63 avant J.-C. comme le pensait A. Dupont-Sommer qui concluait de cette allusion que le "prêtre impie" du *Commentaire d'Habaquq* était Hyrcan II ? La terreur inspirée par les Romains pesait bien avant sur toute la région.

26. B. Bioul. Nous savons maintenant que certains *pesharim continus (interprétations de longs textes de la Bible, verset par verset) contiennent des données historiques concernant des personnes et des événements de la période asmonéenne. Mais trois personnages sont souvent mentionnés dans quelques manuscrits à caractère sectaire : le Prêtre Impie, le Maître de Justice et le Menteur. Peut-on aujourd'hui les identifier ?*

• **N. Golb**. On a essayé à maintes reprises, mais aucune identification n'est avérée aujourd'hui.

• **Y. Hirschfeld**. Je ne le pense pas non plus. Les efforts d'Hanan Eshel publiés dans l'article que je viens de citer sur l'identification de ces surnoms sont purement conjecturaux.

• **H. Eshel**. Selon mon point de vue, la suggestion de J. T. Milik et de G. Vermes selon laquelle le Prêtre Impie est Jonathan, fils de Mattathias, qui régna de 152 à 143, est correcte. Par conséquent, le Maître de Justice était le chef de la secte, et le Menteur était à la tête des Pharisiens au cours de cette période. Certains ont suggéré d'identifier le Menteur à Yossi ben Yoesser, mais je ne suis pas convaincu par cette identification.

• **É. Puech**. J'ai exposé ma propre hypothèse sur ce sujet dans les *Mélanges Stegemann* offerts pour le soixante-cinquième anniversaire du savant allemand en 1999. Je vous renvoie aussi à mon dernier livre écrit avec F. Mébarki paru aux éditions du Rouergue en 2002. Pour résumer je vous dirais ceci : le *Document de Damas* date la venue du Maître de Justice d'après l'exil des Juifs en Babylonie : "trois cent quatre-vingt-dix ans" après que Dieu "les eut livrés dans la main de Nabuchodonosor", les pieux furent laissés "comme des aveugles et comme des gens qui cherchent le chemin en tâtonnant durant vingt ans", c'est alors qu'ils reçurent le Maître. La difficulté d'interprétation des chiffres vient du fait que le chiffre 390 peut être symbolique et que les computs divergent sur la date des deux déportations à Babylone et la prise de Jérusalem (597 ou 572 av. J.-C. pour la première, 587 ou 562 pour la seconde). Dans tous les cas, les calculs ne correspondent à rien, sauf pour la date de 562 av. J.-C. Quatre cent dix ans

(390 plus 20) après 562 av. J.-C., c'est l'année 152 av. J.-C., celle de l'intronisation de Jonathan Maccabée comme grand-prêtre qui surviendrait après une vacance du pontificat de quatre ou sept ans selon les indications de Flavius Josèphe. C'est aussi la date approximative de l'installation de la communauté du Maître à Qumrân, et 172, vingt ans plus tôt, celle de l'assassinat de son père Onias III. Or, depuis la déposition d'Onias III, deux prêtres non sadocites, c'est-à-dire n'appartenant pas à la lignée de Sadoq, prêtre honoré par Salomon, s'étaient succédé à la tête du Temple de Jérusalem jusqu'en 159 av. J.-C. : Ménélas (172/171-162 av. J.-C.) et Alcime (162-159 av. J.-C.). Flavius Josèphe évoque un vide de sept ans après le décès d'Alcime avant qu'un nouveau grand-prêtre, non sadocite toujours, ne soit nommé, Jonathan (152-143 av. J.-C.). Le même auteur nous parle du fils d'Onias III, enfant à la mort de son père mais jeune homme à celle d'Alcime, et donc admis à être grand-prêtre à la mort d'Alcime et sans vacance du grand pontificat. Par papponymie, son nom a dû être Simon, comme celui de son grand-père, Simon II. Pour moi, il s'agit du Maître de Justice. Quant au prêtre Impie, les indications données par 4Q523 et 4Q448 me donnent à penser qu'il s'agit de Jonathan Maccabée, établi grand-prêtre en 152 av. J.-C. par Alexandre Balas, roi usurpateur séleucide, évinçant le fils d'Onias III.

*27. **B. Bioul.** L'examen et l'étude des manuscrits en général, et des* pesharim *en particulier, exigent une parfaite connaissance de la mentalité juive de la période du Second Temple et de l'histoire de l'Antiquité hellénistique orientale. Toutefois, les données que les spécialistes en tirent nous paraissent quelques fois tirées par les cheveux. Ainsi, pour reprendre un exemple cité par Iola Fröhlich,* History as seen from Qumrân, *les Kittîms mentionnés dans le* pesher Habaquq *sont identifiés aux Romains. Ce même* pesher Habaquq *(IX, 4-10) interprète la conquête des Kittîms comme une punition divine au cours de laquelle "les richesses et le butin des derniers prêtres de Jérusalem seront remis dans les mains de l'armée des Kittîms". Certains spécialistes estiment que ce passage fait référence à la lutte pour le trône qui opposa les fils d'Alexandre Jannée, Hyrcan II et Aristobule II, et au cours de laquelle les deux prétendants offrirent de somptueux présents à Aemilius Scaurus, le général romain, et à Pompée (selon un passage de Fl. Josèphe,* Ant. XIV, *2-3 ; 3.1). Pouvez-vous nous expliquer comment on arrive à une telle interprétation ?*

• **H. Eshel.** J'ai publié une étude sur les *Kittîms* dans les manuscrits dans laquelle j'essaie de montrer que dans les textes anciens comme le *Rouleau* *de la Guerre* et le 4Q*peshIsa*ᵃ, les Qumrânites identifient les *Kittîms* aux Séleucides. Par la suite, ils ont changé d'avis et dans le 1Q*peshHab* et le 1Q*peshNahum*, ils identifient les *Kittîms* avec les Romains. Je vous renvoie au *STDJ* 37, 2001.

• **Y. Hirschfeld**. Pour moi, l'interprétation des *Kittîms* comme étant les Romains n'est pas claire. Dans la littérature juive, les *Kittîms* sont habituellement les habitants de Chypre.

• **J.-B. Humbert**. Je crois qu'il ne faut pas chercher des références historiques trop précises ; elles sont souvent inadéquates. Les *Kittîms* sont simplement tous ceux qui ont véhiculé l'hellénisme, et qui, pour la plupart, venaient de la mer.

28. **B. Bioul**. *Malgré la richesse de cette "bibliothèque", certains livres "bibliques", comme celui d'Esther, le Premier Livre des Maccabées ou les Psaumes de Salomon, sont totalement absents. A-t-on une explication ?*

• **P. Donceel-Voûte**. Les *Livres des Maccabées* sont absents de la bible juive et réformée protestante. Tous les manuscrits retrouvés constituent une documentation – une bibliothèque – de membres juifs issus d'une société profondément hellénisée.

• **H. Eshel**. Bien qu'il n'existe pas d'exemplaire du livre d'*Esther*, nous avons quand même une composition en araméen trouvée dans la grotte 4 qui nous parle de la cour perse ; c'est un texte semblable au livre d'*Esther*. Le *Premier Livre des Maccabées* ne pouvait pas se trouver à Qumrân puisque les Qumrânites n'aimaient pas les Asmonéens. Il aurait été très surprenant de trouver ici un tel texte pro-asmonéen. Les *Psaumes de Salomon* partagent les mêmes idées que les Qumrânites lorsqu'ils accusent les Pharisiens d'être responsables de la chute du royaume asmonéen. J'aurais souhaité qu'il soit trouvé à Qumrân. Je pense que le manuscrit 4Q*pseudoÉzéchiel* partage le même arrière-fond que les *Psaumes de Salomon*, aussi je n'ai aucune explication sur la raison pour laquelle ils n'ont pas été découverts à Qumrân.

• **Y. Hirschfeld**. Le fait que certains textes soient absents peut être le résultat des circonstances dans lesquelles les rouleaux ont été enterrés, et la longue période qui a passé depuis lors (près de 94 générations).

• **N. Golb.** Oui, l'état des manuscrits dans leur totalité montre que beaucoup de livres qui ont été cachés dans les grottes ont été entièrement détruits par les éléments ou que sais-je encore. Quant à la bibliothèque à laquelle vous faites allusion, rien ne permet de prouver que les rouleaux viennent d'un endroit unique. Je dirais plutôt qu'ils viennent de lieux différents.

• **É Puech.** Il n'est pas surprenant que des rouleaux postérieurs à 152 et composés par des non-Esséniens ne soient pas entrés dans la bibliothèque de Qumrân, tels les *Livres des Maccabées*, la *Sagesse de Salomon*, les *Psaumes de Salomon*, etc. Ils n'appartiennent pas à l'héritage reçu lors de la séparation.

*29. **B. Bioul.** Hanan Eshel, vous venez de nous dire qu'il aurait été très surprenant de trouver parmi les manuscrits un texte pro-asmonéen comme le Premier livre des Maccabées. Pourtant, le 4Q448 contient une prière au roi Jonathan qui n'est autre, selon les spécialistes, qu'Alexandre Jannée qui régna de 103 à 76 av. J.-C. N'est-ce pas étrange de trouver ici un texte dédié au bien-être d'un souverain appartenant à une lignée contre laquelle se sont insurgés certains grands mouvements religieux de la période du Second Temple, tels que les Pharisiens et les Esséniens ?*

• **H. Eshel.** Lorsque nous avons publié le 4Q448, la *Prière au bien être du roi Jonathan*, nous avons suggéré, sur la base de quelques arguments, que ce manuscrit avait été apporté de l'extérieur et qu'il reflétait un point de vue sadducéen : le vocabulaire est différent des autres manuscrits sectaires ; les gens de Qumrân évitaient d'employer des noms propres et préféraient l'appeler "le Lion de la colère" plutôt que par son nom juif. Dans un article que nous (Eshel et Eshel) avons publié dans *JBL*, nous revenons sur ce point à la lumière des contributions d'A. Lemaire. Nous y affirmons que le manuscrit a été amené de Jérusalem à Qumrân.

• **Y. Hirschfeld.** Jannée a collaboré surtout avec les Sadducéens de Jérusalem ; c'est pourquoi je pense moi aussi que cette prière provient d'une bibliothèque sadducéenne.

• **N. Golb.** Jannée avait à l'évidence ses supporters, et d'après ce que nous en savons, il possédait dans sa cour des poètes et des chanteurs.

• **É. Puech.** Pour moi, le roi Jonathan mentionné en 4Q448 n'est pas Alexandre Jannée mais Jonathan Maccabée qui a d'abord été bien vu comme guide et stratège de la nation par le grand-prêtre légitime avant qu'il n'usurpe le grand pontificat en 152 et n'évince le prêtre légitime en place. On pouvait alors prier pour le guide ou roi. On aurait même ainsi un indice pour la composition de cet hymne qui d'ailleurs suit un long extrait d'un Psaume apocryphe.

30. B. Bioul. *Nous reviendrons plus loin sur la question des origines des manuscrits. En attendant, je voudrais savoir pourquoi tous ces manuscrits ont été découverts dans des grottes et aucun d'eux, même sous la forme de fragments, n'a été mis au jour dans le* scriptorium *ou ailleurs sur le site de Qumrân.*

• **J.-B. Humbert.** Parce qu'ils ne venaient pas forcément de Qumrân. En outre, il reste à démontrer que le *scriptorium* en est bien un.

• **N. Golb.** Il vaudrait mieux se demander pourquoi, cinq décennies après leur découverte, aucun "qumrânologue" ne reconnaît directement ce fait.

• **P. Donceel-Voûte.** Qumrân n'est pas un cas isolé ; nulle part ailleurs à cette époque il n'y avait de *scriptorium*. En outre, il n'y avait pas non plus, sur le site, d'activité scripturaire, mais plutôt administrative. Les lots des manuscrits viennent d'ailleurs.

• **Y. Hirschfeld.** Je suis entièrement d'accord avec Pauline. Pour moi, l'explication est très simple : il n'y avait pas de *scriptorium* et aucun signe d'activité concernant un quelconque travail d'écriture sur le site de Qumrân, à l'exception de travaux comptables comme l'illustre par exemple ce que l'on appelle "l'ostracon Yahad" qui concerne une propriété immobilière et des affaires agricoles et dont nous parlerons plus loin. La proximité des grottes et du site de Qumrân n'est qu'une coïncidence. De la même manière, on peut se demander pourquoi aucun manuscrit n'a été découvert dans d'autres sites comme Aïn Feshkha, Rujum el-Bahr et Khirbet Mazin qui ne sont pas très éloignés des grottes.

• **H. Eshel.** Je défends une position tout à fait opposée. Bien que Qumrân soit situé dans le désert de Judée, il y tombe quand même environ 10 mm d'eau par an ; c'est suffisant pour détruire un rouleau. En outre, le site a été détruit à trois reprises : en 31 av. notre ère, en 6 av. notre ère et en 68 de notre ère. On peut donc raisonnablement penser que ces incendies et les pluies ont détruit tous les rouleaux qui se trouvaient sur le site. À Masada, où il pleut beaucoup moins qu'à Qumrân, Yadin a pu mettre au jour 15 rouleaux dans différentes pièces du site.

• **É. Puech.** Je suis d'accord avec vous. Et même au cas où des rouleaux auraient été abandonnés sur le site avant le départ des occupants (ce qui me paraît peu probable), ils n'auraient pu se conserver dans les ruines vu les conditions climatiques différentes des grottes et des ruines de Masada. Tous les autres manuscrits du désert de Juda proviennent de grottes.

*31. **B. Bioul.** Il semble qu'on ne puisse pas vraiment trancher la question. Par contre, est-il exact de dire, comme l'a suggéré N. Golb, que l'analyse des manuscrits de Qumrân aurait été très différente si les textes de Masada par exemple, mis au jour par l'archéologue israélien Y. Yadin dans les années 60 avaient été découverts avant ceux de Qumrân, et surtout si les manuscrits de la grotte 4, de loin la plus riche en termes de nombre de manuscrits retrouvés, avaient été découverts et publiés antérieurement voire simultanément à ceux de la grotte 1 ?*

• **A. Caquot.** C'est possible. Si on avait trouvé la grotte 4 tout de suite, on n'aurait sûrement pas vu les choses de la même façon parce qu'on a là un éventail beaucoup plus large de textes : il y a des textes sectaires dans la grotte 4 et il y a des textes qui ne marquent pas évidemment leur origine sectaire (les pseudépigraphes, par exemple). Il y a eu en fait un concours de circonstances : on a trouvé tout de suite et en bon état des textes qu'on peut dire sectaires dans la grotte 1, alors que ceux de la grotte 4 sont très mal conservés.

• **H. Eshel.** Les rouleaux de Masada, à l'exception du *Chant pour le Sabbath*, n'ont aucun rapport avec Qumrân (notez que Emmanuel Tov établit plus de rapport). Les rouleaux de Masada ne changent strictement rien, et ne l'auraient pas fait s'ils avaient été trouvés avant ceux de Qumrân. Tous les rouleaux sectaires de la grotte 1 ont des copies dans la grotte 4. Si cette dernière avait d'abord été mise au jour, beaucoup plus de corrections de ces textes auraient dû être faites après la découverte de la grotte 1 puisque les documents découverts dans cette dernière sont beaucoup mieux conservés. C'est donc une chance incroyable que les rouleaux de la grotte 1 aient été découverts en premier lieu. Dans tous les cas, les conclusions auraient été les mêmes.

• **Y. Hirschfeld.** Je ne partage pas cet avis. Les rouleaux de Masada sans Qumrân à l'esprit auraient naturellement été reliés à Jérusalem. Et les 600 rouleaux de la grotte 4 sans la conclusion qui s'est faite après la mise au jour des 7 rouleaux de la grotte 1, auraient été considérés de la même façon.

• **É Puech.** Il n'en reste pas moins que bien des manuscrits retrouvés ne représentent pas la littérature du Judaïsme pharisien ou sadducéen. On doit se rendre à l'évidence et l'attribution essénienne est de loin la meilleure, mais, pour ma part, j'évite d'employer les mots "secte" et "sectaire" qui sont anachroniques pour l'époque, sinon il faudrait les utiliser pour les autres courants religieux juifs contemporains. Des manuscrits découverts dans des jarres dans des grottes de la région aux environs de 800 de notre ère et recopiés par les Qaraïtes montrent aussi la même homogénéité de pensée. C'est une preuve supplémentaire.

• **J. VanderKam.** En réalité, on ne peut pas répondre avec certitude à votre question parce que ce n'est pas l'ordre dans lequel se sont faites les découvertes qui est important. Il aurait pu arriver, et je pense que c'est vraisemblable, que les savants se soient rendus aux mêmes conclusions si les découvertes de la grotte 4 avaient d'abord eu lieu parce que, comme l'a dit H. Eshel, un certain nombre de textes identiques à ceux de la grotte 1 y ont été trouvés. Si les trouvailles de Masada avaient précédé celles de Qumrân, les spécialistes de ce dernier site seraient facilement arrivés aux conclusions qui sont celles d'aujourd'hui, et auraient vu que les relations entre les deux établissements sont ténues. Mais tout ce scénario n'est qu'une hypothèse. Il y a une chose que l'on peut dire avec certitude, c'est que, quel que soit l'ordre dans lequel les découvertes ont été faites, il aurait été difficile à quiconque de conclure à partir des manuscrits de la grotte 1 ou de ceux de la grotte 4, qu'ils représentent la littérature du judaïsme en général.

*32. **B. Bioul.** Pourtant, l'un des problèmes posés sur l'origine des textes et leurs auteurs par la recherche moderne est ce que j'appellerai "la partie pour le tout" (pars pro toto). Je m'explique. Lorsque, dès 1948, Eléazar Sukenik proposa d'identifier les auteurs des manuscrits avec les Esséniens, il n'avait en main que quelques textes – une collection de psaumes (hodayot), le* Rouleau de la Guerre *et* Isaïe[b] *– et en vit quatre autres –*Isaïe[a]*, la* Règle de la Communauté, *un* Commentaire d'Habaquq *et une* Genèse apocryphe *– c'est-à-dire une partie infime de ce qui fut découvert dans les grottes au cours des années 50. En outre, tous ces manuscrits provenaient de la seule grotte 1, et trois d'entre eux au moins présentaient un caractère fortement sectaire. Mais il mourut en 1953, c'est-à-dire avant la découverte de la grotte 4. Peut-on raisonnablement penser que la grande erreur du professeur israélien, reprise par bon nombre de chercheurs contemporains, fut de considérer que ces quelques textes reflétaient l'esprit et le contenu de l'ensemble des autres manuscrits au point d'identifier les auteurs présumés des textes sectaires avec ceux de l'ensemble des rouleaux ?*

• **A. Caquot.** C'est fatal ! Quand on trouve des textes résolument sectaires comme le *Manuel de Discipline*, on est tenté de penser que les écrits qu'on a trouvés en même temps sont produits par la même secte. Mais en soi ça n'est pas une preuve, c'est une hypothèse faite au départ.

• **É. Puech.** Cette hypothèse de Sukénik adoptée par Dupont-Sommer et de Vaux me paraît toujours vérifiée et de loin celle qui rend le mieux compte de ces découvertes.

• ***B. Bioul.*** *Peut-on alors dire qu'il y a eu un jugement a priori sur l'ensemble de la bibliothèque ?*

• **A. Caquot.** Il ne s'agit pas de jugement *a priori*, c'est une hypothèse, qui est toujours révisable. L'erreur serait de prendre l'hypothèse pour une certitude.

• **N. Golb.** Pour ce qui était d'une cache de 8 manuscrits, la théorie de Sukenik semblait raisonnable à l'époque. Mais il est mort en février 1953, deux ans avant la publication du volume I des *Discoveries*.

• **Y. Hirschfeld.** J'adhère totalement à votre raisonnement, Bruno. Il est dommage que Sukenik n'ait d'abord eu que les 7 rouleaux qui lui ont permis de déclarer qu'ils étaient une production des Esséniens. Il est dommage que de Vaux ait fouillé le site avant la découverte de la grotte 4 qui contenait les restes de 600 manuscrits. Il est dommage que le Père de Vaux ait été responsable à la fois des fouilles de Qumrân et de la publication des rouleaux, et il est dommage que Yadin, le fils de Sukenik, ait été un archéologue de renom qui a exercé une très grande influence sur les archéologues en Israël et au-delà.

• **H. Eshel.** Je crois au contraire que c'est là quelque chose de tout à fait étonnant ; même si Sukenik n'a eu que quelques rouleaux, sa conclusion est toujours d'actualité, maintenant que nous possédons 900 manuscrits supplémentaires grâce auxquels on peut vérifier ses conclusions. Même aujourd'hui, avec tous les rouleaux, les conclusions demeurent les mêmes.

• **J. VanderKam.** Il est exact, en effet, que lorsque Sukenik suggéra que les manuscrits étaient associés à un groupe essénien, il n'avait en sa possession qu'un tout petit pourcentage de la collection des textes de

Qumrân. Cependant, il avait à sa disposition un échantillon très représentatif comme l'ont montré les découvertes ultérieures. Des copies de textes connus par Sukenik ont été mises au jour dans d'autres grottes (par exemple le *Rouleau de la Guerre*, la *Règle de la Communauté*, les *Hodayot*), et d'autres manuscrits expriment les mêmes sentiments que ceux que l'on trouve dans les premiers manuscrits découverts ; on peut donner l'exemple de plusieurs commentaires sur des prophéties retrouvés dans la grotte 4. Je pense qu'il est injuste de suggérer que les spécialistes qui ont suivi n'ont fait que reprendre simplement la conclusion de Sukenik et l'ont appliquée au reste des textes. Pour autant que je sache, ils ont posé les mêmes questions que lui, et ont trouvé d'ordinaire que l'identification essénienne est l'explication la plus raisonnable.

• **A. Caquot**. Oui, mais c'est là toute la question de Qumrân : y a-t-il une littérature sectaire qumranienne au sens strict, celle de la communauté ? n'y a-t-il pas autre chose ? C'est la grande question ouverte. Je n'ose plus répondre.

• **P. Donceel-Voûte**. Vous parlez de caractère fortement sectaire des manuscrits, Bruno, mais il faut rappeler qu'ils sont aussi divergents dans ce prétendu sectarisme. N'oubliez pas que le judaïsme de l'époque hellénistique n'est pas monolithique mais compte de nombreuses tendances, tout comme le polythéisme contemporain et, quelque temps plus tard, le christianisme puis l'islam.

33. Une certaine pluralité d'opinions ou de croyances transparaît donc à l'analyse des manuscrits. Est-ce que la date de leur dépôt est importante dans cette question ? On a évoqué le moment où les manuscrits ont été déposés dans les grottes. Or, selon Gregory L. Doudna de l'Université de Copenhague, la date de dépôt des manuscrits doit être revue à la lumière des données archéologiques. Depuis les premières fouilles à Qumrân en 1951, on pensait que les manuscrits avaient été cachés dans les grottes voisines du site au cours de la Première Révolte (66-71 ap. J.-C.). D'après l'auteur danois, cette hypothèse relève d'une mauvaise interprétation des données archéologiques ; en réalité, les dépôts de textes dans les grottes sont à mettre en relation avec l'occupation du site au Ier siècle av. J.-C. Si tel était le cas, quelles pourraient être les conséquences sur l'origine des manuscrits et les circonstances de leur dépôt ?

• **É. Puech**. Il paraît difficile que des manuscrits du Ier siècle de notre ère aient pu être déposés dans ces grottes au Ier s. avant J.-C. Il vaut mieux suivre le bon sens du fouilleur que les hypothèses farfelues.

• **H. Eshel**. Exact. C'est un non-sens à la lumière des preuves archéologiques, paléographiques, du C14, etc. Le 6Q30 par exemple a été rédigé dans une écriture cursive du milieu du Ier siècle de notre ère. Pour ce qui est des arguments archéologiques, ils sont tous erronés ; il faut lire les articles de Jodi Magness sur la chronologie de Qumrân pour s'apercevoir que la plupart des arguments de Doudna reposent sur des données partiellement incorrectes.

• **J. VanderKam**. Il vaut mieux demander l'avis des archéologues sur une question comme celle-ci, et des spécialistes comme Jodi Magness ont accepté l'hypothèse du Père de Vaux, à savoir que les manuscrits ont été placés dans les grottes au cours de la Première Révolte. Si, comme c'est vraisemblablement le cas, un assez grand nombre de manuscrits ont été copiés dans le courant du Ier siècle de notre ère, et que les séries de monnaies retrouvées sur le site continuent jusqu'à un certain point à être utilisées plusieurs années au cours de la révolte, alors ils n'ont pas été placés dans les grottes au Ier siècle av. J.-C., c'est-à-dire avant que les manuscrits n'aient été écrits et les monnaies frappées. Si les manuscrits les plus tardifs ont été rédigés à une époque plus ancienne et placés dans les grottes au Ier s. av. J.-C., cela demanderait à l'évidence une autre explication sur le dépôt des manuscrits dans les grottes. L'arrivée des Romains sous le commandement de Vespasien n'en aurait, naturellement, pas été la cause bien que la raison ait pu toujours être l'approche de forces ennemies. Cependant plusieurs indices clairs désignent une période plus tardive que celle suggérée par Doudna.

• **Y. Hirschfeld**. Il faut savoir qu'une des règles de base en archéologie stipule que l'objet le plus récent est un indice chronologique, ce qui signifie que dans un ensemble de trouvailles, la plus récente donne la date. Dans les grottes de Qumrân et sur le site, les objets les plus récents découverts sous la couche de destruction remontent à la période qui est juste antérieure à la Grande Révolte. La théorie de Doudna (et de Ian Hutchesson) doit être reconsidérée. Théoriquement, on peut supposer que les rouleaux ont été cachés en 63 de notre ère, et que les occupants des grottes qui vinrent y vivre par après n'en ont pas parlé ou ne les ont pas remarqués. Ce n'est pas impossible, mais on s'attendrait à ce que, après la guerre civile de 37 av. J.-C., durant le règne d'Hérode, et le retour à la paix, les personnes qui ont caché les rouleaux soient venues les réclamer. De toute façon, il y a beaucoup trop de suppositions à mon goût.

• **J.-B. Humbert.** De toute manière, la céramique interdit une datation aussi haute.

• **N. Golb.** En effet, Rachel Bar-Nathan, une archéologue israélienne, a récemment publié une étude détaillée de la céramique de Qumrân et de Jéricho dans laquelle elle démontre leur similitude et leur contemporanéité (Ier siècle).

L'origine des manuscrits

34. **B. Bioul.** *Dès leur découverte, la question de l'origine des manuscrits fut posée. Peut-on dire qu'elle fut mal posée ? Je m'explique : la découverte de la grotte 1 et sa fouille "tardive" par les archéologues attira l'attention de ces derniers sur les ruines qui se trouvaient à proximité. Un rapide examen de quelques tombes avait, à l'époque, poussé les chercheurs à nier toute relation entre les deux sites distants de 1 km 300. Pourtant, ils se ravisèrent deux ans plus tard, et à la fin de 1951, des fouilles systématiques furent entreprises sous la direction de Gerald Lankester Harding et Roland Guérin de Vaux. N'y a-t-il pas là, dans le revirement de ceux qui étaient chargés à la fois de la fouille des grottes, de celle du site de Qumrân et de l'étude des manuscrits, la preuve qu'il leur fallait à tout prix lier les trois éléments manuscrits–Esséniens–Qumrân ?*

• **J.-B. Humbert.** Il ne fallait pas "à tout prix", il convenait de vérifier.

• **P. Donceel-Voûte.** Il fallait étudier les relations possibles entre les trois éléments.

• **M. Bélis.** Oui, il s'agissait d'une hypothèse à examiner sérieusement. N'aurait-on pas, *a contrario*, reproché aux responsables de ne pas en développer tous les aspects et plus encore, de l'écarter, sous prétexte qu'ils l'avaient d'abord fait ? Avouer ses erreurs est la preuve d'une probité qui fait honneur à un scientifique.

• **Y. Hirschfeld**. Je formulerai votre question différemment. Pour Harding et de Vaux, il était naturel de vouloir fouiller à Qumrân pour y trouver des relations entre les rouleaux de la grotte 1 et le site le plus proche dans la région. Beaucoup d'archéologues auraient fait de même. Ce qui fut une erreur, ce fut l'incapacité des fouilleurs d'admettre que leurs découvertes ne soutenaient pas leur théorie. Celle du Père de Vaux a été publiée en 1953 après la première campagne de fouille ! C'est quelque chose d'inacceptable. Ensuite, il cacha tout ce qui pouvait contredire la théorie qu'il avait publiée. Les convictions religieuses du Père de Vaux ont eu raison de ses obligations professionnelles et des engagements financiers.

• **H. Eshel**. Harding et le Père de Vaux ont commencé à fouiller sur le site de Qumrân pour vérifier s'il y avait des jarres cylindriques semblables à celles de la grotte 1. Ils n'étaient pas aux abois et n'éprouvaient aucun besoin intrinsèque de lier une chose avec une autre. Aussi ne comprend-je pas pourquoi on essaye de trouver des motifs pour des choses que le Père de Vaux a expliquées clairement dans ses publications.

35. B. Bioul. Alors, à qui peut-on attribuer la propriété des manuscrits, aux Esséniens ?

• **H. Eshel**. Les rouleaux peuvent être attribués au *Yahad* qui correspond à un groupe au sein du mouvement plus large des Esséniens en Palestine entre le IIe siècle av. et le Ier siècle ap. J.-C.

• **É. Puech**. Pour une partie oui, sans aucun doute, mais il faut distinguer entre propriété et auteurs des compositions.

• **Y. Hirschfeld**. Selon moi, les manuscrits appartiennent à une grande bibliothèque de Jérusalem, peut-être celle du Temple, mais pas nécessairement. Il peut s'agir d'une bibliothèque d'une des communautés qui étaient fréquentes dans la ville.

• **A. Caquot**. À mon avis, on ne peut plus répondre avec certitude. Ce sont les vestiges d'une littérature qui remonte peut-être au IIIe siècle, sûrement au IIe s. av. J.-C. À qui les attribuer ? est une question sans réponse.

*36. **B. Bioul**. Mais n'y a-t-il pas de manuscrits qui parlent de leurs auteurs ?*

• **É. Puech**. Comme je l'ai souligné plus haut, les identifications que j'ai proposées du Maître de Justice avec le fils d'Onias III, grand-prêtre, et du Prêtre Impie avec Jonathan sont moins gratuites qu'on veut bien le dire. Il y a de nombreuses convergences d'indices que j'ai soulignées et qu'on ne retrouve plus ensuite dans les autres hypothèses.

• **J. VanderKam**. Il ne faut pas oublier que les manuscrits ne nous donnent pas toujours le genre d'information que nous aimerions obtenir d'eux, comme par exemple, la citation sans équivoque de leurs auteurs. La *Règle de la Communauté* dont de multiples copies ont été retrouvées dans plusieurs grottes, nous offre l'image d'un groupe dont les traits ont conduit les spécialistes à l'identifier avec celui des Esséniens. Mais elle ne nomme jamais la communauté par un nom que nous reconnaissons comme étant celui d'un des groupes contemporains. Les *Commentaires* et le *Document de Damas* parlent de l'histoire du groupe et de certains de ses chefs, mais aucun nom n'est donné, et seules des épithètes comme "Maître de Justice" sont employées pour les désigner. Dans quelques passages des *Commentaires*, le groupe se présente comme "les faiseurs de la Torah", le premier mot hébreu qui est, je pense, à l'origine du nom "Essénien".

• **É. Puech**. H. Eshel vient de parler du *yahad*. Les manuscrits ont en effet gardé la mémoire de l'organisation sociale du *yahad* qui est un terme désignant la communauté de Qumrân dans les rouleaux, avec ses rites, ses règles, sa pensée.

• **H. Eshel**. L'auteur des *Hodayot* nous donne beaucoup d'informations sur lui-même. Le 4Q*peshPs^a* nous rapporte que le Maître de Justice envoya une lettre au Prêtre Impie, et il paraît raisonnable de penser que cette lettre est le 4Q*MMT*. Un autre texte qui contient des noms de personnes qui ont été réprimandées a sans doute été écrit par un surveillant qui l'a utilisé au cours de la cérémonie de renvoi de l'assemblée commune tenue durant la Fête des Semaines.

• ***B. Bioul**. Mais le Maître de Justice est-il forcément lié à la secte des Esséniens ?*

• **A. Caquot**. Il est sûrement lié à la secte qui n'est peut-être pas essénienne, disons simplement "qumrânienne".

• ***B. Bioul.** Comment le sait-on ?*

• **A. Caquot**. Le Maître de Justice a bénéficié dans la secte d'une *aura* certaine ; il a été considéré comme le rénovateur de l'Alliance et en quelque sorte "messianisé". Mais quand le situer précisément ? On l'a identifié à un personnage qui aurait été grand-prêtre à partir de la mort d'Alcime en 158 et qui aurait été déposé en 152 au profit de Jonathan Maccabée installé cette année-là par le Séleucide Alexandre Balas, mais l'hypothèse n'est pas vérifiée. Il n'est pas sûr que le "prêtre impie", adversaire du "Maître de Justice" ait été un grand-prêtre. C'est peut-être un dignitaire du Temple comme le "stratège" anonyme qui persécute les apôtres chrétiens selon *Actes* 5, 24.

• ***B. Bioul.** Pensez-vous qu'un jour, par de nouvelles découvertes peut-être, on arrivera à régler la question ?*

• **A. Caquot**. Peut-être.

37. ***B. Bioul.** Essénienne ou pas, connaît-on le nom de la secte propriétaire ou commanditaire des manuscrits sectaires ? On a parlé de la "Congrégation de ceux qui sont entrés dans la Nouvelle Alliance" par exemple.*

• **A. Caquot**. On pourrait parler de la secte de "la Nouvelle Alliance".

• **N. Golb**. La "Congrégation de ceux qui sont entrés dans l'Alliance" est le seul terme employé pour désigner un groupe singulier parmi de nombreux autres dont les idées se reflètent dans des manuscrits particuliers.

• **H. Eshel**. Les propriétaires des manuscrits se définissent eux-mêmes comme le *Yahad*. Je ne vois pas le besoin d'utiliser le nom suggéré par S. Talmon.

• **Y. Hirschfeld**. Je dirais plutôt qu'on ne le connaît pas. Tous les noms que l'on possède sont modernes : *Yahad* par exemple.

*38. **B. Bioul.** Ainsi, aucun manuscrit ne parle de son ou de ses auteurs, ni même des Esséniens. Le terme n'y apparaît jamais, et pourtant la grande majorité des spécialistes attribuent la paternité des textes (sectaires du moins) à ce mouvement religieux dont parlent les auteurs anciens. Pourquoi ?*

• **J.-B. Humbert.** Parce que c'est la solution la plus cohérente.

• **N. Golb.** C'est surtout parce que les spécialistes en question n'ont pas suffisamment considéré la question de la méthodologie et de la déduction dans leur recherche historique et leurs écrits.

• **A. Caquot.** On ignore comment les adeptes se désignaient eux-mêmes. Quant au nom "Essénien" on ne sait pas ce qu'il signifie. Les diverses étymologies proposées sont conjecturales. On a appelé les sectaires "Esséniens" uniquement en vertu des affinités du *Rouleau de la Guerre* avec les informations de Flavius Josèphe et du fameux *infra hos Engedi* de Pline sur lequel on reviendra plus tard !

• **É. Puech.** Le mouvement religieux essénien est sans aucun doute celui qui répond le mieux au contenu des manuscrits de Qumrân. Si le mot n'est jamais mentionné, c'est simplement parce que les membres vivent leur judaïsme comme des pieux et justes, des fidèles dont le nom hébreu se traduit en araméen *hasaïa* ou *hasin* et qui a donné en grec et en latin *essènoi* et *essènoi - esseni*, d'où "essénien" en français. Étant d'authentiques juifs pieux, ils n'ont pas à se définir autrement par un sobriquet inutile.

• **P. Donceel-Voûte.** L'hypothèse fragile et passagère de Roland de Vaux a été ridiculement et excessivement médiatisée par goût du mystère.

• **Y. Hirschfeld.** Une fois encore, c'est une question de tentation. Le mouvement Essénien est un sujet "sexy" ; les Esséniens faisaient l'objet d'un grand intérêt, même à leur propre époque. C'est la raison pour laquelle Flavius Josèphe les décrit dans un passage très long. De la même manière, la littérature hagiographique de l'Antiquité tardive et des époques suivantes décrit aussi longuement les ermites et les moines, les saints hommes et les saintes femmes. Cependant, certaines explications plus profondes ne doivent pas être négligées. Pour Sukenik, les Esséniens apparaissaient comme les membres d'un kibboutz, un choix de société très à la mode à son époque. Pour le Père de Vaux et d'autres chrétiens, les Esséniens étaient les prédécesseurs de Jean-Baptiste et de Jésus. Pour tous, les Esséniens symbolisaient les racines communes du judaïsme et du christianisme, et Qumrân en tant que "centre communautaire" des Esséniens peut être le lieu où judaïsme et christianisme se sont rencontrés. Comme N. Silberman l'a montré, après la Seconde Guerre mondiale et l'Holocauste, à la fin des années quarante et au début des années cinquante, ce lieu de rencontre avait une valeur toute particulière pour beaucoup de gens, juifs et chrétiens. J'essaye seulement de comprendre pourquoi tant de savants comme Sukenik, de Vaux et d'autres avaient, et ont encore, une telle détermination à propos du caractère religieux du site de Khirbet Qumrân.

39. B. Bioul. Pourtant il existe des parallèles frappants entre les manuscrits et ce que nous apprennent les auteurs anciens sur les Esséniens.

• **É. Puech**. Cela n'est pas étonnant puisque l'identification repose en partie sur ces parallèles.

• **H. Eshel**. Oui ! Flavius Josèphe nous dit que certains Esséniens étaient mariés et d'autres pas. À Qumrân, on a découvert que ceux qui vivaient selon les préceptes énoncés dans le *Document de Damas* avaient des familles, et que ceux qui vivaient selon la *Règle de la Communauté* n'en avaient pas. Philon, Pline l'Ancien, Flavius Josèphe et Dion Chrysostôme décrivent la mise en commun de la propriété comme dans la *Règle de la Communauté*. Flavius Josèphe parle de la manière dont on rejoignait le groupe, et cela est très similaire à ce que l'on trouve dans la *Règle de la Communauté*. L'utilisation de l'huile, les bénédictions sur le pain et le vin, et d'autres petits détails montrent que la description des Esséniens est très semblable à celle des rouleaux.

• **Y. Hirschfeld**. Je ne suis pas d'accord. Les parallèles ne sont pas frappants : manger ensemble, partager la propriété, suivre des règles de purification etc. étaient des pratiques communes à beaucoup de groupes et d'associations dans la société juive gréco-hellénistique. Les contradictions sont plus frappantes. L'une d'elles concerne le fait de manger de la viande. Les Esséniens étaient végétariens ; on le sait grâce à Flavius Josèphe qui les décrit comme des gens qui pratiquent un mode de vie pythagoricien qui oblige, entre autres, à ne pas manger de viande (*Ant.* 15, 371). Par contre, la *halakha* du *Document de Damas* parle des repas de viande ce qui signifie que les personnes concernées par ce rouleau particulier étaient loin d'être des Esséniens.

• **N. Golb.** Je vous renvoie tout simplement à l'article de Matthias Klinghardt paru dans N. Golb et M. O. Wise, *Methodes of Investigation of The Dead Sea Scrolls and the Khirbet Qumran Site: Present realities and Future Prospects*, dans *Annals of the New York Academy of Sciences*, 1994, pp. 251-270.

40. ***B. Bioul.*** *Un* ostracon *appelé* Qadmoniot 30, *édité par H. Eshel et F. M. Cross en 1997/1998 dans un article paru dans* IEJ *(vol. 47 pp. 17 sq), est utilisé par les partisans de la thèse essénienne de Qumrân parce qu'il porte, à la ligne 8, les traces de la lettre* yod *du type "pointe de flèche", qui est, selon les auteurs, la première lettre du mot* yahad, *c'est-à-dire "communauté". Cet* ostracon, *trouvé juste à l'extérieur des murs de Qumrân est le premier document de ce genre mis au jour sur le site. Il prouve, selon Eshel et Cross, qu'un lien existe bel et bien entre le site et les manuscrits. Pouvez-vous nous expliquer ce qu'il en est ? Plusieurs spécialistes ont fortement mis en doute la lecture du* yod.

• **H. Eshel.** Tous les scientifiques qui ont travaillé sur cet *ostracon* admettent qu'il s'agit d'un acte de donation. On a retrouvé d'autres actes de ce genre datant de la période de Bar Kochba dans le désert de Judée, mais aucun n'est en hébreu et tous concernent toujours un cadeau fait par un homme à une femme, par un père à sa fille ou par un mari à son épouse (selon la loi romaine, les femmes ne pouvaient hériter qu'à condition d'avoir reçu un acte de donation). Depuis la mise au jour de cet *ostracon* en 1996, nous avons découvert que l'homme qui a fait don d'une propriété portrait le nom de Honi, et que celui qui l'avait accepté s'appelait Éléazar. Il ne semble pas qu'ils aient eu des liens de parenté. Par conséquent, je crois que même sans la lecture du mot *Yahad* (quoique F. M. Cross a répondu à ces critiques dans le *DJD* 36), un acte de donation en hébreu montre que cette interprétation devrait être acceptée.

• **Y. Hirschfeld.** L'identification de "*l'ostracon Yahad*" n'est rien moins qu'un vœu pieu d'Eshel et de Cross. Leur publication n'est pas digne de confiance.

• **N. Golb.** Ils ont soutenu que toutes les consonnes du mot LYHD (*layahad*, "à la communauté du *yahad*") étaient conservées. L'article que j'ai rédigé sur ce sujet contient un élargissement de la ligne cruciale ; il montre qu'il n'y a aucune trace des consonnes du mot hébreu YŸd. Ce qui n'était au début qu'une annonce simplement folle est devenu aujourd'hui la marque d'une falsification.

• **É. Puech**. Même si la lecture du mot *yahad* est impossible sur l'*ostracon*, le lien entre le site et les grottes à manuscrits ne peut être mis en doute, comme je l'ai dit et répété à maintes reprises.

• **P. Donceel-Voûte**. Quoi qu'il en soit, le caractère "religieux" du terme ne doit pas masquer le fait que le mot *yahad* signifie également "unité", "union", selon une acception proche du terme moderne de "syndicat".

• **J.-B. Humbert**. Selon moi, il n'y a pas besoin de l'*ostracon* pour montrer que le site et les manuscrits ont partie liée. Le lien est évident : les grottes, les jarres à manuscrits, la proximité, les documents épigraphiques du site.

• **M. Bélis**. Bien sûr, le lien entre les grottes et les manuscrits est évident : la nature et l'emplacement de grottes inaccessibles dans le désert a décidé de leur choix pour y déposer les manuscrits, commençons déjà par rappeler cette évidence.

Ensuite, les grottes "encadrent" Qumrân (les "petites grottes" et les grottes 1Q-3Q, 6Q, 11Q), ou se trouvent en contrebas du site. Il s'agit donc d'un lien géographique particulier, avec une conséquence évidente : celui qui (se) tient (à) Qumrân ignorerait difficilement ce qui se passe dans les grottes. Le dépôt de manuscrits, leur (possible ou éventuelle) récupération n'ont guère pu se produire à son insu.

Enfin, l'étude menée sur les textiles concerne nécessairement la phase ultime de Qumrân et me conduit à me pencher sur la charnière entre la Période IIb/III et la Période III, très négligée par l'ensemble des scientifiques. Tant mieux, car si eux ont peu à en dire, ce n'est *pas* un sujet inconsistant…

41. *B. Bioul. Dans ses* Histoires Naturelles *V, 17, 4, Pline l'Ancien écrit qu'un groupe d'Esséniens habitait sur la rive occidentale de la mer Morte. Voici le passage :*

> *"À l'occident [de la mer Morte], mais à bonne distance des exhalaisons nocives de la côte, vit le peuple* (gens) *solitaire des Esséniens* (Esseni) *qui se singularise de toutes les autres tribus du monde entier en ce qu'il n'y a pas de femmes et qu'il a renoncé à tout désir sexuel, n'emploie pas d'argent et n'a que les palmiers pour seule compagnie. Jour après jour, l'adhésion de nombreux arrivants fatigués de la vie et poussés là par des revers de fortune à adopter ses mœurs vient l'augmenter en nombre égal d'une foule de réfugiés.*

> *Ainsi, durant des milliers de siècles (chose incroyable à relater) subsiste éternellement une race dans laquelle il ne naît personne. Elle profite de la lassitude qu'éprouvent de la vie les autres hommes. Sise en dessous (*infra hos*) des Esséniens (littéralement : de ceux-ci), se trouvait autrefois la ville d'En Geddi, la seconde seulement après Jérusalem pour la fertilité de sa terre et ses plantations de palmiers, mais aujourd'hui réduite, comme Jérusalem, à un tas de cendre".*

Sukenik s'est appuyé sur ce passage pour établir sa théorie essénienne des manuscrits de Qumrân. Cependant, le témoignage de Pline comporte plusieurs problèmes d'interprétation : 1. Il fait référence à Jérusalem, réputée pour la fertilité de son sol. Or, ce ne fut jamais le cas ; c'est Jéricho qui l'était. L'auteur s'est donc trompé peut-être parce qu'il n'a jamais visité ces villes ou bien qu'il a mal recopié ses sources. 2. Pline a tendance à exagérer le nombre et l'ancienneté des Esséniens : on imagine mal une foule de réfugiés (de quelle guerre ?) complètement désabusés, venir se consoler des infortunes de la vie dans un lieu désert et ascétique, au sein d'une communauté existant depuis des millénaires mais dont la Bible ne dit mot. 3. Plus intriguant encore : Pline parle des Esséniens au présent. Or, nous savons que son livre fut dédié à Titus avant qu'il ne devienne empereur en 79, donc près de 10 ans après la destruction de Qumrân par les Romains en 68 ap. J.-C. D'où quatre possibilités : a. ou bien les Esséniens n'étaient pas à Qumrân mais résidaient ailleurs ; b. ou bien Qumrân n'a pas été entièrement détruite par les Romains, et les Esséniens y sont revenus, mais dans ce cas pourquoi être revenus si vite alors que, selon la théorie du Père de Vaux, ils avaient attendu 37 ans pour le faire, entre 31 av. et 4 de notre ère ? c. ou bien Pline écrit au présent mais dans un sens passé ; d. ou bien la communauté des Esséniens, dont on ignore toujours le nom exact, désignait un groupe connu sous une autre appellation et toujours présent au temps de Pline : les chrétiens par exemple ? Quelle est votre réaction à cette vision des choses ?

• **É. Puech.** Il est probable que Pline a rédigé sa notice d'après des sources puisqu'il n'est jamais venu sur place, mais pourquoi ses sources ne seraient-elles pas dignes de confiance par delà une certaine emphase ? Sa notice ne prétend pas que tous les Esséniens vivaient dans le désert de Qumrân (en latin il n'y a pas d'article) mais que ceux qui vivaient-là étaient célibataires. Par ailleurs il a été prouvé que *infra hos* dans ses écrits ne signifie pas nécessairement "au pied de" mais aussi bien "en aval de" ; ici avec le Jourdain et la mer Morte, cela s'entend naturellement du sud.

Enfin, il faut se rappeler que la Vallée du Cédron à Jérusalem - Siloé - Bir Ayyoub était aussi fertile et connue pour ses jardins bien avant cette période. Qu'il y ait amalgame entre Jérusalem et Jéricho, ce n'est pas impossible de la part de scribes, car les deux sites furent détruits par les Romains à quelques années d'intervalle, mais la chute de Jérusalem, la capitale assiégée, a davantage marqué les esprits.

• **N. Golb**. Je pense que lorsqu'il parle des réfugiés, Pline fait référence à la guerre contre Rome, entre 67 et 73 ap. J.-C. Pour le reste, je dirais que tout cela commence à ressembler à un "pilpul" talmudique. La découverte de Y. Hirschfeld au-dessus d'En-Gedi a rendu la plupart des raisonnements compliqués quelque peu superflus !

• **Y. Hirschfeld**. Je suis d'accord avec les trois points concernant la description de Pline. Il est clair qu'il décrit un groupe d'ermites vivant dans le dénuement. C'est pourquoi Qumrân ne peut pas être un bon candidat pour un établissement essénien car trop de signes de richesse y ont été trouvés. Le temps présent employé par l'auteur latin indique que nous devons rechercher un site pauvre au-dessus d'En-Gedi qui existait avant et après la Grande Révolte. C'est pourquoi je pense que le site que j'ai fouillé au-dessus d'En-Gedi correspond à la description de Pline. Ce dernier devrait être étudié sérieusement ; lorsqu'il écrit *infra hos*, il veut bien dire en dessous (c'est-à-dire "au pied de" *NDLR*), et quand il écrit au présent, cela signifie que c'est toujours le cas au moment où il écrit, vers 75 de notre ère.

• **H. Eshel**. L'*Histoire Naturelle* de Pline était une immense encyclopédie qui a été publiée à la fin des années 70 de notre ère. Comme le professeur Stern l'a montré, Pline n'a sans doute jamais visité la Palestine, et a probablement utilisé d'autres sources quoique cela soit virtuellement impossible pour nous de les identifier. Il me semble que Pline savait que Jérusalem et Jéricho avaient été détruites au cours de la guerre juive ; il a pu le lire chez Flavius Josèphe qui rédigeait son œuvre à la même époque en Italie. Il se peut qu'il ignorait ce qui s'était passé à Qumrân, et par conséquent il a laissé l'indicatif présent. Cette suggestion n'est qu'une hypothèse qui ne peut pas être prouvée mais qui me semble plus raisonnable que de déplacer les Esséniens dans de petites cellules au-dessus d'En-Gedi.

• **J.-B. Humbert**. La lecture de la notice de Pline a été forcée. Tous les auteurs anciens disent que les Esséniens sont nombreux. S'ils sont à Qumrân, ce que je crois, ils y forment une toute petite communauté parmi de nombreuses autres disséminées en Palestine, et éventuellement en dehors de la Palestine, surtout en Judée et particulièrement le long du rivage occidental de la mer Morte.

42. B. Bioul. Si tous les manuscrits appartiennent à un groupe unique de juifs pieux, il est très étonnant que l'on n'en ait retrouvé aucun appartenant à d'autres mouvements ? En d'autres termes, pourquoi toute la littérature juive des Ier s. av. et ap. J.-C. aurait-elle disparu à l'exception de celle d'un petit groupe ?

• **N. Golb**. Comme vous le savez, c'est une des questions que j'ai posée et développée dans mes articles et mon livre sur les manuscrits pour démonter la théorie du "pan-essénisme" ou du "pan-qumrânisme".

• **É. Puech**. Dans leur ensemble, à part de rares exceptions, les découvertes de manuscrits à Masada, Murabba'ât et dans les wadis du désert de Juda étaient la propriété d'autres mouvement religieux juifs, mais elles nous apprennent peu de choses à leur sujet. En revanche, les manuscrits de Qumrân étaient certainement la propriété du mouvement essénien, même si ces derniers ne sont pas les auteurs de toutes ces compositions.

• **J.-B. Humbert**. Vous faites bien de préciser ce point car personne ne peut démontrer que tous les manuscrits trouvés à Qumrân sont esséniens. Ce serait très étonnant.

• **Y. Hirschfeld**. Je suis d'accord. Les rouleaux n'appartiennent pas à un groupe de Juifs pieux, mais à plusieurs. Le tableau était beaucoup plus compliqué.

• **H. Eshel**. On peut toujours espérer qu'un jour on puisse en effet trouver d'autres documents quelque part qui nous éclaireront sur un autre groupe de cette époque.

• **A. Caquot**. Attention, ce n'est pas parce qu'on a trouvé Qumrân que tout le reste a disparu définitivement ! On n'en sait rien. Il y a eu une perte énorme ; quelqu'un disait que la littérature de l'Antiquité c'était un naufrage, mais pour les antiquités sémitiques, c'est le naufrage d'un naufrage. Les historiens prennent l'habitude de construire des hypothèses à partir de fragments, de morceaux, en supposant qu'il n'y ait que ça, qu'il faut tout expliquer à partir d'eux, mais ce n'est pas vrai. La perte est considérable, c'est pourquoi il ne faut pas croire que ce qu'on a retrouvé est représentatif de l'ensemble. Cette disparition est due à plusieurs facteurs : la censure ou, tout simplement, le manque d'intérêt. Il y a eu un moment où les gens ne se sont plus intéressés à ça, ils ont laissé tomber. Comme il n'y a pas eu de survivance de tous les mouvements religieux après la Première Révolte, tout ce qui n'intéressait pas les gens fut perdu. On a sûrement beaucoup perdu de l'antique littérature chrétienne aussi, vous savez, le Nouveau Testament n'est qu'une sélection.

Les principales théories en présence

43. B. Bioul. Nous avons rappelé dans le chapitre 1 quelle a été la théorie du Père de Vaux, reprise aujourd'hui encore par bon nombre de spécialistes : les manuscrits découverts dans les grottes appartenaient aux Esséniens dont le centre principal se trouvait à Qumrân. L'une des critiques avancées par N. Golb est de dire que, si ce sont les habitants de Qumrân qui ont caché leur bibliothèque devant l'arrivée des troupes romaines venant du nord, on comprend mal pourquoi ils se seraient aventurés jusqu'à deux kilomètres au nord du site pour y cacher une partie de leur trésor dans les grottes 3 et 11, s'exposant ainsi au risque de se faire capturer ou tuer par l'ennemi. Golb a-t-il raison ?

• **P. Donceel-Voûte.** De façon générale, je suis assez d'accord avec lui, d'autant plus qu'à différentes époques, on a trouvé des manuscrits bien au-delà encore de ces grottes ; ce n'est pas sans raison qu'on parle des "*Discoveries in the Judean Desert*" ; dès lors, à tous niveaux et sur toute l'extension nord-sud des falaises, il est impensable que tous ces manuscrits aient été cachés par un même petit groupe.

• **Y. Hirschfeld.** Je ne partage pas ce point de vue parce que nous ne savons tout simplement pas ce qui c'est réellement passé à cette époque-là. Entrer dans les détails est pure spéculation. Ce que l'on peut dire, c'est que l'armée romaine s'est emparé de la région de Jéricho, et probablement aussi de Qumrân, en juin 68. Avant cette date, tout était encore aux mains des Juifs. Par conséquent, c'est le seul moment où les gens qui ont caché les rouleaux ont agi comme il le fallait en quittant Jérusalem en direction des grottes de Jéricho, et donc de celles de Qumrân.

• **J.-B. Humbert**. L'opération de mise en sécurité des manuscrits fut une entreprise compliquée, longue, nécessitant une longue préparation. N. Golb la voit trop comme la séquence rapide d'un western américain.

• **H. Eshel**. Si ma reconstitution est correcte, je dirais que les rouleaux déposés dans les grottes 3 et 11, 1 et 2, y ont été apportés avant que l'armée romaine ne s'approche de Qumrân. Lorsqu'ils ont réalisé qu'ils n'avaient pas assez de temps pour cacher convenablement le reste, les propriétaires des manuscrits les déposèrent dans la grotte 4a. Je crois que les rouleaux retrouvés dans les autres grottes marneuses ont été utilisés par ceux qui y vivaient. De toute façon, je ne vois pas en quoi la proposition de Golb serait meilleure que celle du Père de Vaux.

• **É. Puech**. Qui a parcouru la région sait qu'on ne peut arriver de Jéricho à Qumrân en longeant la falaise et donc en passant d'abord au pied des grottes 3, 11, 1 et 2. Il n'y avait donc aucun danger supplémentaire de ce côté-là, et je serai d'accord avec H. Eshel sur ce point-là. Si les manuscrits provenaient de Jérusalem, il y avait d'innombrables grottes et cachettes plus proches de la ville pour les y déposer en sécurité avant d'en arriver à ce petit coin aux mains d'un groupe religieux dissident. Les grottes étaient connues depuis toujours des habitants du site qui disposaient déjà d'un certain nombre de jarres à manuscrits et de tissus de lin pour leur usage quotidien. Du moins ces objets ne furent pas tous fabriqués à la hâte pour cela. On ne fait pas un roman.

• **M. Bélis**. Pour moi, une chose est sûre : la *date* du dépôt ne dépend que de l'interprétation de celui qui la fixe. Les préparatifs dont les archéologues ont observé les signes (le bon sens l'indique aussi) témoignent que, plutôt qu'une date, il vaudrait mieux parler de semaines consacrées à la fabrication de jarres, au repérage et même au creusement de cachettes, au tissage d'étoffes aux mesures des rouleaux etc. Il n'y avait qu'un risque lointain pour les individus, tandis que les manuscrits, eux, étaient potentiellement exposés à une destruction irréparable.

44. *B. Bioul. J'entends bien ce que vous me dites. L'emplacement des grottes par rapport à Qumrân est d'une importance relative. Néanmoins, la théorie qui rencontre aujourd'hui l'approbation de spécialistes de plus en plus nombreux est celle de N. Golb : les manuscrits de Qumrân proviendraient de diverses bibliothèques de Jérusalem, et auraient été déposés dans les grottes voisines du site devant l'avancée de l'armée romaine venant du nord. Vous prétendez ainsi,*

N. Golb, résoudre l'épineux problème de la disparité évidente des manuscrits (voire même de leur contradiction) car, selon vous, ces textes représentent l'ensemble de la production littéraire du Judaïsme du Second temple. Est-ce exact ?

• **N. Golb**. Je voudrais rectifier quelque peu votre question. Je n'ai pas dit que les manuscrits avaient été placés dans les grottes à proximité du site de Qumrân à cause de l'arrivée des Romains venant du nord, mais plutôt avant et au cours du siège de Jérusalem. Ensuite, il ne s'agit pas de la totalité de la production littéraire du Judaïsme du Second Temple mais des vestiges de cette production. J'ai également suggéré plus tard que la présence de phylactères dans quelques grottes pouvait indiquer que des réfugiés fuyant en direction de Masada les avaient déposés ou jetés dans les grottes pour les prémunir contre les profanations des Romains.

• **J.-B. Humbert**. Il me semble que Machéronte était beaucoup plus sûr pour une retraite que la région de Qumrân. Ceci dit, N. Golb a eut une idée intelligente qui résout bien des problèmes.

• **Y. Hirschfeld**. Je crois moi aussi que les responsables des bibliothèques de Jérusalem ont caché les rouleaux avant juin 68, au moment où les Romains se sont emparé de la région de Jéricho. Je pense que soustraire une telle quantité de livres à l'attention d'un ennemi a nécessité du temps et de l'organisation. C'est pourquoi, je préfère penser que tout cela a été fait intentionnellement, avant juin 68, lorsqu'il devint clair et évident que la ville de Jérusalem allait tomber et serait détruite. La proposition de N. Golb est très séduisante surtout lorsqu'on constate que même les rouleaux "sectaires" n'ont pas le même caractère : certains, comme le *pesher Nahum* et le *Rouleau de la Guerre* présentent des positions radicales, extrêmes, et renferment des propos haineux ; d'autres, comme le *MMT* et le *Rouleau du Temple*, sont beaucoup plus modérés et amicaux. Ils reflètent différentes sortes de communautés ou de sectes, ou tout simplement divers courants de pensée.

• **É. Puech**. J'ai déjà répondu en partie à cette question qui est loin de rencontrer l'approbation des spécialistes. Il me paraît totalement exclu que des Hiérosolymitains aient pu cacher des manuscrits à Qumrân pendant le siège de la ville puisque les Romains faisant le siège de Jérusalem avaient aussi posté une escouade de soldats sur le site après sa chute (période III de de Vaux). C'est en dehors de tout bon sens. Et on ne voit pas pourquoi les habitants du lieu seraient allés cacher leurs manuscrits à Machéronte occupé par des gens d'autres mouvements religieux ! Même les Judéens allèrent se réfugier à Masada et non à Machéronte ! Les différentes mains des scribes ne sauraient surprendre pour des copies étalées sur plus de deux siècles. Il n'y avait pas qu'un ou deux copistes à Qumrân par génération, et la main d'un copiste ne cesse d'évoluer au cours de sa vie, je suppose que chacun en a fait l'expérience.

• **A. Caquot**. N. Golb fait bien de préciser que ce n'est pas l'ensemble de la production littéraire du judaïsme du Second Temple, mais un vestige de cette production littéraire. Est-elle entièrement sectaire ? je ne le crois pas. En tout cas, Golb peut avoir raison. Mais je ne dirais pas que c'est la bibliothèque du Temple, nous n'en savons rien. Au début, je disais comme tout le monde : les manuscrits sont esséniens, le Maître de Justice est leur chef etc., mais devant la masse des documents de la grotte 4, on est bien obligé de penser qu'il y a eu autre chose.

• **B. Bioul**. *Qu'est-ce qui vous a fait changer d'avis ?*

• **A. Caquot**. Ce qui m'a fait changer d'avis, c'est surtout la variété des mains. Dès qu'on voit un album photographique, on se rend compte qu'il y a plus qu'une "école de scribe", presque chaque manuscrit a son écriture propre.

• **B. Bioul**. *Norman Golb dénombre justement près de 500 mains différentes.*

• **A. Caquot**. Je ne suis pas paléographe, mais ça frappe le lecteur, on voit qu'il ne s'agit pas d'une seule école.

• **B. Bioul**. *Certains mettent justement en relation cette multiplicité des mains et la présence sur le site de Qumrân de trois, éventuellement quatre encriers. Ils s'appuient sur ce déséquilibre (quatre encriers et 900 manuscrits) pour dire que le site de Qumrân et les rouleaux ne sont pas liés. Vous pensez que c'est un raisonnement qui peut se tenir ?*

• **A. Caquot**. Je ne crois pas que quatre encriers et les tables suffisent pour étayer l'hypothèse du *scriptorium* conçue par le Père de Vaux.

• **H. Eshel.** Pour ma part, je ne connais aucune preuve, textuelle ou autre, pour soutenir cette hypothèse imaginaire. Pour en revenir aux contradictions entre les manuscrits qu'Y. Hirschfeld évoquait tout à l'heure, je trouve, au contraire, que leur nombre est très minime bien que dans la grotte 2 se trouvait un petit texte suggérant que le calendrier lunaire est meilleur que celui de la communauté.

• **J. VanderKam.** Puisque nous avons affaire à des hypothèses historiques et à un manque de certitude, nous ne pouvons pas écarter un point de vue comme celui de N. Golb, mais je pense que sur la base des indices que nous possédons, on peut dire qu'il est hautement improbable qu'il ait raison parce qu'il ne tient pas compte des données venant du site et des manuscrits. Si ces derniers représentent toute la production littéraire juive de la période du Second Temple, nous pourrions attendre de trouver l'expression claire du point de vue des Pharisiens ou des Sadducéens. Or ce n'est pas le cas. Au contraire, nous y trouvons un point de vue uniforme, et ce dernier coïncide assez étroitement avec ce que nous savons des Esséniens par d'autres sources. Aussi, ce que N. Golb considère comme des contradictions n'en sont pas.

*45. **B. Bioul.** Au printemps 1962, les Ta'amiré découvrirent dans une grotte du wadi Daliyeh, à 14 km au nord de Jéricho, un lot d'environ 40 documents fort endommagés, écrits en araméen sur des feuilles de papyrus. Ils datent de l'époque perse, soit de 370 environ au 18 mars 335 av. J.-C., et proviennent tous de Samarie, l'ancienne capitale du royaume d'Israël, et siège des satrapes perses. A l'approche d'Alexandre le Grand, un groupe de Samaritains s'enfuit dans le désert au début de l'an 331 ; rattrapés par les soldats macédoniens, plus de 200 furent massacrés dans la grotte. À l'exception du sort final des insurgés, ce scénario ressemble furieusement à celui proposé par N. Golb et montre de façon irréfutable que sa théorie est tout à fait plausible. Qu'en pensez-vous ?*

• **H. Eshel.** Lorsque les Samaritains se sauvèrent, exactement comme dans les grottes de Bar Kochba, on a retrouvé des documents légaux datés qui confirment une propriété. Les rouleaux de Qumrân sont très différents puisqu'ils sont, par nature, seulement religieux et non pas économiques. Par conséquent, je ne vois pas pourquoi quelqu'un doit expliquer les découvertes de Qumrân à la lumière d'une trouvaille de nature totalement différente dans le wadi Daliyeh.

• **É. Puech**. Au wadi Daliyeh on n'a retrouvé que des documents juridiques comme dans les grottes de la deuxième révolte, ce qui est une tout autre histoire, celle de réfugiés individuels cherchant à préserver leurs biens personnels.

• **J.-B. Humbert**. En effet, il n'existe aucun indice scientifique allant dans ce sens : c'est du roman fiction.

• **Y. Hirschfeld**. Je ne suis pas d'accord. Je pense que le cas du wadi Daliyeh peut être considéré comme un précédent de ce qui s'est passé dans les grottes de Qumrân quelque 400 ans plus tard.

46. B. Bioul. Que doit-on penser de l'hypothèse de L. Schiffman qui souligne avec force les affinités de certaines prescriptions légales conservées dans des manuscrits de la grotte 4 avec la halakha *des Sadducéens, et postule une origine sadducéenne de la communauté qui aurait été fondée par des prêtres sadducéens dissidents, en désaccord avec la façon dont on célébrait le culte du Temple de Jérusalem, ou des Esséniens aux origines sadducéennes ?*

• **H. Eshel**. Il semble qu'il y ait eu deux systèmes de *halakha* durant la période du Second Temple ; l'un était une *halakha* sacerdotalement plus stricte, l'autre était la *halakha* pharisaïque, plus clémente. Puisque la secte a été créée par un personnage de la maison de Sadoq, il est normal que sa *halakha* ait été reliée à celle des Sadducéens qui était aussi celle employée dans le Temple.

• **É. Puech**. Schiffman n'a pas prouvé son hypothèse, loin de là, il y a d'autres explications comme le suggère Eshel. Surtout il ne faut pas isoler la *halakha* des croyances qui, elles, n'ont rien de sadducéen. Les manuscrits forment un tout plus unifié qu'on ne le dit souvent. Les Esséno-qumraniens ne sont pas arrivés à Qumrân les mains vides, ils ont emporté avec eux les livres de leur héritage religieux ("Bible" et Apocryphes). Etant des sadocites, ils ont hérité de la *halakha* de leurs devanciers qui se retrouve chez les sadducéens.

• **J.-B. Humbert**. Je crois que l'hypothèse de Schiffman n'est pas impossible. Mais on ne doit pas lier *a priori* la doctrine contenue dans les manuscrits avec les occupants du site. Les occupants du site ont pu cacher des manuscrits dont ils pouvaient n'être que dépositaires. Impossible de croire à une étanchéité entre les différents rameaux du judaïsme de cette époque, surtout quand les manuscrits s'échelonnent sur plusieurs siècles.

• **Y. Hirschfeld.** Je n'accepte pas le terme de "communauté de Qumrân". Tout ce que nous savons c'est que des Juifs vivaient à Qumrân. Leur origine sadducéenne n'est que pure spéculation. D'autre part, je pense que Schiffman a absolument raison lorsqu'il dit que certains manuscrits comme le *MMT* ou le *Rouleau du Temple* sont d'origine sadducéenne.

*47. **B. Bioul.** Que penser de la théorie de l'école de Groningue qui distingue clairement les origines esséniennes et celles de la communauté de Qumrân ?*

• **J. VanderKam.** Distinguer les origines esséniennes et celles de l'établissement de Qumrân n'est pas propre à l'hypothèse de Groningue ; cette position est largement partagée aujourd'hui comme elle l'était avant que A. S. van der Woude et F. Garcia Martinez ne publient leurs travaux. Si certains textes comme le *Document de Damas*, semblent situer la communauté du Maître à une époque plus haute (peut-être la première moitié du IIe siècle av. J.-C.), et si la version la plus ancienne de la *Règle de la Communauté* a été rédigée au cours du IIe siècle av. J.-C., nous ne pouvons pas situer les origines de la communauté plus tardivement que cela. Selon J. Magness, l'archéologie suggère que le site de Qumrân n'a pas été occupé avant 100 av. J.-C. Par conséquent, la communauté s'est formée avant que le groupe ne vienne à Qumrân.

• **N. Golb.** Pour moi, la théorie de Groningue n'est ni plus ni moins qu'un sophisme sous l'apparence d'érudition dont le but affiché est de conserver en vie la théorie traditionnelle d'un Qumrân essénien.

• **J.-B. Humbert.** Que sait-on de la communauté de Qumrân ? À l'instar de Y. Hirschfeld, je ne crois pas non plus à l'existence d'une "communauté de Qumrân". Personne ne peut montrer que des manuscrits sont issus des gens qui vivaient là.

• **Y. Hirschfeld.** Je suis d'accord. Il n'existe aucune preuve d'une relation directe entre la population de Qumrân et les Esséniens ; c'est tout le contraire. La richesse du site mise en exergue par les archéologues va à l'encontre de la caractéristique la plus essentielle des Esséniens : leur façon de vivre très pauvre et le désir de certains d'entre eux de vivre en ermites dans le désert.

• **H. Eshel.** Je ne vois aucune raison d'accepter la théorie de Groningue, tout comme il n'y a aucune raison de penser qu'il y a eut plusieurs Prêtres Impies.

• **É Puech.** Je suis d'accord. Il n'est pas nécessaire d'adopter l'hypothèse de Groningue pour expliquer les débuts de l'occupation essénienne de Qumrân, ni l'existence d'une série de Prêtres Impies. Les débuts en 152 av. J.-C. répondent mieux à toutes les données connues à ce jour, comme je l'ai déjà rappelé à maintes reprises et encore cet été lors du séminaire hénochite à Venise.

48. ***B. Bioul.*** *Doit-on prendre au sérieux les thèses de Robert Eisenman, qui, au début des années '90, avaient fait beaucoup parler d'elles ? Dans l'une d'elles, il proposait l'identification d'un certain nombre de personnages mentionnés dans quelques manuscrits sectaires sous des qualificatifs divers : Maître de Justice, Menteur, Prêtre Impie etc. avec des personnages du Nouveau Testament. Sa conviction est que les manuscrits ont été écrits par un mouvement messianique du Ier siècle de notre ère, amalgamé au christianisme primitif. Selon lui, Jésus est ce descendant de David, ce messie mis à mort qu'il a lu sur un fragment de la grotte 4. Mais il va encore plus loin : le Maître de Justice n'est autre que Jacques le Juste, le "frère" du Seigneur, premier évêque de Jérusalem, chef des judéo-chrétiens, mort martyr en 62. Il insiste sur le caractère mafieux, violent, agressif, apocalyptique, nationaliste et messianique de ce mouvement judéo-esséno-chrétien. Or Jacques se serait opposé très durement à l'apôtre Paul, un juif dévoyé, chef d'un mouvement helléniste rejetant l'observance stricte de la loi juive et prônant le pardon des offenses. C'est Paul le véritable fondateur du christianisme, celui de la diaspora, celui des Gentils, qui a faussé le message de Jésus, l'a interprété pour le rendre accessible aux païens ; c'est Paul le "Menteur" des manuscrits, le premier chrétien hérétique, l'agent secret des Romains qui aurait fondé "pour la première fois le culte de Jésus, un culte semblable à celui d'Adonis, de Tammuz, d'Attis ou de n'importe lequel des autres dieux morts puis ressuscités qui foisonnaient à cette époque", inventant des faits miraculeux tels "la naissance virginale, la résurrection" et donné naissance au christianisme, à un personnage mythique, le Christ des Evangiles* (La Bible confisquée, pp. 199 sq). *Eisenman est convaincu que Paul, en route pour Damas, s'est en fait arrêté à Qumrân et y a séjourné 3 ans. C'est là qu'il aurait mis au point sa christologie qui est celle acceptée et suivie par les chrétiens jusqu'à aujourd'hui. En d'autres termes, la foi chrétienne est, depuis 2 000 ans, une hérésie basée sur un mensonge, celui véhiculé par Paul, le Menteur ; la seule vraie foi était celle prônée par Jacques le Juste, adversaire de Paul et mis à mort par le Prêtre Impie qui n'est autre que le grand prêtre de l'époque, Ananias.*

• **J.-B. Humbert**. Péplum USA !

• **É. Puech**. J. T. Milik avait réfuté par avance une fois pour toute les allégations d'Eisenman. En mettant le fragment 4Q285 7 en relation avec un autre, il a repéré une citation d'*Isaïe* 10, 34-11, 1 suivie de son commentaire qui fait allusion à la bataille eschatologique et à la victoire du Messie-roi davidique sur le roi des *Kittîms*, tout comme il en est dans un autre manuscrit commentant ces mêmes versets du prophète.

• **Y. Hirschfeld**. Eisenman a vraiment tout mélangé. Sa description des ruines de Qumrân est intolérable, inacceptable.

• **H. Eshel**. Il me semble que les analyses au C14 ont prouvé que les rouleaux sont bien antérieurs à l'Église primitive, et qu'il n'y a aucune raison d'accepter les théories de R. Eisenman et B. Theiring qui tente d'associer le Prêtre Impie au mouvement de Jésus.

• **N. Golb**. J'exhorte constamment mes étudiants à s'abstenir de tirer des conclusions historiques précises à partir de textes littéraires porteurs d'un message spirituel ésotérique.

• **M. Bélis**. *La Bible confisquée* n'est pas une lecture recommandable, mais une opération commerciale. Quant à Eisenman, s'il lui plaît d'être salué comme le vrai "fondateur" et l'autorité suprême pour décréter que Qumrân n'a été compris que par lui, où va-t-on ?

49. B. Bioul. Toutes ces théories ne démontrent-elles pas qu'en définitive nous ne savons pas grand chose des auteurs de ces textes ?

• **Y. Hirschfeld**. Oui, je suis d'accord.

• **J.-B. Humbert**. Elles soulignent au moins qu'ils sont issus du judaïsme local.

• **N. Golb**. Nous savons très peu de choses sur eux "biographiquement parlant", mais aujourd'hui, nous connaissons quelque peu leur pensée particulière et leurs idées.

• **H. Eshel**. Je constate surtout que tout cela montre comment la controverse vend mieux que la science.

• **É. Puech**. Il est plus profitable d'étudier les textes que de s'occuper des théories farfelues à but strictement commercial.

Les manuscrits sectaires

*50. **B. Bioul**. Parmi les quelque 900 manuscrits découverts, un tiers environ sont de caractère sectaire, c'est-à-dire qu'ils traduisent les pensées d'un mouvement religieux particulièrement rigoriste, voire exalté. Quels sont ces manuscrits ? Pouvez-vous nous citer les plus importants et nous dire ce qu'ils nous apprennent ?*

• **J. VanderKam**. Un grand nombre de manuscrits décrit les pratiques et/ou expriment les croyances d'un mouvement religieux. Discutée dans le groupe de Qumrân, le *Règle de la Communauté* a occupé une place importante à cause de sa nature ; il s'agit d'une sorte de constitution pour un groupe retiré. Elle explique comment on en devient membre, les croyances fondamentales de la communauté, les règles à suivre lors des réunions de ses membres et le besoin de fondre ses propres biens personnels avec ceux de la communauté. Le *Document de Damas* qui, comme la *Règle de la Communauté*, existe en plusieurs copies, fournit également des informations sur une communauté qui partage les mêmes vues mais qui n'est pas aussi isolée que celle présentée par la *Règle de la Communauté*. Nous apprenons par ces textes à mieux connaître la philosophie dualiste qu'ils épousent, la compréhension que leurs auteurs ont d'eux-mêmes en tant que communauté contractuelle qui est la seule à interpréter et à suivre la loi mosaïque correctement et strictement, et leur conviction de vivre les derniers temps, avant que les messies d'Aaron et d'Israël et la guerre finale contre les forces du démon n'arrivent. Grâce à ces textes, nous avons aussi quelques allusions à un calendrier solaire de 364 jours qu'utilisait le groupe pour dater ses fêtes ; ce point est plus explicite dans les textes calendaires.

• **H. Eshel**. Les compositions à caractère sectaire les plus importantes sont la *Règle de la Communauté*, le *Document de Damas*, le *MMT*, les *Pesharim*, et d'autres encore. Des livres entiers ont été écrits sur chacun d'eux, et je ne pense pas qu'il soit nécessaire d'en parler maintenant. Je voudrais cependant souligner que moins de la moitié des manuscrits sont sectaires, et que plus de la moitié de ces derniers sont des compositions venues de l'extérieur, mais qui étaient utilisées pour l'étude par les membres de la secte, la nuit. Ainsi, la majorité des rouleaux jette un éclairage sur le judaïsme de la fin du Second Temple en général, et seulement 40% sur la secte elle-même.

• **A. Caquot.** Le *Rouleau de la Guerre* est intéressant car il exprime une pensée que l'on peut qualifier de sectaire. Le 4Q*MMT* est à mon sens le point de départ du schisme. Le *Manuel de Discipline* est une élaboration postérieure à la séparation, de plusieurs dizaines d'années peut-être.

• **Y. Hirschfeld.** Comme je l'ai déjà souligné, tous les rouleaux sectaires ne sont pas fanatiques. Certains comme le *MMT* et le *Rouleau du Temple* présentent des points de vue modérés et même amicaux. Je crois que nous devrions penser à plusieurs *havurot* et non pas à un seul *havurah*. Certaines de ces sectes, comme celle de l'Assemblée de Damas et du *pesher d'Habaquq*, défendaient des positions fanatiques. Le *Rouleau de la Guerre* montre une connaissance militaire et la volonté d'utiliser la force pour créer un royaume céleste. Ce que nous avons ici, c'est un mélange de différentes idées et de différents types de personnes.

*51. **B. Bioul.** Ces textes sectaires présentent-ils tous une vision cohérente de la pensée du ou des groupe(s) qui les a (ont) écrits ? On a le sentiment que non ; plusieurs textes semblent se contredire comme, par exemple, le* MMT *et le* Manuel de Discipline *(la* Règle de la Communauté*) dont parlait Y. Hirschfeld tout à l'heure. Est-ce vrai, et si oui, comment explique-t-on ces différences ?*

• **Y. Hirschfeld.** Les rouleaux sont différents les uns des autres, et plusieurs d'entre eux peuvent venir de différentes bibliothèques comme l'a suggéré N. Golb.

• **H. Eshel.** Pour ma part, je considère que le nombre de contradictions entre la *halakha* trouvée dans le *Livre des Jubilés*, le *Rouleau du Temple*, le *MMT*, la *Règle de la Communauté* n'est pas très significatif. Il me semble que les différences entre ces compositions sont surtout dues à la chronologie. Il est possible que la *halakha* se soit développée et étoffée comme le laissent penser les manuscrits.

• **J. VanderKam**. Je suis convaincu que les manuscrits sectaires présentent une vision cohérente des croyances du groupe sans mélange aucun avec des positions qui sont *typiquement* pharisiennes ou sadducéennes. Nous devons quand même nous souvenir que les manuscrits ont été rédigés à différentes époques et qu'ils ne reflètent donc pas la même situation. Un texte comme le *MMT*, qui mentionne le même calendrier et exprime le même point de vue légal que celui présent dans les manuscrits bibliques, adopte un ton plus modéré vis-à-vis des autres groupes que certains autres écrits sectaires. En fait, les auteurs s'attendent à ce que les destinataires de l'œuvre (qui pouvait être une lettre) acceptent le raisonnement qui y est énoncé, et ils parlent de façon favorable à leur sujet. Il est possible que le *MMT* reflète un point de vue ancien dans l'histoire du groupe, lorsque les motifs qui l'ont séparé des autres mouvements étaient clairs mais à un moment où la rupture avec les autres branches de la société juive n'était pas encore irréversible. D'autres textes sectaires comme la *Règle de la Communauté* remontent à une époque plus récente, lorsque la séparation était devenue définitive et les critiques des autres mouvements beaucoup plus acerbes.

52. *B. Bioul.* L'un des manuscrits sectaires les plus connus est le Document de Damas. *On y parle notamment de la fuite du Maître de Justice à Damas. Certains spécialistes prétendent que Damas est en réalité Qumrân. Que peut-on en dire aujourd'hui ?*

• **Y. Hirschfeld**. Je ne vois pas de raison valable pour dire que Damas n'est pas Damas mais Qumrân.

• **J.-B. Humbert**. C'est vraiment tiré par les cheveux.

• **H. Eshel**. C'est exact. Lorsqu'on lit le début du *Document de Damas*, il apparaît que les membres de la secte sont retournés dans le pays d'Israël au début du IIe siècle avant notre ère. Par conséquent, je ne vois pas non plus pourquoi il faudrait identifier Damas à Qumrân. Il peut s'agir de Damas ou même de Babylone comme l'a suggéré Murphy O'Connor.

• **É. Puech**. Non ! Rien ne justifie l'identification de Damas avec Babylonne ou Qumrân. En outre, le pays de Damas n'est pas lié à la seule ville de Damas !

• **N. Golb**. C'est tout simplement un autre indice de l'affliction connue comme "fièvre de Qumrân"

53. B. Bioul. Pouvez-vous nous parler du manuscrit intitulé Miqsat Ma'ase ha-Torah *(MMT) ? En quoi est-il si particulier ?*

• **H. Eshel**. Il faut lire CAMPEN et BERNSTEIN (éd.), *Lire le 4QMMT* qui vous aidera à étudier le manuscrit. Il s'agit sans doute d'une lettre écrite par le Maître de Justice au Prêtre Impie qui explique pourquoi les membres de la secte ont quitté Jérusalem et se sont rendus dans le désert, surtout pour des raison d'*halakhot* et de calendrier. Il y a tellement à dire sur ce manuscrit !

• **Y. Hirschfeld**. Le *MMT* montre clairement que son auteur était proche des Sadducéens, et que l'idée d'une secte unique liée aux Esséniens doit être reconsidérée. Comme je l'ai déjà souligné, le climat amical de ce manuscrit contraste avec l'approche fanatique du *pesher Habaquq* et de quelques autres manuscrits. Le *MMT* et le *Rouleau du Temple* indiquent la possibilité d'une origine hiérosolymitaine des manuscrits.

54. B. Bioul. Le MMT est écrit dans une idiome hébraïque particulier qu'on appelle le proto-tannaïtique, et que l'on ne retrouve sur aucun autre manuscrit à l'exception du rouleau de cuivre qui, d'après certains critères internes, a été composé vers 69-70 ap. J.-C. Que pouvez-vous nous en dire ?

• **É. Puech**. *MMT* et le *rouleau de cuivre* ne sont pas les seuls à user de tournures hébraïques de type michnique, mais *MMT* est sans doute l'une des plus anciennes compositions du mouvement essénien.

• **Y. Hirschfeld**. La plupart des spécialistes pensent que le *rouleau de cuivre* provenait de Jérusalem, ce qui signifie que le *MMT* aussi est d'origine hiérosolymitaine.

• **N. Golb**. Par son idiome, on ne peut raisonnablement pas dater le *MMT* avant la fin du Ier siècle av. J.-C.

• **H. Eshel**. Seuls ces deux manuscrits, le *MMT* et le 3Q15 (*rouleau de cuivre*) sont écrits en hébreu mishnaïque. Je ne pense pas qu'il y ait une relation entre eux car je crois que le *rouleau de cuivre* a été apporté de l'extérieur (voir l'article d'Eshel et Safraï dans *Cathedra* (en hébreu)). Il semble que les scribes de Qumrân ont essayé d'écrire en hébreu pseudo-biblique ; c'est pourquoi seuls ces deux rouleaux ont été rédigés dans un bon hébreu mishnaïque.

55. B. Bioul. Dans plusieurs manuscrits sectaires, on parle du "désert". Pour beaucoup de spécialistes, le terme désigne "le désert de Judée". Pourtant, dans la Règle de la Communauté, *il paraît évident que les passages parlant du désert sont des citations tirées du livre d'Isaïe, et sont utilisés comme métaphores pour désigner l'étude des "secrets" de la Torah. Un exemple : le passage d'Isaïe 40, 3 dit ceci : "une voix proclame" : dans le désert, dégagez un chemin pour le Seigneur, nivelez dans la steppe une chaussée pour notre Dieu"". Le commentateur explique cette allusion ainsi : "il s'agit de l'explication de la Torah que le Seigneur a confiée à Moïse". Comment peut-on expliquer cette traduction ?*

• H. Eshel. Les gens de Qumrân connaissaient ce passage d'Isaïe. Ils se considéraient eux-mêmes comme l'accomplissement de la prophétie, et c'est pourquoi ils ont cité ces versets dans la *Règle de la Communauté*.

• Y. Hirschfeld. Dans les manuscrits, le "désert" d'Isaïe est utilisé comme une métaphore, et ce serait tout simplement une erreur de l'employer dans ce contexte dans un sens géographique. En parlant du "désert" d'Isaïe, le terme est utilisé dans un sens négatif, c'est-à-dire comme une terre stérile qu'il faudrait changer. Les ermites juifs tels Jean-Baptiste, les Esséniens et d'autres, vivaient dans le désert parce que c'était leur choix. Ils sont venus y vivre mais sans l'intention de le modifier. C'est du moins ainsi qu'ils sont dépeints dans les sources (dont les écrits hagiographiques byzantins).

*56. B. Bioul. Le manuscrit 4Q321 est un calendrier qui montre que la communauté (*Yahad*) suivait un comput solaire de 364 jours, contrairement au calendrier lunaire juif de 354 jours. A quoi correspond ce calendrier ? N. Golb prétend que ce calendrier, et d'autres trouvés parmi les textes de Qumrân, représentent les efforts soutenus des juifs palestiniens – et en particulier la classe des prêtres – d'établir un calendrier de travail fixe avant que les premiers rabbins (*tannaïm*) ne réussissent finalement en établissant un calendrier luni-solaire.*

• **É. Puech.** Le calendrier solaire fondé sur la lecture de la *Genèse*, jour de la création des luminaires, avec la domination du soleil sur le jour et de la lune sur la nuit, avait pour but d'être un calendrier fixe évitant la coïncidence des fêtes avec un sabbat, comme cela se produit avec le calendrier luni-solaire.

• **H. Eshel.** Comme Shemariyah Talmon l'a montré, l'une des principales raisons qui ont poussé les gens de Qumrân à quitter Jérusalem pour aller dans le désert était les disputes concernant le calendrier. Je ne vois pas comment ces discussions calendaires soutiennent la théorie de Golb.

• **Y. Hirschfeld.** Pour ma part, je suis d'accord avec Golb. Je crois que la période du Second Temple fut un temps de formation, de gestation, et que beaucoup de problèmes – dont celui du calendrier – n'étaient pas résolus à cette époque. Le professeur S. Stern du département des Études juives à la *London School* a montré que dans des communautés juives isolées comme celle de Zoar, à l'extrémité méridionale de la mer Morte, le calendrier solaire était encore en usage jusqu'au VIe siècle. Ce n'est absolument pas prouvé pour un groupe sectaire qui a dû quitter Jérusalem comme le suggèrent plusieurs spécialistes dont S. Talmon.

57. B. Bioul. Dans une Apocalypse messianique, *on trouve la mention d'un messie unique. Est-ce une réminiscence du concept chrétien de Messie ?*

• **A. Caquot.** Ce n'est pas une réminiscence du concept chrétien, mais plutôt un témoin parallèle, et même un antécédent. C'est le bien commun de plusieurs mouvements religieux juifs de cette époque-là. C'est É. Puech qui a intitulé ce texte *Apocalypse messianique* : on y trouve un messianisme tout à fait dans la ligne du messianisme biblique mais qui n'a rien à faire avec le messianisme chrétien. On a sans doute spéculé davantage sur le messie dans cette secte qumranienne que dans d'autres mouvements, mais il ne faut pas oublier que même chez les Pharisiens, il y avait certainement une espérance messianique.

• **É. Puech.** La conception du messianisme a une origine qui remonte au retour de l'exil, et est intimement liée à la venue du prophète, Nouvel Élie. Les Esséniens ont hérité de cette conception messianique comme tous les autres mouvements juifs, et ils l'ont clairement formulée à maintes reprises (1QS IX, 11 par exemple). Ils attendaient la venue d'un prophète, nouvel Élie, précédant celle des Messies d'Aaron et de David – le premier, prêtre, devant avoir la préséance sur le roi qualifié de "Messie d'Israël, prince de la Congrégation, rejeton de David". Contrairement à ce que l'on en dit généralement, cette conception n'a pas varié par la suite. Le Maître de Justice a pu être considéré par ses disciples comme le prêtre-prophète attendu, annonçant la venue des messies. Mais on ne peut parler de messie céleste dans le *Rouleau de Melkîsedeq* (11Q13) ni de messianisme collectif dans l'*Apocryphe de Daniel* (4Q246) annonçant la figure du Fils de l'Homme qui vient avec les nuées du ciel accomplir toutes les écritures et les espérances des contemporains (*Daniel* 7). Mais le manuscrit est trop fragmentaire pour affirmer qu'il ne connaissait qu'un messie : le messie royal et le prophète. Il est question de sacerdoce sur quelques fragments et on pourrait s'attendre qu'y soit alors fait allusion à un messie sacerdotal comme dans tous les autres mansucrits qui traitent de ce sujet. Leur pensée sur ce point n'a pas évolué ni varié. Ce dernier manuscrit contient l'unique référence à la venue du "Fils du grand souverain, qui sera appelé de son nom, Fils de Dieu et Fils du Très-Haut". Ces titres seront repris tels quels par Luc 1, 32-35, mais à Qumrân, il n'est pas question d'engendrement du Messie par Dieu, ni d'un messianisme sotériologique, ni de la mort sacrificielle du Messie pour le pardon des péchés. Ce n'est pas le cas du Maître de Justice car Dieu seul pardonne les péchés. Par contre, Jésus de Nazareth réalise en sa personne la figure du Messie royal et celle du Messie-grand-prêtre, s'offrant en victime sacrificielle de l'Alliance Nouvelle et Éternelle. Aux yeux de contemporains imprégnés de culture juive, la figure de Jésus accomplissait toutes les Écritures.

• **H. Eshel.** Il est exact que dans l'*Apocalypse messianique*, seul un messie est mentionné, mais dans d'autres textes (11Q*Melch*, 4Q *Test*), on apprend l'existence de deux messies, l'un d'Aaron et l'autre de David. Parfois, ils sont complétés par un prophète des Derniers Jours. Il semble que la vision eschatologique de Qumrân comprenait un prêtre, un prophète et un messie royal. Je crois que le fait de ne trouver qu'un seul messie dans l'*Apocalypse messianique* n'est qu'un accident ; il s'agit sans doute d'un chef politique.

• **J. VanderKam.** Il est vrai que dans les parties conservées de ce manuscrit très fragmentaire, un messie unique est cité. La ligne incomplète dans laquelle il apparaît dit que "le ciel et la terre obéiront à son messie". Mais nous ignorons si le texte mentionnait ou pas un second messie. À tout le moins, il n'y a pas d'autres figures messianiques dans les fragments conservés. Plus loin, à un endroit du texte où le messie n'est pas nommé, il y a une prédiction qui dit que, dans le futur, quelqu'un (Dieu ?) guérira le blessé, rendra la vie au mort et annoncera de bonnes nouvelles au pauvre. Plusieurs actes prédits (tirés d'Isaïe 35 et 61) sont également attribués à Jésus dans Luc 7 : 21-22 (comparé à Matthieu 11 : 4-5). La présence de ces thèmes dans un manuscrit et dans les Évangiles suggère que ces bienfaits étaient associés aux temps messianiques par différents groupes juifs. Comme le manuscrit de Qumrân est bien plus ancien que les Évangiles en question, il est plus qu'improbable que son auteur ait emprunté aux sources chrétiennes.

Quelques cas particuliers

58. B. Bioul. Le rouleau de cuivre (3Q15) qu'on peut voir au musée d'Amman, en Jordanie, contient-il une liste de trésor réelle ou fictive ? De quand date-t-il ?

• **N. Golb.** Selon moi, de 70 ap. J.-C.

• **É. Puech**. Il me paraît certain que le *rouleau de cuivre* a été déposé au printemps 68 au plus tard, à part des jarres, pour la bonne raison qu'il n'avait pas expressément besoin d'être protégé dans une jarre comme les rouleaux de peau ou les *papyri*, de loin beaucoup plus fragiles, à moins que les deux n'aient pu entrer dans une même jarre. Il est certain que le groupe pensait bien le récupérer un jour et retrouver facilement la répartition des dépôts. Ce document n'est pas un *unicum* puisque l'auteur écrit à la fin qu'il existe une autre copie plus détaillée, cachée à tel endroit. Je pense avoir montré la plausibilité de son appartenance au mouvement essénien et de la réalité de la liste, mais les sommes doivent être revues fortement à la baisse. Enfin, un dépôt en 70-71 ne fait pas de sens, y compris pour le contenu, puisque Jérusalem était en passe de tomber ou déjà détruite, le reste relève du roman bien que le contenu n'ait rien de romanesque.

• **H. Eshel.** Je crois que le *rouleau de cuivre* ne reflète pas la réalité. Je ne pense pas qu'une telle quantité d'argent ait existé en Judée au Ier siècle. Je crois que le *rouleau de cuivre* relève d'une polémique sur l'endroit où la vaisselle du Tabernacle et du Premier Temple – et non pas du Second – était conservée. Quelques groupes de l'époque du Second Temple croyaient que cette vaisselle était cachée à Jérusalem, sur le mont Garizim ou sur le mont Nébo, en Éthiopie. Les membres de la secte qui quittèrent Jérusalem se tenaient pour responsables de cette vaisselle, et c'est la raison pour laquelle Dieu leur faisait confiance car ils avaient une compréhension "exacte" de la *halakha*.

• **Y. Hirschfeld**. À l'inverse, je pense que le *rouleau de cuivre* correspond à une réalité. La plupart des noms géographiques peuvent être identifiés, et les descriptions sont très réelles. Les trésors du Temple ont été cachés au cours de la Grande Révolte. C'est une bonne indication pour dater ce rouleau.

• **M. Bélis**. Je suis d'accord. D'abord, compte tenu de l'emplacement où il a été retrouvé et de son contenu, l'objet lui-même plaide pour cette réalité. On ne conçoit pas d'écrivain qui rédige sur un tel support une œuvre quelconque et la dissimule, sauf cas pathologique.

Encore une fois, est-il nécessaire de rappeler que la trouvaille a eu lieu au milieu de circonstances particulièrement délicates ? Un véritable dilemme se posait à R. de Vaux et à ses collaborateurs : aller dans le sens de l'évidence en déclarant qu'il s'agit d'un texte authentique ou, au contraire, nier l'évidence ? Ils ont choisi la seconde solution. La question est donc "pourquoi ?", au lieu d'ironiser à bon compte. Je me suis posé la question, et la réponse coule de source : si de Vaux avait écrit qu'il s'agissait bien d'une liste de trésors dissimulés, avec l'autorité qu'il avait, vous pensez bien que le pays aurait été retourné de fond en comble par une horde de gens de très petit scrupule. À tout prendre, je crois que de Vaux a dû mesurer la conséquence de ses déclarations et a tenté de limiter les dégâts. Chacun sait que John Allegro a choisi l'option inverse, et de Vaux s'est beaucoup dépensé pour empêcher qu'il (Allegro) ne dévaste les sites qu'il croyait être ceux dont parlait le *rouleau de cuivre*.

Je vous fais part d'une interprétation qui n'engage que moi, et que personne d'autre, à ma connaissance, n'a envisagée.

• **A. Caquot**. Je ne crois pas non plus que ce soit entièrement une fiction, comme le pensait J. Milik ; c'est peut-être une réalité, mais de quelle époque, je ne le sais pas ! Je ferais confiance à Émile Puech qui a préparé une remarquable édition du *rouleau de cuivre*.

• **B. Bioul.** *Par contre, si mes souvenirs sont exacts, Émile Puech vous n'avancez pas de date particulière. Est-ce voulu ?*

• **É. Puech**. Tout ce dont je suis sûr c'est que ce rouleau a été déposé dans la grotte la plus éloignée de Qumrân vraisemblablement quelques jours avant sa destruction en 68 ap. J.-C. et que le nombre de cachettes citées dans la liste doit être réduit de 64 à 60.

• **A. Caquot**. C'est sans doute l'honnêteté même. Le rouleau porte une graphie d'une nature tout à fait particulière, pour laquelle on n'a pas beaucoup de parallèles, contrairement aux manuscrits ; c'est un document tout à fait bizarre. Et pourtant, Émile Puech n'hésiterait pas à le dater si c'était possible !

• **B. Bioul.** *Est-ce qu'il est possible qu'il ait pu être déposé dans la grotte 3 après les autres manuscrits ?*

• **A. Caquot**. Je crois que ça paraît être en effet un ajout.

• **B. Bioul.** *Donc le document peut être plus ancien, mais son dépôt dans la grotte 3 peut être plus récent ? Le fait qu'il ait été déposé à part, et après les autres manuscrits, est-il significatif ?*

• **A. Caquot**. Peut-être. Il me semble que le *rouleau de cuivre* se distingue justement des autres parce qu'il a une position à part dans le dépôt.

• **B. Bioul.** *Est-ce que cela peut remettre en cause le fait que ces grottes étaient considérées comme des caches, puisque manifestement elles ont été réutilisées par la suite ? Ce n'était pas forcément un endroit sûr.*

• **A. Caquot**. Pour moi c'est un mystère. Rappelez-vous que certaines grottes ont été trouvées aux IXe s.-Xe s., et cette découverte a donné indirectement essor au mouvement qaraïte.

• **B. Bioul.** *Mais vous n'iriez quand même pas jusqu'à dire que le rouleau de cuivre a été déposé à cette époque ?*

• **A. Caquot**. Non, non. Il a dû être déposé après 70.

*59. **B. Bioul**. Si les rouleaux de cuivre datent des années 69-70 de notre ère, cela signifie qu'on les a déposés dans la grotte 3, où ils furent découverts, après cette date. Les grottes – du moins la grotte 3 – ne furent donc pas fermées après 68 ap. J.-C., comme on le soutient généralement. Si tel est le cas, peut-on envisager la possibilité que certains manuscrits ont aussi été déposés dans les grottes après 68 ? La conséquence de cette possibilité serait qu'il existe peut-être des manuscrits sectaires qui ont été placés dans les grottes après 68, c'est-à-dire après la disparition du judaïsme biblique. Cela pourrait relancer l'hypothèse que certaines grottes étaient en réalité des genizah où était conservés des ouvrages qui n'avaient plus cours. Qu'en dites-vous ?*

• **N. Golb**. Je voudrais clarifier une chose ; j'estime en effet que *tous* les manuscrits ont probablement été déposés dans les grottes après 69 de notre ère ; 68 ap. J.-C. est une date tout à fait arbitraire que l'on doit au fait que le Père de Vaux n'a pas tenu compte de toutes les données numismatiques. Le numismate israélien Ya'agor Meshorer a longuement traité de cette question et soutient mon point de vue selon lequel Khirbet Qumrân n'a pas été pris par les Romains avant 70 ou 71 de notre ère !

• **H. Eshel**. Je suis convaincu que le *rouleau de cuivre* date du milieu du Ier siècle de notre ère, pas plus tard. Je ne pense pas que la grotte 3 ait été utilisée après la chute de Qumrân.

• **Y. Hirschfeld**. Les preuves archéologiques de la découverte des manuscrits montrent que les grottes n'étaient pas des *genizah*. Le *rouleau de cuivre* peut dater de 68 ou même d'un peu avant (66 ou 67). La question est de savoir quand les prêtres du Temple et les bibliothécaires ont compris que la ville et son Temple allaient être détruits. Cacher un tel trésor était sans doute une opération secrète ; néanmoins, elle fut bien planifiée et bien organisée. La quantité d'or et d'argent, environ 4 000 talents, n'est pas impossible puisque Flavius Josèphe dit que Jean Hyrcan prit environ 3 000 talents dans la tombe de David pour financer ses besoins (*Ant.* 13, 249).

• **M. Bélis**. À vrai dire, c'est une question délicate. Tout dépend en effet de la date de rédaction et de la date du dépôt des rouleaux. Milik penchait pour 100 de notre ère.

Vous avez certainement remarqué que les descriptions de l'emplacement où les documents ont été trouvés ne sont pas claires : "*Près*

de l'entrée de la grotte intérieure, contre la paroi rocheuse qui faisait le fond de la chambre écroulée... l'effondrement du plafond les avait heureusement épargnés et isolés dans une sorte de niche" (de Vaux, *Revue biblique*, LX, n°4, 1953)
"*Il* (le rouleau de cuivre) *a été trouvé dans la partie antérieure de la grotte*" (*Schweich Lectures*, p.79)
"*La grotte était très grande... Dans la chambre arrière de la grotte, niveaux stratifiés... Cette chambre se prolonge par un passage étroit et montant vers une cavité... Juste à l'angle nord de la chambre, deux rouleaux de cuivre*". (*de Vaux*, DJD III)

Milik affirme cependant que 3Q15 était déposé "en avant de la grotte, à une certaine distance du recoin d'où proviennent tous les fragments manuscrits".

Une fois de plus, la date de 68 est un clou dans le pied de tous ceux qui veulent ne voir qu'elle et en faire dépendre tout le reste. Elle paralyse la réflexion et empêche de mesurer pleinement l'évolution connue par le site.

60. B. Bioul. *Plusieurs manuscrits de la grotte 7 sont écrits en grec. A-t-on une explication à cela ?*

• **H. Eshel.** Un ou plusieurs membre(s) de la secte qui y vivai(en)t connaissai(en)t le grec ; par conséquent, tous les documents sont en grec.

• **É. Puech.** Il est évident que les *papyri* grecs de la grotte 7 appartiennent au même groupe qumranien et qu'on n'a pas à y voir des documents du Nouveau Testament comme certains l'ont pensé, puisque j'y ai identifié la finale du livre d'Hénoch (restes des chapitres 100 à 105) en regroupant plusieurs menus fragments. Hénoch araméen fut donc traduit en grec au moins dans le Ier siècle avant notre ère. Par ailleurs j'ai publié, il y a longtemps, des tessons inscrits en grec retrouvés dans les déblais de la grotte 11 par des touristes que j'accompagnais.

• **P. Donceel-Voûte.** Ce sont des archives de grand intérêt et qui n'ont pas été du tout utilisées jusqu'ici. Elles marquent l'intégration de ce fonds dans un monde polyglotte, pluriel, hellénistique, celui de l'Orient hellénisé. Le grec est bien représenté dans les *grafitti* et *dipinti* de Khirbet Qumrân. Rappelez vous aussi la diversité des langues utilisées par les juifs présents à Jérusalem dans le récit de la Pentecôte du Nouveau Testament.

• **N. Golb.** Les juifs étaient trilingues en Palestine au cours de cette période comme le prouvent d'ailleurs aussi les textes de Bar Kokhba.

• **J. VanderKam.** Tous les fragments de manuscrits de la grotte 7 sont des *papyri* sur lesquels ont été inscrits des mots et des lettres en grec. C'est la seule grotte où l'on ait retrouvé une telle homogénéité de matériel et de langue dans les textes. Nous ignorons pourquoi seuls des fragments en grec ont été mis au jour dans cette grotte (une vingtaine environ) et rien d'autre comme, par exemple, des restes d'écrits en hébreu. Nous ne savons pas non plus pourquoi les *papyri* ne se trouvent que là. Mais on peut au moins affirmer que des textes en grec ont également été retrouvés dans d'autres grottes (comme la grotte 4 par exemple) ainsi que des *papyri*. Donc, les personnes qui ont placé les textes dans la grotte 7 n'ont pas regroupé tous les *papyri* de la communauté et tous ses textes en grec uniquement dans une seule grotte.

*61. **B. Bioul.** En quoi sont-ils différents des autres ?*

• **H. Eshel.** Ils sont de même nature que les autres manuscrits : il s'agit de fragments du livre d'Hénoch et du Pentateuque. Ils étudiaient les textes en grec alors que les autres membres de la communauté les étudiaient en hébreu.

Les manuscrits et le christianisme

*62. **B. Bioul.** Quel est l'apport des manuscrits à l'histoire du christianisme primitif ? On a souligné de nombreuses similitudes entre les croyances et les pratiques qui transparaissent dans certains manuscrits et celles des premiers chrétiens, plus particulièrement des judéo-chrétiens tels qu'ils sont décrits par saint Luc dans les* Actes des Apôtres. *Y a-t-il transmission d'un mouvement religieux à un autre, un lien entre eux ou plutôt une origine commune ?*

• **Y. Hirschfeld.** Je pense que nous devrions voir ces similitudes comme des phénomènes sociaux et religieux dans le contexte du monde juif, à un certain endroit (surtout Jérusalem) et à une certaine époque (le Ier siècle de notre ère, avant la révolte).

• **N. Golb.** S'il faut en croire les écrits évangéliques, les premiers chrétiens étaient des juifs palestiniens ; il est donc naturel que leurs idées aient été influencées peu ou prou par leur environnement social.

• **H. Eshel.** Il existe en effet des similitudes entre les *Actes* et Qumrân dont les plus importantes sont le partage de la propriété, le repas en commun, le surveillant (évêque)/*mebaqer*. On peut suggérer que les disciples de Jean-Baptiste qui vivaient près de la région de Qumrân suivaient ces règles, et qu'après la décapitation de leur maître en 29 de notre ère, ils ont rejoint l'Église primitive en amenant avec eux ces idées. Ce n'est qu'une hypothèse bien sûr, mais elle me paraît être une bonne explication à ces ressemblances.

• **A. Caquot.** Je mettrais plutôt cela sur le compte d'une origine commune, qui évolue dans des directions différentes à partir d'un tronc commun.

• **J. VanderKam.** Les manuscrits ne nous apprennent rien directement sur l'histoire du christianisme primitif parce qu'ils concernent essentiellement une communauté juive particulière et ses adversaires qui étaient des groupes juifs. Les premiers disciples de Jésus, et Jésus lui-même, étaient aussi des juifs, mais ils ne semblent pas avoir été la cible des auteurs des manuscrits. Néanmoins, les manuscrits nous éclairent sur la diversité présente dans le judaïsme à l'époque où le christianisme débute, et nous permettent de reconnaître ce que le christianisme a hérité de sa religion mère. En fait, les descriptions faites dans les premiers chapitres des *Actes des Apôtres* sur la communauté chrétienne primitive de Jérusalem nous rappellent très fort celles de la communauté de Qumrân. L'un des traits bien connus partagés entre les deux groupes est la pratique de la communauté des biens : les textes de Qumrân et les *Actes* sont les seules œuvres à parler d'une telle pratique dans le Judaïsme. Il semble que le mouvement dont le groupe de Qumrân était une petite partie exerça quelque influence sur le christianisme primitif. Que cela vienne ou non de certains Esséniens convertis, nous ne pouvons pas le savoir, mais ce n'est pas impossible.

63. B. Bioul. Qu'en est-il aujourd'hui de l'hypothèse du chercheur jésuite José O'Callaghan qui a soutenu que plusieurs fragments de la grotte 7 appartenaient à des écrits néo-testamentaires ? Depuis 1972, lorsqu'il a publié les résultats de ses recherches, les critiques à son égard ont été violentes et pas toujours tendres. On l'a même traité de "pauvre jésuite espagnol", ce qui est loin d'illustrer l'esprit scientifique !

• **N. Golb.** Ce pourrait être le cas, mais le texte n'est pas assez long pour le prouver.

• **É. Puech.** L'identification d'un fragment avec l'Évangile de Marc ne repose sur aucun argument sérieux, qu'il soit paléographique, linguistique, textuel ou codicologique. Il faut donc l'abandonner sans regret. On a identifié la plupart des fragments avec des passages de la Septante et avec des sections du livre d'Hénoch. La cause est entendue.

• **A. Caquot.** Les fragments de la grotte 7 ont tous été étudiés. Il paraît extrêmement improbable qu'il y ait des références évangéliques dans cette grotte. É. Puech a beaucoup travaillé à ça, je lui fais confiance.

• **Y. Hirschfeld.** Cette affaire est un exemple typique de travail scientifique gêné par des sentiments religieux.

• **J. VanderKam.** Je ne sais pas si Callaghan a été l'objet des critiques que vous évoquez, mais peut-être l'a-t-il été effectivement. De toute façon, ce qui est le plus important c'est sa théorie selon laquelle, parmi les petits fragments grecs de la grotte 7, il y avait des morceaux et des fragments de plusieurs livres du Nouveau Testament. La plupart de ces suggestions ont été rejetées comme non-fondées ou du moins comme non-prouvées parce que les fragments sont trop minuscules, mais l'identification du 7Q5 comme passage de Marc 6 : 52-53 continue d'être discutée. Néanmoins, avec l'amélioration des lectures de ce fragment, sa théorie apparaît de plus en plus improbable. Pour l'accepter, il faudrait retenir au moins trois variantes du texte de Marc présentes dans un très petit segment du texte (20 lettres environ sont conservées). Par conséquent, l'identification qu'il a suggérée a été presque unanimement rejetée parce qu'elle ne correspond pas aux indices conservés.

• **H. Eshel.** Il est évident qu'il n'y a pas assez de lettres pour accepter la théorie de J. O'Callaghan. Certains de ces fragments ont été récemment identifiés comme étant des passages du livre d'Hénoch 104. Comme cette identification convient mieux, il semble que l'on peut écarter les autres textes comme appartenant au Nouveau Testament. Par conséquent, il n'y a pas de textes du Nouveau Testament à Qumrân.

Apport des manuscrits

64. B. Bioul. En définitive, que nous a apporté l'étude des manuscrits ?

• **P. Donceel-Voûte.** Chaque type de texte, de copie, de support apporte une foule d'informations sur une époque pauvre en témoignages épigraphiques sur support mobile.

• **Y. Hirschfeld.** On peut dire simplement que l'étude des rouleaux a jeté un éclairage nouveau sur les aspects de la littérature juive et la vie intellectuelle de la période du Second Temple.

• **A. Caquot.** L'étude de ces textes nous éclaire sur les mouvements religieux de l'époque inter-testamentaire, du IIIe s. avant au Ier s. après J.-C. L'examen des manuscrits est fondamental pour la connaissance d'une forme d'hébreu littéraire qui n'est plus celle de la Bible et qui n'est pas non plus celle de l'hébreu de la *Michna*. Également pour la critique textuelle du texte biblique : on pourrait faire une bible de Qumrân en établissant des variantes par rapport au texte massorétique. Enfin, et surtout, pour l'histoire religieuse. On a également un échantillonnage abondant de paléographies hébraïques des derniers siècles avant notre ère. Peut-on l'affiner indéfiniment et classer les textes chronologiquement ? Sans doute, mais je ne souscrirais pas à l'hypothèse de Cross, à la possibilité d'un échantillonnage de 25 ans en 25 ans dont on parlait tout à l'heure, à cause de la variété des mains. La datation des manuscrits ne peut être que très approximative. Il faut néanmoins retenir le grand cadre chronologique (IIIe-Ier siècles) et ne pas revenir à l'hypothèse du faux médiéval.

• **É. Puech.** En revanche je crois assez bien à la théorie de Cross : 25 ans est une moyenne pour un scribe qui copierait pendant une vie de 50 ans. Cela inclut un espace raisonnable pour une évolution entre ses débuts de copiste et sa maturité d'une part et, d'autre part, pour l'enseignement à un apprenti scribe de la génération suivante. C'est une donnée théorique sans aucun doute mais qui, dans l'ensemble, répond à des données objectives vérifiées par des documents datés. Mais pour pouvoir avancer une datation qui ait quelque chance de vraisemblance, il faut avoir une grande expérience, familiarité et pratique des manuscrits.

*65. **B. Bioul**. Si je reprends ce que vous nous avez dit plus haut, l'étude des manuscrits de Qumrân est capitale pour mieux comprendre l'histoire de la société juive au tournant de notre ère. On peut également préciser qu'une autre grande avancée a été la découverte d'un vaste corpus de textes apocryphes et pseudépigraphes (plus d'un tiers des manuscrits récupérés) qu'on appelle aujourd'hui "littérature parabiblique". Pouvez-vous nous dire en quoi ils sont si importants ?*

• **P. Donceel-Voûte**. Si vous me le permettez, Bruno, je voudrais préciser une chose avant d'entendre la réponse de mes collègues : l'appellation "manuscrits de Qumrân" que vous employez est déjà une invite à biaiser le débat puisqu'elle lie indéfectiblement les manuscrits au site de Qumrân. Je préfère parler des "manuscrits des grottes de Qumrân" ou "dits de Qumrân" ou encore "des bords de la mer Morte".

• **Y. Hirschfeld**. Ceci dit, quel que soit le nom qu'on leur donne, ces textes sont d'une extrême importance car, entre la Bible, la *Mishna* et le *Talmud* de la littérature rabbinique, il existait une lacune qu'ils viennent heureusement combler.

• **É. Puech**. L'importance des manuscrits apocryphes ne saurait être assez soulignée. Ce sont des manuscrits pour l'essentiel en araméen dont beaucoup, en très mauvais état, sont des restes de compositions totalement inconnues. Seule une minorité nous était connue par des traductions grecques ou en d'autres langues. On peut ainsi maintenant vérifier la valeur des traductions et de la transmission des textes au cours des siècles. Évidemment ces apocryphes sont des compositions pré-qumraniennes. Il faut les distinguer des compositions parabibliques qumrano-esséniennes comme le *Rouleau du Temple*, etc.

• **H. Eshel**. Les textes de Qumrân donnent enfin des indices historiques qui nous parlent de l'histoire politique. On sait que la période biblique était révolue ou qu'il devenait de plus en plus courant à l'époque de la considérer comme telle. Aussi, pour faire autorité, les textes devaient être pseudépigraphes. Le meilleur exemple est le *Rouleau du Temple* qui nous éclaire sur ce que Esdras avait déjà fait au milieu du Ve siècle avant notre ère.

• **J. VanderKam**. Un bon nombre de manuscrits conserve des œuvres qui rapportent du matériel scripturaire (histoires, personnages) et qui les travaillent, les répètent ou les modifient. On peut citer par exemple les livres d'Hénoch qui étendent grandement les données éparses des Écritures sur Hénoch (Genèse 5 : 21-24), ainsi que le passage énigmatique des fils de Dieu épousant les filles des hommes (Genèse 6 : 1-4). Dans cette littérature, le passage est interprété comme suit : les anges et les femmes se sont accouplés et ont engendré une descendance de géants qui ont commis toutes sortes de maux, ce qui eut pour conséquence le déclenchement du déluge par Dieu. Le *Livre des Jubilés* rapporte des histoires depuis la création jusqu'à l'arrivée d'Israël au Mont Sinaï, tandis que d'autres textes s'étendent sur des personnages brièvement cités dans les écrits bibliques tels Lévi et ses descendants Qahat (Kohath) et Amram, respectivement grand-père et père de Moïse et Aaron. Ces œuvres "parabibliques" dont certaines étaient considérées par le groupe de Qumrân comme ayant autant d'autorité que les livres inclus plus tard dans la Bible (comme la *Genèse*), nous permettent d'observer comment le matériel scripturaire était interprété et élaboré à cette époque. Certains de ces ouvrages, comme le livre d'Hénoch, ont été écrits avant que la communauté ne s'établisse à Qumrân.

66. B. Bioul. *Les phylactères* (tefillin) *trouvés dans les grottes ont conduit le Dr David Rothstein de l'Université de Los Angeles à souligner qu'ils représentent un large spectre de la Judaïté en Palestine et dans la diaspora. Cela va à l'encontre de la théorie essénienne qui soutient que ces* tefillin *sont semblables à ceux que portent encore de nos jours les juifs pieux, et qu'ils reflètent une compréhension uniforme des versets du Pentateuque. Le Dr Rothstein a-t-il raison ?*

• **H. Eshel**. Je pense que le Dr Rothstein a raison dans ce sens qu'il y a deux sortes de phylactères : l'une avec des extraits plus longs de textes du Pentateuque, l'autre qui regroupe des phylactères qui sont plus proches de ceux des Pharisiens. Cela me paraît aller dans le sens de ce que nous avons trouvé quand nous avons étudié les rouleaux : certains membres venaient de l'extérieur avec leurs propres traditions, et cela peut aussi être le cas des phylactères ; d'autres portaient des phylactères probablement écrits à Qumrân, et qui sont ceux qui contiennent les extraits les plus longs du Pentateuque.

• **Y. Hirschfeld**. Le fait le plus frappant au sujet des *tefillin* de Qumrân (parmi lesquels il faut inclure ceux publiés par Yadin et qui sont supposés venir de Qumrân), c'est que chacun d'eux est différent. Ceci démontre une fois encore que la période du Second Temple était une époque de formation où les règles n'avaient pas encore été établies ni fixées. Cela illustre que les personnes qui les possédaient ne venaient pas de ou ne suivaient pas la même *havurah*.

67. B. Bioul. Peut-on dire que le judaïsme qui transparaît dans les manuscrits est un judaïsme de transition, un courant qui fait le lien entre la religion d'Israël telle qu'elle apparaît dans la Bible hébraïque, et le judaïsme rabbinique exposé dans la Mishna *?*

• **N. Golb**. C'est le point de vue que j'ai exposé, et c'est aussi celui d'un nombre de plus en plus important d'auteurs.

• **Y. Hirschfeld**. Je suis entièrement d'accord avec ce que vous dites.

• **H. Eshel**. Je pense que le principal apport de la communauté de Qumrân au judaïsme est le concept de prière fixe en temps fixe qui a été mis en exergue à Qumrân et qui est devenue le centre du judaïsme dans les synagogues.

• **A. Caquot**. C'est plus que ça. Connaissez-vous des périodes qui ne soient pas de transition ? Un courant qui fait le lien entre la religion d'Israël et le judaïsme rabbinique est certainement dans la continuité de la religion d'Israël, je dirais plus exactement de la religion du Second Temple, celle qui a survécu jusqu'en 70 ap. J.-C. Mais un lien avec le judaïsme rabbinique ? non ! Il n'y a pas plus de continuité entre cette religion du Second Temple et le judaïsme rabbinique, celui de la *Mishna*, le pharisaïsme, qu'il n'y en a entre la religion d'Israël et le christianisme. Il s'agit plutôt d'une efflorescence à partir d'un tronc commun ! Il n'y a pas de raison de privilégier le judaïsme rabbinique.

• *B. Bioul. Il ne s'agit donc pas d'une évolution linéaire et logique ?*

• **A. Caquot**. Une religion se transforme en partie du fait des événements, ou bien sous l'influence de personnalités, peu importe. Mais elle se transforme en gardant quelque chose tout en se diversifiant d'un courant à l'autre parmi ceux qu'elle engendre. Le christianisme n'est pas l'enfant du judaïsme, c'est son frère. Avec le judaïsme actuel, ce sont des rejetons de la religion du Second Temple.

• **É. Puech**. Je suis en parfait accord avec A. Caquot sur cette question très importante de la naissance du christianisme et du judaïsme rabbinique.

*68. **B. Bioul**. Pour terminer notre débat sur les manuscrits, je voudrais vous poser une question sur un point particulier. Le* Rouleau du Temple *(entre autres) apporte des éclairages nouveaux sur la crucifixion. Il apparaît que, dans certains cas, le supplice était infligé par des juifs. Pouvez-vous nous expliquer ce passage ?*

• **Y. Hirschfeld**. La crucifixion était un mode de punition courant à cette époque.

• **H. Eshel**. Le 4Q*peshNahum*, le *Rouleau du Temple* et le 4QD nous rapportent tous que les Juifs qui tenaient d'autres Juifs comme leurs ennemis (gentils) devaient être pendus vivants. Il semble que l'expression "pendu vivant" soit une allusion indirecte à la crucifixion. Il y a une littérature absolument gigantesque sur ce sujet. Il faut lire par exemple les articles qu'y a consacré J. M. Baumgarten, l'un dans *JBL* et l'autre dans *Eretz Israël*.

• **É. Puech**. Plusieurs manuscrits de Qumrân (*Commentaire de Nahum, Rouleau du Temple, Apocryphe de Lévi*) confirment la pratique de la crucifixion par des grands prêtres juifs à l'encontre de juifs jugés traîtres à la nation ou blasphémateurs. Ils rejoignent par là ce qu'en dit l'historien juif Flavius Josèphe à propos des grands prêtres Alcime et Jannée ou à propos de Siméon ben Chetah. Je me suis longuement expliqué sur cette question et l'interprétation de Dt 21, 22-23 dans une conférence donnée à Jérusalem et publiée dans Lectio Divina, numéro hors série, *Le Judéo-christianisme dans tous ses états*, Paris 2001, p. 41-66.

Le débat – Les Esséniens

*69. **B. Bioul**. Qui est à l'origine de la théorie essénienne des manuscrits ?*

• **H. Eshel.** E. L. Sukenik…

• **N. Golb.** … suivi par André Dupont-Sommer !

*70. **B. Bioul**. Nous avons déjà longuement évoqué le lien qui peut exister entre les manuscrits et le mouvement essénien. Arrêtons-nous maintenant quelque peu sur cette secte. Qui étaient les Esséniens, en quoi se distinguaient-ils des autres mouvements religieux juifs de l'époque du Second Temple ?*

• **Y. Hirschfeld.** Les Esséniens étaient des gens qui avaient choisi de vivre d'une façon ascétique. Ils évitaient toute forme de luxe comme le fait de manger de la viande, d'utiliser de l'huile pour le bain, le désir sexuel, la propriété privée de grands domaines, comme le fait de servir dans l'armée en tant que soldats ou de travailler sur les marchés comme commerçants. Ils avaient choisi la pauvreté, préféraient le travail agricole (plus physique), l'immersion quotidienne dans l'eau froide (même en hiver), et méditaient ensemble au lieu de passer leur temps dans les débits de vin, sur les marchés ou dans les théâtres. Leur mode de vie austère faisait l'admiration de beaucoup de gens, mais peu d'entre eux pouvaient vivre comme eux.

*71. **B. Bioul**. D'où vient leur nom ?*

• **H. Eshel.** Nous n'en sommes toujours pas très sûrs : il vient soit du mot *Hesed/Hasidim* (forme grecque), soit d'*Oseh Ha Torah* comme l'a suggéré Steve Goranson.

• **É. Puech.** Le mouvement des *Hasidim* dont les membres s'étaient joints à Mattathias dans sa révolte contre les Séleucides en 167 av. J.-C. se scinda en deux à partir de 152 av. J.-C. à la suite de divergences dans la pratique religieuse. Une branche donna naissance aux Pharisiens, les "séparés" selon la signification de ce sobriquet araméen, l'autre, perpétuant la tradition hassidique de la pure observance de la Loi, reçut le sobriquet d'Esséniens, *essênoi* en grec, tiré de l'araméen *hasin* traduisant l'hébreu *hasîdîm* qui signifie "pieux". Cette hypothèse du grand savant Emil Schürer est de loin la meilleure sur le plan philologique, alors que les autres à partir de *asa* "guérir", *oseh ha-torah*, ..., ne peuvent expliquer le mot selon les lois de la transcription des mots d'une langue à l'autre. En outre elle rend pleinement compte de l'esprit, croyances et pratiques de ce mouvement religieux.

• **Y. Hirschfeld**. À vrai dire, le mot "Essénien" est un mystère. Personnellement j'aime l'explication qu'en a donnée Audet dans la *RB* 68, 1961, pp. 377-378 : leur nom en grec (Essénien) vient du mot *Hassason Tamar*, qui est le nom biblique d'En-Gedi. Nous savons qu'En-Gedi était un centre important des Esséniens. Ceci peut expliquer la description de Pline parlant des Esséniens vivant au-dessus d'En-Gedi. L'inscription exceptionnelle retrouvée dans la synagogue d'En-Gedi peut être mise en relation avec l'héritage essénien. Mais je suis bien conscient qu'en tant que fouilleur d'En-Gedi je ne suis pas objectif.

72. B. Bioul. Les connaissait-on avant la découverte des manuscrits ?

• **Y. Hirschfeld**. Oui puisque trois auteurs de la période du Second Temple en parlent : Flavius Josèphe, qui est notre source principale, Philon d'Alexandrie et Pline l'Ancien. Ce dernier est important parce qu'il est le seul à mentionner que les Esséniens vivaient dans la région de la mer Morte. Sa description des Esséniens contredit la richesse du site de Qumrân.

• **H. Eshel**. Je dirais plutôt qu'il y a quatre auteurs principaux : deux qui les décrivent longuement, Flavius Josèphe et Philon d'Alexandrie, et deux qui en parlent plus brièvement, Pline et Dion. Il y a toute une littérature qui en parle.

• **J. VanderKam**. C'est vrai, ces auteurs décrivent les Esséniens plus ou moins longuement, en particulier Flavius Josèphe – un historien juif du Ier siècle de notre ère – et Philon – un philosophe et exégète juif d'Alexandrie qui vécut de 20 av. environ à 50 ap. J.-C. Bien qu'ils nous fournissent la plus grande partie des informations sur les Esséniens, l'encyclopédiste romain Pline l'Ancien – mort en 79 de notre ère – cite manifestement une source qui traite des Esséniens, et dans laquelle il est dit qu'ils vivaient près de la mer Morte, sans doute dans sa partie nord-ouest. Le même passage nous fournit une description générale des Esséniens qui ressemble très fort à la communauté de Qumrân. C'est celui que vous avez cité p. 103, question 41. Quelques auteurs plus tardifs les mentionnent aussi, mais ils dépendent en général de sources plus anciennes.

• **J.-B. Humbert.** Vous oubliez Dion Chrysostôme qui apporte autant que Pline…

• **É. Puech.** … et Hippolyte de Rome qui, dans sa *Réfutation de toutes les hérésies* (IX 26, 36-39) attribue, par exemple, aux Esséniens la croyance en la résurrection de la chair et non pas à l'immortalité de l'âme. Quant à Dion Chrysostôme, un auteur païen du Ier siècle ap. J.-C. dont le discours qu'il avait écrit sur les Esséniens nous est parvenu succinctement grâce à la citation qu'en a faite son compilateur et biographe grec d'époque byzantine Synésius, évêque de Ptolémaïs, il nous donne une indication rapide d'ordre géographique puisqu'il dit que les Esséniens "forment une ville entière et prospère située près de la mer Morte, au centre de la Palestine, non loin de Sodome".

• **M. Bélis.** Les sources ne disent pas tout et le disent à leur manière. On ne parvient pas toujours à les lire convenablement. Que dira-t-on dans 2000 ans lorsqu'on retrouvera un n° du *Canard Enchaîné* ?… Etes-vous sûr qu'on aura raison de prendre chaque phrase au pied de la lettre ? Le *genre* des textes a une importance cruciale et le public auquel il s'adresse contribue à la forme et au contenu qui lui sont donnés. Aux historiens de se le rappeler.

Les Esséniens des manuscrits et ceux des auteurs anciens

73. **B. Bioul.** *Flavius Josèphe parle donc des Esséniens. Cependant, son témoignage reste ambigu. Dans son article* Josephus' Description of the Essenes Illustrated by the Dead Sea Scrolls, *le professeur Todd Beal a relevé pas moins de six différences entre les écrits de Josèphe et les textes sectaires de Qumrân. Comment expliquer ces différences ?*

• **H. Eshel.** Tout simplement parce que le *yahad* de Qumrân semble avoir été un groupe au sein d'un mouvement essénien plus large.

• **É. Puech.** C'est exact. Nombre d'entre eux ont pu s'installer en ville comme à Jéricho, par exemple, ou à 'Aïn Ghuweir, la "Ville du Sel" citée par

Josué 15, 62, voire dans d'autres villes et villages de Judée. À Jérusalem, il existait certainement une communauté essénienne puisque Flavius Josèphe mentionne la "Porte des Esséniens" (*Guerre juive*, V, 145) dont les vestiges ont pu être identifiés sur le mont Sion, dans le secteur sud-ouest de la Vieille Ville, près de l'église de la Dormition. Quant à ses informations, certains récits que Josèphe fait, montrent qu'il les a reçues d'une source écrite antérieure qu'il a parfois arrangée, d'où ce petit décalage qui peut exister entre ses écrits et les textes de Qumrân. Aussi je ne peux partager l'explication de Beal, comme je l'ai écrit dans mon livre sur *La croyance des Esséniens en la vie future : immortalité, résurrection, vie éternelle ?*

• **J.-B. Humbert.** Je pense plutôt que les manuscrits de Qumrân ne sont pas forcément d'origine essénienne. Le lot complet est loin d'être homogène.

• **Y. Hirschfeld.** Pour moi, la réponse est très simple : les manuscrits n'ont rien à voir avec les Esséniens. Les différences sont bien plus importantes que les similitudes.

• **N. Golb.** Il faut connaître et reconnaître le raisonnement pénétrant que Klinghardt expose dans son étude sur les groupes de confréries hellénistiques.

74. **B. Bioul.** *Des contradictions existent aussi entre les auteurs anciens (en particulier entre Pline et Flavius Josèphe) à propos des Esséniens. Ainsi, nulle part, Flavius Josèphe ne situe les Esséniens près de la mer Morte ; jamais Pline ne dit explicitement qu'ils étaient célibataires.*

• **H. Eshel.** Pour la même raison que j'ai donnée ci-dessus.

• **N. Golb.** Attention, Pline dit explicitement que les Esséniens n'ont pas de femmes et qu'ils ont renoncé au plaisir sexuel.

• **É. Puech.** Il n'y a pas de contradiction entre les deux, chacun dit ce qui l'intéresse, ce qu'il connaît ou croit connaître.

• **Y. Hirschfeld.** C'est vrai, Pline et Flavius Josèphe ne se contredisent pas, ils se complètent l'un l'autre. Josèphe décrit les Esséniens dans toute la Judée comme faisant partie d'un phénomène général composé de plusieurs sous-groupes différents. Les Esséniens décrits par Pline sont parmi les plus extrémistes ; ce sont ceux qui choisissent, à l'instar des ermites et des anachorètes de la période byzantine, de tout quitter et de se retirer dans le désert.

• **J.-B. Humbert.** N'oublions pas que l'essénisme est un mouvement d'assez longue durée, avec une évolution interne, une répartition géographique complexe, etc. Les auteurs anciens ont décrit ce qui convenait à la thèse qu'ils voulaient offrir. À chacun sa tasse de thé !

• **M. Bélis.** Pourquoi les auteurs seraient-ils exhaustifs ? Pline écrit sur *tout*, et Flavius écrit pour un public savant et curieux, romain, hellénophone, et qui croit que seuls les Grecs étaient capables de philosopher. Lui-même avait, comme on dit, un passé. Il s'adapte à son public.

75. *B. Bioul. Dans un article intitulé* What Josephus says about the Essenes in his Judean War, *Steve Mason, de l'université de York (Canada), fustige certains spécialistes comme Frank Moore Cross ou André Dupont-Sommer parce qu'ils ont utilisé les sources classiques – et en particulier Flavius Josèphe – sans tenir compte du contexte dans lequel ces œuvres ont été écrites, pour homogénéiser la théorie essénienne des manuscrits de Qumrân. Que pensez-vous de cette accusation ? Diriez-vous, vous aussi, que les sources antiques ont été mal utilisées ?*

• **P. Donceel-Voûte.** Évidemment oui, mais pas seulement par les personnes citées ; j'y ai consacré un paragraphe (*about the use of texts*) dans mon article des *Res Orientales* IX, (*Traces of Fragrance* …).

• **H. Eshel.** Il ne me semble pas que les sources aient été mal utilisées ; puisque nous savons que les Pharisiens étaient divisés en sous-groupes ou écoles, il paraît raisonnable de penser qu'il en était de même des Esséniens, en particulier parce que certains étaient mariés et d'autres pas. Il est probable que Flavius Josèphe ait simplifié le tableau, encore que sa répartition de base en trois groupes principaux soit correcte (Pharisiens, Sadducéens et Esséniens *NDLR*), et que chacun de ces mouvements était aussi subdivisé.

• **J.-B. Humbert.** J'estime, au contraire, que les auteurs anciens ont été lus avec une incroyable naïveté et une étroitesse d'esprit. Les auteurs anciens ne peuvent pas être pris pour des historiens et des géographes modernes.

• **Y. Hirschfeld**. Je suis, pour ma part, d'accord avec S. Mason. Aujourd'hui encore, beaucoup de scientifiques utilisent toujours les sources sans aucune limite (voir le livre de J. Magness). Les ressemblances entre les manuscrits et ces sources ne constituent pas une preuve, pas plus que la proximité de ces manuscrits avec le site de Qumrân. Si seulement les Esséniens étaient explicitement mentionnés dans les manuscrits, et si ces derniers avaient été trouvés sur le site, alors il serait possible d'utiliser les écrits de Flavius Josèphe et de Philon comme de bonnes preuves. Ce n'est pas le cas. C'est la raison pour laquelle les travaux de Cross, de Dupont-Sommer, de Magness et d'autres sont scientifiquement bancals.

• **J. VanderKam**. Je crois que ni Cross ni Dupont-Sommer n'ont affirmé être des spécialistes des œuvres de Flavius Josèphe, mais tous deux ont utilisé ses informations dans leurs travaux comme arguments pour identifier la communauté des manuscrits avec les Esséniens. Je ne prétends pas savoir s'il l'ont fait seulement "pour homogénéiser la théorie essénienne" comme vous dites parce que je ne connais pas leurs motivations – personne d'ailleurs ne connaît les motivations des autres. Néanmoins, il m'est difficile de croire que ces deux savants, et d'autres, qui ont exploité les œuvres de Flavius Josèphe, réalisèrent leurs travaux sans penser au contexte de ces écrits. D'ailleurs, des spécialistes des œuvres de Josèphe sont arrivés à des conclusions qui sont très proches de celles de Cross.

• **É. Puech**. Il est stérile de faire des procès d'intention. Ces deux grands savants, qui méritent le respect, savaient aborder les textes aussi bien qu'aucun d'entre nous. Ceux qui les critiquent sont loin de faire mieux

76. B. Bioul. Dans le même sens, peut-on utiliser le témoignage de Pline pour situer l'établissement des Esséniens qu'il place "infra hos Engada" et "socia palmarum"?

• **É. Puech**. Pourquoi pas ! je me suis déjà expliqué sur "*infra hos*". Quant à "la société des palmiers", il y en avait sûrement dans la région de 'Aïn Feshkha. On en a retrouvé bien des restes dans les ruines de Qumrân, pas seulement des milliers de noyaux de dattes.

• **N. Golb**. Moi aussi je ne vois pas pourquoi on ne pourrait pas utiliser le témoignage de Pline puisqu'il note très soigneusement que En-Gedi et Jérusalem ont été détruites (par les Romains en 70 de notre ère).

• **Y. Hirschfeld**. Je le pense également, mais avec beaucoup d'humilité. Pline nous donne des détails sur la localisation des Esséniens et l'aspect de leur établissement (pauvre, simple, naturel). Ce n'est qu'après avoir mis au jour de petites trouvailles du temps de Pline sur un pauvre site au-dessus d'En-Gedi que j'ai soulevé la possibilité qu'il pouvait s'agir du site des Esséniens, occupé avant et après la destruction du Temple. L'affirmation du Père de Vaux disant qu'à En-Gedi il ne pouvait pas y avoir de candidat archéologique pour un établissement essénien est tout simplement une erreur. En 1965, Mazar avait déjà souligné l'existence d'un "site essénien" au-dessus d'En-Gedi. Le Père de Vaux fait référence à Mazar, mais il ignore ce qu'il dit.

• **M. Bélis**. Pline est un "toutologue", et comme tout encyclopédiste, il dépend de sources qu'il ne reproduit pas toujours (à son insu) avec la fiabilité qu'il espérait. Il fait ce qu'il peut, ce qui n'empêche pas de lire chez lui que les Chinois (les Sères) sont des géants aux yeux bleus. Sa notice sur les Esséniens est à prendre comme un témoignage indirect, flou, plus ou moins exact. "Socia palmarum" est une réussite stylistique comme il sait en inventer. Et en deux mots, il tombe en plein dans le mille sur des kilomètres (d'oasis en oasis).

• **J.-B. Humbert**. Je rappelle quand même que Pline ne connaissait pas vraiment la région. On tire de sa notice des précisions qu'il était incapable de donner : "infra hos" peut avoir plusieurs sens et il est dangereux d'en privilégier un ; quant à "socia palmarum", c'est une expression excellente pour rappeler les oasis qui jalonnaient les bords de la mer Morte.

*77. **B. Bioul**. Pline, Philon, Flavius Josèphe disent tous que les Esséniens formaient un groupe pacifique. Pourtant, parmi tous les manuscrits, le* Rouleau de la Guerre *est clairement belliqueux, et le même Josèphe mentionne un (ex?-)Essénien qui s'est battu au cours de la Première Révolte. Comment explique-t-on ce désaccord ?*

• **J.-B. Humbert**. Parce que le mouvement essénien a évolué dans le temps comme je le disais tout à l'heure.

• **H. Eshel**. Parce que Josèphe a écrit à Rome pour un public grec. Il a dépeint le judaïsme et les Esséniens de façon positive. Il dit lui-même que certains Esséniens avaient été de grands chefs au cours de la Première Révolte. Aussi, il ne semble pas qu'il y ait de problème à ce sujet.

• **É. Puech.** *La Règle de la Guerre* n'est pas un livre d'histoire ni un manuel militaire au sens où nous l'entendons. S'il a une connaissance de la chose militaire, il doit être lu dans une perspective théologique et apocalyptique. Qu'il y ait eu des Esséniens combattant les Romains pendant la révolte ne peut surprendre outre mesure, même les pieux ont combattu avec les Maccabées !

• **M. Bélis.** Comme vient de le rappeler É. Puech, le *Rouleau de la Guerre* n'est pas un manuel d'état-major, mais un texte préparant à une guerre eschatologique.

Dans le concret, un pacifique peut aussi avoir à défendre sa vie. Des pacifiques peuvent pousser leur conviction jusqu'à se laisser égorger, et d'autres, à transiger. Tout mouvement, tout parti, toute école a ses ultras et ses modérés.

Sans parler du fait que chaque auteur a pu privilégier ce qu'il voulait dire des Esséniens sans rentrer dans les cas particuliers ou faire état de ces nuances, soit dans le mouvement à une époque donnée, soit dans l'histoire de ce mouvement.

• **Y. Hirschfeld.** Le *Rouleau de la Guerre* qui montre une connaissance des affaires militaires est une preuve supplémentaire que les Esséniens n'ont rien à voir avec la ou les bibliothèque(s) dont proviennent les manuscrits. En effet, Flavius Josèphe parle d'un Jean l'Essénien comme d'un combattant qui a mené plusieurs batailles inutiles au cours de la Révolte et qui, finalement, perdit la vie au cours de l'une d'elles. Son surnom d'"Essénien" peut être une blague, un jeu de mot fait par ses amis. Récemment, en Israël, il y avait un général dont le surnom était Gandhi (de son vrai nom Rehavam Zeevi) ; il apparaît cependant que ses idées politiques étaient beaucoup plus proches de celles des fascistes que du véritable Gandhi.

78. *B. Bioul. Il y a beaucoup de points de contradiction entre les Esséniens des auteurs anciens et les membres de la secte décrits dans les manuscrits sectaires. Cecil Roth a écrit en 1959 un article paru dans la Revue de Qumrân (1959/60, pp. 417 sq) dans lequel il commente ces différences. En voici quelques-unes : les Esséniens désapprouvaient l'esclavage ; la secte de Qumrân le tolérait. Les Esséniens ne prêtaient pas serment ; les membres de la secte les prescrivaient dans certaines occasions. N'y a-t-il vraiment pas là de forts indices qui conduisent à conclure que les manuscrits sectaires n'appartiennent pas au mouvement des Esséniens ?*

• **Y. Hirschfeld**. Absolument.

• **J.-B. Humbert**. Tout en ne perdant pas de vue l'évolution probable de la pensée du mouvement !

• **N. Golb**. Ces exemples ne sont pas très probants par eux-mêmes, mais Roth a apporté une contribution positive à la critique de la théorie traditionnelle, et d'une manière très utile aux remarques des spécialistes postérieurs.

*79. **B. Bioul**. Les principales sources antiques sur les Esséniens (Josèphe, Pline et Philon) fournissent donc une série de renseignements qui ne collent pas avec l'hypothèse essénienne. Par exemple : 1. Flavius Josèphe, comme Philon d'ailleurs, n'indique nulle part que les Esséniens recherchaient la solitude ou qu'ils possédaient une retraite dans le désert. Il dit seulement qu'on les trouvait dans les villes où ils vivaient dans des quartiers spéciaux ; 2. Il ne mentionne aucun contentieux qui les aurait opposés au Temple alors que cela ressort de certains manuscrits qui indiquent clairement qu'il existait un abîme entre la classe sacerdotale de Jérusalem et les auteurs de ces textes ; 3. Josèphe ne précise pas non plus que les Esséniens suivaient un calendrier hétérodoxe particulier. Or certains manuscrits montrent bien que leurs auteurs observaient un comput solaire de 364 jours qui différait de celui, lunaire, alors en usage à Jérusalem ; 4. Selon Philon, les Esséniens étaient célibataires : "ils ont banni le mariage… Nul des Esséniens, en effet, ne prend femme". Or des manuscrits de Qumrân comportent des règles communautaires concernant les femmes et les enfants. L'explication la plus courante consiste à dire qu'il existait deux groupes d'Esséniens : les uns, mariés, vivant en ville ; les autres, célibataires, vivant retirés au désert. Mais Philon ajoute précisément que les Esséniens habitant dans les villes ou les bourgades ne se mariaient pas. En outre, pour ne rien simplifier, certaines des tombes fouillées près des ruines de Qumrân contenaient les restes de femmes et d'enfants ; 5. Philon parle aussi de leur "rejet du serment" alors que Josèphe (Guerre des Judéens II, 139) souligne l'usage de serments terribles prêtés par les novices et que la* Règle de la Communauté *(V, 7-20) décrit par le menu le serment d'entrée dans l'Alliance. On peut donc se demander à juste titre si les témoignages des auteurs anciens permettent bien d'établir une relation entre les manuscrits, les Esséniens et Qumrân à partir des indications fournies par les manuscrits. Quel est votre sentiment ?*

• **N. Golb**. Je suis, bien entendu, d'accord avec vous puisque vous reprenez ce que j'ai déjà dit dans mes ouvrages sur ce sujet !

• **Y. Hirschfeld.** Je pense que les récits historiques dont nous disposons indiquent qu'il n'y avait aucune relation entre les manuscrits et les Esséniens, ou entre le site de Qumrân et les Esséniens. Ainsi, Josèphe et Philon emploient le terme de "polis" alors qu'ils veulent parler de villages. Philon dit explicitement que les Esséniens ne vivaient que dans des villages. La présence de plusieurs Esséniens à Jérusalem, d'après Flavius Josèphe, ne signifie pas qu'ils y vivaient (ils pouvaient venir de villages proches de la ville). Le nom d'une porte dans l'enceinte méridionale de Jérusalem, "la porte des Esséniens" fait sans doute référence à la destination de la route qui en partait, comme c'est le cas pour la porte de Jaffa, celle de Damas etc.

• **É. Puech.** Jusqu'à plus ample information, on n'a pas trouvé de tombe de femmes et d'enfants dans le cimetière principal. Sur les pentes et les pourtours, ce sont des tombes bédouines comme il a été prouvé dernièrement. Le serment prêté par l'Essénien est le serment d'entrée dans la nouvelle alliance, à renouveler chaque année dans une liturgie à la Pentecôte, il n'a rien à voir avec des serments de la vie courante, et de toute façon l'usage du nom divin était interdit. Josèphe ne dit pas que les Esséniens participaient au culte sacrificiel du Temple, là encore il faut lire les textes de près. Il n'y a pas de contradiction fondamentale et Josèphe ne dit pas tout sur les Esséniens.

*80. **B. Bioul**. Voici une question plus anecdotique mais qui relève de la même problématique. Albert I. Baumgarten, professeur d'histoire à l'université de Bar-Ilan, en Israël, remarque que les textes des rouleaux décrètent que les latrines devaient être construites à l'extérieur de l'établissement alors que Flavius Josèphe rappelle que les Esséniens n'utilisaient pas de latrines mais préféraient employer un outil spécial pour creuser un trou dans le sol (ascia) dans un lieu isolé lorsqu'ils devaient déféquer. Selon Baumgarten, les auteurs de ces rouleaux n'étaient pas des Esséniens. Etes-vous d'accord avec lui ?*

• **Y. Hirschfeld.** Oui, je suis d'accord avec lui. L'habitude qu'avaient les Esséniens de quitter leur établissement pour leurs besoins naturels faisait partie de leur comportement ascétique. Dans l'Antiquité, la plupart des gens utilisaient des pots de chambre à cet effet. Les excréments pouvaient en effet servir de fertilisant dans les jardins. Nous avons des preuves que même les moines du désert recouraient à des pots de chambre pour les mêmes raisons.

• **N. Golb.** Mais le raisonnement de Baumgarten est néanmoins si obscur qu'il ne parvient pas à voir l'erreur fondamentale de l'hypothèse d'un établissement sectaire à Qumrân ; c'est la raison pour laquelle il pense tout simplement qu'il y avait "une autre secte" qui vivait là. Je le tiens d'une conversation personnelle que j'ai eue avec lui à Jérusalem il y a quelques années.

• **J.-B. Humbert.** N'oublions pas quand même que les manuscrits de Qumrân ne se prêtent pas à une enquête anthropologique moderne. Les latrines à l'extérieur du camp sont le rappel opportun d'une prescription mosaïque. Les auteurs des rouleaux citent la Bible. Pour le reste, ils faisaient comme tout le monde à l'époque : s'éparpiller dans la nature !

les Esséniens et le site de Qumrân

*81. **B. Bioul.** Existe-t-il aujourd'hui des indices solides pour affirmer que Qumrân est un établissement essénien ?*

• **Y. Hirschfeld.** Non, c'est juste le contraire. Nous avons assez de preuves pour affirmer que les propriétaires de Qumrân faisaient partie de l'élite. Parmi les nombreuses découvertes, je pourrais mentionner 5-6 fibules qui ont été mises au jour par le Père de Vaux (et jamais publiées) et par Magen et Peleg (qui ont présenté leurs découvertes récemment, à la conférence de Brown). La fibule était utilisée avec la toge que seuls les citoyens romains avaient le droit de porter. Les fibules de Qumrân peuvent être la preuve que les habitants du site faisaient partie des classes aisées de Judée. La richesse de Qumrân est mieux présentée dans l'article de Pauline Donceel-Voûte paru dans *Archéologia* (298, 1994, pp. 24-25).

• **H. Eshel.** Dans des communications données récemment par J. Tabor à cette même conférence de Brown, et par J. Magness dans *ASOR*, les deux chercheurs soulignent que même sans les manuscrits, mais en se basant uniquement sur les *miqva'ot*, le cimetière, la salle à manger (réfectoire) et le cellier qui lui est contigu, ils auraient identifié les ruines comme celles d'un site unique en rapport avec une communauté. Si l'on n'accepte pas la lecture du mot *yahad* sur l'ostracon de 1996, la meilleure explication est basée sur Flavius Josèphe et les manuscrits.

• **É. Puech**. La structure du site et la disposition des salles montrent une occupation communautaire d'un groupe très soucieux de pureté rituelle, et même le cimetière qui ne renferme aucune tombe familiale se prête à une telle conclusion.

• **K. Galor**. Pour ma part, j'estime que nous n'avons aucun matériel provenant du site qui réfuterait une occupation essénienne, mais nous n'en avons pas non plus qui peut être utilisé pour la prouver.

82. ***B. Bioul****. Supposons que la communauté de Qumrân était une communauté d'Esséniens célibataires ; il s'avère que parmi les 43 tombes fouillées (sur 1 100 répertoriées !), plusieurs contenaient les squelettes de femmes et d'enfants. Que faisaient-ils à Qumrân ?*

• **H. Eshel**. À la lumière de l'article de J. Zias dans *DSD*, nous savons aujourd'hui que les squelettes de femmes et d'enfants sont, pour la plupart, bédouins, et remontent à ces derniers siècles. Néanmoins, nous avons trouvé dans l'enclos du deuil, des restes de deux femmes de la période du Second Temple (voir le dernier numéro de *DSD*). Il semble que quelques femmes aient été enterrées là, même si elles n'y vivaient pas (disciples, familles ?). Mais cela ne contredit pas le point de vue consensuel selon lequel Qumrân était occupé par le *yahad*, un groupe essénien.

• **É. Puech**. J'ajouterai que l'*enclos du deuil* est une création de l'esprit et on attend la publication adéquate de cette découverte pour se prononcer sur ces restes funéraires, mais de cercueil en zinc il n'est pas question, c'est un faux moderne. Si les habitants d'Aïn Feshkha tout proche ont pu être ensevelis dans ce cimetière, ceux de 'Aïn el-Ghuweir à quelque 15 km au sud avaient leurs propres cimetières. Pourquoi ces derniers n'ont-ils pas alors demandé à rejoindre le centre religieux ? L'argument ne tient pas la route.

• **Y. Hirschfeld**. Les squelettes des femmes et des enfants retrouvés dans le cimetière de Qumrân constituent une autre preuve que la description des Esséniens de la région de la mer Morte par Pline ne s'accorde pas avec les découvertes archéologiques.

• **N. Golb**. Ces personnes faisaient partie de la masse des habitants de Jérusalem qui avaient trouvé refuge dans la forteresse de Qumrân durant leur fuite vers Machéronte.

Le débat – Les Esséniens   149

• **K. Galor**. Je serai plus prudente : nous avons besoin de davantage de données pour établir des statistiques. Les études anthropologiques des collections d'ossements allemande et française ont clairement montré qu'on ne peut tirer aucune conclusion définitive.

• **J.-B. Humbert**. J'insiste une fois encore sur le fait qu'il n'y avait pas de communauté à Qumrân. Le cimetière n'est pas celui des gens qui vivaient là. Il est celui des communautés esséniennes disséminées autour de la mer Morte, et certains pieux voulaient se faire enterrer près de leur centre religieux, Qumrân. Surtout pour les communautés probablement établies sur la rive orientale de la mer Morte et qui voulaient se faire enterrer en *Eretz Israël*. Le meilleur parallèle reste Beth Shéarim.

83. **B. Bioul***. Pourquoi Pline (Histoire Naturelle V, 17, 4) situe-t-il l'établissement des Esséniens, c'est-à-dire Qumrân selon la théorie du Père de Vaux, par rapport à En-Gedi et non pas par rapport à Jéricho qui est à la fois plus proche et plus célèbre (Cléopâtre y avait des plantations dans l'oasis) ?*

• **H. Eshel**. Bonne question ! Comme je l'ai dit plus haut, nous ignorons quelles étaient ses sources lorsqu'il a écrit ses textes.

• **N. Golb**. Parce qu'en réalité il ne le fait pas ! cela n'existe que dans l'imagination fertile du Père de Vaux et de ses successeurs.

• **J.-B. Humbert**. Pline ne connaît pas la région. Il ne situe pas Qumrân mais l'établissement des Esséniens. On lui fait dire ce qu'il ne dit pas.

• **É. Puech**. Dans ce passage, Pline s'intéresse d'abord aux deux rives de la mer Morte, l'une après l'autre, en suivant ses sources.

• **M. Bélis**. Pline cite (*peut-être*) En-Gedi parce que ses lecteurs distingués connaissaient ce nom, en raison du baume, qui leur coûtait les yeux de la tête et dont on raffolait à Rome.

• **Y. Hirschfeld**. Pour moi, lorsque Pline écrit *infra hos En-Gedi*, il veut dire qu'En-Gedi se situe au pied du site des Esséniens. L'idée de "en aval" est trompeuse. La description de Pline de la vallée méridionale du Jourdain passe de Jéricho à Callirhoé, sur la côte orientale de la mer Morte, puis aux Esséniens et à En-Gedi dans la partie occidentale, et finalement à Masada. La traduction de *infra hos* par "au sud" ou "en aval" est tout simplement incorrecte.

• **K. Galor.** Bien que je ne sois pas d'accord avec Yizhar pour dire qu'il nous faut trouver "LE" site essénien, j'accepte assurément sa suggestion d'établir un lien typologique entre les cellules qu'il a trouvées à En-Gedi et les premières laures créées dans le désert de Judée au début de la période byzantine.

Les Esséniens et les judéo-chrétiens

84. ***B. Bioul.*** *Ernest Renan a eu cette phrase fameuse : "le christianisme est un essénisme qui a réussi". Il existe, en effet, beaucoup de similitudes entre les deux mouvements. Pouvez-vous nous en donner quelques exemples ?*

• **Y. Hirschfeld.** Il existe beaucoup de similitudes entre ce que nous savons des Esséniens et Jean-Baptiste et Jésus : par exemple la pauvreté, le célibat, le mode de vie austère et le pacifisme.

85. ***B. Bioul.*** *Pourtant James Charlesworth a montré que les différences étaient plus nombreuses encore.*

• **H. Eshel.** C'est la fameuse question du verre à moitié vide ou à moitié plein. Charlesworth regarde les différences tandis que Renan regarde les similitudes.

• **É. Puech.** J'ai traité ce sujet lors d'un congrès à Tréguier sur la *Vie de Jésus* de Renan en 2000.

• **Y. Hirschfeld.** Pour moi, les différences sont beaucoup moins importantes que les ressemblances.

86. ***B. Bioul.*** *Jean-Baptiste était-il Essénien ? Et Jésus ?*

• **Y. Hirschfeld.** Jean-Baptiste était certainement très proche des Esséniens. D'autre part, Flavius Josèphe nous dit dans son autobiographie qu'il avait rejoint l'un des ermites du désert après avoir passé quelque temps avec les Esséniens.

• **H. Eshel**. Jean-Baptiste a pu l'être, mais pas Jésus.

• **É. Puech**. Je crois que Jean Baptiste n'a jamais été un membre de la Communauté de Qumrân. Il ne leur a pas emprunté le rite baptismal pour le pardon des péchés, rite inconnu de leurs textes et de leurs pratiques. S'il a pris ses distances par rapport au judaïsme officiel de Jérusalem à l'instar des Esséniens, rien ne dit qu'il se soit coupé du Temple où avait officié son père. Il a reconnu, baptisé et désigné le Messie Jésus. Avec lui, les temps messianiques sont arrivés et ne sont plus à attendre comme ils le sont dans les autres courant religieux juifs. Quant à Jésus, il est vrai que par certains comportements et enseignements, il est proche des Esséniens, mais lui aussi, comme Jean Baptiste, a gardé le contact avec le Temple puisqu'il y monte fréquemment, y enseigne aux foules, en chasse les trafiquants, ce qui lui vaut l'animosité du grand sacerdoce. Il faut définitivement enterrer ces fausses idées d'appartenance de Jean ou de Jésus au mouvement essénien.

*87. **B. Bioul**. Ce qui caractérise les chrétiens par rapport aux juifs c'est que les premiers ont ajouté à leur foi en Dieu celle en Jésus-Christ. Pourtant, cette "double" fidélité se retrouve déjà dans le Commentaire d'Habaquq, VII, 1 2 : "...à cause de leur foi dans le Maître de Justice". La foi néo-testamentaire semble "préfigurée" par celle de l'auteur de ce texte. Que peut-on en dire ?*

• **N. Golb**. C'est très intéressant ; il y a longtemps, les spécialistes ont montré comment certaines idées chrétiennes étaient préfigurées par les croyances des juifs palestiniens, et cela en est un exemple frappant.

• **H. Eshel**. La population de Qumrân croyait en la prédestination, ce qui est très différent de ce dont Jésus parlait. Le Maître de Justice et Jésus étaient très charismatiques, mais je ne vois pas de connection de croyances entre celle en Jésus et celle consignée dans le *Commentaire d'Habaquq*.

• **Y. Hirschfeld**. Dieu est loin et abstrait. Jésus était un saint homme, et après sa mort fut reconnu comme messie. Le rabbi Lubavitcher a été, lui aussi, reconnu comme messie par ses disciples. Les gens ont probablement besoin d'un médiateur entre eux et Dieu. Le sentiment messianique était très fort au cours de la période du Second Temple. Dans ce sens, le christianisme est très "juif".

• **É. Puech**. Pour un Essénien, le Maître de Justice n'est pas le messie davidique, sauveur. L'Essénien adhère à sa parole de Maître dépositaire de révélations divines, mais il attend la venue du ou des messies. Or pour le chrétien, Jésus est le Messie attendu, l'envoyé de Dieu pour le salut des hommes, mort et ressuscité, ce qui n'est pas essénien.

*88. **B. Bioul**. Les Esséniens ne sont pas cités dans les évangiles contrairement aux autres principaux mouvements religieux comme les Sadducéens, les Pharisiens ou les Baptistes ; du moins pas sous cette dénomination, ce qui est logique puisque ce terme n'existe nulle part dans les manuscrits. Cependant, certains chercheurs ont tenté de les identifier avec les Hérodiens qui apparaissent en compagnie des Pharisiens dans certains passages des récits évangéliques. Cette identification repose sur le fait que les Esséniens étaient très appréciés d'Hérode le Grand et que les faveurs royales leur ont valu de la part du peuple le sobriquet d'Hérodiens. Quel est votre sentiment sur ce point ?*

• **J.-B. Humbert**. Je suis assez favorable.

• **Y. Hirschfeld**. La mention des Hérodiens dans le Nouveau Testament montre qu'ils étaient florissants au temps d'Hérode. Ils soutenaient sans doute leur bienfaiteur et sa propagande, mais n'ont rien à voir avec les Esséniens. Si ces derniers ne sont pas mentionnés dans les Évangiles, c'est peut-être parce que les figures marquantes de leur mouvement, Jean-Baptiste et Jésus, étaient très proches d'eux.

• **H. Eshel**. J'ignore si l'on peut identifier les Esséniens aux Hérodiens ; les écrits sur ce sujet sont tellement rares que je ne veux pas entrer dans cette discussion.

• **É. Puech**. Cette hypothèse de C. Daniel n'a pas trouvé de suite, et on le comprend. Le Nouveau Testament n'a pas à mentionner les membres de la communauté, comme il le fait pour les opposants au nombre desquels les Esséniens ne sont pas comptés. Sans doute plusieurs d'entre eux reconnurent-ils Jésus comme le Messie attendu et entrèrent-ils dans la communauté judéo-chrétienne dans la deuxième moitié du Ier siècle. Cela expliquerait un certain nombre de ressemblances dans l'organisation des deux communautés.

• **N. Golb**. Pour moi, il s'agit d'une suggestion hautement spéculative qui n'est fondée sur aucune preuve directe et qui ne repose que sur l'argument *ex silentio* (du silence).

LE DÉBAT – LE SITE DE QUMRÂN

89. B. Bioul. Avant de vous questionner sur le site proprement dit, je voudrais que l'on parle un peu de la publication des recherches archéologiques. Le Père de Vaux est décédé en 1971 avant d'avoir publié les résultats des fouilles. Depuis, on attend toujours leur publication définitive qui paraît difficile. Peut-on parler de scandale archéologique à Qumrân comme on a parlé de celui de la publication des manuscrits ?

• H. Eshel. Vous le dites, oui ! Je pense qu'il est très important de le dire publiquement afin d'encourager J.-B. Humbert et ses collègues de l'École de publier ces données le plus rapidement possible.

• P. Donceel-Voûte. Le Père de Vaux a fouillé soigneusement, compte tenu des standards et exigences de son époque. Lui-même et son équipe ont laissé une documentation utilisable, malgré des lacunes peu admissibles aujourd'hui. Il a été desservi par plusieurs facteurs : une équipe (en grande partie) changeante, constituée en majorité d'étudiants biblistes de passage à Jérusalem pour un an ; la guerre de 1956 pendant les fouilles, puis celle de 1967 qui a entraîné la dispersion et le pillage partiels du matériel.

• Y. Hirschfeld. Les trouvailles mineures de Qumrân sont aujourd'hui surtout dans les mains de Jean-Baptiste Humbert, un excellent archéologue qui les publiera sans doute bientôt. Je ne suis pas d'accord pour dire que la publication du rapport final de Qumrân est impossible.

• K. Galor. L'équipe de publication de l'École biblique a fait un formidable pas en avant dans le processus de recherche du matériel mis au jour par le Père de Vaux. Le Père Humbert a réuni une équipe internationale de spécialistes de 24 institutions académiques différentes qui travaille sur le deuxième et le troisième volume. Le deuxième volume est sorti l'année dernière, en 2003, et le troisième, je l'espère, pour la fin de l'année prochaine.

• J.-B. Humbert. Le scandale est la pâture habituelle des journalistes en mal de scoop. La formulation de votre question suppose une démission, une faillite quelque part, en tout cas elle présuppose une faute. Il n'y a guère que ceux qui ne publient pas ou peu, ceux qui ne savent pas ce qu'est une publication de fouilles pour s'indigner et monter au créneau. C'est toujours une tâche difficile, oui, longue et qui demande la conjonction de compétences très diverses. C'est pourquoi, et je suis indulgent, tant de fouilles sont publiées rapidement, très rapidement. Les collections à publications rapides qui fleurissent aujourd'hui sont la solution de facilité ; elles ne sont pourtant très souvent que l'ossature de ce qu'il fallait faire ; mais les non archéologues s'en contentent, les montrant en exemple avec force louange.

Sait-on que tout ce qui a été publié sur Qumrân par de Vaux et son équipe (Milik, Laperrousaz), est nettement plus abondant que beaucoup de ces publications rapides, et certainement plus intéressant ? Plans, photographies, planches de céramiques et autres objets, les Grottes dans *DJD*. Les *Schweich Lectures* avec son édition révisée est une synthèse historico-archéologique que l'on aimerait pour nombre de sites. Laperrousaz a publié son volume *L'archéologie de Qumrân* et son gros article dans le *DBS*. Il a travaillé dans le sillage du Père de Vaux. Où donc le bât blesse-t-il ? Ce qui est publié l'est en français, et l'on a trop tendance à croire aujourd'hui que la recherche se fait en anglais et que tout ce qui n'est pas en anglais n'est pas digne de considération. La jeune génération anglo-saxonne lit peu ou pas du tout le français. Elle en déduit qu'il n'y a rien de publié (sous-entendu, en anglais). De Vaux a écrit de nombreux articles sur Qumrân, exposés, réponses à des critiques, polémiques, recensions de publications diverses en langues étrangères, qui lui ont permis de préciser ou d'affiner sa pensée. Tout cela ensemble fait des centaines de pages. Ce que de Vaux a écrit sur Qumrân demeure un monument si bien ficelé qu'il est ardu d'en critiquer l'agencement. J'ai proposé à l'éditeur Brill de collecter cette abondante documentation, de la traduire en anglais, de la rassembler en un gros volume ; et de l'offrir à la nouvelle génération qui se meut avec beaucoup d'assurance dans l'orbite anglo-saxonne, afin qu'elle sache enfin.

Nous avons sorti en 1994 un volume I, l'album des photographies, qui est une excellente contribution à l'archéologie du site. On peut y suivre le déroulement de la fouille jour par jour, ce qui n'existe pas pour les autres fouilles. Le volume II est déposé chez l'éditeur (35 auteurs, 10 nations différentes, 500 pages grand format). Le volume III est bien avancé (la céramique du khirbeh) ; on espère bien le finir en 2004.

Il demeure que le rapport définitif n'a pas été donné par de Vaux. La mort l'en a empêché. Je tiens de sa bouche même qu'il le considérait comme le couronnement à venir de sa carrière de chercheur. Il voulait terminer par là. Sait-on encore que la période qui a suivi la fouille de Qumrân n'a pas été de tout repos pour lui ? La fin des travaux avait correspondu à la crise de Suez en 1956 qui avait mis la France dans une situation plus qu'inconfortable vis-à-vis du monde arabe. John Allegro s'était interposé entre l'École biblique et les Antiquités de Jordanie désormais indépendantes de la tutelle anglaise dans la direction du département. De Vaux n'a pas conduit les vérifications qu'il devait faire sur le site.

La mémoire est bien sélective aussi car personne n'évoque la crise de 67. Jérusalem passant sous occupation israélienne, le statut juridique des entreprises locales était caduc. Les chancelleries diplomatiques concernées ont renvoyé *sine die* la reprise des activités, en attendant un règlement du conflit que tout le monde croyait à court terme. Il n'est jamais venu. La situation souffrira d'un vide juridique aussi longtemps que le statut de Jérusalem ne sera pas réglé.

Le directeur de l'École biblique, Jean-Luc Vesco, a décidé en 1987 de passer outre, pour sortir de l'impasse. Le projet de publication définitive de l'archéologie de Qumrân est sorti de l'ombre. La constitution d'une équipe a souffert de revers inattendus. La mise en ordre de la documentation laissée par de Vaux semblait de prime abord facile, tant ce dernier avait assuré avec soin l'enregistrement de la documentation. Il a fallu se rendre compte que l'entreprise nous mènerait beaucoup plus loin que prévu.

Il a fallu accepter que de Vaux avait mené ses travaux comme on les menait en 1950 ; il a abordé Qumrân comme un site ordinaire sans savoir que mille questions se poseraient après coup, parce que Qumrân est un site dont l'intérêt archéologique s'est révélé exceptionnel par la suite. Or on ne peut faire une publication d'archéologie en 2000 comme elle aurait été faite en 1960. Les hommes ont changé, la méthode a changé, la demande a changé. Les exigences sont là.

Il a fallu accepter qu'une documentation de fouille vieillit comme vieillit un bâtiment. La documentation laissée par de Vaux n'était plus publiable comme telle. Il y a le nombre : de Vaux a conservé et fait restaurer des milliers de pièces de toutes catégories. La photographie et le dessin de milliers de céramiques et autres trouvailles n'étaient plus aux normes. Une partie des archives photographiques du Rockefeller, dégradée, est irrécupérable. Le recours aux objets s'est révélé ardu. La documentation est désormais dispersée entre les réserves du Rockefeller à Jérusalem, celles du Musée d'Amman, le Musée d'Israël, un kibboutz, l'Université

Catholique de Louvain, etc. Une grande partie des vaisselles récupérées s'étaient écroulées sur elles-mêmes, l'ancienne colle ayant cessé son effet. Des objets sont perdus.

Il a fallu reconnaître que l'interprétation de de Vaux était aujourd'hui dépassée sur plusieurs points. On ne lui en voudra pas. Sait-on que de Vaux a fait à Qumrân un véritable travail de pionnier. Il fut le premier à entreprendre des fouilles dans le bassin de la mer Morte, et dans un domaine scientifique qui était neuf. La fouille des sites de la période hérodienne et du premier siècle est venue après lui : Masada, l'Hérodion, la Jéricho romaine, Jérusalem vieille-ville, Machéronte, l'Hyrcanion, Aïn Boqeq, En-Gedi, Ez-Zara Callirhoé. Il n'avait pas de matériel comparatif, il ouvrait le dossier. Il s'est trompé sur la chronologie car les outils dont nous disposons aujourd'hui n'étaient pas forgés.

Qumrân n'est pas un dossier archéologique clos, comme pourraient l'être par exemple, les sites de la Jéricho hérodienne ou même les maisons dites hérodiennes de la vieille ville de Jérusalem. La recherche suscitée par la "qumrânologie" oblige à ne jamais être étranger au débat.

Nous avons repris la tâche. Nous avons publié en 1994 un album de 538 photographies des chantiers, le volume I du rapport final. Accompagné en contrepoint des notes de fouilles rédigées par de Vaux lui-même, il constitue une mine très riche pour l'archéologue "qumrânien" qui a daigné l'ouvrir.

Si scandale il y a, c'est parce qu'il y a toujours des irresponsables pour accuser !

• **M. Bélis**. Je voudrais aussi réagir à votre question en vous donnant un exemple précis. Pour ma part, je suis chargée du matériel textile. Jusque là, rien d'insurmontable. *DJD I* (contribution de la regrettée Grace Crowfoot) a publié, en 1955, 75 étoffes provenant toutes de la grotte 1Q. Pendant 40 ans, tout un chacun croyait que ces 75 malheureux tissus formaient le corpus complet "de Qumrân". Moi qui ai tout lu (enfin, tout ce qui concerne les fouilles), j'ai relevé deux ou trois mentions de toiles trouvées ailleurs, "mentions", et c'est tout. De Vaux a même écrit : "en dehors du textile et du cuir, les seuls objets dignes d'être publiés sont les phylactères" [de 4Q]). C'est dire. Or,

1) la plupart des textiles regroupés pour étude se sont révélés introuvables ou ont été dispersés depuis 1951-1952.

2) Il existe des dizaines et des dizaines de tissus "de Qumrân", inédits tous autant qu'ils sont ; ils sont restés dans les réserves du Rockefeller Museum

pendant près d'un demi-siècle, dans des boîtes ne portant que rarement une provenance exacte. Dans ce cas, à moi de chercher d'où ils viennent. Pour le déterminer, je dispose parfois d'une date (13-3-52) ou d'un élément sibyllin : "3 jar". Il faut se donner la peine de savoir où l'on travaillait le 13 mars 52, et par exemple, se demander si *3 jar* ne signifie pas "3ème jarre", le chiffre porté à gauche tenant à ce que l'ouvrier arabe écrit de droite à gauche. Ensuite, où a-t-on trouvé 3 jarres et plus ? On détermine alors de quelle(s) grotte(s) il peut s'agir.

3) "Réveiller" un tissu et l'exposer à température ambiante le soumet à des menaces qu'il faut enrayer immédiatement. Alors que je me consacrais aux tâches évoquées ci-dessus et à l'inventaire (avec poids, dimensions, description technique de chaque pièce), il m'est arrivé de devoir toutes affaires cessantes sauver un tissu gagné par la moisissure. Le nettoyage demande du soin et du temps, on ne traite pas un tissu de Qumrân comme un mouchoir taché…

Bref : si l'on veut travailler sérieusement, il faut s'en donner les moyens. Parmi ces moyens : du temps, de la patience, y compris contre les beaux parleurs et les donneurs de leçon. Ils ne font pas pour autant avancer le travail, dont les principes conducteurs sont tracés quoi qu'il en soit.

Il me paraît sage de n'écrire qu'une fois la tâche assez avancée pour qu'on ne parle pas du haut des nuées.

90. B. Bioul. Selon vous, qui devrait se charger de la publication de ce matériel ; en d'autres termes, quelles sont les qualités requises pour qu'un ou plusieurs chercheurs entreprennent la publication du matériel archéologique de Qumrân ?

• **J.-B. Humbert**. l'École biblique et elle seule. Et il n'est pas question qu'elle y renonce. Elle n'a pas exclu les collaborations.

• **K. Galor**. Je trouve que J.-B. Humbert conduit le processus de publication extrêmement bien. Il travaille avec un important groupe international d'archéologues et d'archéomètres. Je souhaiterais qu'il reçoive un support financier supplémentaire pour son entreprise.

• **Y. Hirschfeld**. Robert Donceel a pris une petite partie du matériel à Louvain. Il devrait le publier comme il l'a fait pour le verre. Humbert possède la plus grande partie de la céramique, des objets en métal, de la vaisselle en pierre etc., et devrait être l'éditeur de la publication. Je dirais que 100 000 dollars américains devraient suffire pour publier le rapport final de Qumrân : 50 000 dollars pour le travail scientifique et 50 000 dollars pour la publication du volume. Cela devrait être fait en 2 ans.

• **N. Golb**. Pour moi, les Donceel, sans interférence aucune de l'École biblique.

• **H. Eshel**. La chose la plus importante est d'accepter les principales conclusions du Père de Vaux sans chercher à réinterpréter le site. Je crois que c'est ce qui aurait dû être fait, et ce qui devrait être fait dans le futur, c'est de publier comme le Père de Vaux avait l'intention de le faire, sans vouloir modifier sa vision des choses comme le font les Donceel et Humbert.

La nature du site : les différentes hypothèses

91. ***B. Bioul***. *Pour la grande majorité des spécialistes, Qumrân est un établissement communautaire appartenant à une secte. L'un des arguments avancés est l'existence de grands espaces que le Père de Vaux interprète comme des magasins ou des cours (ex. loci 111, 120 et 121 sur le plan de R. de Vaux redessiné planche 1). Il y a aussi le réfectoire (locus 77). Quels sont les indices qui permettent une telle identification ?*

• **É. Puech**. Il faut bien se rendre à l'évidence, le site ne se prête pas à l'habitat d'une seul famille, ni à celle de plusieurs (foyers, etc.) vivant côte à côte et ce n'est pas non plus un village. Plusieurs pièces sont à usage communautaire : une salle à manger, une cuisine, nombre de bains rituels, artisanats,... Les conclusions de de Vaux vont dans le bon sens et sont loin d'être aussi erronées que certains le disent. Il faut prouver le contraire en utilisant toutes les données connues.

• **H. Eshel**. Je suis d'accord avec vous. Près de la grande salle (*locus* 77), les fouilleurs ont découvert le *locus* 86 qui renfermait une grande collection de plus de mille pièces de vaisselle qui ont toutes servi de plats. Il apparaît que cette pièce a été détruite en 31 avant notre ère et qu'au cours de sa reconstruction, les habitants de Qumrân, au lieu de déblayer la céramique cassée, ont reconstruit un nouveau sol par dessus. La découverte du *locus* 86 est importante, non seulement pour l'identification du réfectoire mais aussi parce qu'elle nous donne une estimation du nombre de personnes qui vivaient à Qumrân.

• **Y. Hirschfeld.** En premier lieu, je n'accepte pas le terme "d'établissement communautaire" (que J. Magness utilise constamment dans son livre). Les premières communautés qui ont vécu dans des établissements monastiques dans le désert sont celles d'Égypte au temps de Pacôme (286-346). Nous n'avons pas trace de l'existence de quelque chose de semblable à un *cœnobium* avant cette époque. Il existait des "communautés" de prêtres vivant dans des temples, mais nous les appelons tout simplement "prêtres". Je préfère appeler Qumrân un "site" et les gens qui y vivaient "les habitants de Qumrân". Dans l'Antiquité, des complexes comme celui de Qumrân étaient la propriété d'une seule personne ou d'une seule famille, le *dominus*, c'est pourquoi je fais parfois référence au "propriétaire du site". Les *loci* 111 et 112, dans la partie ouest du site, sont deux grandes salles, ni plus ni moins. Cependant, le Père de Vaux interprète le *locus* 111 comme une cour ; je ne comprends pas pourquoi. Dans l'Antiquité comme de nos jours, les pièces servaient à l'habitation, au stockage ou aux deux. Le *locus* 77 semble en effet être un réfectoire, une salle à manger à cause du cellier (*loci* 89 et 86) où l'on a retrouvé une grande quantité de vaisselle de table. Autrefois comme aujourd'hui, les gens avaient l'habitude de manger ensemble. Je ne vois rien de particulier dans la salle à manger de Qumrân.

• **K. Galor.** La plupart des *historiens* croient que l'établissement appartenait à une secte. La plupart des *archéologues* restent plus prudents dans l'identification des grandes pièces comme salles communes. Il n'y a pas d'autres sites dans la région où l'on associe aussi volontiers des pièces de taille semblable avec des réunions sectaires. Néanmoins, même si l'on accepte l'interprétation selon laquelle les grandes salles ont été utilisées pour des activités communautaires, qu'en est-il des nombreuses salles ou pièces de taille moyenne du site ? Les spécialistes qui soutiennent que les grandes salles étaient destinées à des activités à caractère communautaire soulignent aussi l'absence d'espaces, de lieux qui auraient pu servir de quartier d'habitation ordinaire. Connaissant l'architecture domestique contemporaine de Palestine, je ne vois pas un seul élément qui contredit l'utilisation domestique de l'espace.

• **J.-B. Humbert**. L'interprétation est erronée à notre sens : Qumrân n'est pas un centre communautaire. L'argument de la présence de grandes salles ne va pas dans ce sens.

92. ***B. Bioul****. A contrario, Y. Hirschfeld, vous insistez sur l'existence de grandes pièces similaires dans d'autres sites comme Horvat Salit, Khirbet el-Muraq, Ramat Hanadiv. Qumrân n'est donc pas aussi exceptionnel ?*

• **Y. Hirschfeld**. Les spécialistes qui considèrent Qumrân comme un "centre communautaire" essayent encore et toujours de nous convaincre que Qumrân est unique. Nous possédons aujourd'hui assez d'informations provenant de nombreuses fouilles, dont celles de sites de la mer Morte, pour montrer que Qumrân n'était pas unique ni isolé.

• **J.-B. Humbert**. Hirschfeld a bien raison.

• **H. Eshel**. Si Hirschfeld a raison en soulignant qu'il y a des similitudes entre différents sites de Judée et Qumrân, cela ne veut pas nécessairement dire que l'utilisation du site de Qumrân soit identique à celle de ces sites. Dans aucun d'eux nous n'avons retrouvé un aussi grand cimetière, des *miqva'ot* ou une salle à manger comme à Qumrân.

• **K. Galor**. Plusieurs archéologues ont établi les différences entre Qumrân et les autres sites contemporains de la région. D'un point de vue méthodologique, je considère qu'il est plus convaincant de rechercher des parallèles plutôt que des différences.

93. ***B. Bioul****. Pourquoi peut-on dire qu'il s'agit d'un établissement occupé par un groupe de religieux juifs ?*

• **J.-B. Humbert**. Parce qu'il n'y avait guère que des juifs dans la région.

• **N. Golb**. Ce groupe ne présente aucun signe de sectarisme. Il s'agissait de juifs parce qu'on a mis en évidence des termes hébraïques sur la céramique trouvée à Qumrân, et qu'il y a 1 ou 2 *miqva'ot* (je ne parle pas des citernes).

• **K. Galor**. Il existe en effet une similitude typologique entre les piscines à escalier de Qumrân et d'autres piscines à escalier du pays qui ont été identifiées comme des bains rituels (*miqva'ot*) : c'est le cas par exemple des bassins à escalier retrouvées près du Mont du Temple à Jérusalem, ou de celles mises au jour près de synagogues ou de pressoirs à vin et à huile. La présence de ces *miqva'ot* indique que ce sont des Juifs qui résidaient à Qumrân. De ce point de vue, les traces archéologiques sont sans équivoque. Cependant, certains historiens comme Eyal Regev ont tenté d'associer des groupes sectaires spécifiques aux différents types de bains rituels. J'appelle cela "lire les textes à travers le matériel archéologique". Toutes les sectes juives – et elles étaient nombreuses à la fin de la période du Second Temple – avaient leurs propres conceptions de la pureté rituelle et des pratiques de pureté rituelle qui étaient plus ou moins proches ou plus ou moins éloignées du Temple. Les textes sont en fait très précieux lorsqu'ils nous guident à travers les méandres complexes des différentes sectes. Néanmoins, il est impossible pour le moment de différencier archéologiquement les différents mouvements sectaires.

• **H. Eshel**. La nature du site est évidente. Qumrân est si différent des murs en casemates de Masada où vivaient les familles (zones de cuisines, plats etc. dans chaque pièce). À Qumrân, tous les trésors se trouvaient dans la partie occidentale, toute la vaisselle dans la partie orientale, etc. Le site semble avoir été organisé pour une communauté et non pour un usage privé comme à Masada.

• **Y. Hirschfeld**. Selon moi, rien ne permet de soutenir une telle affirmation. Nous avons la preuve que des juifs résidaient à Qumrân, et à l'instar de tous les juifs, ils étaient sans doute religieux. Mais il ne s'agissait pas d'un groupe dans le sens sectaire du terme.

94. **B. Bioul**. *On trouve encore aujourd'hui dans bon nombre d'ouvrages consacrés à Qumrân, une terminologie "ecclésiastique" ou "cléricale". On y parle de "monastère", de "moine", d'"établissement conventuel" etc., ce qui revient à calquer une réalité juive sur une organisation strictement chrétienne. Cela reflète aussi la propre conviction du Père de Vaux, moine dominicain, qui était persuadé de fouiller un site "monastique". N'y a-t-il pas ici une tentative de brouiller les esprits par l'utilisation d'une terminologie orientée ?*

• **J.-B. Humbert**. Non et non ! De Vaux s'est bien gardé de jamais utiliser les termes de "moine", "monastère", "établissement conventuel". Il faut donc accuser les suiveurs ou imitateurs qui ont

outrepassé en ce sens sa pensée, lui qui avait été prudent et trop intelligent pour se laisser prendre à ce piège. Il demeure que de Vaux a cherché à interpréter le site avec en tête un modèle communautaire et médiéval parce que c'était le seul disponible. Comme l'a rappelé John Strugnell, aux débuts de l'interprétation de Qumrân "nous avions des idées simples". En dépit des idées simples (toujours pas de matériel comparatif disponible), de Vaux n'a jamais confondu "communautaire" et "confessionnel". Il était, au contraire, agacé par tous ceux qui cherchaient à faire des rapprochements maladroits entre Qumrân et le christianisme primitif.
On ajoutera que les idées simples ont la vie dure… celle que LA communauté des Esséniens n'est qu'à Qumrân est encore à la base de bien des interprétations.

• **Y. Hirschfeld**. Vous décrivez exactement la situation. Il est intéressant de noter que dans la description de Qumrân, les spécialistes israéliens comme Broshi, Magness et Eshel utilisent des termes "monastiques" sans hésitation. Le Père de Vaux n'a jamais appelé Qumrân un "monastère", mais de façon plus intelligente, il a employé des termes monastiques comme réfectoire et *scriptorium*.

• **K. Galor**. Absolument. Cependant, nous le faisons tous jusqu'à un certain point. Nous sommes tous influencés par nos propres conditions de vie et nos convictions personnelles.

• **H. Eshel**. Oui, mais il ne faut pas oublier que le premier à avoir identifié les manuscrits comme étant esséniens fut le scientifique juif Éléazar Sukenik. Il n'y a aucune raison d'accuser le Père de Vaux d'avoir utilisé de tels termes parce qu'il était dominicain. C'était un savant français exceptionnel qui était très précis dans son travail et la terminologie qu'il employait. Je pense, par exemple, que "*scriptorium*" est un bon terme à cause des tables/bancs et des encriers qui y ont été mis au jour. Je ne vois pas de meilleur terme pour désigner ce *locus*.

• **É. Puech**. Comme l'a rappelé J.-B. Humbert, de Vaux s'est toujours gardé de ce vocabulaire, mais ce sont ses détracteurs qui l'emploient, à commencer par G.R. Driver, *The Judaean Scrolls*, Oxford 1965, auquel de Vaux fit la remarque, voir *Revue Biblique* 73 (1966) p. 229.

*95. **B. Bioul**. Certaines hypothèses font aussi état du caractère fortifié de l'établissement ; on parle de "forteresse", de "place forte" ou de "ferme fortifiée" ? S'agit-il donc d'un site militaire ou d'une importance stratégique majeure ? N. Golb rappelle que c'était déjà le cas à l'âge du Fer, que le site fut détruit par le feu en 68 ap. J.-C. et qu'on a retrouvé dans les couches de destruction des pointes de flèches du type utilisé par les soldats romains et dont on retrouve des exemplaires identiques ailleurs en Palestine. En outre, les Romains y ont laissé une petite garnison, ce qui paraît démontrer qu'ils accordaient une certaine importance à Qumrân. Quel est votre sentiment à ce sujet ?*

• **N. Golb**. Je précise une fois encore que pour moi, le site n'a pas été détruit en 68 mais quelques années plus tard, après la prise de Jérusalem.

• **É. Puech**. Si les résistants de Bar Kokhba ont pu occuper quelques mois au IIe siècle les bâtiments restaurés par les Romains, ils n'en sont pas les bâtisseurs, ils sont donc une quantité négligeable dans l'interprétation de la structure du complexe qui n'a rien de militaire ni de défensif à la grande période de son occupation.

• **J.-B. Humbert**. Qumrân pourrait revêtir un caractère fortifié au regard d'archéologues amateurs seulement. Les six pointes de flèches recueillies ne font pas une armée ni une forteresse ni une bataille. Puisque le site fut à l'origine une résidence de l'aristocratie locale, les flèches sont plutôt celles de ceux qui venaient ici chasser du gibier. Le site est des plus vulnérables. La tour, éventuellement renforcée avant 68, n'est qu'une chambre forte et, dans la résidence, un point d'observation. Puisque les propriétaires avaient quelque fortune, il y avait lieu de craindre les pillards. Les Romains après 68 se sont installés là dedans comme ils ont pu.

• **M. Bélis**. Je n'interprète pas les événements en fonction des éléments dont la question fait état. Dès lors, l'hypothèse d'une garnison romaine, contredite par les indices archéologiques, ne tient pas. Si l'on tient compte de ce qu'on sait de la deuxième révolte, en revanche, il paraît plus vraisemblable que les troupes de Bar Kokhba ont utilisé le site.

• **K. Galor**. En outre, une structure fortifiée n'est pas une forteresse. Si les constructeurs de Qumrân avaient l'intention d'édifier une forteresse, ils ont certainement échoué !

• **H. Eshel**. Il faut visiter Masada et Qumrân pour apprécier les différences. Qumrân possédait une tour qui pouvait être utilisée contre les Bédouins, mais cela n'en fait pas une forteresse. Nous n'avons pas un seul exemple de "forteresse" possédant des *miqva'ot*, des manuscrits, de la vaisselle etc.

• **Y. Hirschfeld**. Pour bien comprendre la nature de Qumrân, il faut considérer deux périodes distinctes : l'époque asmonéenne et l'époque hérodienne. La plupart des spécialistes s'accordent à dire que le bâtiment central avec la tour d'angle remonte à l'époque asmonéenne. On peut raisonnablement estimer que les vestiges de l'âge du Fer ont été totalement détruits par les bâtisseurs de l'époque asmonéenne. À présent, une construction carrée du IIe siècle avant notre ère, comprenant une tour puissante aux murs de 1,4 m d'épaisseur (ce qui indique que la tour possédait 3 ou 4 étages et faisait 9 à 12 m de haut), ressemble à une forteresse. Étant donné sa position stratégique en relation avec Hyrcanion, forteresse édifiée par Jean Hyrcan (134-104), et les tensions militaires entre les Asmonéens et les Nabatéens, il semble possible que Qumrân ait d'abord été construite par Jean Hyrcan comme une forteresse. Au temps d'Hérode, la situation géopolitique était complètement différente. La nécessité militaire de Qumrân avait disparu. C'est l'époque où le site perd sa fonction militaire pour devenir un centre d'exploitation rural. Durant la Révolte, l'armée romaine a systématiquement détruit les établissements juifs. Dans tous les sites qui ont été fouillés (tels 'Aïn Boqeq ou Ramat Hanadiv) nous avons mis au jour des traces de destruction ou d'abandon. À la conférence de Brown, Joan Taylor a montré que les soldats romains qui vivaient à Qumrân après la Première Révolte avaient reçu l'ordre de protéger les plantation de baume d''Aïn Feshkha. Je suis d'accord avec elle.

*96. **B. Bioul**. Le glacis de la tour (qui est une construction à caractère militaire) est-il d'origine (opinion d'Hirschfeld) ou a-t-il été, comme l'indiquait R. de Vaux, ajouté après le tremblement de terre de 31 av. J.-C. pour la renforcer ?*

• **Y. Hirschfeld**. Le Père de Vaux a déployé tous ses efforts pour masquer toute trace de nature militaire. Par conséquent, il décida que le glacis autour de la tour était une addition postérieure. Cependant, un sondage ultérieur fait dans le glacis indique que la tour ne s'est jamais élevée seule mais que, dès l'origine, elle était entourée d'un glacis. Des parallèles peuvent être trouvés à Masada, dans le palais septentrional, et dans d'autres sites partout en Israël. L'idée du Père de Vaux que les fissures de Qumrân sont apparues suite au tremblement de terre de 31 avant notre ère n'a aucun sens. Ces fissures sont probablement survenues après l'abandon du site. Cela a été prouvé par les fouilles de Magen et Peleg.

- **J.-B. Humbert**. Le glacis n'est pas vraiment une construction militaire. La tour fortifiée est trop petite. Le glacis n'est pas d'origine, l'agencement des murs le contredit. Il faut abandonner l'idée du tremblement de terre qui aurait cassé le site et entraîné son abandon. Le tremblement de terre, selon la stratigraphie, est aussi tardif que possible, et probablement postérieur à l'abandon du site en 68 AD. Le glacis est une addition tardive. Post 68 ? Pas impossible !

- **H. Eshel**. Sans arguments valides, je ne vois aucune raison de ne pas accepter les conclusions du Père de Vaux. Je ne crois pas qu'Hirschfeld nous ait donné de preuves suffisantes pour prouver que la chronologie du Père de Vaux est erronée.

- **K. Galor**. Je crois moi aussi sincèrement que le glacis est une addition ultérieure. Cependant, je ne suis pas sûre qu'aujourd'hui on puisse objectivement dire si cet ajout a été fait avant ou après 31 av. J.-C. En outre, on ne peut pas exclure la possibilité que la tour a simplement été édifiée en deux temps successivement très proches, voire instantanés.

- **N. Golb**. Les preuves d'une construction dès l'origine ont, selon moi, plus de poids que les indications du Père de Vaux.

- **É. Puech**. Il est clair que le soi-disant glacis n'est pas d'origine, des structures sont obturées par la construction de ce dernier. Mais est-il pour autant une addition tardive après 68, cela demande des preuves solides. Il ne suffit pas de rêver !

*97. **B. Bioul**. Vous n'êtes donc pas tous d'accord sur le caractère militaire du site. Alors expliquez-nous pourquoi Qumrân ne peut pas être une place forte royale (asmonéenne et/ou hérodienne), ni une forteresse.*

- **Y. Hirschfeld**. Comme je viens de le rappeler, à l'époque hérodienne, Qumrân ne ressemble pas à une forteresse ; il y a trop d'entrées, trop de murs et trop d'installations destinées à la production agricole. Par contre, à l'époque asmonéenne, le site ressemble à une forteresse.

• **J.-B. Humbert**. Bruno, contrairement à ce que vous suggérez, Qumrân a probablement été une propriété royale. J'ai déjà dit que le site n'a rien de défensif.

J'ai tenté dans un article de *RB* 1994, de fournir des arguments en faveur d'une interprétation d'exploitation agricole à Qumrân. L'article a été peu lu mais les idées sont passées de bouche à oreille sans que l'on sache faire référence à mon initiative. Hirschfeld (qui est un ami) ne cache pas combien j'ai influencé sa propre interprétation du site. Zangenberg me l'a confirmé également.

Il faut en même temps tenir pour assuré que le site a été une résidence de l'aristocratie locale. Elle était sur son promontoire, une belle et vaste maison de maître qui possédait ou gérait l'oasis. On ne peut réfuter que tout le littoral en contrebas était une palmeraie arrosée avec ou sans irrigation complexe, sur plus de quatre kilomètres de longueur. La résidence profitait de l'usufruit des jardins et l'on ne s'étonnera pas de trouver aux alentours une quantité considérable de noyaux de dattes. Le riche propriétaire pouvait y exploiter le produit de la palmeraie.

La difficulté que souvent ne parviennent pas à surmonter les chercheurs qui essaient d'interpréter Qumrân, vient de leur incapacité à se détacher de la vision du Père de Vaux : un site à vocation unique, ce que rien ne permet d'affirmer. Le site, contrairement à ce qui est encore si souvent dit, n'a pas été fondé par les Esséniens ou autres sectaires. Il a une assez longue histoire, avec des restaurations, des restructurations où l'on peut noter des différences fonctionnelles. Il a été construit comme une résidence, probablement dans la dépendance de l'Hyrcanion qui est en zone aride. En deux heures de marche, on peut gagner Qumrân de l'Hyrcanion et passer en hiver des jours charmants et à l'abri des vents froids du désert de Judée (comme Jéricho le fut pour l'aristocratie de Jérusalem, Aïn Boqeq pour Masada, ez-Zara pour Machéronte, etc.). Il y a donc tout lieu de croire que Qumrân et l'Hyrcanion ont été une propriété commune. Si l'Hyrcanion a été propriété royale, Qumrân le fut aussi. La qualité de la construction primitive a laissé des indices sûrs de l'excellence du lieu : des blocs d'architecture soignés identiques à ceux de Masada, tambours de colonne, piédestaux, un chapiteau mutilé, un fragment de frise (glyphes et oves), des carrelages de pierre noire ou blanche pour des pavements de belle facture comme on en a trouvé ailleurs, dans les résidences de la haute classe.

Quand l'Hyrcanion, après la reconquête d'Hérode, a cessé d'être une résidence royale, Qumrân, ruiné aussi, put alors être un refuge pour les premiers Esséniens investissant le site (à la faveur d'Hérode, pourquoi pas ?). Une des phases est un camp-refuge retranché dans un bâtiment démantelé. Ils l'auront réparé et développé progressivement en en modifiant substantiellement l'ordonnancement architectural.

• **É. Puech**. Qumrân : *villa* royale, en dépendance de l'Hyrcanion ? Hypothèse, mais quand on sait qu'Hérode le Grand a pris possession des palais de ses prédécesseurs à Jéricho, palais qu'il a agrandis, il paraît hautement surprenant qu'il ait négligé ou laissé de côté un tel centre de rapport, si tel était bien le cas !

• **K. Galor**. Je trouve qu'il est très difficile de maintenir que le complexe de Qumrân a quelque chose en commun avec l'architecture palatiale hérodienne. Quant aux parallèles asmonéens – une comparaison qui, selon moi, serait plus convenable d'un point de vue chronologique –, les vestiges architecturaux sont limités. Dans la plupart des cas, les palais ou résidences d'époque hellénistique tardive ont été recouverts et cachés par des constructions d'époque hérodienne. En verité, nous ne savons que très peu de choses sur l'architecture et le décor d'époque asmonéenne.

98. **B. Bioul**. *D'autres présentent Qumrân comme une villa industrielle ou une ferme. N'est-ce pas un peu la même chose ? Quelles sont les différences ?*

• **P. Donceel-Voûte**. Examinez les plans des fermes à résidence (les *villae rusticae*), à cour centrale et à tour, avec les infrastructures de stockage de l'eau, et vous comprendrez vite. Notez aussi que l'ironie de J. Magness à propos de ce que je dis des "villas" n'aurait pas trouvé à s'exercer si elle avait jeté ne fût-ce qu'un coup d'œil sur le passage où Vitruve en parle et les définit !

• **M. Bélis**. À mon sens, "villa" serait un peu fort, de même qu'"industrielle" (je ne vois rien que d'agricole), et "ferme", réducteur. "Résidence" rurale ou "à vocation agricole" correspond mieux aux éléments architecturaux retrouvés à Qumrân, du moins, à un moment donné de son histoire.

Aïn Feshkha présente des constructions de type pré-industriel : son complexe de bassins n'est pas une tannerie, contrairement à ce que

R. de Vaux a tant souhaité prouver mais que les analyses ont infirmé. Je soutiens l'hypothèse qu'on y préparait l'indigo de très bonne qualité dont on trouve la présence sur les toiles de lin enveloppant les manuscrits. Les archives signalent aussi un enduit bleu sur un mur dans le site de Qumrân. Il faut bien que tout cet indigo ait été produit quelque part.

• **K. Galor**. Mireille a raison. La villa romaine typique était impliquée dans des activités agricoles et fermières traditionnelles, pas dans des fonctions industrielles. Pour soutenir cette théorie qu'une certaine forme d'activité industrielle se faisait sur le site, il faudrait prouver que Qumrân pratiquait une sorte de production en masse qui débouchait sur une activité commerciale.

• **Y. Hirschfeld**. Une construction militaire présente habituellement un plan simple, carré avec des murs épais et une enceinte. Une ferme ou un établissement rural fortifié possède habituellement plusieurs pièces, de nombreuses entrées, des installations diverses etc.

99. B. Bioul. Existe-t-il des sites comparables à Qumrân qui pourraient aider à "trancher la question"?

• **Y. Hirschfeld**. Je connais au moins une douzaine de sites semblables à Qumrân en Israël. Aucun d'eux n'est une copie de Qumrân à cause de leur emplacement et de leur style différents, mais tous ont les mêmes caractéristiques. Parmi ces sites, je citerai Qasr e-Leja, Shoham, El-Qasr, Givat Shaul, Tel Goded, Khirbet el-Muraq, Rujum Hamiri, Khirbet Salit, Tel Aroer, Tel Arad, 'Aïn Boqeq et d'autres encore.

• **K. Galor**. Je pense que Qumrân est très différent parce qu'on a retrouvé des manuscrits dans les grottes à proximité du site. La différence ne va pas pour autant au-delà de la présence de ces documents.

• **J.-B. Humbert**. Je serai plus nuancé : pour la résidence : oui, il existe des sites comparables. Il s'agit du bâtiment carré à distribution régulière et à cour carrée, centrée. La structure modèle se retrouve à Masada, dans les palais, à Jéricho, etc. En revanche, pour le site dans sa phase essénienne, non, il n'y a rien de comparable : l'ordonnancement des différents corps de bâtiment n'a aucune unité.

*100. **B. Bioul**. Y a-t-il aussi des différences entre eux ? Ces différences sont-elles plus importantes que les similitudes ?*

• **J.-B. Humbert**. Il est normal de trouver deux *miqva'ot* à Qumrân. On s'étonnerait plutôt de leur absence.

• **É. Puech**. Il y a certainement plus de deux bains rituels sur ce site, et cela est une difficulté supplémentaire pour les partisans des *villa*, ferme, etc.

• **Y. Hirschfeld**. Les similitudes sont plus importantes. Mais il faut se rappeler que notre tableau est incomplet. Qumrân est le seul site qui ait été complètement fouillé, à l'intérieur et à l'extérieur. Les autres sont beaucoup moins fouillés.

• **K. Galor**. Y. Hirschfeld s'est surtout focalisé sur les parallèles architecturaux. Rachel Bar-Nathan a établi un lien étroit entre la céramique trouvée à Qumrân et celle mise au jour à Jéricho. Les fouilles récentes conduites par Y. Peleg et Y. Magen sur le site ont aussi souligné le fait que les personnes qui vivaient à Qumrân étaient impliquées dans des échanges économiques et culturels qui dépassent l'environnement régional immédiat. En ce qui concerne les *miqva'ot*, il existe d'autres sites où une grande concentration de piscines à escalier a été trouvée. Cependant, ce qui fait la caractéristique unique de Qumrân c'est le fait qu'il y a très peu de bassins sans escalier. Dans mon travail sur les installations enduites de Qumrân, j'ai calculé la proportion entre les bassins avec escalier et ceux qui en sont dépourvus, et j'ai comparé le résultat avec les autres sites qui ont une concentration équivalente d'installations enduites. De ce point de vue, Qumrân est unique. Malgré cela, je soutiens toujours aujourd'hui qu'au total, les similitudes archéologiques entre Qumrân et les autres sites de la région sont plus importantes que les différences.

*101. **B. Bioul**. Comme on le devine bien à vos réponses, les spécialistes continuent de discuter sur le caractère de l'établissement de Qumrân. Des études, déjà évoquées, menées sur la céramique du palais d'hiver de Jéricho à l'époque asmonéenne et hérodienne (entre 90 av. environ et 73 ap. J.-C.) et sur celle de Qumrân ont mis en lumière leurs similitudes au cours de la période asmonéenne et ont fait apparaître des changements similaires au cours de la période hérodienne et au Ier s. ap. J.-C. Pensez-vous qu'il s'avère* *nécessaire de réexaminer Qumrân en fonction des autres sites judéens de la période du Second Temple comme Jéricho, Cypros, Masada, l'Hérodion ou Jérusalem ?*

• **N. Golb**. Oui, mais sans oublier Machéronte …

• **P. Donceel-Voûte**. … et les ensembles plus modestes associés à une activité de rapport.

• **Y. Hirschfeld**. Absolument. Il faut considérer Qumrân dans son contexte de telle manière qu'il est impérieux de comparer tout ce que nous avons retrouvé sur le site, notamment la céramique. La vallée de la mer Morte est bénie car elle est l'objet de beaucoup de fouilles avec de bonnes publications comme, par exemple, ʿAïn Boqeq, ʿAïn ez-Zara (Callirhoé), Jéricho (le palais d'hiver), Masada ainsi que les sites plus modestes fouillés par Bar-Adon le long de la rive occidentale de la mer Morte. Mes fouilles à En-Gedi seront bientôt publiées.

• **K. Galor**. Désormais, on ne peut plus étudier la culture matérielle de Qumrân comme si elle était isolée.

• **H. Eshel**. Avant tout, il faut que le matériel de Qumrân soit d'abord publié de manière à ce que nous puissions le comparer avec celui d'autres sites.

• **J.-B. Humbert**. Je ne vois pas quelles sont les publications scientifiques sur la poterie de Qumrân qui permettraient une comparaison avec Jéricho. Les planches céramiques publiées par de Vaux sont bien antérieures aux fouilles de Jéricho. Un article de Jodi Magness sur la céramique de Qumrân était courageux dans ses conclusions, car elle n'avait pas vu, ni étudié le matériel disponible ; elle n'avait fondé ses conclusions que sur les planches fournies par de Vaux.

Nous travaillons justement depuis cinq ans sur la céramique de Qumrân. L'étude est longue puisque j'ai choisi de TOUT publier, des milliers de pièces pour fournir une argumentation aussi étoffée que possible (et des statistiques). Je suis en relation constante avec Rachel Bar-Nathan qui a publié la poterie de Jéricho et qui est chargée de celle de Masada. Elle est le meilleur spécialiste en lice. Nous sommes d'accord pour constater le très petit nombre de témoins attribuables à la période avant 40/30 avant J.-C. La résidence ayant été une villégiature secondaire, les occupants auront peu jeté et peu laissé de traces céramiques. Au contraire, ils auront laissé s'échapper de nombreuses monnaies, plus faciles à perdre ; ils étaient aussi plus riches et la résidence fut éventuellement le lieu de transactions entre les maîtres et les ouvriers de la palmeraie. Plus de la moitié des monnaies sont de la première moitié du Ier s. avant J.-C.

• **M. Bélis.** La publication dirigée par Jean-Baptiste Humbert sera la seule qui autorise à aller au-delà des hypothèses, lesquelles pour l'instant reposent sur du vide, ou à peu près.

Quant à l'examen de Qumrân l'incluant dans la série des autres sites judéens, c'est l'évidence même. Je m'efforce de ne pas isoler Qumrân, et d'éviter d'en faire le centre du monde, ce qu'il n'a jamais été. Sa fonction et son aspect après la date de 68 de notre ère retiennent toute mon attention. Ce n'est pas devenu une ruine du jour au lendemain. Le lien (visuel, à commencer par là) de Qumrân avec les grottes constitue un point dont on n'a pas vraiment pris la mesure parce qu'on ne le pensait qu'en fonction de l'essénisme et de lui seul. C'est cela qu'il importe de réviser sans idées préconçues.

*102. **B. Bioul.** Qumrân n'était donc pas isolé à l'époque de son occupation ? Peut-on encore dire que c'était un lieu reculé dans le désert ?*

• **P. Donceel-Voûte.** Non. Les recherches en cours sur la région (notamment celles de J. Zangenberg) le démontrent, et elles se confirmeront quand on connaîtra mieux les sites du nord et du nord-est de la mer Morte, dans la zone coupée par la frontière actuelle.

• **M. Bélis.** Une oasis n'est pas un lieu reculé dans le désert à proprement parler. C'est un lieu de halte, éventuellement, voire un but.

• **H. Eshel.** De plus Qumrân n'était pas isolé puisque le site se trouve à une journée de marche de Jérusalem et à deux heures de Jéricho. Mais il se trouvait dans une impasse, un cul de sac, une voie sans issue car le niveau de la mer Morte était plus élevé qu'aujourd'hui ; pour cette raison, ceux qui désiraient se rendre plus au sud devaient le faire par bateau et non pas à pied.

• **É. Puech**. Comme le rappelle Eshel, le niveau de la mer à l'époque montre qu'on ne passait pas à pied sec le long du rivage à cap Feshkha, et 'Aïn Feshkha n'est pas un port comme Khirbet Mazin et Rujum el-Bahr.

• **J.-B. Humbert**. L'endroit n'était fréquenté que par les exploitants et ouvriers de la palmeraie, et par les voyageurs qui suivaient la ligne parfaitement rectiligne : Jérusalem, Hyrcanion, Qumrân, ez-Zara, Machéronte (et plus loin : Karak Moba). Le trajet maritime se faisait en bateau, par une navigation bien attestée à l'époque.

• **Y. Hirschfeld**. Le site se trouvait au croisement de trois routes : l'une venant de Jérusalem via Hyrcanion, une autre de Jéricho, et la troisième venant d'En-Gedi. Le niveau de la mer Morte permettait de se déplacer le long du Ras Feshkha où les falaises atteignaient le rivage à -390,75 m. Les sites le long du rivage comme En-Gedi, Masada, 'Aïn Boqeq, ainsi que ceux fouillés par Bar Adon – Khirbet Mazin (Qasr el-Yahud), Ein Ghweir (Aïn Ghuweir) et Qasr et-Tureibeh – montrent qu'une route y passait. Marcher le long de la mer Morte est aisé et il existe plusieurs sources.

*103. **B. Bioul**. À vous entendre, Qumrân n'a donc rien d'un site reculé et isolé. Cela ne semble pas bien correspondre à la retraite dans le désert des Esséniens ou de quelque autre communauté ascétique dont parlent les auteurs anciens et certains manuscrits. En outre, comme il vient de nous le dire, Y. Hirschfeld soutient qu'il existe de nombreux sites semblables présentant des caractères communs avec Qumrân : 1. Une situation élevée leur conférant un caractère stratégique et de contrôle sur des routes voisines ; 2. Ce sont de grands complexes de plusieurs centaines de m² ; 3. On y trouve la combinaison d'une tour fortifiée et de quartiers résidentiels ; 4. On y trouve souvent des systèmes d'adduction d'eau sophistiqués et des installations agricoles montrant que l'occupation principale de leurs propriétaires était l'agriculture ; 5. Tous ces sites ont été détruits ou abandonnés autour de 70 de notre ère. Bref, Hirschfeld privilégie le caractère "civil" du l'établissement. Qu'en pensez-vous ?*

• **N. Golb**. Je suis d'accord avec lui sur le fond, mais je crois qu'il réduit inutilement la nature fondamentalement militaire du site lui-même.

• **H. Eshel**. L'eau de Aïn Feshkha ne pouvait pas être utilisée à des fins agricoles car elle contient trop de sel. Seules les dattes et les betteraves sucrières pouvaient y pousser, rien d'autre, pas même des baumiers.

Hirschfeld n'a jamais trouvé d'autres sites avec un cimetière semblable à celui de Qumrân, avec une salle à manger et des *miqva'ot* comme à Qumrân. Le site n'était pas isolé, c'est vrai, mais il n'était pas ce que Hirschfeld voudrait qu'il ait été.

• **K. Galor.** Y. Hirschfeld fait quelques comparaisons très bonnes avec d'autres sites de la région, et il souligne plusieurs facteurs qui indiquent une connexion entre Qumrân et d'autres établissements contemporains. J'accorde plus de valeur à son jugement qu'à celui d'autres archéologues qui sont moins familiers avec les vestiges archéologiques et la culture matérielle contemporaines de la région. Cependant, il ne s'intéresse pas suffisamment aux bains rituels.

• **J.-B. Humbert.** J'ai déjà répondu en partie à votre question. Je n'ai pas encore parlé de ma proposition pour la communauté de Qumrân. J'ai avancé en deux articles (Mélanges Stegemann et le colloque Qumrân de Modène) mes arguments pour lutter fermement contre LA communauté essénienne DE Qumrân. Elle n'existe pas. Le terme de communauté de Qumrân doit être entendu comme un mouvement idéologique et religieux, comme on dirait "les Mormons" ou les "Vieux catholiques" ou les "Yazidis". On ne peut mettre en question les sources de Josèphe et de Philon qui donnent des Esséniens une image multiple et variée. Ils étaient répartis en Judée et plus particulièrement sur les bords de la mer Morte. La notice de Dion Chrisostôme, trop négligée, est très éclairante sur ce point précis. Hirschfeld a parfaitement raison d'en mettre à En-Gedi. Il y en avait certainement sur l'autre rive de la mer Morte. On ne peut douter que la belle oasis de ez-Zara, au pied de Machéronte, était peuplée de juifs. Je renvoie à l'excellente publication de Christa Clamer (en français).

De Vaux et son équipe ont trop tiré sur la notice de Pline, en profitant de l'équivoque "infra hos" pour restreindre la localisation des Esséniens à Qumrân. Or l'archéologie dément assez facilement que les installations de Qumrân auraient pu être communautaires. De Vaux dans les *Schweich Lectures* s'emmêle pour le montrer mais sans convaincre. Ceux que ne tracasse pas l'adéquation entre le document et son commentaire ont passé outre : la conclusion leur a suffi.

*104. **B. Bioul.** Vous allez encore plus loin Y. Hirschfeld : faisant vôtre l'hypothèse de Robert et Pauline Donceel, tout en la renforçant d'observations supplémentaires, vous affirmez que Qumrân et Aïn Feshka étaient des centres* de production de parfums (très prisés par les Romains) qui, situés sur les routes commerciales reliant la mer Morte à la Méditerranée via Jérusalem et Sébaste (Césarée), exportaient leurs productions dans tout l'empire via le nouveau port de Césarée aménagé par Hérode le Grand.

• **Y. Hirschfeld**. C'est exact.

• **H. Eshel**. Jérusalem et Césarée étaient les principaux centres de la Judée, pas Qumrân.

• **P. Donceel-Voûte**. En fait, il faut faire une recherche poussée sur les lieux de découverte de conteneurs de ces produits parfumés en Méditerranée et ailleurs.

• **K. Galor**. La proposition d'Y. Hirschfeld est certainement plausible, mais une fois encore, je ne distinguerais pas les sites de Qumrân et d'Aïn Feshkha comme étant les seuls endroits impliqués dans ce type de production. Du parfum y était très vraisemblablement produit, mais c'était également le cas dans d'autres sites de la région. En outre, la production de parfum n'était manifestement pas la seule et très certainement pas l'activité principale des habitants.

• **Y. Hirschfeld**. Je voudrais préciser qu'il y a de nombreuses preuves archéologiques d'une production de parfum de baumier, considéré par plusieurs auteurs anciens comme le meilleur parfum. Patrich a trouvé une petite cruche dans une grotte près de Qumrân remplie d'huile de baumier ; on a mis au jour à Masada une jarre portant le mot "baume" inscrit en hébreu ; les *papyri* latins de Masada mentionnent le *xylobalsamum*, l'une des productions de la mer Morte. À En-Gedi, nous avons retrouvé une fabrique qui produisait du parfum de baumier à l'époque byzantine. Des installations pour la production de parfum d'époque romaine ont été mises au jour à Jéricho, dans le palais d'hiver, et à Aïn Feshkha.

• **J.-B. Humbert**. À la rigueur la résidence aurait pu entretenir un alambic pour une consommation locale ou familiale, inutile lors de l'occupation essénienne. Pour la route commerciale entre Qumrân et Césarée dont vous parlez, il vaut mieux l'oublier.

• **N. Golb**. Je suis d'accord avec l'hypothèse de Y. Hirschfeld pour ce qui est de la région agricole qui entourait Qumrân, pas en ce qui concerne le site par et pour lui-même.

• **M. Bélis**. Qumrân et Aïn Feshkha n'ont pas développé la même activité semi-industrielle ou agricole, ni à la même échelle. L'hypothèse de Y. Hirschfeld a le mérite de voir au-delà des limites dans lesquelles certains ont confiné les deux sites, pour ne les considérer qu'associés dans une histoire quasiment identique et parallèle.

L'industrie des parfums se trouverait cependant très au large dans les bassins de Aïn Feshkha. J'ai développé mon interprétation (*préparation de l'indigo pour les teintureries* – aucun inconvénient à ce qu'une telle teinturerie ait existé à Qumrân) en expliquant point par point chaque élément du complexe et chacune de ses particularités (actes de Brown University et du Colloque de Modène, à paraître). La capacité des cuves n'est plus démesurée pour une telle production. Le hangar, qui en gêne beaucoup, aurait pu servir à faire sécher (en hauteur, à l'ombre) les sacs d'indigo en pâte. Pline consacre une notice à l'indigo et il ne connaît pas sa nature végétale. Néanmoins le monde antique n'hésite pas à en importer d'"Inde", mais les Juifs exilés à Babylone ont pu voir les ateliers qui en fabriquaient. Les artisans gardaient jalousement leurs secrets de fabrication : l'indigo coûte son poids en argent.

*105. **B. Bioul**. Jürgen Zangenberg, de l'Université de Wuppertal en Allemagne, s'aligne sur Y. Hirschfeld et R. Donceel. À l'examen des infrastructures régionales (routes, sites voisins) et sur les données tirées de l'examen des objets de Qumrân (céramique, verres, restes organiques etc.), il s'avère selon lui que Qumrân n'était pas du tout un site isolé mais qu'au contraire, ses habitants étaient impliqués dans le commerce régional et dans l'économie spécialisée de cette région de la mer Morte, à savoir la production de baume et de dattes. Qu'en pensez-vous ?*

• **Y. Hirschfeld**. Je suis d'accord avec lui, bien sûr.

• **J.-B. Humbert**. Oui, mais modestement, au temps de la résidence. Pas plus.

• **K. Galor**. J'approuve tout à fait cette méthode qui consiste à replacer Qumrân dans un contexte régional et d'examiner la culture matérielle dans une perspective plus large. Cette méthodologie a très bien réussi dans d'autres régions de la Palestine, par exemple en Galilée, et dans d'autres parties du Proche-Orient comme la Décapole.

• **N. Golb**. Je pense moi aussi qu'il est sur la bonne voie, mais une fois encore cela se fait au détriment du caractère fondamentalement militaire du site. Quant à Y. Hirschfeld et R. Donceel, s'ils sont d'accord sur la nature séculière du site, ils ne le sont pas sur ses activités.

• **H. Eshel**. Je renvoie à ce que je viens de dire. Pour moi, l'eau de Aïn Feshkha était trop saumâtre pour autoriser toutes sortes de cultures.

*106. **B. Bioul**. Selon Magen Broshi, la théorie selon laquelle il existait sur le plateau au sud de Qumrân des plantations de baumiers est absurde parce que la pluviométrie moyenne de la région (50 à 100 mm d'eau par an) et l'absence de système d'irrigation rendent impossible toute forme de culture à l'exception de celle des dattes. Il ajoute que les énormes "pots à fleurs" mis au jour sur le plateau ne sont en réalité que des silos souterrains typiques de l'âge du Fer, et qu'on en retrouve dans tous les établissements de cette période. Pourtant, s'appuyant sur l'étude des squelettes de Qumrân conservés dans la collection Kurth, Olav Röhrer-Ertl, de l'Université de Munich, est arrivé à des conclusions diamétralement opposées : selon lui, aux premiers siècles av. et ap. J.-C., la région de Qumrân était très verte, le wadi Qumrân procurait de l'eau toute l'année (eau qui, en dépit de sa salinité et de son amertume était tout à fait consommable par les hommes et les animaux), et que cette eau était utilisée pour irriguer les cultures. On a du mal aujourd'hui à imaginer un paysage verdoyant aux abords de la mer Morte. On s'explique mal aussi une retraite dans le désert dans de telles conditions ! Qu'en pensez-vous ? Comment peut-on expliquer des positions aussi opposées ?*

• **J.-B. Humbert**. Brochi a parfaitement raison. Röhrer-Ertl a dû se tromper dans ses calculs.

• **H. Eshel**. Je pense également que M. Broshi a raison. Je ne crois pas que le seul scientifique qui pense que l'eau était plus douce ait raison, en particulier depuis que nous possédons les taux de salinité de la mer Morte depuis le XIXe siècle ; on constate qu'ils sont identiques même lorsque le niveau de la mer Morte est plus élevé.

• **Y. Hirschfeld.** Je défends une position diamétralement opposée. Les fluctuations des niveaux de la mer Morte qui se produisent d'une période à l'autre sont le reflet du climat. Au cours de périodes plus humides, les niveaux s'élèvent alors qu'en périodes plus sèches comme aujourd'hui, ils redescendent (actuellement, le niveau de la mer Morte se situe à -418 m). Nous avons des preuves grâce aux fouilles de Khirbet Mazin et de Rujum el Bahr qu'au cours de la période du Second Temple, le niveau de la mer Morte était semblable à celui du début du XXe siècle, c'est-à-dire qu'il avoisinait -392/395 m. À ce stade, les sources de 'Aïn Feshkha, d''Aïn Ghuweir et de 'Aïn et-Tureibeh sont douces. Par conséquent, il semble que la plantation de baumier se trouvait près d''Aïn Feshkha. Le "long mur" qui relie ce site à Qumrân a été construit pour protéger l'établissement de Qumrân.

• **K. Galor.** Les géologues qui travaillent sur le problème des changements climatiques et de leur impact sur la culture matérielle du Proche-Orient ne semblent pas d'accord sur les conditions climatiques qui prévalaient dans la région de la mer Morte au cours de la période romaine. J'ai tendance à me ranger du côté des chercheurs qui, tels Aryeh Issar et Mattanyah Zohar disent que cette zone a connu d'importants changements climatiques au cours de la période byzantine. Cela confirmerait les suggestions de O. Röhrer-Ertl et F. Rhohrhirsch. Néanmoins, je ne peux soutenir leur théorie que d'un point de vue archéologique.

• **P. Donceel-Voûte.** M. Broshi mentionne l'absence de système d'irrigation. Pourtant il existait sur le plateau de Khirbet Qumrân un système élaboré d'irrigation identifié au sud de la citerne 71 (système de puisage des *loci* 143 et 144, équipé sans doute d'un dispositif mécanique de puisage dans le *locus* 71). En outre, un émissaire, c'est-à-dire un canal d'évacuation, permettait de prendre de l'eau légèrement en amont (entre le *locus* 71 et le *locus* 75), directement dans l'aqueduc du site. Ce dispositif n'est pas nécessairement adapté à la culture du baumier qui croît en contexte de siccité accusée (cas des espèces existant encore en Oman selon les informations communiquées par le Ministère de l'Agriculture et des Pêcheries de ce pays), à un point tel que nous avons envisagé l'existence d'un vignoble sur la terrasse. Contactés sur ce point, les vignerons israéliens de Ilit Ieriho (nouveaux vignobles entre Khirbet Qumrân et la ville arabe d'er-Riha/Jéricho) disent ne procéder qu'à une opération d'irrigation par an, au printemps. Entre Khirbet Qumrân et la mer, au niveau de cette dernière et juste au sud de la palmeraie, c'est-à-dire à quelques dizaines de mètres du site, de vastes secteurs de cultures intensives ont été aménagés par les "kiboutzniks" voisins (Almog, Aliya) avec une irrigation minimale. Au printemps, tout le secteur des ruines et des environs se pare de graminées sauvages qui poussent spontanément sur la marne.

*107. **B. Bioul**. Une approche, qui me semble originale, vient d'être proposée par Joan E. Taylor (Waikato University, Nouvelle Zélande). Elle concerne la période III de Qumrân, celle qui, selon le Père de Vaux, a vu l'occupation du site par les Romains (68-73) puis par des Juifs de la Seconde Révolte (132-135). Taylor se demande pourquoi les Romains ont voulu absolument détruire et occuper Qumrân. À l'évidence, l'établissement occupait une position stratégique et servit de base aux soldats romains qui recherchaient les rebelles réfugiés dans les grottes voisines (Hanan Eshel et Magen Broshi y ont, en effet, retrouvé de nombreux clous de* caligae *romaines). En outre, les Romains désiraient s'approprier les riches plantations de baumiers en Judée (dont parle Pline), entre Jéricho et En-Gedi ; c'est la raison pour laquelle la route reliant Qumrân à Buqei'a semble avoir été améliorée selon les principes romains de construction des routes. Cette approche de la question du caractère du site vous paraît-elle fondée ?*

• **M. Bélis**. S'interroger sur ce qui s'est passé à Qumrân à la période III est on ne peut plus souhaitable. Les deux révoltes ne sont pas passées "à côté" des rivages de la mer Morte. Des monnaies (des deux) ont été récupérées à Qumrân, y compris sous forme de lots (de Vaux parle même de "trésors", selon la terminologie en usage). Je ne vois guère des Romains s'approprier ou manipuler ces monnaies-là, dont le nombre est trop élevé pour qu'on n'y voie que des pièces perdues. C'est peut-être, au contraire, les indices que les insurgés se sont installés à Qumrân (qui n'était pas encore une ruine).

N'oublions surtout pas la lettre retrouvée à Murabba'at (Mur 45) qui a été écrite par un individu rescapé d'une tuerie (son frère a péri) à la fin de l'insurrection (134/135, je crois). Il informe son correspondant qu'il va près de Jéricho trouver refuge à "la place forte des Hasidin". Ce ne peut pas être l'une des grandes forteresses, tombées depuis l'année précédente aux mains des Romains. Jéricho n'est pas fortifiée. Reste, dit J.T. Milik, Qumrân. Le toponyme (restitué mais sans que l'on doute de la lecture) est-il en usage depuis la présence essénienne, et la fortification sommaire du site (la tour) ? Est-ce simplement une désignation facile à comprendre ? En tout état de cause, il s'applique comme un gant à Qumrân. Difficile de trouver un autre site qui aurait les deux attributs.

Je suis frappée de voir dans quel oubli est tombé le document de Murabba'ât, depuis sa publication par J.T. Milik dans *DJD*. Il me semble pourtant qu'il a de quoi susciter la réflexion. Bar Kokhba a tenu pendant des mois et des mois le rivage occidental de la mer Morte et Qumrân en faisait partie. C'est un fait, il faut en tenir compte.

Les Romains n'avaient pas besoin, fondamentalement, de s'installer à Qumrân pour donner la chasse aux derniers survivants. Leurs camps, situés au-dessus des grottes ou à proximité de celles-ci, étaient bien plus efficaces et la distance était moindre pour capturer les rebelles.

• **É. Puech.** J'ai montré, il y a quelque temps déjà, que la *forteresse des Hasidin* dans la lettre de Murabba'ât 45 est une lecture intenable. Il faut donc abandonner l'idée d'avoir retrouvé un témoignage écrit en faveur d'une forteresse des pieux à Qumrân à cette époque-là.

• **K. Galor.** Je suis très impressionnée par l'étude de Joan Taylor sur la période III.

• **Y. Hirschfeld.** Je suis d'accord avec elle. Une fois de plus, Pline l'Ancien est notre source principale. Lorsqu'il parle de l'amélioration de la culture du baumier, il utilise l'indicatif présent. Il dit qu'au cours des années après 70, le baumier était une source de revenu pour le *fiscus* romain. Une villa romaine a été construite à Jéricho dans le palais d'hiver, et En-Gedi est devenu "un village de notre seigneur l'empereur" (selon les *papyri* de Hever). Tout cela conforte l'approche de J. Taylor.

• **J.-B. Humbert.** La chasse à l'homme romaine de réfugiés cachés dans les falaises n'a pu durer longtemps et ne nécessitait pas une telle infrastructure. L'amélioration de la route dans la gorge du Wadi Qumrân date du temps de la résidence pour faciliter les trajets entre l'Hyrcanion et sa palmeraie de Qumrân, en dépendance. Qumrân fut peut-être un petit poste pour surveiller la mer.

• **H. Eshel.** Je suis d'accord avec J.-B. Humbert ; il existait de bonnes raisons pour que les soldats romains stationnent à Qumrân entre 68 et 73, identiques à celles des soldats juifs qui y étaient stationnés en 132-135 : il surveillaient la navigation sur la mer Morte. De toute façon, je ne pense pas que le fait de rassembler davantage de données sur le niveau III changera la perspective générale.

108. B. Bioul. Le Père de Vaux fouilla Aïn Feschkha en 1956 et 1958. Selon lui, le site conservait les vestiges d'un établissement consacré au travail de préparation et de traitement des peaux animales nécessaires à la fabrication des parchemins utilisés dans le scriptorium *de Qumrân. Malheureusement, les analyses réalisées sur les échantillons qu'il avait sélectionnés n'ont pas donné les résultats qu'il escomptait car elles ne décelèrent aucune trace de tannerie. Malgré cela, il n'abandonna jamais sa théorie. Aujourd'hui, qu'en est-il ? Peut-on déterminer la vocation du site d'Aïn Feschka ? Quels sont ses liens avec l'établissement de Qumrân et les grottes voisines?*

• **Y. Hirschfeld.** La théorie du Père de Vaux d'une tannerie à Aïn Feshkha est très claire. Les tanneries sont situées dans des zones où il y a beaucoup de matières premières, pas dans de petites oasis comme Aïn Feshkha. L'installation bien plus sophistiquée de ce site peut s'expliquer en le comparant avec nos sources. Flavius Josèphe, Pline et d'autres encore mentionnent deux productions de la région de la mer Morte : le miel de datte et le parfum de baumier. La préparation de ces produits demandait de l'eau fraîche, des piscines pour le trempage et des bassins : c'est exactement ce que nous avons à Aïn Feshkha et Jéricho. Au cours de mes fouilles à Aïn Feshkha en avril 2001, je suis arrivé à la conclusion que la ferme et l'installation hydraulique avaient été construites à l'époque hérodienne en tant que partie intégrante de l'établissement rural de Qumrân. On peut encore suivre aujourd'hui le long mur reliant les deux sites. Les grottes ont pu être utilisées par des saisonniers qui venaient travailler dans les plantations. Parmi eux, il a pu y avoir des solitaires, mais nous ne pouvons pas le prouver.

• **H. Eshel.** Lorsque E. Netzer a fouillé à Jéricho, il a retrouvé quelques fabriques de vin de datte qui sont identiques à celles retrouvées à Aïn Feshkha et à Qumrân. En 1993, durant "l'opération manuscrits" conduite à Qumrân, plus de cent mille noyaux de dattes ont été retrouvés. Je crois que le complexe de Aïn Feshkha était relié à Qumrân, et qu'il a surtout été consacré à la fabrication de produits de datte (du vin par exemple).

Le débat – Le site de Qumrân   183

• **P. Donceel-Voûte.** L'hypothèse d'une activité de tannerie souriait évidemment au Père de Vaux car il y voyait l'alimentation du site en parchemin. Elle n'a pas été confirmée. Robert Donceel pense que le site est bien lié à l'histoire du khirbet Qumrân (sur ce point, de Vaux a raison ainsi que sur la chronologie). Mais il faut aussi relier son activité à celle des constructions et aménagements de la source connus bien avant la fouille et que l'on disait jusqu'ici remonter à l'époque byzantine. Il pourrait s'agir d'un point de débarquement des denrées traversant la mer dans le sens sud-est/nord-ouest depuis l'Édom et la Nabatène. Les textes des historiens et géographes anciens nous apprennent que les Nabatéens exportaient des moutons dont la laine était très prisée ; il est possible qu'elle ait subi un premier traitement sur place, à Aïn Feshkha. Le site industriel le plus occidental a servi de toute évidence au séchage : laine, denrées agricoles ? on l'ignore encore. La présence d'animaux (et de plantations) expliquerait les longs murs de clôture vus et mis sur plan dans le secteur de Feshkha, et entre ce dernier et le khirbet Qumrân. L'activité de navigation sur la mer paraît inimaginable aujourd'hui, c'était cependant un fait certain jusqu'à l'époque du mandat britannique, et certainement dans l'Antiquité comme les études récentes de géographie historique et diverses autres sources semblent le démontrer.

• **K. Galor.** Comme elle vient de le rappeler, Mireille Bélis a suggéré de voir dans les installations fouillées à Aïn Feshkha les traces d'une industrie textile. Son interprétation m'a bien plus convaincue que toutes les autres théories.

• **M. Bélis.** Merci, Katharina. J'ai déjà indiqué plus haut que Feshkha a des particularités telles que la fabrication de l'indigo (et seulement de l'indigo) cadre point par point avec le détail des bassins, le trajet de l'eau : les bassins ont la capacité voulue, ils sont étagés, du plus grand au plus petit, comme ils doivent l'être et l'ont été dans les installations (XVIIIe et XIXe siècles, Indes anglaises, Amérique du Sud, Saint-Domingue) de type semi-industriel, que l'on exploite encore de nos jours (El Salvador).
1. Eau abondante, flux contrôlé par un système de vannes. Milieu alcalin, c'est même *la* grande qualité de l'eau à Feshkha.
2. 1er bassin, "trempoire" où l'on immerge les feuilles de la plante fraîchement coupées – l'*indigofera tinctoria* pousse sur les rives de la mer Morte, ainsi que dans la vallée du Jourdain : Beth Shean pratiquait la culture de l'indigotier. La plante fermente, sous surveillance. Un maître

artisan surveille les progrès du processus, et à Feshkha, la grosse pierre trouvée dans le *locus* aurait pu servir à cette surveillance (*locus* 24).
3. Une vanne permet le déversement du liquide dans un second bassin situé légèrement plus bas. Le 1er bassin, à Feshkha, a une pente ménagée pour favoriser l'écoulement vers le bassin n°2 (*locus* 25). La mixture est incolore à ce stade. Le liquide doit être agité et battu, d'où le nom donné au bassin : "battoire". Des photos prises en 1898 (Bihar) montrent des ouvriers sur trois rangs, à mi-corps, remuant le fluide avec des perches. Le liquide s'oxygène et change de couleur. Le maître indigotier prélève quelques centilitres et contrôle l'évolution jusqu'à son point critique. Le battage peut durer des heures, mais l'arrêter à temps est une question de secondes, sinon la qualité de l'indigo est irrémédiablement compromise. L'"artiste" (Diderot et d'Alembert, *Encyclopédie, s.v.* indigo), le "puntero" (en espagnol), bref, le maître indigotier est un spécialiste, on s'en doute. Il ne descend pas dans le bassin, il y puise en prenant appui sur la marche d'un escalier (il y en a un à Feshkha). Pendant qu'on travaille dans la battoire, la trempoire est récurée à fond. La vanne entre les deux bassins est évidemment descendue (à Feshkha, c'est un blocage à l'aide de pierres). Il va sans dire que le fond et les parois des bassins doivent être étanches. À Feshkha, l'enduit se voit encore presque partout. Il va de soi que l'on n'enduit jamais à moitié une cuve…
4. Enfin, le liquide doit reposer jusqu'à ce que son principe tinctorial se dépose au fond du bassin. À Feshkha, la "reposoire", appelée aussi "diablotin", se trouve contre le mur occidental du même bassin. C'est un puits que R. de Vaux n'a jamais pu vider. Les eaux remontaient et l'ont empêché d'atteindre le fond. La fouille d'Y. Hirschfeld a permis, enfin, de savoir comment se présentait cette cuve, très petite et profonde. Je suis allée à deux reprises vérifier si mon hypothèse cadrait toujours. Le "diablotin" est le pire endroit qui soit dans une indigoterie. Son nom est déjà tout un programme. *Un* ouvrier y descend pour gratter la moindre parcelle de boue d'indigo encore humide après qu'on a vidé le bassin où les particules d'indigo se sont décantées.

Il me fallait donc :

• des appuis pour que l'ouvrier accède au fond du diablotin. Ils sont scellés dans le mur séparant le *locus* 25 du *locus* voisin 27.

• Un appui au fond du bassin, afin que l'ouvrier ne piétine pas la précieuse substance.

• De l'enduit jusqu'à la hauteur où le dépôt pouvait s'accumuler.

Le fond de la cuve est occupé par un tronçon (comme un élément de fût de colonne) qui arrive à hauteur de l'enduit. Le tronçon était bleuté cet hiver, mais avec les pluies, il est à présent couvert de boue et l'on ne distingue plus sa coloration d'origine.

En conclusion, l'hypothèse a plutôt été consolidée qu'infirmée par la fouille d'Y. Hirschfeld. Nous en avons parlé ensemble à Providence en novembre 2002 et ma démonstration, photos à l'appui, lui a paru tenir la route, dirait-on un peu familièrement. Il n'abandonne pas sa propre théorie, mais il lui plairait d'imaginer qu'on a employé le complexe de Feshkha à la fois pour les parfums et pour l'indigo. J'aurais aimé qu'il détaille comme je l'ai fait la fonction du dispositif, élément par élément. Une idée générale doit pouvoir être étayée par les réalités archéologiques une par une. Sinon, on peut tout proposer, là où il y a lieu de démontrer.

Ainsi, une jarre a été trouvée placée dans une cavité ménagée dans le sol à proximité du bassin n°1. Elle était amovible. Fonction possible dans une indigoterie : recueillir l'urine qui favorise la 1ère fermentation. Et dans une "parfumerie" ?

Dernier détail : le vocabulaire employé pour désigner l'indigo en dit long : grec : *indikon*, latin *indicum*. Autrement dit, "l'Indien". Autant dire qu'on n'en connaît que la provenance, et c'est vague. Hébreu *qela ylan*: "cendres d'un arbre". Les juifs savent à l'évidence que l'indigo provient d'une plante ou/et que la cendre d'arbre favorise extrêmement le développement de ses propriétés tinctoriales et sa qualité. Sans aller jusqu'à évoquer la prohibition de mélanger une substance animale avec une substance végétale, qui vaut pour le lin et la laine dans un tissage, on peut quand même soulever la question des toiles à manuscrits, lin, parfois orné d'indigo en rayures ou en rectangles inscrits les uns dans les autres. Le lin est une fibre rebelle à la teinture. Les teinturiers du monde antique n'hésitaient pas, du coup, à teindre de la laine au lieu de lin ; ils y gagnaient (la laine prend 10 fois mieux que le lin). La fraude est bien connue. À Qumrân, il n'y a jamais eu de substitution. Signe que la mise en teinture était contrôlée ou qu'on ne regardait pas à la dépense ou même qu'on pouvait disposer de tout l'indigo nécessaire – s'il venait de Feshkha.

Le dépouillement de l'ornementation est sans proportion avec le coût. J'ai calculé que pour l'indigo conservé sur les étoffes de la seule grotte 1Q, le prix en pouvoir d'achat équivalait à 4 000 poulets.

Cette fidélité au tout végétal laisse penser qu'on a poussé très loin le respect de l'interdit des mélanges ou/et que l'indigo (qui n'ajoute absolument rien à la protection que le lin assurait aux manuscrits) avait une raison d'être essentielle. Par exemple, indiquer d'emblée quel type de texte était caché bien à l'abri sous son enveloppe de lin. En effet, chaque toile a un jeu particulier de rayures, qui la rend différente de toutes les autres. La "couverture" indiquerait alors selon un code (dont on n'a pas la trace) si le texte est biblique ou non, profane ou non, etc. Ce n'est qu'une piste pour l'instant.

Je termine en disant que mon hypothèse ne convainc pas tout le monde : M. Broshi soutient que l'indigo ne pousse pas en Israël, et il a tort parce que les sources lui donnent tort, de même que la botanique. En revanche, Émile Puech me suit, puisqu'il décrit Feshkha comme une indigoterie dans le livre *Les manuscrits de la mer Morte* paru en 2002. Les éditions (réimpressions et traductions) à paraître signaleront qu'il reprend mon hypothèse.

• **É. Puech**. De Vaux s'était résolu à cette hypothèse faute de pouvoir expliquer autrement l'installation des bassins. D'autres y ont vu une pisciculture,... Il faut reconnaître que la solution d'une fabrique d'indigo est séduisante et elle explique non seulement la structure mais encore son utilisation dans le site essénien tout proche. Cela renforce même la présence essénienne de juifs très observants sur les sites de Feshka et de Qumrân bien avant 40 av. J.-C.

L'occupation du site

109. ***B. Bioul****. Où vivaient les habitants de Qumrân ? sur le site ? dans les grottes voisines ? sous des tentes ?*

• **J.-B. Humbert**. Parce que Qumrân n'est pas un centre communautaire, seule une quinzaine de personnes devaient vivre là. Pas besoin d'habiter des grottes exiguës et peu habitables. Pas besoin de tentes qui sont une idée du Père de Vaux en décalque d'un passage du *Document de Damas* qui rapporte que dans cet exil, les Esséniens vivaient sous tente.

• **H. Eshel**. Je pense au contraire que les gens de Qumrân vivaient surtout dans les grottes marneuses. En hiver, lorsqu'il pleuvait, ils s'installaient dans des tentes par crainte de l'effondrement des grottes.

• **É. Puech**. Oui, quelques Qumraniens habitaient sur le site lui-même et les autres alentour dans des grottes ; plusieurs grottes sont habitables et on y a retrouvé des marmites, des lampes à huile, des nattes, et d'autres ont été irrémédiablement détruites sur les pentes par l'érosion très forte de la marne des bords du Ouadi. Mais le bâtiment central servait de lieu de ralliement, étant le centre de la vie communautaire pour les repas, le travail, la prière ou les réunions, les décisions, etc., tout comme le cimetière réunissait les défunts de la communauté.

• **K. Galor**. Je ne suis pas d'accord. Aucun indice archéologique ne permet de soutenir que le complexe de Qumrân n'a pas été utilisé pour des tâches domestiques. Certaines des grottes explorées dans la région ont pu servir d'habitation, cependant aucune d'elles n'était suffisamment bien équipée pour de longs séjours. Nous connaissons un certain nombre de grottes dans les collines basses de Judée qui ont servi de cachettes au cours de la période romaine (la révolte de Bar Kokhba) pendant plusieurs mois, mais elles étaient équipées de citernes et de grandes zones de stockage pour la nourriture.

• **Y. Hirschfeld**. Selon moi, les habitants de Qumrân vivaient sur le site. Le complexe comprenait plusieurs pièces à deux étages, et l'on a retrouvé beaucoup de traces d'habitation comme de la céramique, de la vaisselle de verre, du métal, de la pierre et des matériaux organiques tels que des nattes et des sandales. D'habitude, lorsque vous trouvez de telles choses, vous présumez qu'elles ont été utilisées pour la vie quotidienne, c'est-à-dire avant tout pour le travail et les repas de la journée, et le repos de la nuit. Je ne vois aucune raison d'affirmer que de ce point de vue les choses devraient être différentes à Qumrân. Des gens habitaient également dans les grottes voisines, mais suite aux nombreux inconvénients que cela offre, on peut penser qu'elles étaient occupées temporairement par de pauvres êtres. Même les moines du désert de Judée à l'époque byzantine préféraient vivre, non pas dans des grottes, mais dans des cellules bien construites.

*110. **B. Bioul**. On s'interroge encore aujourd'hui sur le nombre de personnes qui ont pu vivre à Qumrân. Les chiffres vont de 400 à une petite vingtaine. Quel rapport existe-il entre la population du site et le nombre de tombes du cimetière (plus de 1 100) ?*

• **H. Eshel**. Je ne crois pas que la situation était stable à Qumrân : il y a eu des creux, rien n'était statique. Néanmoins, j'estime qu'au maximum, le nombre des membres et des candidats ne devait pas excéder 200. Cela correspond au nombre des *miqva'ot*, de la vaisselle et des tombes.

• **É. Puech**. Les estimations varient selon les auteurs et les hypothèses défendues. Pour ma part, aux grandes périodes d'occupation du site, Ib-II, le nombre pouvait varier en gros entre 100 et 150. C'est un ordre de grandeur plausible.

• **Y. Hirschfeld**. La méthode reconnue pour calculer le nombre des occupants sur un site archéologique correspond à ce cas précis. Le nombre d'habitants devrait être de 15 à 20 personnes pour 1 000 m². La taille de Qumrân à l'époque hérodienne était de 4 800 m², ce qui suppose une population d'environ 96 personnes. Nous n'avons pas d'autre moyen de le calculer (et M. Broshi le sait bien). La taille du cimetière n'a rien à voir avec celle du site. La découverte de Khirbet Qazone a montré que le cimetière de Qumrân a servi de lieu funéraire central pour plusieurs sites de la région (dont 'Aïn Feshkha, Khirbet Mazin, 'Aïn Ghuweir, Rujum el-Bahr etc.).

• **K. Galor**. Je crois moi aussi qu'il est très improbable que le cimetière n'ait servi qu'à la population de Qumrân. Il est plus vraisemblable qu'il ait servi une région plus vaste. Par contre, il est impossible d'affirmer si les gens qui y sont enterrés appartenaient à la même "secte religieuse". Tout ce que l'on peut dire c'est qu'ils semblent relever d'un groupe de personnes économiquement, culturellement et, selon Röhrer-Ertl et Rohrhirsch, génétiquement homogène.

• **N. Golb**. En période de guerre, les civils s'entassent de manière caractéristique dans les sites militaires fortifiés qui deviennent vite surpeuplés.

111. ***B. Bioul.*** *Le Père de Vaux a déterminé trois couches de destruction à Qumrân (31 av. J.-C. ; 9/8 av. J.-C. et 68 ap. J.-C.). La couche d'occupation la plus ancienne que l'on puisse dater est celle qui est antérieure à 31 av. J.-C. Mais comment sait-on jusqu'où il faut remonter pour dater l'arrivée des premiers occupants de Qumrân ?*

Le débat – Le site de Qumrân   189

• **H. Eshel**. J. Magness pense que toute la poterie publiée jusqu'à présent n'est pas antérieure à 100 av. notre ère. Au cours de mes fouilles récentes sur le site, nous avons trouvé une lampe à huile typique du IIe siècle avant notre ère. Si l'École biblique était assez aimable pour nous donner une description de toute la céramique que le Père de Vaux a trouvée, nous serions capables de répondre à cette question. Dans les circonstances actuelles, il est très difficile d'évaluer correctement le sujet.

• **Y. Hirschfeld**. La seule couche de destruction clairement datée à Qumrân est postérieure à 68 de notre ère. Toutes les autres ne peuvent être datées à cause des méthodes non-stratigraphiques du Père de Vaux. La fissure tectonique remonterait quelque part après 68, mais nous ne savons pas quand. La première occupation du site au cours de la période du Second Temple devrait être datée par les monnaies du règne de Jean Hyrcan (134-104 av. J.-C.).

• **K. Galor**. Sans m'engager trop, je dirais que la poterie indique clairement que l'occupation la plus ancienne date de l'âge du Fer II.

• **J.-B. Humbert**. Il faut douter des couches de destruction. La présence de cendres et de bois calciné ne suffit pas. Le bois se carbonise naturellement par combustion lente. Des photographies montrent que certaines épaisses couches de cendre sont le résultat d'une accumulation régulière et non d'une destruction violente. Il y a certainement quelques indices de destruction violente, par exemple dans la tour, des couches de terre crue éboulées qui contiennent des gobelets complets.

La chronologie du Père de Vaux est fausse. Dès 1994, j'ai proposé de la rectifier. J'ai affiné mes propositions depuis (*cf.* tableau chronologique p. 265). Le pivot de sa chronologie, le tremblement de terre de 31 BC, s'est dérobé comme on l'a dit plus haut. D'après les monnaies asmonéennes, il vaut mieux situer la construction de la résidence après 100, sous Alexandre Jannée. Les Esséniens (ou d'autres sectaires) se seraient installés en squatters dans les vestiges encore debout de la résidence ruinée, vers 40/30 BC.

• **M. Bélis**. J'adhère à la chronologie que J.-B. Humbert a établie sur des bases solides et convaincantes. Espérons qu'on l'accueillera sans… sectarisme.

112. B. Bioul. Le Père R. de Vaux a daté la première occupation du site (phase Ia) de 140 av. J.-C. environ. Pour certains archéologues actuels, cette période Ia n'existe pas, et la période Ib a pu débuter plus tard que ce que le Père de Vaux pensait. Pour eux, l'occupation de Qumrân n'a pas commencé avant 100 av. J.-C., voire 50 av. J.-C. (nous parlons de l'occupation du site qui correspond aux vestiges actuellement visibles, pas de celle de l'âge du Fer, entre le VIIIe et le VIIe siècle av. J.-C.). Pourquoi ?

• **H. Eshel**. Le Père de Vaux a publié dans son rapport préliminaire toute la céramique qui provenait des couches de destruction. Pour répondre à votre question, il faudrait que les rebords qui ont été mis au jour dans les tranchées de fondation et non pas dans les couches de destruction soient disponibles. Lorsque cette publication sera accessible, nous serons à même de savoir quand le site a été fondé.

• **P. Donceel-Voûte**. La chronologie de l'occupation la plus ancienne se fonde sur la céramique de l'âge du Fer, abondante et assez bien connue par le Père de Vaux grâce aux autres fouilles qu'il a menées, mais rien n'en a été publié (nous n'avons que des tessons). Cette occupation est plus complexe que ce que le savant dominicain en a dit ; dans une série de *loci*, ses tout derniers sondages (1956) ont mis au jour des équipements dont il n'est question nulle part dans les publications (même dans le *locus* 30, le fameux *scriptorium* !). Bien des *loci* présentent d'ailleurs des phases d'occupation et d'aménagement plus nombreuses que celles entre lesquelles le Père de Vaux répartit sa chronologie.

• **K. Galor**. Il est clair qu'il faut réajuster la chronologie du site. Le manque de stratigraphie dans les fouilles du Père de Vaux peut avoir été conditionné par les contraintes sévères de l'époque auxquelles il a dû faire face. Il fallait que le site soit fouillé rapidement, ce qui veut dire que le Père de Vaux n'était pas forcément "en retard" par rapport aux méthodes de fouilles de l'époque employées ailleurs (pensez par exemple aux fouilles de Yadin à Masada). Le troisième volume du rapport final présentera aux archéologues de nouvelles données valables qui pourront être utilisées pour réévaluer la chronologie de l'établissement. Les archéologues qui travaillent sur ce volume introduiront plusieurs méthodes nouvelles destinées à reconstituer artificiellement la stratigraphie du site.

• **Y. Hirschfeld**. Dans son dernier ouvrage, J. Magness date la période I de Qumrân des environs de 100 avant notre ère. Elle affirme que les monnaies séleucides trouvées sur le site ont été en réalité utilisées après la période séleucide. Elle ne prend pas en compte la possibilité qu'elle ait simplement tort, et que ces monnaies représentent leur propre période comme nous sommes accoutumés de le penser sur d'autres sites. La céramique n'est pas d'un grand secours car actuellement, les progrès de la recherche ne nous permettent pas de distinguer clairement entre les tessons asmonéens de la seconde moitié du IIe siècle et la première moitié du Ier siècle. Comme je l'ai déjà mentionné, il y a plusieurs raisons de croire que Qumrân a été fondé à l'époque de Jean Hyrcan I (134-104 av. notre ère).

113. B. Bioul. Ce qui est étonnant, c'est que le Père R. de Vaux avait lui-même admis que la céramique de la période Ia (vers 140–130 av. J.-C.) était identique à celle de la période Ib (130–31 av. J.-C.). N'y a-t-il pas ici un indice qui montre qu'il voulait à tout prix faire coïncider l'histoire du site de Qumrân avec celle de la communauté décrite dans les manuscrits ?

• **J.-B. Humbert**. Oui, de Vaux voulait concilier l'histoire reçue, à tout prix. La céramique est identique parce qu'elle date dans sa majorité de 0 à 68 ap. J.-C. (*AD*). C'est le temps de la plus intense activité essénienne.

• **K. Galor**. C'est juste un exemple parmi beaucoup d'autres qui doit nous faire comprendre combien la tendance du Père de Vaux à identifier les auteurs des manuscrits avec les habitants du site était biaisée et partiale.

• **Y. Hirschfeld**. C'est vrai. Il faut dire que la répartition établie par le Père de Vaux entre "Ia" et "Ib" est absolument artificielle et ne repose sur aucune preuve stratigraphique. Ses connaissances de la céramique, du moins celle de cette période, étaient très limitées.

• **P. Donceel-Voûte**. Je serai plus nuancée. Après discussion avec mon mari, la phase Ia du Père de Vaux est mal définie et lui a paru souvent ne pas s'imposer. Toutefois, et paradoxalement, par élimination et en remontant dans le temps, certaines structures devraient remonter à cette phase, surtout tout au nord du site comme, par exemple, le four de céramique sous la citerne 48. Le Père de Vaux n'a pas été très explicite sur ce point.

• **É. Puech**. On attend la publication de tout le matériel pour se faire une idée de tout ce que de Vaux a trouvé, mais il est évident qu'on ne peut dater une céramique à 10, 20 ou 50 ans près ou plus, dans la plupart des cas. La céramique est de loin moins précise que la paléographie des manuscrits. Et cela ne nous donnera jamais la date de la première occupation du site.

*114. **B. Bioul**. E.-M. Laperrousaz, dans l'ouvrage collectif qu'il a dirigé,* Qoumrân et les manuscrits de la mer Morte, un cinquantenaire, *éd. du Cerf, Paris 1997, s'écarte sur plus d'un point des explications de R. de Vaux, notamment sur la datation haute de la première installation. Il tient pour un réel exil de la communauté à Damas dans les années 67-63 av. J.-C., suite à l'attaque du site par le Prêtre Impie (un asmonéen). Quels sont les indices matériels qui lui permettent d'être aussi précis ?*

• **Y. Hirschfeld**. Aucun.

• **K. Galor**. Je me le demande aussi.

• **J.-B. Humbert**. Son argumentation est surexploitée.

• **N. Golb**. Il ne s'agit que d'une pure spéculation basée sur son désir ardent de protéger l'hypothèse essénienne de Qumrân.

• **É. Puech**. Laperrousaz a toujours tenu à prouver par l'archéologie de Qumrân l'hypothèse des débuts de la communauté essénienne avancée par son maître A. Dupont-Sommer. De Vaux avait l'avantage d'avoir mené la fouille de A à Z et de connaître le terrain mieux que personne, contrairement à Laperrousaz qui n'a passé que deux semaines sur le terrain.

*115. **B. Bioul**. Lorsqu'on regarde un plan du site, on remarque d'emblée une structure carrée au centre. Les archéologues ne sont pas d'accord pour dire s'il s'agit ou non du premier élément construit à Qumrân. Y. Hirschfeld affirme qu'il y a eu au moins deux phases différentes de construction parce qu'il a vu une crevasse (non mentionnée par de Vaux) entre l'angle nord-est du bâtiment principal et l'aile septentrionale (sur le plan de R. de Vaux). Pour d'autres, comme H. Eshel, il existait deux constructions différentes : à l'ouest, un centre administratif ; à l'est, le bâtiment carré, centre communautaire. Comment trancher ?*

• **Y. Hirschfeld.** Ce que j'ai trouvé n'est pas une crevasse mais une fissure architecturale. Maintenant, une fissure architecturale indique quelquefois une étape différente dans la construction, mais pas toujours ; parfois, ce n'est que la trace d'une technique différente utilisée dans un bâtiment construit par les mêmes personnes. Dans ce cas précis, il semble que l'aile nord soit une addition plus tardive au bâtiment carré ancien. Il apparaît qu'au moment même où cet ajout se fait, les quartiers industriels ouest et l'aile industrielle sud-est (avec le four à poterie) ont aussi été construits. Le fait le plus frappant dans ces quartiers occidentaux est l'existence de différents ateliers et installations. Cela ne ressemble en rien à un centre administratif.

• **J.-B. Humbert.** Je suis surpris de vos constantes références à Eshel et Hirschfeld sans me citer. C'est Milik qui le premier a avancé la théorie d'un bâtiment carré au centre du lotissement (*Dix ans de découvertes dans le désert de Judée*). De Vaux n'a jamais repris cette idée, l'appelant seulement "le bâtiment central". J'ai isolé le carré de son contexte, ce que Milik n'avait pas fait. Il n'y avait vu que le noyau de l'ensemble. Il fallait l'isoler aussi dans le temps et le concevoir comme antérieur aux ajouts esséniens.

• **K. Galor.** Y. Hirschfeld et J.-B. Humbert ont raison ; ils ont tous deux fait des observations similaires sur les étapes séquentielles du bâtiment en raisonnant comme des architectes ou des archéologues. Il est plus logique de penser que les premiers constructeurs ont suivi des règles de symétrie, et qu'à une époque plus tardive, le caractère topographique de la terrasse a déterminé le processus d'expansion du complexe.

116. **B. Bioul.** *Le Père de Vaux a également relevé les traces d'un tremblement de terre important – qu'il date de 31 av. J.-C. – qui endommagea fortement l'établissement et provoqua son abandon pour un laps de temps relativement long. Or aujourd'hui, Y. Hirschfeld (pardon J.-B. Humbert), vous remettez en question cette datation. Pour vous, la fameuse fissure le long de la partie orientale du complexe est postérieure à 68 de notre ère. Qu'en est-il ?*

• **Y. Hirschfeld.** La crevasse devrait remonter quelque part après l'abandon total du site, c'est-à-dire après 100 de notre ère (selon J. Taylor, la "période III" a continué jusque vers 100) ; peut-être s'est-elle produite au cours du tremblement de terre de 363 ou celui de 749. Magen et Peleg ont trouvé deux autres brèches à Qumrân qui courent dans la même direction (nord-sud). L'une d'elles était remplie de terre et d'objets de la "période III" ! Voilà une preuve stratigraphique pour une datation tardive du tremblement de terre de Qumrân.

• **J.-B. Humbert.** J'ai repéré à l'ouest du khirbeh, une ligne en zigzag, parallèle à celle repérée par de Vaux, et sur le tracé de laquelle les murs n'ont jamais été reconstruits. Le séisme a donc toutes les chances d'être postérieur à 68. Heureusement le consensus s'établit aujourd'hui pour renoncer au tremblement de terre qui aurait interrompu l'occupation. Il faut au contraire tenir pour une occupation continue de 40/30 BC à 68 AD, au moins (voir tableau chronologique).

• **H. Eshel.** Je pense que nous ne discutons pas de la bonne question. Il n'est pas nécessaire de chercher à savoir si la fissure dans le *miqveh* du *locus* 48 a été faite en 31 avant ou en 68 de notre ère. La question devrait être : de quand devrions-nous dater les 1 000 pièces de céramique du *locus* 68 ?, et si J. Magness a raison de les dater de 31 avant notre ère, alors il est raisonnable de penser que c'est ce tremblement de terre qui a détruit Qumrân.

• **K. Galor.** En ce qui concerne les traces d'un tremblement de terre, je voudrais citer mon collègue Aryeh Shimron, un géologue qui travaille dans la région. Le défaut dans les *loci* 48/49 (et celui du *locus* 50 que seul le Père de Vaux semble avoir identifié) pourrait être dû à un effondrement gravitationnel de la terrasse marneuse très instable de Qumrân. L'interprétation dudit défaut sur la partie nord, en face du *locus* 49, qui montre un penchant vers l'ouest doit être erronée. Pour qu'il s'agisse d'un défaut comme on peut le voir sur l'escalier fracturé, l'inclinaison devrait se faire vers l'est.

117. **B. Bioul.** *Selon la thèse la plus courante, c'est le même groupe qui occupa Qumrân avant et après le tremblement de terre. Comment explique-t-on le laps de temps considérable qui, selon R. de Vaux, dura de 31 à 4 av. J.-C., période au cours de laquelle le site demeura inoccupé. Si effectivement c'est le même groupe qui occupa le site, pourquoi avoir attendu si longtemps pour y revenir ?*

• **Y. Hirschfeld.** Parce que la théorie du "hiatus de 30 ans" du Père de Vaux n'est plus valide désormais.

• **K. Galor**. D'autant plus qu'il n'y a aucune trace archéologique qui le démontre.

• **H. Eshel**. C'est exact. Lorsque le Père de Vaux décida qu'il y avait un hiatus entre 31 et 4 avant notre ère, c'était avant que nous ne découvrions que les monnaies d'Hérode sont très rares dans tous les sites occupés à cette époque en Judée. Aujourd'hui, il est évident que Qumrân s'intègre très bien aux autres établissements occupés au cours de la période hérodienne. Par conséquent, la plupart des spécialistes, dont moi-même, croit que ce hiatus n'existe pas. J. Magness a montré, en se basant sur les trésors, qu'il n'y a aucune raison d'accepter la théorie du hiatus du Père de Vaux.

*118. **B. Bioul**. De nouvelles datations par luminescence optiquement stimulée ont été réalisées par Edward Rhodes, Aryeh Shimron et Richard Hoptroff pour déterminer les périodes d'occupation du site. Bien qu'elles ne concernent qu'un petit nombre de loci, les résultats obtenus s'échelonnent du VIe siècle av. J.-C. (locus 101) au XIIIe siècle de notre ère (période mamelouke) (locus 71). On a compris que la chronologie du Père de Vaux était à réviser. Il semblerait maintenant qu'il faille carrément l'abandonner. Qu'en pensez-vous ?*

• **K. Galor**. Je crois que Rhodes, Shimron et Hoptroff devraient procéder à plus de datations avant d'arriver à des conclusions finales par rapport à la chronologie du site. Seuls trois échantillons ont été utilisés pour cette datation OSL, et le choix des lieux n'était pas des plus judicieux. Cependant, il reste que la chronologie du Père de Vaux doit certainement être drastiquement révisée.

• **N. Golb**. Je suis entièrement d'accord, naturellement, mais il faudrait que cela soit fait par au moins deux équipes différentes, indépendantes l'une de l'autre, et qui n'ont pas de compte à rendre ni à l'École biblique ni aux Antiquités israéliennes.

• **Y. Hirschfeld**. Pour ma part, je ne crois pas que les recherches de Shimron soient dignes de foi.

• **J.-B. Humbert**. Les calculs des trois luminescents sont fautifs. La vérité ne vient pas toujours des chiffres.

• **P. Donceel-Voûte**. Je ne connais pas ces travaux et ne peux donc en discuter les résultats. Jusqu'à plus ample inventaire et dans la mesure où rien de décisif ne semblait la remettre en cause, en tout cas à l'échelle du site dans son ensemble, mon mari et moi avons provisoirement adopté la chronologie du Père de Vaux comme une hypothèse pour nos propres travaux. Une fourchette (à confirmer) allant du VIe s. avant au XIVe siècle après J.-C. ne contredit d'ailleurs pas fondamentalement la chronologie du savant dominicain qui connaissait les monnaies arabes découvertes sur le site (mais parlait de visiteurs occasionnels). On peut d'ailleurs lui reprocher d'avoir fait peu de cas de ce qu'il considérait comme "arabe", "bédouin" et de manière générale "récent".

• **H. Eshel**. La seule façon de publier le matériel du Père de Vaux est d'accepter sa datation. Toute tentative de réécrire l'histoire du site en publiant son matériel provoquera davantage de confusion. C'est la raison pour laquelle nous devrions convaincre J.-B. Humbert de publier les idées de R. de Vaux : plus tard, lui et d'autres chercheurs, pourront faire connaître leurs propres idées s'ils le souhaitent.

L'interprétation de certains *loci*

*119. B. Bioul. L'un des traits particuliers de Qumrân est l'existence de ce qui semble être des bains rituels (*miqva'ot*) et des citernes. Qu'est-ce qui distingue un* miqveh *(bain rituel) d'une citerne ?*

• **Y. Hirschfeld**. Un *miqveh* est une installation hydraulique munie d'un escalier. Le contexte est important : les bains rituels ont dû apparaître dans les sites de Judée au cours de la période du Second Temple. En outre, il devait aussi y avoir des dispositifs garantissant l'intimité puisque descendre dans un *miqveh* était une activité privée.

• **H. Eshel**. Pour être plus précis, j'ajouterai que dans un *miqveh*, toute la largeur est occupée par un escalier, alors que dans une citerne, on souhaite le plus grand volume d'eau possible avec la plus petite entrée possible de manière à ne pas perdre trop d'eau lors de l'évaporation. À Qumrân, seule la citerne ronde dans la partie occidentale du site, est une citerne ; toutes les autres sont des *miqva'ot*, des bains rituels.

• **K. Galor**. Le point de vue le plus courant est qu'à l'époque hellénistique et au début de la période romaine, un *miqveh* était habituellement équipé d'un escalier large alors que ce n'est pas le cas d'une citerne. D'un point de vue "halakhique", chaque installation enduite de Qumrân peut avoir servi de bain rituel à immersion. Il est inutile de dire que chaque installation enduite du site, celles avec escalier et celles qui en sont dépourvues, peuvent aussi avoir servi de piscine de stockage pour l'eau potable. Mon opinion est qu'il n'est pas approprié de faire une distinction typologique aussi nette entre les *miqva'ot* et les citernes, en particulier au cours de la période hellénistique de Qumrân.

120. B. Bioul. Les pluies sont très rares dans la région de Qumrân ; l'eau y est donc très précieuse. Pourtant, il n'existe que deux citernes (aux capacités très inférieures à la moyenne) et trois ou quatre miqva'ot. *Pourquoi avoir fait autant de bains rituels dont l'eau devait, je suppose, être fréquemment renouvelée dans un site aussi aride ? Il y a là une contradiction que je ne m'explique pas. À moins que le climat d'alors ait été davantage pluvieux, mais dans ce cas, il n'est plus question d'un site en plein désert.*

• **H. Eshel**. Je crois que les habitants de Qumrân buvaient surtout l'eau d'Aïn Feshkha ; bien qu'elle ne soit pas la meilleure des eaux, elle reste néanmoins potable. L'eau de pluie, qui était captée par l'aqueduc, était utilisée à des fins rituelles et non pour la consommation. Comme Qumrân ne se trouve qu'à 1/2 heure de marche d'Aïn Feshkha, ce n'était pas un site isolé au milieu du désert.

• **Y. Hirschfeld**. Attention, il n'y a pas deux mais trois grands réservoirs (*loci* 110, 91 et 58) à Qumrân, d'une capacité totale de 900 m^3 environ, et six ou sept *miqva'ot*, certains de grande taille, d'autres plus petits, qui, ensemble, contiennent près de 300 m^3. Nous ne devons pas oublier que le problème des gens qui vivent dans le désert c'est la sécheresse, toujours. Ils ont besoin de se prémunir contre d'éventuels hivers sans pluie. À Masada, les énormes citernes sur le flanc occidental n'étaient rien moins qu'une garantie. Pour les habitants de Qumrân, Aïn Feshkha était leur garantie. C'est pourquoi trois réservoirs pour stoker de l'eau potable étaient suffisants.

• **K. Galor**. J'ai moi aussi identifié plus de quatre piscines sur le site qui présentent les larges escaliers caractéristiques des *miqva'ot*. Mais je suis d'accord avec vous, Bruno, pour dire que la capacité de stockage des installations sans escaliers est minimale. La seule explication plausible, à mon avis, en particulier si on accepte que le site était occupé par plus de 10 personnes, c'est que la séparation fonctionnelle entre les citernes d'eau potable et les bains rituels n'était pas aussi nette que les spécialistes le supposent. Cette explication repose sur la littérature contemporaine concernant les lois de pureté rituelle. Il faut aussi garder à l'esprit que, selon l'étude écologique de Röhrer-Ertl et Rhohrhirsch, les nappes aquifères étaient remplies toute l'année.

• **N. Golb**. Dire qu'il y a trois ou quatre *miqva'ot* est, pour moi, une affirmation injustifiée. Comme je l'ai expliqué dans mon livre (pp. 20-22), les réservoirs et les citernes pouvaient contenir assez d'eau pour alimenter des forces composées de 700 hommes environ soumis à un siège durant la saison sèche.

121. **B. Bioul**. *Aryeh Shimron relève, d'après l'analyse chimique des enduits des citernes-bains rituels, que plusieurs* loci *contiennent une forte concentration de sels et de sulfates. Cela suggère que ces points d'eau n'étaient pas des citernes ou des bains rituels, du moins au cours de la dernière phase de leur histoire. Pouvez-vous nous dire ce qu'il en est ?*

• **H. Eshel**. Je ne suis pas très au courant des travaux de A. Shimron ; par conséquent je n'ai pas à commenter ses résultats.

• **Y. Hirschfeld**. Le travail de Shimron doit être pris en considération de façon limitée. Nous ne devons pas oublier que Qumrân est resté exposé aux éléments et aux forces naturelles pendant 20 siècles.

• **K. Galor**. C'est vrai ! En outre, la plupart des enduits ont été retouchés au cours des travaux répétés de conservation. Il est difficile de faire la différence entre l'enduit original et l'enduit moderne, et dès lors, il faut rester particulièrement prudent avec les résultats que nous donnent les spécialistes des sciences naturelles.

• **J.-B. Humbert**. De toute façon, si Shimron a raison, les occupants ignoraient complètement que l'eau avait un pouvoir toxique.

*122. **B. Bioul**. À propos du réfectoire (*locus *77), comment explique-t-on son emplacement par rapport aux cuisines (*loci *41 et 38) situées de l'autre côté de la cour intérieure ? les plats devaient être froids lorsqu'ils arrivaient au réfectoire !*

• **Y. Hirschfeld**. Pas nécessairement. À cette époque, il y avait beaucoup d'esclaves qui pouvaient porter la nourriture. Je ne suis pas certain que transporter des plats chauds sur 30 m devait les refroidir.

• **É. Puech**. La distance entre les cuisines et la salle à manger est, somme toute, réduite et ne fait aucune difficulté. Construire une salle aussi grande ne pouvait se faire qu'en dehors de la structure précédente qui n'est autre que le tracé du fortin du Fer II. Et cette salle ne pouvait que se situer au sud, le côté le plus protégé pour la pureté et la sainteté du lieu.

• **H. Eshel**. Dans les restaurants actuels, la cuisine n'est pas juste à côté des tables. Cela ne devait pas leur prendre plus de deux minutes pour atteindre la salle à manger.

• **J.-B. Humbert**. Selon moi, ce n'est pas un réfectoire.

• **M. Bélis**. De même que le *scriptorium* n'en est pas un, le *locus* 77 n'est pas un "réfectoire". Le Père de Vaux a voulu que tous les manuscrits proviennent de Qumrân, et les peaux de Feshkha (une tannerie). Les deux encriers l'ont encouragé dans ce sens, de même que la "table" et le "banc", qui n'ont cependant jamais pu servir à des scribes, lesquels auraient fait s'effondrer le dispositif.

*123. **B. Bioul**. Justement, le *locus 30 *a été interprété comme un *scriptorium* situé à l'étage par R. de Vaux. Pourquoi ?*

• **H. Eshel**. Précisément parce qu'il y a trouvé des "tables" et trois encriers.

• **É. Puech**. La théorie d'un *scriptorium* en cet endroit est beaucoup plus vraisemblable que celle d'un *triclinium* comme les Donceel l'ont avancé. Ces "tables" ne peuvent servir de bancs et encore ce ne serait que pour des acrobates (voir son croquis qui prête à sourire). Il faut tout de même expliquer les encriers en ce lieu et ces "supports" dont la largeur correspond à la hauteur des plus grands rouleaux retrouvés. Copier un rouleau à partir d'un autre suppose une installation minimale, qu'on le veuille ou non, ce ne peut être fait sur ses genoux, ni accroupi. Faut-il attendre le Moyen-Âge pour être inventif et trouver une solution pratique pour copier de longs rouleaux de manuscrits, qui ne sont pas de simples feuilles de codex ou de livre ? Il est permis d'en douter même si on n'a pas retrouvé de dessin ou de griffonage sur une pierre nous donnant la solution.

• **J.-B. Humbert.** En réalité, le *locus* 30 a reçu l'appellation de "*scriptorium*" parce que l'on ne sait pas comment interpréter une installation sans parallèle, parce qu'il y avait deux encriers et que l'on croyait dur comme fer que les manuscrits avaient été écrits à Qumrân.

• **Y. Hirschfeld.** Bien sûr, cette interprétation n'était qu'un vœu pieux. Les éléments de stuc qu'on y a trouvés ne sont pas des tables, et deux encriers ne suffisent pas à déterminer l'existence d'un *scriptorium*.

• **N. Golb.** Le Père de Vaux avait absolument besoin de trouver un *scriptorium* pour soutenir sa théorie.

• **K. Galor.** Le *scriptorium* devait couronner l'image d'un centre communautaire monastique d'un joyau particulier : quoi de plus beau que plusieurs morceaux de brique recouverts de stuc conduisant à l'idée de tables ou de bancs ?

*124. **B. Bioul**. Existait-il vraiment deux étages à cet endroit ?*

• **Y. Hirschfeld.** Oui. Cela a été démontré par la quantité de débris et l'existence d'une cage d'escaliers à proximité, dans le *locus* 4.

• **J.-B. Humbert.** En tout cas, la qualité de la résidence pouvait le permettre. Il y a en effet des escaliers qui permettaient de grimper à un étage. Mais à cette époque et surtout dans la région, l'étage n'était qu'une terrasse pour dormir la nuit. Les Esséniens ont pu rafistoler un étage couvert (quelques chambres) lors de leur installation et de leur réfection du bâtiment.

125. Hanan Eshel, vous affirmez que trouver trois ou quatre encriers sur un site de la taille de Qumrân est une découverte unique. Pourquoi ? Y. Hirschfeld dit au contraire que cela n'a rien d'exceptionnel.

• **H. Eshel.** Parce que nous n'avons pas d'autres bâtiments en Judée dans lesquels on a retrouvé trois ou quatre encriers.

• **Y. Hirschfeld.** Je ne suis pas d'accord. Par comparaison, dans la "maison brûlée" à Jérusalem, Avigad a trouvé deux encriers semblables à ceux de Qumrân. La superficie de cette maison fait 160 m^2 alors que Qumrân fait 4 800 m^2 ! Les trois encriers retrouvés à Qumrân ne sont pas très nombreux, et le quatrième a été vendu par des marchands qui ont probablement utilisé le nom de Qumrân comme "marque de fabrique".

• **K. Galor.** J'ajouterai qu'environ 10% de la population de Judée était lettrée à l'époque romaine. Le gens utilisaient donc des encriers pour écrire sur des *papyri*, et ces encriers ont été retrouvés dans beaucoup d'autres sites contemporains.

• **J.-B. Humbert.** Oui, cela n'est vraiment pas exceptionnel, surtout si l'on accepte que Qumrân était un centre religieux pour les Esséniens de la région. Il fallait aussi un peu d'administration. Rien n'empêche que l'on ait écrit des livres à Qumrân. L'un n'exclut pas l'autre.

*126. **B. Bioul**. Oui, mais comme nous l'avons dit plus haut, N. Golb dénombre pas moins de 500 mains différentes dans l'écriture des manuscrits. Ce nombre impressionnant de scribes semble tout de même aller à l'encontre de la théorie du scriptorium et de ses 3 (ou 4) encriers.*

• **Y. Hirschfeld.** Exactement. Les 500 mains différentes et le grand nombre de rouleaux (au moins 850) qui ont été mis au jour et qui étaient beaucoup plus nombreux montrent que tout cela faisait partie d'une grande bibliothèque publique. Ces bibliothèques publiques sont une invention de la période hellénistique et, pour autant que nous le sachions, se trouvaient dans de grandes villes comme Alexandrie, Pergame, Athènes, Rome, Antioche etc. La plupart des spécialistes s'accordent à dire que Qumrân n'était pas une ville. Jérusalem est un bien meilleur candidat pour abriter une bibliothèque publique. Dans une des habitations de la ville du Ier siècle de notre ère, on a trouvé deux encriers dont l'utilisation était sans doute similaire à ceux trouvés à Qumrân, c'est-à-dire employés pour des opérations comptables.

• **H. Eshel.** Je ne suis pas d'accord. Nous n'avons pas identifié au moins

500 mains différentes. La plupart des rouleaux sont rédigés dans une écriture formelle où il est très difficile de distinguer entre une main et une autre. Mais lorsqu'on a sous les yeux une écriture libre ou cursive, on peut voir que c'est le même scribe qui a écrit la *Règle de la Communauté* et corrigé le rouleau complet d'Isaïe, le 4Q*sam^c* et le 4Q *Test*. De toute manière, quatre encriers trouvés à Qumrân, c'est beaucoup plus que ce qui a jamais été mis au jour dans la ville haute de Jérusalem à la même époque.

• **É. Puech**. Le décompte des mains des scribes est un faux problème car la main d'un scribe évolue au cours de sa vie et personne n'a jamais soutenu que tous les manuscrits retrouvés avaient été copiés sur place. Sans lumière, l'hypothèse d'opérations comptables dans cette salle (*locus* 30) manque de preuves. Aucun compte n'a été retrouvé par les fouilleurs dans les grottes.

• **P. Donceel-Voûte**. Les manuscrits doivent être étudiés en eux-mêmes (supports, encre, paléographie) ; l'archéologie, c'est-à-dire le mobilier qui les accompagne, ne donnera qu'une date *ante quem* pour leur confection. Quant aux encriers, ils n'ont pas tous été trouvés ensemble, ni en connexion avec les "bancs". Il y en a aussi à 'Aïn Feshkha.

• **M. Bélis**. Ce décompte des mains constitue encore une bonne raison pour exclure que tout gravite autour d'un *scriptorium* à Qumrân.

*127. **B. Bioul**. Qu'en est-il des tables trouvées dans le locus 30. S'agit-il de tables utilisées pour rédiger les manuscrits ? de tables pour préparer les manuscrits ? de triclinia ? de bancs ?*

• **H. Eshel**. Comme l'a bien montré R. Reich dans un article de *JJS*, les tables du *locus* 30 n'ont pas pu avoir été utilisées comme des bancs car elles sont trop étroites et trop fragiles.

• **J.-B. Humbert**. Le repas sur des bancs si étroits étaient réservés aux acrobates. Les *triclinia* ne sont jamais à l'étage.

• **Y. Hirschfeld**. Je pense que les "éléments stuqués", comme le Père de Vaux les appelait au début, étaient des banquettes. Au cours de ma dernière saison à Horvat 'Elaq (Ramat Hanadiv), un établissement d'époque romaine occupé par des juifs, nous avons mis au jour des banquettes similaires de 0,6 m de haut, avec un côté soigneusement concave et une partie arrière plus grossière. La ressemblance avec les éléments stuqués du *locus* 30 de Qumrân est frappante. Cependant, je dois admettre que j'ignore quelle fonction avaient ces banquettes : 0,6 m, c'est un peu trop élevé pour s'asseoir. Peut-être s'agissait-il d'un présentoir pour la nourriture ?

• **K. Galor**. J'ai un avis semblable sur ce sujet. Il est très improbable que ces structures du *locus* 30 aient été utilisées comme des tables pour écrire. Les scribes n'ont commencé à écrire sur des tables qu'au Moyen Age. Les bancs dans les *triclinia* étaient habituellement plus bas que ceux découverts à Qumrân. Par contre, ces éléments ont pu servir de comptoirs ; on en trouve beaucoup de ce type dans de nombreuses cuisines et échoppes romaines ; d'habitude, ils sont en ciment recouvert de stuc.

128. B. Bioul. Pourquoi ces fameuses tables ne peuvent-elles pas être des tables pour copistes ?

• **Y. Hirschfeld**. Tout simplement parce que jusqu'au IIIe-IVe siècle, les copistes avaient l'habitude de s'asseoir sur le sol ou sur des nattes.

• **J.-B. Humbert**. Essayez donc d'écrire là-dessus ! On ne saurait où mettre ses jambes. Mais pourquoi pas.

• **M. Bélis**. Le tout est très étroit. Seuls des ascètes décharnés auraient pu y tenir, et encore, les genoux se heurtant à la prétendue table ; ils avaient donc (si l'on veut aller jusqu'au bout) le bras démesurément long et une colonne vertébrale d'athlète pour écrire si loin…

• **É. Puech**. Il est certainement acrobatique de copier correctement un manuscrit à partir d'un autre étant assis à même le sol. Ce n'est pas copier une lettre ou une tablette, et une solution pratique dut être trouvée ! Rien ne dit que le scribe copiait confortablement assis sur un banc devant des "tables" de ce type. On peut imaginer le copiste à moitié assis sur ses talons, disposant peut-être même d'un coussin sous les genoux pour de longues stations de travail. Bien d'autres ouvriers dans d'autres métiers travaillent ainsi agenouillés. La courbure de ces "supports" sur un des côtés tout comme la hauteur présumée de ces "tables" se prêtent à une telle utilisation. Évidemment il faut les imaginer à l'étage avec une importante source de lumière diurne, probablement du côté est, l'installation s'est effondrée ensuite sur le sol avec le maximum de traces de brûlé contre le mur oriental de la pièce inférieure, sans doute sous la poussée de l'écroulement du mur occidental de l'étage en briques retrouvées au-dessus de ces débris de "tables".

129. **B. Bioul**. *Pauline Donceel-Voûte, vous soutenez que, d'après les notes du Père de Vaux que vous avez consultées, les encriers trouvés dans le* scriptorium *se trouvaient en réalité sous une couche de cendres et de gravats qui les séparait des fameux vestiges de tables de scribes situées à l'étage. Les encriers n'étaient donc pas dans la même pièce que les tables où les manuscrits étaient rédigés. Est-ce exact ?*

• **P. Donceel-Voûte**. Cette opinion repose sur une étude *longue et minutieuse* de tous les éléments d'information existant, sans a priori de départ car en fait, nous acceptions comme tout le monde l'hypothèse du *scriptorium* ! Nous avons tenté de remettre en place dans la stratigraphie tous les objets que l'inventaire dit provenir de ces *loci*. Il s'agit ici de *faits* derrière lesquels, même à Qumrân, les "opinions" devraient s'effacer.

• **N. Golb**. Le raisonnement de Pauline sur ce point est irréprochable.

• **Y. Hirschfeld**. Je suis aussi d'accord avec elle. Ce fait démontre que les encriers étaient utilisés pour des opérations comptables et administratives. Comme c'était l'habitude, cela se faisait au rez-de-chaussée, alors que le premier étage était réservé au repas et au repos (du propriétaire, pas des esclaves).

• **K. Galor**. Cela montre bien aussi, de façon claire, que les soi-disant tables et les encriers n'étaient pas en relation.

• **J.-B. Humbert**. À vrai dire, on ne saurait dire où Pauline a lu une telle chose. La position stratigraphique des objets n'est pas claire du tout. L'enregistrement des encriers 436 et 473 est daté du 18/03/53, et aucune note n'a été trouvée pour cette journée de fouille. Le lendemain 19, on commence à dégager les éléments plâtrés et c'est seulement à ce moment-là que de Vaux prend quatre lignes de notes, les premières pour ce *locus*. Les encriers étaient donc au-dessus des éléments plâtrés.

• É. Puech. En attendant d'avoir en main les notes de de Vaux à ce sujet, rien ne s'oppose à ce que les encriers aient été en rapport avec les éléments plâtrés. Des objets aussi petits ont très bien pu rouler et tomber de l'étage dès que le plancher s'est fissuré et avant que s'effondrent les grandes tables, les poutres ayant cédé. En revanche, situer régulièrement des opérations comptables dans le sous-sol du *locus* 30 sans nulle fenêtre paraît fort hasardeux.

130. B. Bioul. Restons dans le même secteur, c'est-à-dire dans la partie septentrionale du complexe, près de la tour. Comment peut-on interpréter les loci 2, 4 et 1 ? On a dit qu'il formaient une bibliothèque où on étudiait les manuscrits. D'autre part, là aussi il existait un étage. S'agit-il d'une habitation ?

• J.-B. Humbert. Une habitation dites-vous ? Je ne connais pas de parallèle ! On ne peut guère dire plus.

• P. Donceel-Voûte. Il s'agit d'un groupe de *loci* dont l'étude est à reprendre entièrement. Robert l'a étudié à fond en se fondant sur tous les documents disponibles (y compris quelques coupes) et considère que les phases d'occupation sont plus nombreuses que ne le laisse entendre de Vaux. À deux endroits, des escaliers ont été repérés par les fouilleurs, dans les espaces au nord-ouest du *pseudo-scriptorium* (et donnant accès à l'étage du *locus* 30) et près de la citerne ronde ; ces derniers existaient encore lors de la première visite de Robert sur le site en 1961, puis se sont écroulés. Deux coupes (nord-sud et est-ouest) ont été faites en 1990 à travers l'ensemble du site par Michel Le Paige (UCL). Elles devraient être complétées vers le haut en restituant par endroits des structures disparues.

• Y. Hirschfeld. Le *locus* 4 ressemble à un magasin. Il y a 4 "bancs" bas, de 20 cm de haut sur chaque mur. Il ne s'agit pas vraiment de bancs mais plutôt d'étagères pour mettre de la vaisselle. Le *locus* 4 est ouvert sur l'entrée principale du bâtiment carré. Les pièces 2 et 1 pourraient être des pièces de rangement, à l'arrière du magasin.

• K. Galor. Y. Hirschfeld a récemment souligné la ressemblance entre la bibliothèque de Masada et beaucoup de bibliothèques contemporaines mises au jour un peu partout dans le monde hellénistico-romain. L'aspect d'une bibliothèque du Ier siècle n'est donc plus un mystère pour nous, et il est certain qu'à Qumrân, rien ne correspond au modèle type de bibliothèque.

• **É. Puech**. Que les salles 4, 2 et 1 soient la "bibliothèque - stockage" des rouleaux, ce ne peut être impossible au moins pour les salles reculées (*loci* 1 et 2), mais la salle aux banquettes ressemble plus à une salle de réunion qu'à une salle de lecture, avec une seule source de lumière venant de la porte donnant sur un espace à ciel ouvert assez réduit.

• **H. Eshel**. Néanmoins, les *loci* 2, 4 et 1 sont très différents des chambres à casemates de Masada : ils ne ressemblent pas à des habitations et n'ont pas d'installations culinaires. Seule une lampe à huile y a été retrouvée.

• **N. Golb**. Cette interprétation n'est rien moins qu'une tentative de défendre la théorie traditionnelle.

Le matériel archéologique

*131. **B. Bioul**. Avant d'aborder ce sujet, je voudrais que l'on dise quelques mots sur les fouilles elles-mêmes. On a soutenu que les travaux archéologiques entrepris par G. Lankester Harding et Roland de Vaux n'avaient pas été menés avec toute la rigueur scientifique souhaitée ; les deux éminents chercheurs n'auraient, entre autres, pas tenu compte de la stratigraphie du site, c'est-à-dire qu'ils ne modifiaient pas la numérotation des strates au sein d'un même* locus, *même lorsqu'ils passaient d'une couche à l'autre, mais seulement quand la couche de destruction était suffisamment épaisse. Qu'en est-il ?*

• **J.-B. Humbert**. J'ai déjà dit que de Vaux a fouillé en 1950 comme on fouillait à cette époque-là, du moins comme on fouillait les sites d'habitat tardif comme Qumrân. On faisait de la stratigraphie fine pour les sites du Bronze et du Fer. Mais il a fouillé avec rigueur. Il a travaillé vite : le site a été complètement dégagé en 4 campagnes. On fouillait pièce par pièce en essayant d'y repérer des sols superposés s'il y en avait.

De Vaux était assez bon stratigraphe. Il fouillait en même temps le site de Tell el-Far'ah, fouille stratigraphique complexe s'il en est, qui sur quatre mètres d'épaisseur témoignait d'une occupation continue du Néolithique au Romain. C'est, à mon avis, la méthode stratigraphique qui a perdu de Vaux pour l'établissement de ses trois "Périodes". Il a cherché la succession des couches comme il l'avait trouvée sur d'autres sites comme Far'ah mais sans la trouver vraiment. Et pour cause car il n'avait pas compris que l'évolution du site s'était faite non pas vraiment en épaisseur mais dans l'espace, du centre (le carré) vers la périphérie. La stratigraphie des "Périodes" I et II est totalement artificielle.

• **M. Bélis**. Ne réécrivons pas l'histoire des fouilles, si tenté qu'on soit de le faire. On ne refera pas la fouille avec nos reproches, de toute façon. Il est exact que dans l'urgence et devant l'énormité des tâches à mener, de Vaux et Harding ont fait aussi bien que possible. La stratigraphie en finesse n'a pas été faite, on ne distingue qu'entre niveaux supérieur, moyen, inférieur, ou "fond de locus" ou "surface". Mais on lit fréquemment "le *locus* (tant) devient [plus bas] le *locus* (tant + tant)".

• **H. Eshel**. R. de Vaux a fouillé exactement comme Yadin l'a fait à Masada dans les années 60. Aujourd'hui, nous avons l'habitude de changer les numéros des *loci* lorsqu'on détecte un changement de sol. Ce n'était pas le cas à l'époque. Le Père de Vaux a travaillé de façon aussi précise que n'importe quel autre archéologue l'aurait fait à cette époque.

• **K. Galor**. Oui, mais comme l'a souligné J.-B. Humbert, à l'instar de Yadin, L. Harding et R. de Vaux étaient guidés par un script pré-existant. Tout ce qu'ils avaient à faire, c'était de disposer leurs découvertes dans un modèle historique. Un travail stratigraphique n'aurait fait que retarder et compliquer le processus de fouille.

*132. **B. Bioul**. Quel type de matériel a-t-on découvert à Qumrân ?*

• **Y. Hirschfeld**. À Qumrân, nous avons ce que l'on peut appeler "l'effet Pompéi" ; le site a été détruit soudainement et violemment avec, comme résultat, une quantité très remarquable de petits objets piégés sous les débris. Qumrân est un site particulièrement riche : on y trouve de nombreuses monnaies (1 231), de la céramique, du verre, de la vaisselle en pierre, des objets en métal, du matériel organique et bien d'autres choses.

• **K. Galor**. Et tout ce matériel archéologique s'intègre parfaitement dans le tableau général de la région de la mer Morte.

• **J.-B. Humbert**. On y trouve en effet tout ce que l'on met habituellement au jour sur les sites de cette période. Ajoutons un répertoire de vases qui paraissent bien spécifiques à Qumrân, au moins par leur répétition. Il faut les associer à la pleine période essénienne du site qui servait de centre religieux, probablement.

*133. **B. Bioul**. Aucun manuscrit n'a été mis au jour dans les ruines de Qumrân, à l'exception de quelques ostraca. Que nous apprennent-ils sur la nature du lieu et des personnes qui l'occupaient. Est-il vrai que leur écriture est identique à celle de certains manuscrits ?*

• **É. Puech**. Le conseil académique de l'Ecole sous la direction du RP Vesco m'avait chargé, il y a une quinzaine d'années, de l'étude et de la publication des *ostraca* et des inscriptions trouvés sur le site. Mais J.-B. Humbert en ayant de sa seule autorité décidé autrement, on attend la parution du matériel pour en dire plus. Toutefois, pour avoir alors parcouru l'ensemble du matériel, je sais que l'étude paléographique s'accorde pleinement avec celle des manuscrits.

• **J.-B. Humbert**. Nous avons catalogué 75 documents épigraphiques issus du site et des grottes, qui ne sont pas sur parchemin. La plupart ne sont que de courts graffiti. Leur étude est sous presse. Je ne suis pas épigraphiste mais ils semblent appartenir à la paléographie de l'époque et de la région.

• **H. Eshel**. Bien que 40 *ostraca* environ aient été retrouvés par le Père de Vaux, et plus d'une douzaine par Y. Magen, seuls trois d'entre eux ont été publiés scientifiquement jusqu'à présent. À l'exception du petit *ostracon* publié par J. Strange, les deux autres sont bien reliés aux manuscrits. Celui publié par R. de Vaux contient un alphabet divisé en deux qui éclaire les psaumes 9 et 10 (voir les articles de H. Eshel et J. Strugnell dans *CBQ* et *BR*). L'autre, trouvé par J. Strange et publié par E. Eshel et F.M. Cross a déjà été l'objet d'une discussion plus haut.

• **K. Galor**. D'après les paléographes, il existe un style employé dans les manuscrits qui est identique à celui de certains *ostraca*. On peut donc en conclure de façon certaine qu'il y a un recouvrement chronologique entre les manuscrits et le site. Je ne pense pas qu'il y ait des chercheurs qui doutent de ce fait.

• **Y. Hirschfeld**. Pour moi, ces *ostraca* nous disent que Qumrân était un établissement juif, c'est tout. Les formes des lettres sont semblables à celles de certains manuscrits, mais ce n'est pas une surprise.

• **N. Golb**. Dire que l'écriture des *ostraca* est identique à celle de certains manuscrits est un non-sens lié, comme toujours, au but affiché d'essayer d'entériner la théorie traditionnelle.

134. B. Bioul. Les chercheurs ne sont pas d'accord sur les types de céramiques trouvés à Qumrân. Pour certains (Eshel, Magness par exemple), il n'y a que de la céramique locale faite sur place et très peu de céramiques fines. Pour des archéologues comme R. Donceel ou Y. Hirschfeld, la céramique de luxe est abondante. Qui croire ?

• **N. Golb.** Les deux derniers qui, je pense, ont obtenu l'appui de la majorité des archéologues professionnels qui travaillent vraiment sur la céramique de la Judée.

• **H. Eshel.** Il y a très peu de tessons de grande qualité retrouvés à Qumrân, ce qui est un phénomène assez unique. En plus, deux sortes de céramiques typiques de Qumrân se retrouvent rarement à l'extérieur du site : des jarres cylindriques et un type unique de lampe à huile faite au tour. Une fois encore, ce n'est que lorsque nous aurons la publication finale des fouilles du Père de Vaux que nous serons capables de discuter pleinement de ce sujet.

• **K. Galor.** Je pense que nous avons assez de preuves pour dire que certaines céramiques ont été faites sur place – les fours à poterie et les analyses par activation neutronique paraissent soutenir cela. Cependant, nous avons aussi des types locaux qui existent dans beaucoup d'autres sites de la région, et même de la céramique importée. L'existence de cette céramique en particulier indique une certaine forme d'activité commerciale ou, du moins, des contacts avec des cultures étrangères.

• **J.-B. Humbert.** Des analyses viennent de livrer leurs résultats. Une partie seulement de la céramique pourrait avoir été fabriquée à Qumrân même. Le reste vient, comme on s'y attendait, de la région. La céramique est plutôt de fabrication grossière. Vraiment peu de poterie soignée : les desservants n'en avaient pas besoin.

• **Y. Hirschfeld.** En attendant, les Donceel ont travaillé sur *tout* le matériel de Qumrân pendant trois ans. J. Magness admet qu'elle n'a vu que le matériel du Rockefeller. Nous devons croire les Donceel. De toute façon, la quantité d'articles de luxe importés est faible (5 à 10 % en tout), mais c'est une situation normale. Même sur des sites comme Ramat Hanadiv qui sont très proches du port de Césarée, la quantité de matériel de luxe n'est que de 5 à 10 %. Magen et Peleg ont présenté quelques superbes *terra sigilatta* et articles peints qu'ils avaient trouvés à Qumrân.

*135. **B. Bioul**. La découverte, dans le* locus *120, d'un trésor de 561 pièces d'argent (des tétradrachmes de Tyr) dont les plus récentes remontent à 9/8 av. J.-C., et celle de monnaies trouvées en assez grand nombre dans d'autres* loci *(en tout 1 200 pièces aujourd'hui presque toutes disparues) collent mal avec l'idéal de pauvreté qui, selon les auteurs anciens, caractérisait les Esséniens. Quelle est votre opinion ?*

• **M. Bélis**. Attention, dire que "presque toutes" les monnaies ont disparu est excessif. Voyez le décompte fait par Léonard, *The Qumran Chronicle*, qui s'est occupé entre autres de savoir quel est le compte des monnaies disponibles.

• **J.-B. Humbert**. Quoi qu'il en soit, l'Essénien qui n'a pas un sou en poche tient de l'image d'Épinal !

• **Y. Hirschfeld**. Je suis d'accord.

• **K. Galor**. Moi aussi. Le matériel numismatique ne permet pas de soutenir l'idéal de pauvreté suggéré par certains. Mais vous soulignez également dans votre question un problème supplémentaire : une partie du matériel mis au jour est perdu, et il est difficile de tirer des conclusions statistiques basées sur un petit nombre d'exemplaires.

• **H. Eshel**. Je m'inscris complètement en faux avec ce que vous venez de dire. Comme l'a bien souligné le professeur David Flusser dans un article important paru dans le *Museum Journal*, le groupe de Qumrân était riche. Au cours de la famine de 63 avant notre ère, beaucoup de gens ont rejoint le groupe pour survivre à la disette. Les membres étaient sans doute pauvres parce qu'ils donnaient tous leurs biens à la communauté. On peut comparer cela à d'autres exemples, en particulier dans le christianisme où les ordres monastiques étaient riches alors que les moines, pris individuellement, étaient pauvres.

• **É. Puech**. La mise en commun des biens ne signifie pas pauvreté du groupe. Les responsables donnaient à leur confrères quand ils en avaient besoin.

136. Que peut-on dire des ensevelissements d'ossements retrouvés, entre autres, dans le locus *130 ?*

• **H. Eshel**. À Qumrân, des céramiques avec des ossements ont été retrouvées sous les sols. Je crois qu'il s'agissait d'observer des lois de pureté puisque les membres de la secte croyaient que les ossements animaux étaient impurs à moins que l'animal ait été abattu. Je pense qu'après avoir pris leur repas, ils rassemblaient les ossements et les brûlaient dans une marmite de manière à ce qu'on ne pense pas qu'il s'agissait d'ossements d'un animal qui était mort naturellement.

• **J.-B. Humbert**. Josèphe raconte que les Esséniens font des sacrifices entre eux. Donc pourquoi pas à Qumrân que l'on pourrait voir alors comme un centre cultuel ? Là allait ma préférence jusqu'au moment où j'ai préféré, sur la suggestion de É. Nodet, d'y voir les restes, enfouis de façon répétée, de la célébration de la Pâque juive.

• **É. Puech**. Il n'y a jamais eu de centre sacrificiel à Qumrân, ni d'autel ainsi qu'Humbert l'a prétendu. Interpréter des ossements comme des restes de la célébration de la pâque fait difficulté puisqu'on y a repéré aussi des ossements de bovidés, ce qui va contre les prescriptions de la loi mosaïque. En outre depuis longtemps déjà l'agneau pascal doit être immolé au Temple et la pâque être mangée sur place. On en attend encore une explication plausible.

• **P. Donceel-Voûte**. Je pense que la conservation d'os ayant servi aux repas (selon R. de Vaux) pourrait s'expliquer par les nécessités d'une production artisanale ou industrielle locale. À d'autres moments de l'histoire, et dans d'autres pays, les os ont été conservés et acheminés vers des lieux de traitement pour produire de la gélatine. Dans le cas de khirbet Qumrân, cela reste évidemment hypothétique. Dès qu'on parle de procédés "industriels" antiques, on manque de comparaisons réellement instructives et de textes. Les "grands" textes bibliques et littéraires ne touchent à ces sujets que fortuitement, en passant. L'intérêt des archives, lettres et traités médicino-pharmaceutiques est, par contre, majeur pour l'archéologie et l'histoire.

*137. **B. Bioul**. Le matériel de Qumrân est dispersé dans différentes institutions (Rockefeller Museum à Jérusalem, l'Ecole Biblique, l'Université catholique de Louvain), voire perdu. Quel est votre sentiment sur cette situation ?*

• **H. Eshel**. C'est vraiment triste.

• **P. Donceel-Voûte**. Et votre liste est loin d'être exhaustive. À côté du "Rockefeller" et de l'EBAF, il faut évidemment mentionner le musée d'Amman, notamment pour une partie des monnaies en argent, la Carnegie Institution de Washington pour d'autres, et une institution religieuse de Jérusalem-est qui ne veut pas être citée, pour la plupart des monnaies en bronze qui ont été retrouvées (c'est-à-dire environ 3/7e du total des monnaies mises au jour sur le site). Il est certain que des institutions israéliennes de connivence avec la direction du "Rockefeller" ont pu s'y servir en matériel du site. Nous avons identifié de manière certaine (y compris avec les numéros d'inventaire) le musée de Haifa et le kibboutz Almog. Il est très probable que les monnaies perdues ont suivi le même cheminement. À l'étranger, il faut mentionner l'Institut catholique de Paris (céramique), mais non l'Université catholique de Louvain qui ne possède que des tessons ramassés sur le terrain au cours des années 1987-1990. Par contre l'UCL détient de loin la documentation la plus complète sur les fouilles (notamment celles qui ont suivi la mission franco-jordanienne : fouilles d'Allegro, de Dajjani, de Steckoll), grâce à des doubles et des copies faites dans diverses institutions de Jérusalem, d'Amman et d'Israël, mais aussi en Grande-Bretagne (*Palestinian Exploration Fund*, archives Allegro) et en France ; grâce surtout à la nouvelle couverture photographique et graphique de l'ensemble du matériel (verres, pierres, graffiti, monnaies, lampes ...) réalisée sur place avec, notamment, l'aide du photographe Garo Nalbandian.

• **M. Bélis**. La répartition des objets dans différents musées ou institutions s'est faite parce que l'histoire politique et les guerres menées dans la région ont tracé et déplacé les frontières, entre autres choses, et qu'il a bien fallu, plus d'une fois, mettre le matériel à l'abri des tirs et des vicissitudes de la guerre. Voyez le sort qui a été fait au musée de Bagdad, il y a peu.

Et puis, si vous voulez penser aux dispersions, videz donc le British Museum des marbres Elgin (et de sa collection égyptologique), le Louvre de sa Venus de Milo et de sa Victoire aptère, etc. etc.

Qumrân n'a pas l'exclusivité des objets perdus. Pensez surtout à tout ce que l'on a réussi à sauver malgré tout.

• **K. Galor**. Je pense qu'il devrait y avoir un moyen de remettre le matériel dans les mains de l'équipe de l'École biblique pour différentes raisons :

1. C'est l'École biblique qui a conduit les fouilles dans les années 50 ; 2. La raison pour laquelle le retard s'est accumulé dans la collecte des données est due à la situation politique ; 3. Ce n'est pas une question de savoir qui est, intellectuellement, qualifié pour travailler sur le matériel ; il y a suffisamment de chercheurs talentueux et brillants pour le faire. Mais la publication doit être dirigée et supervisée par une seule personne et une seule institution.

• **J.-B. Humbert.** De Vaux, qui était administrateur temporaire du Musée Rockefeller au temps des fouilles de Qumrân, a officiellement déposé toute la documentation recueillie dans les réserves du musée, pour des raisons de commodité et de conservation. En dépit de la répétition dans la grande et petite presse, qu'une partie du produit des fouilles est "cachée" à l'École biblique, cette dernière est heureuse d'avoir l'occasion de réaffirmer qu'elle n'a jamais possédé une seule épingle de Qumrân. Les Antiquités de Jordanie ont le plus légitimement du monde affecté une partie de la documentation au Musée archéologique d'Amman. Elle y est encore, avec notamment le *Rouleau de cuivre*, restauré récemment en France à mon entière initiative.

• **Y. Hirschfeld.** Je ne trouve pas cette situation vraiment scandaleuse. La plupart du matériel se trouve dans le musée Rockefeller (ancien Musée des Antiquités Palestiniennes *NDLR*) et à l'École biblique, entre les mains de Jean-Baptiste Humbert. La distance entre les deux bâtiments est inférieure à un mile (moins de 1,8 km). Le matériel conservé à Louvain est entre de bonnes mains également, aussi je n'y vois pas de problème sérieux.

138. B. Bioul. Que doit-on faire pour sortir de cette impasse ?

• **Y. Hirschfeld.** Comme je viens de le dire, une somme de 100 000 dollars et un comité de publication sont nécessaires. Il serait peut-être mieux aussi d'avoir de bons éditeurs pour la publication du matériel à Jérusalem.

• **M. Bélis.** De quelle impasse parlez-vous ? Il y a bien quelque chose comme un malentendu entre ceux qui triment et ceux qui leur reprochent de se tourner les pouces. L'avenir dira si les gens sérieux ont fait ou non ce qu'ils sont censés ne pas vouloir faire, et si ceux qui parlaient à tort et à travers n'ont pas perdu une occasion de se taire.

• **J.-B. Humbert**. Il faut surtout éviter de dire n'importe quoi et laisser l'équipe pressentie travailler courageusement.

• **K. Galor**. Oui, il faut aider le Père Humbert et l'accepter comme directeur.

• **H. Eshel**. Je pense que Jean-Baptiste Humbert devrait être pressenti pour publier les trouvailles du Père de Vaux et ne pas réinterpréter le site.

Le cimetière

*139. **B. Bioul**. L'une des différences entre Qumrân et d'autres sites similaires est l'existence d'un vaste cimetière. Est-ce exact ?*

• **H. Eshel**. Oui.

• **Y. Hirschfeld**. Pas du tout. D'abord, nous avons Khirbet Qazone dans la presqu'île de la mer Morte qui possède un cimetière semblable. Ensuite, nous devrions nous rappeler que le cimetière de Qumrân est bien conservé mais que d'autres sites en Israël, remontant à la même époque, ont des cimetières similaires bien qu'ils n'aient pas encore été découverts. La mise au jour heureuse de B. Sissn de 47 tombes de type Qumrân au sud de Jérusalem n'est, je pense, que la partie émergée de l'iceberg.

• **K. Galor**. Je suis d'accord avec Y. Hirschfeld. Khirbet Qazone est un site contemporain de Qumrân et aux dimensions similaires, situé sur la rive orientale de la mer Morte. Son cimetière est très semblable à celui de Qumrân. D'autres peuvent encore être mis au jour sous les couches de remblais.

• **J.-B. Humbert**. En réalité, il y a de nombreux et vastes cimetières pour toutes les époques autour de la mer Morte. L'abandon de l'occupation de la région pendant presque deux millénaires les a préservés.

*140. **B. Bioul**. Comment est-on sûr que le cimetière est bien en relation avec le site de Qumrân ? Les archéologues parlent de vestiges d'un long mur qui sépare distinctement la partie principale du complexe (c'est-à-dire la tour, les différentes pièces adjacentes et la zone industrielle) de la zone orientale du* *plateau. Ils le considèrent comme un point de démarcation pour empêcher tout contact avec les morts et les tombes, suivant les préceptes de pureté cités dans le livre des* Nombres *(XIX, 11-16, 18). N. Golb, lui, le considère comme un rempart ou du moins une ligne de défense. Avez-vous un avis là-dessus ?*

• **N. Golb**. Je considère en effet le long mur comme un rempart mais qui fonctionnait selon les préceptes édictés dans les passages cités du livre des *Nombres*.

• **H. Eshel**. De la céramique identique à celle retrouvée sur le site a été mise au jour dans quelques tombes du cimetière. Celui-ci est si proche de l'établissement que toute tentative de les séparer est vouée à l'échec. Les suggestions de N. Golb selon laquelle les Romains ont enterré leurs ennemis en ligne droite, à 1,80 m de profondeur, avec du matériel à côté d'eux, est absurde. Si vous voulez avoir une meilleure compréhension du cimetière, voyez mon article dans *DSD*.

• **Y. Hirschfeld**. Le mur dont vous parlez était surtout une barrière qui protégeait les établissements de Qumrân et d'Aïn Feshkha. Il court sur trois kilomètres depuis la partie méridionale de Qumrân jusqu'à Aïn Feshkha (on peut encore le suivre aujourd'hui). Ce mur fait 70 cm d'épaisseur environ ce qui signifie qu'il s'agissait d'une barrière guère plus haute que deux ou trois mètres ; ce n'est absolument pas une construction à des fins militaires. Quant au cimetière, il n'est pas éloigné de plus de 25 m environ comme l'exige la loi juive.

• **K. Galor**. J'ai moi aussi quelques difficultés à admettre l'explication de N. Golb. J'ai plutôt tendance à accepter l'explication de ceux qui disent qu'il s'agit d'une barrière entre les vivants et les morts, mais je n'exclus pas le fait que des personnes étrangères au site y aient été enterrées aussi.

• **J.-B. Humbert**. Le mur n'est constitué que d'une seule rangée de grosses pierres. Il ne dépassait pas le mètre cinquante de hauteur ; il pouvait être enjambé sans difficulté. Il aurait été une défense ridicule. Je suis assez favorable pour une séparation d'avec le cimetière. Mais j'ai aussi émis l'opinion, qui me convient mieux, d'un mur symbolique qui fait de Qumrân relié à Feshkha, un ensemble "urbain". En effet, le jour du sabbat, le nombre de pas est limité en dehors des remparts. En revanche, on pouvait circuler librement *intra muros*. Il suffisait de faire un soi-disant rempart depuis le site jusqu'à Feshkha. Les juifs de Jérusalem et des autres villes aujourd'hui ne font pas autrement : il y a un rempart symbolique qui englobe toute l'agglomération (sous forme d'un fil tendu de poteau en poteau). Le mur existe entre Qumrân et Feshkha, sur 3,5 km. Il a été repéré par tronçons jusqu'à Feshkha où il joint le grand enclos. Mieux encore, on trouve ces longs murs jusqu'ici non expliqués sur d'autres sites : Aïn Ghuweir juste au sud de Qumrân, et surtout à ez-Zara en face de Qumrân, sur plus de deux kilomètres, qui montre avec bonheur le même appareil qu'à Qumrân, si original.

• **M. Bélis.** Je donne raison une fois encore à J.-B. Humbert. Le long mur en soi prouve la relation entre Qumrân et Aïn Feshkha. La relation n'est pas seulement matérielle, parce que le mur en question est tout sauf un rempart, en raison de sa faible capacité de dissuasion. Il constitue sans doute un *eruv*, une jonction pour le shabbat. En le suivant, il devient possible d'outrepasser le nombre de pas autorisé. Le mur relie et sépare aussi les deux sites. Qumrân est à l'ouest, et Feshkha à l'est, côté rivage.

• **É. Puech.** Le mur qui prolonge le site jusqu'au bord de la falaise ne peut être un mur de défense ou rempart, un pur non-sens, mais il devait séparer la zone d'habitat des vivants du cimetière, la distance convient parfaitement pour éviter une impureté. En faire un mur reliant 'Aïn Feshkha pour inclure Qumrân à l'intérieur du périmètre réservé pour le sabbat est plus que difficile. Le mur est obligatoirement interrompu par le ouadi d'une part et, d'autre part, il séparerait les deux sites au lieu de les réunir : Qumrân à l'ouest du mur et 'Aïn Feshkha à l'est, et il n'y a pas de voie de passage à la falaise de Qumrân. En outre on attendrait un autre mur à l'ouest du site à moins que le canal en ait fait office et un autre au nord. Or ce n'est pas le cas. Et les grottes habitées peu éloignées à quelques minutes de marche au nord et que relient des sentiers où furent trouvées des monnaies contemporaines seraient hors du périmètre. Hypothèse à abandonner aussi vite que formulée.

• **P. Donceel-Voûte.** La datation du cimetière continue de poser certains problèmes, et du coup sa relation avec le site est elle aussi problématique. Le mur est du khirbet ne peut être un mur de défense, si ce n'est contre des pillards ; je crois qu'il s'agit plutôt d'une protection contre les troupeaux et les dégâts qu'ils pouvaient occasionner. Comme vous le savez, des tombes "qumraniennes" ont été retrouvées par centaines dans des régions bien plus méridionales, au sud de la mer Morte.

*141. **B. Bioul**. Z. Kapera, et il n'est pas le seul, estime que le cimetière est beaucoup trop proche du site pour lui être relié. Cette proximité va à l'encontre des préceptes de purification que j'évoquais tout à l'heure. Qu'en pensez-vous ?*

• **K. Galor**. Je ne suis pas d'accord pour dire que la proximité d'un espace respectant les préceptes de purification ne peut pas se situer près d'un lieu n'ayant pas ces qualités. Même dans des lieux saints comme le Temple de Jérusalem, on trouve des zones pures à proximité immédiate de zones impures. Comme Joan Branham l'a montré avec ses recherches, la présence de constructions séparant le sacré du profane ainsi que le pur de l'impur, ne doivent pas être jugées en fonction de leur taille ou de leur efficacité fonctionnelle. Leur présence est surtout symbolique.

• **Y. Hirschfeld**. De toute façon, la proximité du cimetière indique qu'il s'agit de celui de Qumrân, et la distance qui le sépare du site est conforme à la loi juive.

• **M. Bélis**. Des mesures ont été prises pour définir si la distance prescrite entre les tombes les plus proches et les bâtiments suffisait à empêcher l'impureté. Les avis sont partagés et je ne suis pas qualifiée pour trancher. Cependant, si les Esséniens sont très scrupuleux, le site n'a pas toujours été essénien.

• **J.-B. Humbert**. Sur cette question, je dirais qu'il faut faire attention de ne pas interpréter Qumrân, qui est pré-talmudique, à partir de prescriptions talmudiques.

• **N. Golb**. Comme je l'ai souligné dans mon livre, les tombes semblent avoir été toutes creusées en une seule fois, après une bataille. Si les Romains ont ordonné à des Juifs de les creuser, ces derniers ont obtempéré sans tenir compte des lois juives.

*142. **B. Bioul**. R. de Vaux a trouvé dans une des rares tombes fouillées, un enterrement secondaire. Les os avaient été exposés avant d'être enterrés. Cela signifie-t-il que des personnes extérieures au site ont pu aussi être ensevelies dans le cimetière ?*

• **N. Golb**. C'est possible.

• **K. Galor.** C'est même une possibilité certaine. Nous savons que durant la période du Second Temple, et plus tard encore, les Juifs déplaçaient leurs ossements dans des emplacements secondaires, c'est-à-dire d'un endroit à un autre.

• **P. Donceel-Voûte.** C'est en tout cas ce que pensait le Père de Vaux. Un cercueil en bois de cyprès (analyse de Jacques Heim, Louvain-la-Neuve) peut (et devrait) venir d'ailleurs.

• **Y. Hirschfeld.** Cela signifie également que le cimetière de Qumrân était un centre pour les inhumations d'autres établissements.

• **H. Eshel.** Cet enterrement secondaire que vous évoquez démontre simplement que les gens voulaient se faire enterrer à Qumrân, et demandaient à l'être après avoir été inhumés ailleurs. Cela correspond au cercueil de zinc récemment découvert. Toutes ces importations ont quelque chose à voir avec le site et ceux qui y vivaient.

• **É. Puech.** Qu'il y ait eu quelques inhumations secondaires, c'est un fait et elles sont très rares dans ces sondages (tombes 11 et 24), car on ne peut y inclure les tombes bédouines en périphérie. En revanche, il n'a jamais été trouvé de cercueil en zinc, c'est un faux.

143. **B. Bioul.** *Le cimetière comprendrait près de 1 100 tombes. D'après les spécialistes, ces enterrements sont, pour leur très grande majorité, des enterrements simples ce qui diffère sensiblement de la pratique juive de la période du Second Temple d'enterrer les morts par famille. Que pensez-vous de cette idée ?*

• **K. Galor.** La majorité des tombes de la période du Second Temple étaient des structures extrêmement simples. Cependant, ce sont les grandes tombes familiales, bien construites et au décor raffiné qui sont fouillées. Les enterrements simples, habituels, le sont rarement, et tendent à être relégués dans les marges des rapports de fouille.

• **J.-B. Humbert.** C'est vrai, et il faut ajouter que dans les autres cimetières autour de la mer Morte et presque toujours ailleurs, en Palestine au moins, les sépultures familiales sont plutôt des exceptions.

• **Y. Hirschfeld**. Avec l'aide d'une équipe de prospection, j'ai compté le nombre de tombes que l'on peut distinguer sur le sol. Le total ne dépasse pas 821. Le décompte fait par H. Eshel comprend des tombes qui peuvent être souterraines (communication orale). On fait souvent une erreur en ce qui concerne les habitudes funéraires juives : les tombes creusées dans des grottes sont très courantes parce qu'elles sont bien conservées et qu'on peut les voir sans faire de fouilles. Dans sa thèse de doctorat, Z. Weiss a montré que les tombes les plus courantes étaient celles qui avaient été creusées dans le sol, ce que l'on appelle en hébreu *kever hafur* (tombe creusée). C'était, et c'est encore, la coutume la plus répandue… Le problème concerne leur conservation. Dans ce sens, Qumrân et Khirbet Qazone sont exceptionnels.

• **H. Eshel**. La principale différence entre Qumrân d'une part, Jérusalem, Jéricho et En-Gedi d'autre part, c'est que dans ces derniers sites, il y a des tombes familiales avec beaucoup de matériel tandis qu'à Qumrân il n'y a que de simples inhumations presque sans aucun matériel. Cela me semble être une grande différence dans la manière de vivre entre Qumrân et les autres sites.

144. **B. Bioul**. *Robert Donceel a signalé l'existence d'éléments architectoniques de belle facture qui avaient été récupérés dans le cimetière pour étayer certaines tombes. Cela signifie-t-il que les habitants du site ont réutilisé des éléments d'un certain "luxe" appartenant au site ?*

• **H. Eshel**. Je ne sais vraiment pas.

• **Y. Hirschfeld**. Je n'en suis pas sûr non plus. Les *spolia* sont un phénomène bien connu. Les constructions en pierre peuvent avoir une longue histoire lorsqu'elles sont remployées.

• **K. Galor**. De plus, ces éléments architecturaux peuvent être trouvés dans différents endroits sur le site.

• **J.-B. Humbert**. En outre, ces éléments sont rares. Ils proviennent de la résidence qui a été démantelée et réparée (mal) par les Esséniens.

• **P. Donceel-Voûte**. Les "éléments de belle facture" sont simplement des fragments provenant de bâtiments (ce qui revient au même). Il y a aussi une lampe hérodienne dans le remblai d'une tombe, malheureusement non datable de manière précise. Il semblerait qu'on ait également récupéré des briques dans les *loci* orientaux du site pour les utiliser dans les tombes.

145. B. Bioul. *Qu'attend-on pour fouiller le cimetière ? Cela permettrait de répondre à un grand nombre de questions aujourd'hui sans réponse, notamment la proportion entre les hommes et les femmes.*

• **Y. Hirschfeld.** Je suis d'accord. Cela devrait être fait le plus tôt possible.

• **K. Galor.** Oui, mais il faut la permission des autorités religieuses en Israël, quelque chose qui n'arrivera jamais.

• **N. Golb.** En effet, la classe des juifs orthodoxes en Israël s'oppose de façon regrettable à la fouille des tombes anciennes parce qu'elle croit que les ossements ressusciteront aux jours du Messie.

• **H. Eshel.** D'après la loi israélienne, on ne peut pas fouiller un cimetière par simple curiosité, quand bien même il s'agit d'une curiosité scientifique. Si jamais Qumrân est donné un jour aux Palestiniens, alors de telles fouilles seront possibles.

• **P. Donceel-Voûte.** Je suis entièrement d'accord avec vous. Néanmoins, plusieurs tombes ont été ouvertes par des archéologues israéliens (en l'absence de témoins) pendant nos travaux sur place.

• **J.-B. Humbert.** Pour moi, il n'y a pas besoin de fouiller plus avant : les questions sont (presque) résolues.

Les grottes

146. B. Bioul. *Onze grottes ont été répertoriées. Pourtant, depuis 1951, plusieurs centaines d'autres ont été explorées. N'a-t-on retrouvé de rouleaux que dans ces onze grottes, ou y a-t-il eu d'autres découvertes de manuscrits qui n'ont pas été diffusées ?*

• **J.-B. Humbert.** Il n'y a pas de secret hors des magazines spécialisés en secrets !

• **Y. Hirschfeld**. Pour autant que je le sache, les manuscrits n'ont été retrouvés que dans 11 grottes.

• **H. Eshel**. C'est exact, mais il peut aussi y avoir d'autres manuscrits qui ont été retrouvés dans la grotte 11 et qui se trouvent encore chez des particuliers. Cependant, je ne crois pas que l'on ait découvert d'autres manuscrits dans une autre grotte sans qu'on l'ait annoncé.

• **M. Bélis**. Le volume II (sous presse) présente la liste exhaustive des grottes et reprend la description elle aussi exhaustive des sites et de ce qu'on y a trouvé. Aux 39 petites grottes explorées en 1952, et aux grottes à manuscrits, s'ajoutent 6 nouvelles grottes dont les archives font mention, mais qui n'ont pas livré de textes qui ne soient déjà connus.

147. B. Bioul. Les jarres contenant les manuscrits retrouvées dans les grottes sont-elles propres à Qumrân ou existe-t-il des exemplaires trouvés ailleurs ? Si ces parallèles existent, le lien "archéologique" entre les grottes et le site s'amenuise singulièrement.

• **Y. Hirschfeld**. De grandes jarres cylindriques du type de celles retrouvées à Qumrân ont été mises au jour à Jéricho, Masada, 'Aïn ez-Zara, Cyprus etc. De manière générale, la céramique de Qumrân est conforme aux habitudes et aux modes de la vallée de la mer Morte à la fin de la période du Second Temple. Les utiliser comme preuve d'une identification entre les manuscrits et le site est tout simplement une erreur.

• **H. Eshel**. Je suis d'un avis contraire car bien que semblables, les jarres retrouvées à Jéricho ne sont pas identiques à celles de Qumrân. Cette identité n'existe qu'entre les jarres du site de Qumrân et celles des grottes voisines.

• **J.-B. Humbert**. C'est vrai, il n'y a pas de parallèles exacts.

• **K. Galor**. Pourtant Rachel Bar-Nathan, qui a travaillé sur la céramique de Masada et de Jéricho, et qui étudie à l'heure actuelle celle de Qumrân mise au jour par Y. Peleg et Y. Magen, a identifié plusieurs exemples de jarres semblables trouvées dans la région.

*148. **B. Bioul**. Hanan Eshel, en 1995/96 et 2001, vous avez fouillé plusieurs grottes artificielles près de Qumrân. Elles ont été creusées dans les falaises de marne, plus tendre que le calcaire, et conviennent parfaitement, selon vous, à une installation confortable. Vous soutenez, avec Magen Broshi, que les habitants de Qumrân résidaient en réalité dans des grottes et des tentes autour du complexe principal, et suggérez que la zone communautaire, avec de nombreux bains rituels, était utilisée comme centre cultuel. En l'entourant de leurs tentes, les sectaires de Qumrân voulaient imiter les anciens Israélites qui entouraient le Tabernacle avec leurs tentes dans le désert du Sinaï. Qu'est-ce qui, selon vous, vous permet de soutenir cette hypothèse?*

• **H. Eshel**. Je crois que la plupart des membres de la secte vivaient effectivement dans des grottes de la falaise marneuse, et que durant l'hiver, ils ont pu se déplacer dans des tentes autour du complexe principal. Cependant, je ne caractériserais pas le bâtiment principal de centre cultuel : je l'appellerais plutôt "centre de la communauté". Je ne pense pas que les habitants de Qumrân ont essayé d'imiter l'ancien Israël. Je crois que la solution prise de vivre dans les grottes était la meilleure solution pour combattre le climat de Qumrân. De toute façon, lorsqu'un archéologue retrouve de la vaisselle, des jarres de stockage et des plats dans une même pièce, nous pouvons croire que l'endroit était utilisé comme habitation. Puisque nous retrouvons tout ce matériel dans les grottes marneuses, il me semble raisonnable de soutenir l'idée que ces grottes étaient utilisées comme habitations.

• **K. Galor**. Les manuscrits sectaires soutiennent très fort cette théorie ! Quant aux vestiges archéologiques, les témoignages sans équivoque nous font défaut.

• **Y. Hirschfeld**. Selon moi, rien ne permet de soutenir cette hypothèse. Le matériel retrouvé dans les grottes ne comprend que des objets portables qui indiquent une habitation saisonnière. Vivre dans une grotte n'est pas du tout confortable. Seuls les pauvres gens le faisaient s'ils n'avaient pas d'autre choix. Il n'y a aucune raison de croire que le site de Qumrân n'était pas une habitation.

• **J.-B. Humbert**. Je suis d'accord avec Y. Hirschfeld : il n'y a pas de trace de tente. Et croyez-vous réaliste de croire que des hommes auraient été assez fous pour vivre, génération après génération, sous des tentes pendant plus d'un siècle ? (deux siècles selon la chronologie longue !). J'ai essayé de dormir sous tente en été (8 mois de soleil écrasant) au bord de la mer Morte : à peine tenable sans héroïsme, de nuit comme de jour !

*149. **B. Bioul**. Dans la 8Q, on a découvert un* mezuzah*, c'est-à-dire un phylactère qu'on accrochait sur les montants des portes. Est-ce une preuve suffisante pour dire qu'elle était habitée ?*

• **K. Galor**. C'est certainement un indicateur. Il faut quand même dire que c'est un cas isolé.

• **Y. Hirschfeld**. Oui ! En outre, un *mezuzah* est un objet portatif qui pouvait aisément être déplacé d'un endroit à un autre.

• **H. Eshel**. À mon avis, le *mezuzah* retrouvé dans la grotte 8 prouve que cette grotte a été utilisée au cours de la période du Second Temple ; elle a peut-être été utilisée comme habitation, c'est probable, mais elle a pu aussi être utilisée comme atelier pour fabriquer des lanières destinées à fermer et à attacher les manuscrits.

• **J.-B. Humbert**. Et la porte ?

*150. **B. Bioul**. Plusieurs* tefillin *(phylactères portés sur le front et le bras gauche) ont été découverts dans les grottes près de Qumrân. Cependant, quatre proviennent d'une grotte non-identifiée. Cela peut-il signifier qu'il existe encore des grottes à manuscrits non répertoriées jusqu'ici ?*

• **M. Bélis**. Votre question est bizarrement formulée. Tout dépend de ce qu'on entend par grotte "non identifiée". Rappelez-vous que, par exemple, il existe 2 grottes DISTINCTES et sans communication entre elles qu'il a bien fallu appeler GROTTE 4Q, a et b, puisque les pilleurs avaient vendu ensemble les manuscrits trouvés dans chacune des deux, et qu'ils étaient bien incapables de se souvenir de laquelle chacun des textes provenait.

• **J.-B. Humbert**. Cela me paraît improbable.

• **N. Golb**. En fait, je pense qu'il peut y en avoir d'autres.

• **H. Eshel**. Yadin a publié un *tefillin* qu'il avait acheté sur le marché des antiquités. Il l'a appelé XQ*Phil* car il ignorait s'il avait été retrouvé dans la grotte 4 ou la grotte 11. Nous n'avons toujours pas de réponse à cette question, mais ce *tefillin* ne prouve pas qu'il y ait d'autres grottes à manuscrits.

Les perspectives

*151. **B. Bioul**. Va-t-on enfin voir le matériel archéologique totalement publié ?*

• **N. Golb**. Je l'espère, mais les historiens ne devraient pas essayer de prédire l'avenir.

• **H. Eshel**. Je le souhaite vraiment moi aussi. C'est à nous de presser l'École biblique et J.-B. Humbert pour faire en sorte que cela se fasse.

• **Y. Hirschfeld**. Je suis aussi optimiste. J.-B. Humbert est très déterminé et c'est un excellent chercheur. Les Donceel, quant à eux, ont déjà fait un excellent travail.

• **J.-B. Humbert**. Laissez les gens travailler : ils le font dans des conditions difficiles et ils mettent les bouchées doubles pour ne pas perdre de temps !

*152. **B. Bioul**. Y. Hirschfeld, en 1998, vous avez fouillé à En-Gedi, et mis au jour une vingtaine de cellules individuelles et deux piscines ainsi que trois bâtiments communautaires (dont une cuisine). Le site a été occupé par des juifs de façon permanente au cours de deux phases : du Ier au IIe s. ap. J.-C., et du IVe au VIe s. de notre ère. Selon vous, il pourrait bien s'agir d'un établissement (religieux ?) à caractère communautaire, celui que Pline situe "infra hos Engedi". Peut-on dire, comme l'a titré le* Jerusalem Post *du 4 février 1998, que les Esséniens ont une nouvelle adresse ?*

• **Y. Hirschfeld**. Je pense que le "site essénien" au-dessus d'En-Gedi est un bien meilleur candidat pour la localisation de la communauté essénienne décrite par Pline que n'importe quel autre site.

• **J.-B. Humbert**. Bravo Yizhar ! tu es sur la bonne voie.

• **É. Puech**. Cette identification ne convainc que l'intéressé. On ne voit pas des Esséniens vivre en compagnie des palmiers à cette hauteur, l'oasis étant occupée par une autre population. Et le rivage n'y est pas nauséabond en cet endroit ; enfin un des sens de *infra hos* n'est pas une preuve suffisante, alors que l'installation elle-même ne convient pas ainsi que d'autres l'ont fort bien montré.

• **H. Eshel**. Oui, J. Magness et D. Amit ont montré que les cellules au-dessus d'En-Gedi ont été utilisées pour le stockage de produits agricoles au cours de la saison des moissons, et non d'habitations. Il n'y a pas non plus de bâtiments communautaires. Seuls des pots de cuisine ont été retrouvés, mais pas de vases de stockage ou de plats. Les cellules ont été utilisées après la destruction du Temple, et ne sont pas en relation avec les Esséniens.

• **K. Galor**. Si l'on veut adopter le jargon professionnel de la presse, on peut assurément citer le *Jérusalem Post*. La publication scientifique originale établit un lien typologique entre les cellules trouvées à En-Gedi et les laures d'époque byzantine ancienne dans la région. D'un point de vue typologique, cette comparaison est certainement beaucoup plus convaincante et réussie que celle comparant le complexe de Qumrân avec le premier mouvement monastique dans le désert de Judée.

*153. **B. Bioul**. Vous l'avez tous dit, de nouvelles fouilles ont lieu à Qumrân (1993, 1996-2002) ; elles sont dirigées par Yzhak Magen et Yuval Peleg (Israel Antiquities Authority). Des dizaines d'objets datant de l'âge du Fer et de l'époque du Second temple ont été mis au jour (tessons, céramiques complètes, verres, vaisselle en pierre, monnaies, bijoux, ostraca, matières organiques). Des ateliers de potiers et des installations de traitement des dattes et du baume ont aussi été retrouvées. S'éloignerait-on de plus en plus de la théorie "essénienne" du site ?*

• **H. Eshel**. Non, et il n'y a rien parmi les objets découverts au cours de ces fouilles qui soient en contradiction avec la théorie essénienne.

• **É. Puech**. On attend avec impatience la publication de ces fouilles dont le volume limité ne demande pas des années d'efforts.

• **N. Golb**. Je pense exactement l'inverse d'H. Eshel, mais de toute façon, il vaut mieux parler de cela avec Yzhak Magen lui-même qui m'a dit, voici deux ans, qu'il adhérait à mon interprétation concernant les origines des manuscrits.

• **J.-B. Humbert**. Vous exagérez considérablement la quantité de documentation nouvelle, Bruno. Elle est normale pour une fouille à caractère limité. Selon ce que j'ai vu, cette nouvelle documentation ne fait que répéter celle déjà connue. Elle conforte donc l'interprétation que nous en avons faite. Et voilà du réconfortant enfin.

• **M. Bélis**. Qu'on ait pratiqué des activités agricoles et du petit artisanat n'a rien de neuf. Voyez l'évolution du site, telle que la restitue J.-B. Humbert, et sa chronologie, qui sort (enfin) du cadre que de Vaux avait imaginé.

• **Y. Hirschfeld**. Je suis du même avis que N. Golb. Le Père de Vaux a intentionnellement dissimulé tout ce qui allait à l'encontre de sa théorie. Les fouilles de Y. Magen et Y. Peleg ont démontré la véritable nature du site et l'identité de son propriétaire : un riche Juif qui était probablement un membre de l'élite locale. J'espère vraiment qu'ils publieront leur matériel le plus tôt possible.

154. ***B. Bioul***. *Pour conclure, quelles sont les perspectives de recherche aujourd'hui ?*

• **Y. Hirschfeld**. La publication de la plus grande partie des manuscrits est achevée. L'archéologie de Qumrân est toujours dans un état difficile. Le Père de Vaux a fait une sélection du matériel retrouvé sur le site dans sa publication ; peut-être de façon non-intentionnelle, il n'a publié que les objets qui sont simples et répétitifs et que l'on peut qualifier d'"ascétiques". Beaucoup d'autres articles comme des fragments architecturaux, des objets en bronze et de la vaisselle fine, devraient être publiés aussi vite que possible. On peut avoir une meilleure idée de la richesse du site grâce aux deux catalogues publiés par Sussmann et Peled en 1993 et par Roitmann en 1997.

• **K. Galor**. Les archéologues ont commencé à placer le site de Qumrân dans un contexte régional. Lorsque le Père de Vaux fouillait le site dans les années 50, il pouvait toujours soutenir qu'il était relativement isolé. Avec tous les vestiges récemment mis au jour dans la région et le nombre croissant des rapports et des recherches archéologiques dans la zone de la mer Morte, il est difficile aujourd'hui de conserver le "consensus de Vaux".

• **N. Golb**. Si les volumes des "*Discoveries in The Judean Wilderness*" publiés depuis 1993 sont d'une quelconque indication, l'état de la recherche sur Qumrân aujourd'hui n'est pas d'un très haut niveau. Beaucoup d'éditions de textes sont faites de façon amatrice ou semi-professionnelle, tandis qu'un nombre équivalent voire supérieur de traductions sont pauvres ou de qualité moyenne. Les volumes foisonnent également d'affirmations dogmatiques et non-prouvées concernant la paléographie des textes, la datation des originaux, la composition et l'origine des manuscrits, issues pour la plupart des idées de l'équipe originale. Beaucoup d'éditeurs ont tiré avantage de leur nouveau rôle pour travailler dans la droite ligne de la théorie traditionnelle "Qumrân = Essénien" à leur dissertation introductive ainsi qu'à leurs éditions de textes et aux traductions elles-mêmes.

• **P. Donceel-Voûte**. Il serait bon d'avoir un éclairage sur les sites inconnus au nord de la mer Morte, et de connaître enfin mieux le résultat des fouilles israéliennes à Tulul el'Alayik (palais hérodiens de Jéricho). Plus explicitement, en ce qui concerne l'archéologie, on peut pousser les recherches sur les techniques de production à partir des palmiers-dattiers et du baumier (*opobalsamon commiphora* et autres), c'est-à-dire étudier sur d'autres sites (voir mon article dans *Res orientales* IX) toutes les installations et le mobilier mis au jour pour cerner de près la culture, la cueillette, le stockage des matières premières, les différents types de traitement et de produits, les outils et ustensiles divers, les conteneurs (traitement, stockage, transport en gros, distribution au détail). C'est ce sur ce thème que je travaille aujourd'hui. En ce qui concerne les textes, il faut pousser toutes les recherches traditionnelles sur les textes bibliques, et continuer à publier les archives et autres petits textes négligés par les biblistes, et qui pourtant apportent une masse d'informations sur les personnes qui ont rassemblé ces différents documents (on peut, par exemple, faire travailler les "accrocs" d'informatique connaissant bien l'araméen sur le décryptage du code utilisé dans les textes dits "cryptiques" – voir à ce sujet la proposition que j'ai faite dans mon article *Les objets de la vie quotidienne au temps du Christ*, Dossiers d'Archéologie 249, janvier 2000). Enfin, à la manière dont Matthias Klinghardt a établi des parallèles dans le monde hellénistique entre la *Règle de la Communauté* et les règles disciplinaires d'associations, il faudrait procéder de même avec le contenu et la technique du *rouleau de cuivre* ; a priori, je me dirigerais vers les inscriptions des "trésors" monumentaux classiques et hellénistiques du monde grec : pour moi, le *rouleau de cuivre* est une plaque qui a été arrachée de son support monumental.'

• **É. Puech**. Evidemment je ne peux accepter l'hypothèse de P. Donceel, à la suite de de Vaux déjà, estimant que le *rouleau de cuivre* a été arraché de son support monumental. Cela va à l'encontre des données matérielles : le rouleau ne porte qu'une seule encoche au début, au milieu de "la page de garde" qui devait servir à passer la lanière de fermeture du rouleau enroulé. Dans l'autre cas il aurait fallu retrouver des points d'attaches en fin du rouleau et ailleurs sur toute la longueur de ce rouleau de 2,28 m sur quelque 30 cm de large. Une observation attentive de l'objet est nécessaire avant d'énoncer des hypothèses sans fondement.

• **H. Eshel**. Puisque les manuscrits ont tous été publiés, nous attendons maintenant que l'École biblique publie les données archéologiques. Dans les deux conférences qu'il a données le mois dernier (il s'agit d'un colloque organisé par Katharina Galor et Jürgen Zangenberg à Brown University en novembre 2002 *NDLR*), Jean-Baptiste Humbert nous a appris qu'il changeait toute la stratigraphie du site. Le but principal de la recherche sur Qumrân devrait être qu'au cours de la prochaine décennie, toutes les données de la fouille du Père de Vaux soient publiées.

• *B. Bioul*. Merci !

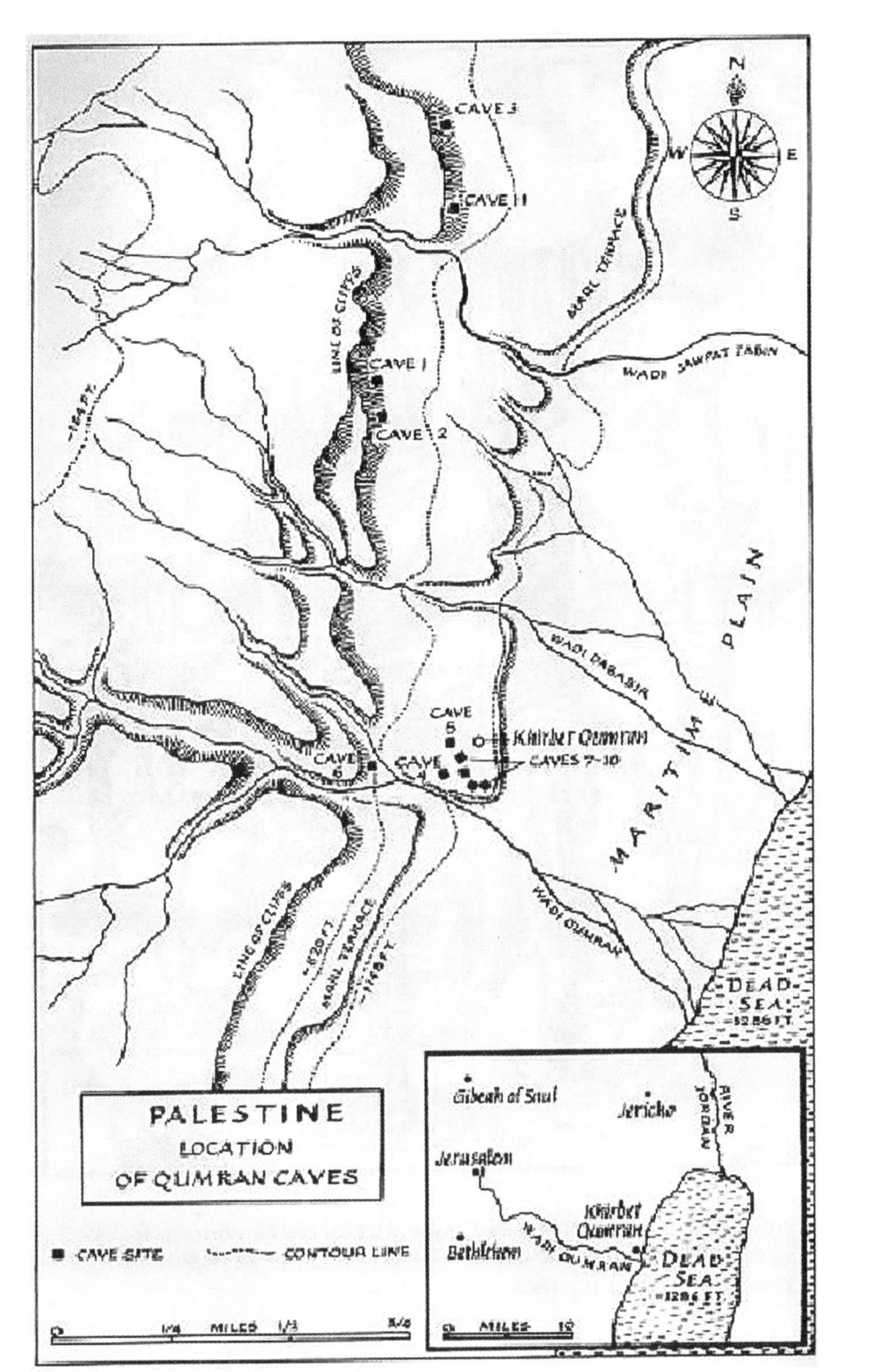

Jarres et poteries de Qumrân

3. CONCLUSIONS

Le débat est achevé. Il convient à présent d'en rappeler les grandes lignes et les remarques les plus significatives, de discerner ce qui est acquis et ce qui pose encore problème.

Commençons par deux réflexions d'ordre général : la première concerne le travail du Père de Vaux, la seconde les positions pour le moins divergentes des spécialistes actuels à propos des manuscrits et de l'établissement de Qumrân.

L'action du Père de Vaux a souvent été critiquée de façon injustifiée. Sa détermination, son caractère franc et entier ainsi que son immense érudition en ont très vite fait une personnalité marquante de l'archéologie proche-orientale aux côtés de K. Kenyon, G. E. Wright ou Y. Yadin, jusqu'à éclipser parfois la figure de Gerald Lankester Harding, à telle enseigne que les livres consacrés à Qumrân parlent très peu de ce dernier qui pourtant, en tant que directeur du département des Antiquités de Jordanie et archéologue professionnel, séjournait fréquemment à Qumrân et exerçait un contrôle très précis du travail effectué.

On peut reprocher au Père de Vaux un certain nombre de lacunes méthodologiques, car il n'était pas archéologue ; il était venu à Jérusalem pour faire de la théologie biblique[1]. Néanmoins, dans l'ensemble, il a fouillé comme on fouillait à son époque, c'est-à-dire en se limitant surtout à reconnaître la succession des niveaux architectoniques et non pas stratigraphiques, et en accordant une attention limitée aux relations entre les dépôts, les structures et les objets : "il a, dans les notes manuscrites, décrit, comme devait le faire un archéologue, la relation des différentes couches entre elles puis leur association avec les éléments construits, disponibles"[2].

---

[1] Voir à ce sujet le petit article de ROUSÉE, Jourdain-Marie, *Fouiller avec le Père de Vaux* dans *Qoumrân et les manuscrits de la mer Morte. Un cinquantenaire*, sous la direction d'E.-M. Laperrousaz, éd. du Cerf, Paris, 1997, pp. 39-47.

[2] HUMBERT, J.-B., *Notes du chantier de Qoumrân du R. P. de Vaux : de la stratigraphie à l'interprétation*, dans *Qoumrân et les manuscrits de la mer Morte. Un cinquantenaire*, sous la direction d'E.-M. Laperrousaz, éd. du Cerf, Paris, 1997, p. 52.

Contemporaines des fouilles de Qumrân, celles de Jéricho (1951-1958) conduites par Dame Kathleen Kenyon, permirent à celle-ci de mettre au point de nouvelles méthodes de travail basées sur la fouille verticale et non plus en extension, comme à Qumrân par exemple, afin d'obtenir une séquence chronologique la plus précise possible au détriment d'une connaissance complète du plan du site au cours des diverses périodes de son histoire : pour elle, il s'agissait "d'un principe absolu de la fouille qui ne souffre aucune exception, à savoir que la totalité de la zone ne doit pas être fouillée simultanément. Certaines sections verticales (ou témoins), situées à égale distance les unes des autres, ne doivent pas être fouillées, et il doit être possible de faire correspondre toutes les structures avec les unités stratigraphiques intrusives. La méthode employée pour mettre en œuvre ce type de stratégie de fouille dépendra du type de site que l'on veut fouiller"[3]. Cette méthode, appelée "méthode Wheeler-Kenyon", connut un franc succès chez les archéologues dans les années 60, c'est-à-dire après les fouilles de Qumrân. Le Père de Vaux se tenait au courant des développements de la discipline du mieux qu'il pouvait, mais malgré ses relations fréquentes avec Dame Kenyon, il ne pouvait pas attendre que ces nouvelles méthodes de fouilles se répandent et s'affinent, faute de temps et de moyens. Il faut donc à tout prix se défaire de la tentation qui nous pousse à juger de la valeur d'une fouille ancienne sur la base des méthodes actuelles. Il faut resituer le travail du directeur de l'École biblique dans son contexte original.

Ceci dit, il est évident que le Père de Vaux prit la direction d'une entreprise trop lourde pour un seul homme : même si, à l'époque, diriger une fouille et travailler à la publication des documents écrits qui lui sont (*a priori*) liés était une pratique courante, il n'en reste pas moins vrai que l'entreprise était immense, et que le Père de Vaux et ses équipes (celle de la publication des manuscrits et celles de la fouille du khirbet Qumrân) se trouvaient face à une tâche extrêmement ardue. La difficulté tenait aux milliers de fragments mis au jour dans les grottes et à l'absence d'éléments de comparaison archéologiques ; le Père de Vaux a fouillé Qumrân sans avoir sous la main de site ou de matériel comparatif précis. À la même époque, les fouilles pratiquées par les Anglais, les Américains ou les Israéliens concernaient des sites tantôt plus anciens (Kenyon à Jéricho, Kelso à Bethel, Lapp à Tell el-Ful, Pitchard à el-Jib (Gibeon)), tantôt plus récents (Wright à Sichem, Dothan à Affulah et Nahariyah, Mazar à Tell Qasile, Yadin à Hazor, pour ne citer que les plus

---

3 KENYON, K.E., *Beginning in Archaeology*, Londres, 1952, préface (passage traduit par nos soins).

marquants)⁴ et, surtout, sans lien (réel ou supposé) avec des rouleaux manuscrits. On peut donc dire à juste titre, qu'à cette époque, dans les années 50, Qumrân était unique. En outre, depuis 1946-47, le savant dominicain était responsable d'une autre fouille importante à Tell el-Far'ah, qu'il dirigea jusqu'en 1961 avant de co-diriger celles de l'Ophel à Jérusalem avec Dame K. Kenyon. Tell el-Far'ah fut incontestablement aussi important à ses yeux que Qumrân car il s'agissait ici d'archéologie biblique encore très prisée à l'époque. L'interprétation que fait le Père de Vaux de l'occupation du tell à l'âge du Bronze Récent et au début de l'âge du Fer est un exemple classique des méthodes d'interprétation de l'archéologie biblique : les changements stratigraphiques étaient expliqués sur la base des textes de l'Ancien Testament. Depuis Albright en 1931, il ne faisait pas de doute que Tell el-Far'ah correspondait à l'ancienne Tirzah, capitale du roi Jéroboam (933-911), le fondateur du royaume du Nord : "l'archéologie confirme cette identification, à tel point que l'on peut lire dans les différents niveaux du tell toute l'histoire de Tirzah comme la raconte la Bible"⁵. C'est dire que Qumrân n'était certainement pas son unique préoccupation, d'autant plus qu'il dut interrompre un temps la fouille du site, entre janvier et mars 1952, pour entreprendre l'étude des grottes à manuscrits de Murabba'at.

Le choix du Père de Vaux pour diriger la publication des manuscrits et les fouilles de Qumrân s'est imposé pour deux raisons : d'abord, comme on l'a dit, à cause de sa forte personnalité et de son caractère parfois autoritaire ; il n'est d'ailleurs pas impossible, comme le disait Y. Hirschfeld, que le Père de Vaux lui-même ait un peu forcé sa désignation comme responsable de ces deux opérations auprès de G. Lankester Harding. Mais il y a aussi, et surtout, le fait que le père

---

4 Un rappel historique des recherches archéologiques en Palestine a été fait par MOOREY, P. R. S., *Un secolo di Archeologia Biblica*, éd. Electa, Milan, 1998 (traduction italienne de l'ouvrage paru sous le titre *A Century of Biblical Archaeology*, Cambridge, 1991). L'archéologie biblique était encore très en vogue à l'époque, et le Père de Vaux s'y est plié lui aussi. Les sites ouverts dans les années 50 étaient toujours choisis pour des raisons "bibliques" puisque les fouilleurs étaient des pasteurs protestants ou des prêtres catholiques, des spécialistes de la Bible ou des chercheurs en mal de racines historiques. G. E. Wright a admirablement résumé l'intérêt (et les limites) de l'archéologie biblique : "l'archéologie biblique, écrivait-il, est une branche particulière de l'archéologie générale. L'archéologue biblique peut être ou ne pas être un archéologue lui-même, mais il étudie les découvertes des fouilles de manière à exploiter n'importe quelles trouvailles qui jettent une lumière directe, indirecte ou même diffuse sur la Bible. Il doit s'intéresser intelligemment à la stratigraphie et à la typologie, sur lesquelles se base la méthode de l'archéologie moderne (…) mais son intérêt premier (…) est la compréhension et l'illustration des Écritures. (…) l'archéologie biblique et la théologie biblique doivent procéder main dans la main si nous voulons comprendre la signification de la Bible" (WRIGHT, G. E., *Biblical Archaeology*, Londres, 1957, p. 17). Voir également DONCEEL, R., *L'exploration de la Palestine depuis le XIXᵉ siècle*, dans *L'archéologie palestinienne*, Dossiers d'Archéologie 240, janvier/février 1999, pp. 18-25.
5 VAUX, R. de, *The Excavations at Tell el-Farah and the Site of Ancient Tirzah*, dans *PEQ*, 1956, pp. 137-138.

dominicain, directeur de l'École Biblique, était l'un des rares savants présents à Jérusalem à pouvoir diriger une telle entreprise : les Allemands étaient absents de Palestine, les Britanniques n'y avaient conduit aucune opération dans les années 40, et la *British School of Archaeology* de Jérusalem ne reprit ses activités que dans la décennie suivante avec les fouilles de Kathleen Kenyon à Jéricho ; les Américains et les Canadiens firent de même à partir de 1950, avec les fouilles de Dhiban, l'antique Dibon ; quant aux Israéliens, le travail de leurs archéologues était principalement consacré aux sites et monuments importants pour l'histoire de leur toute jeune nation. Or, comme nous l'avons rappelé, Qumrân était considéré, jusqu'au début des fouilles, comme un fort romain, sans relation aucune avec les grottes voisines, donc "insignifiant" pour les archéologues. Le Père de Vaux était le seul et le meilleur candidat, présent au bon moment et au bon endroit, pour en assurer l'étude dans un contexte de guerre où il fallait agir très rapidement.

La seconde remarque générale concerne les interprétations que donnent aujourd'hui les spécialistes des manuscrits et de l'établissement de Qumrân. Il n'aura échappé à personne que les positions défendues peuvent être diamétralement opposées. Pour schématiser, on peut définir trois tendances. La première est celle des partisans de la thèse traditionnelle du Père de Vaux : Qumrân est un établissement essénien où l'on a copié et conservé les manuscrits mis au jour dans les grottes ; c'est la position d'Émile Puech, de Hanan Eshel et de James VanderKam, tous trois spécialistes des textes. À l'opposé, des archéologues comme Pauline Donceel-Voûte, Norman Golb et Yizhar Hirschfeld rejettent tout lien fonctionnel entre les manuscrits et l'établissement de Qumrân, et plus encore son interprétation comme centre essénien majeur. Entre les deux, la position défendue par Jean-Baptiste Humbert et son équipe, représentée ici par Mireille Bélis et Katharina Galor : ces chercheurs acceptent l'hypothèse d'une occupation essénienne de Qumrân et sa relation avec les manuscrits, mais essentiellement au cours de l'avant-dernière phase d'occupation du site (grosso-modo à la fin du Ier siècle av. et au cours du Ier siècle ap. J.-C., c'est-à-dire au cours de la phase II définie par le Père de Vaux), tout en rejetant l'interprétation du Père dominicain qui en fait le lieu de fabrication et de copie des textes. Un exemple frappant de ces positions radicalement opposées des chercheurs concerne la céramique de luxe importée. H. Eshel, sur la base des études faites par J. Magness, considère que la part de celle-ci est très minime et qu'elle ne peut pas entrer dans la discussion sur la nature de l'établissement ; il tente ainsi de privilégier le caractère unique et isolé du khirbet Qumrân. Mais J. Magness n'a pas étudié toute la céramique de Qumrân, seulement celle conservée au musée Rockefeller[6]. Ses conclusions sont donc sujettes à caution. À l'opposé, Y. Hirschfeld et P. Donceel-Voûte, qui a travaillé sur tout le matériel de Qumrân, estiment que la quantité d'articles de luxe importés se situe dans la moyenne enregistrée dans d'autres sites contemporains comme Ramat Hanadiv. Qumrân a donc connu une économie d'échange identique à celle d'autres établissements contemporains de la région ; en d'autres termes, il s'inscrivait dans un contexte de relations plus large, régional voire davantage. Ainsi, son caractère singulier disparaît.

Le problème majeur est que le matériel archéologique de l'établissement de Qumrân n'a pas encore été totalement publié. Dès lors, comment faire la part des choses ? Qui a tort et qui a raison ? Mais faut-il vraiment poser la question sous cette forme ? Ne faut-il pas éviter les conclusions définitives tant que tout ce matériel ne sera pas entièrement disponible ?

Ceci dit, que pouvons-nous retenir de la discussion concernant les manuscrits, les Esséniens et l'établissement de Qumrân ? Que peut-on tenir aujourd'hui pour assuré et quels sont les points qui posent encore problème.

CE QUI EST SÛR

Depuis le début de l'aventure des manuscrits de la mer Morte, il y a plus de cinquante ans maintenant, la recherche historique au sens le plus large a fait un certain nombre d'avancées significatives qui ont bouleversé radicalement notre vision du monde juif de la période dite du Second Temple, c'est-à-dire du tournant de l'ère à 70 ap. J.-C. et au-delà.

En ce qui concerne **les manuscrits**, on peut d'abord souligner que la polémique sur leur publication est enfin terminée. Même s'il reste encore plusieurs fragments à publier comme nous le rappelait É. Puech, on peut d'ores et déjà retenir que les rouleaux contiennent les textes de quelque 870 à 900 manuscrits différents trouvés pour la plupart à l'état de débris minuscules. Le long travail de reconstitution des textes s'est

---

6 Magness, J., *Que sait-on de Qumrân ? Les nouvelles interprétations. L'histoire des manuscrits de la mer Morte. La découverte du site et la vie quotidienne*, éditions Bayard, Paris, 2003.

avéré plus difficile qu'on ne l'avait imaginé au départ[7], et avec du recul, on réalise aujourd'hui qu'il s'agissait d'une tâche quasi insurmontable pour une équipe originelle aussi réduite. Les changements opérés depuis dans le groupe d'experts internationaux chargés de leur publication se sont avérés finalement payants. Tous s'accordent à reconnaître que les rouleaux contiennent des textes non originaux (sauf peut-être le *rouleau de cuivre* et le 4Q *Test*) copiés entre le IIIe siècle avant et le Ier siècle après J.-C. qui, à quelques exceptions près, sont des ouvrages (ou des fragments d'ouvrages) religieux juifs que les spécialistes répartissent en deux grandes catégories : bibliques et non bibliques, ces derniers regroupant des textes dits sectaires et non sectaires.

Les premiers sont des copies des livres de la Bible hébraïque (l'"Ancien Testament" des chrétiens) et représentent environ le quart de l'ensemble des textes mis au jour dans les grottes. Leur intérêt réside surtout dans leur ancienneté et dans le témoignage qu'ils apportent sur le judaïsme de l'époque du Second Temple et le christianisme primitif, car ils montrent toute la richesse et l'abondance de la culture littéraire à l'origine des grands textes de ces deux religions. Nous disposons aussi, depuis 1947, de témoins du texte biblique antérieurs de plus de mille ans aux textes hébreux traditionnels du haut Moyen Âge, sur lesquels se fondent toutes les traductions modernes de la Bible. Certains manuscrits sont extrêmement proches de la version originale (on a parlé de 50 ans pour le livre de *Daniel* par exemple, dont l'original a été écrit vers 164 av. J.-C.). Or cette proximité chronologique a permis de constater avec étonnement que dans de nombreux cas, les manuscrits de la mer Morte s'accordent parfaitement avec nos versions traditionnelles, plus récentes, du texte biblique, ce qui permet de juger de la qualité de la transmission textuelle au cours des âges. D'autre part, on s'est aussi rendu compte que des textes s'écartaient de la version traditionnelle et s'accordaient plutôt avec des versions différentes de la Bible hébraïque comme la *Septante* ou le *Pentateuque samaritain*. Enfin, quelques manuscrits offrent des lectures dont nous ignorions même l'existence.

Les manuscrits classés non bibliques regroupent des textes qui, tous, n'ont pas été retenus dans la version "officielle" de la Bible ; plusieurs

---

7 On a souvent parlé de la quantité de fragments mis au jour, plusieurs milliers, pour expliquer le retard pris dans la publication des rouleaux ; mais on omet souvent d'ajouter que l'état de ces fragments nécessitait parfois un long travail de restauration préalable à toute tentative de lecture, et qu'en outre, cette dernière était rendue plus ardue encore par le fait que les écritures se faisaient de la droite vers la gauche sans recours à une ponctuation comme le point, la virgule, etc. Dans certains cas, les mots ont été écrits les uns à la suite des autres, sans espace, comme les épigraphes.

sont qualifiés de sectaires car ils contiennent un corpus de doctrines, un vocabulaire théologique particulier et une conception eschatologique originale qui sont absents de la pensée religieuse juive canonique. Certains textes étaient connus avant la découverte de 1947, comme le *Document de Damas*, le livre des *Jubilés* ou *Les Testaments des 12 Patriarches* ; d'autres étaient totalement inconnus jusqu'alors, tels des commentaires bibliques ou des histoires d'anges et de géants.

Un autre grand apport de ces textes concerne cette période dite "du Second Temple". Nous avons là, comme le rappelle A. Caquot, des documents hébraïques et araméens d'une époque pour laquelle nous n'en avions pas. Et l'on constate, grâce à eux, que cette période a joué un rôle crucial dans l'histoire de la constitution du canon hébraïque et de la vie religieuse juive en général ; il s'agit d'une période de gestation où beaucoup de textes très divers sont en circulation comme s'ils témoignaient d'une société plurielle qui se cherche, qui réfléchit et s'efforce de constituer un cadre religieux précis, une orthopraxie mieux déterminée. En résumé, ces textes confirment que les contemporains de Jésus connaissaient et utilisaient plusieurs versions des textes bibliques sans se soucier de leurs différences ou de leurs divergences[8]. À cette époque, le "canon" de la Bible n'avait pas encore été fixé, et l'on ignorait encore quels livres allaient en faire partie, sous quelle forme et dans quelle "édition". Il est certain que les divers mouvements juifs devaient proposer à leurs adeptes des sélections différentes d'un canon qui ne sera fixé qu'au IIe siècle de notre ère.

Enfin, il est important de rappeler avec M. O. Wise, M. Abegg et E. Cook[9] que les langues des rouleaux ont révolutionné l'étude des langues sémitiques de la Palestine antique. Avant leur découverte, on pensait que l'hébreu était une langue moribonde, utilisée seulement comme langue sacrée par une classe instruite, que l'hébreu rabbinique, celui de la *Mishna* par exemple, avait été inventé dans le courant du IIe siècle après J.-C. pour rédiger les livres post-bibliques, et que l'araméen seul était la langue vernaculaire des Juifs depuis leur intégration dans l'empire perse, mais que les ouvrages rédigés dans cette langue étaient rares, à telle enseigne que l'idée même d'une littérature sémitique sacrée ou profane n'était pas envisageable. Jusque dans les années 40, l'existence d'un Évangile sémitique était considérée comme une idée

---

8 En réalité, les manuscrits de la mer Morte entérinent ce que nous savions déjà par les différents évangiles apocryphes et par les auteurs anciens tels Tatien.
9 WISE, M., ABEGG, M. et COOK, E., *Les manuscrits de la mer Morte*, éd. Perrin 2003, pp. 19-20.

absurde ; le grec de la *koinè* avait été l'unique langue utilisée par les Apôtres pour diffuser la bonne nouvelle. La découverte des manuscrits a balayé toutes ces idées reçues. La plupart des textes découverts dans les grottes ont été écrits en hébreu, mais dans une langue intermédiaire entre celle de la Bible et celle des rabbins ; l'hébreu rabbinique n'était donc pas une invention *ex nihilo* mais l'aboutissement d'un long processus d'évolution sémantique. L'araméen, utilisé dans un manuscrit sur six, rendait possible l'idée d'une rédaction des Évangiles dans la langue du Christ, comme le précise d'ailleurs Irénée de Lyon (*Adversus Haereses* III, 1). Les manuscrits ont démontré sans équivoque que les Juifs du Second Temple parlaient et comprenaient non seulement l'araméen, mais aussi l'hébreu[10] et le grec ; quelques monnaies et un sceau retrouvés à Qumrân suggèrent que la présence romaine fut bien réelle et que le latin était parlé par les soldats et peut-être aussi par quelques juifs[11].

Autre point assuré : les manuscrits ne contiennent aucune allusion ou révélation susceptibles d'ébranler les bases de la foi chrétienne. Les théories fantaisistes de chercheurs tels R. Eisenman ou B. Thiering[12] n'ont aucun fondement dans les manuscrits de la mer Morte. Les rouleaux utilisés par ces deux personnes pour défendre leurs hypothèses sont antérieurs à l'Église primitive. Des savants comme J. T. Milik et É. Puech ont réfuté toutes leurs allégations[13]. Il s'agit avant tout, comme l'a rappelé M. Bélis, d'opérations commerciales basées sur l'engouement que connaissent aujourd'hui les études sur les origines du christianisme.

Pour **l'établissement de Qumrân**, les progrès des recherches archéologiques permettent également de considérer un certain nombre de points comme acquis. Même si cela peut tomber sous le sens, il est bon

---

10 Claude Tresmontant a démontré, sans grande contestation possible, que Flavius Josèphe avait bien rédigé son livre *La Guerre des Judéens contre les Romains* d'abord en hébreu comme l'auteur juif l'annonce dans son préambule du livre I, 1. TRESMONTANT, Claude, *Enquête sur l'Apocalypse. Sa date, son auteur, son sens*, Éditions F.-X. de Guibert, Paris, 1994, pp. 45-46.
11 Cette présence de documents latins n'est pas unique puisque parmi les textes non bibliques de Masada figure un fragment de l'*Énéide* de Virgile. Cf. C. P. THIEDE, *Qumrân et les Évangiles. Les manuscrits de la grotte 7 et la naissance du Nouveau Testament. Le fragment 7Q5 est-il le plus ancien manuscrit de l'Évangile de Marc ?*, éditions F.-X. de Guibert, Paris, 1994.
12 Barbara Thiering enseigne à l'Université de Sydney l'Ancient Testament, l'hébreu et la théologie féministe. Dans les ouvrages qu'elle a publiés, elle défend un certain nombre d'idées controversées comme celle qui soutient que tous les événements rapportés dans les Évangiles se sont déroulés non pas à Jérusalem mais à Qumrân. Pour le chercheur australien, Jésus dirigeait une faction radicale de prêtres esséniens. Sa naissance n'eut rien de virginal et il n'est pas mort sur la croix. Il épousa Marie Madeleine puis divorça. Il mourut après 64 ans de notre ère. THIERING, B. *Jesus the Man: New Interpretation from the Dead Sea scrolls*, éd. Corgi Adult, 1993 ; IDEM, *Jesus and the Riddle of the Dead Sea Scrolls. Unlocking the Secrets of His Life Story*, Harper Collins, 1992.
13 Voir par exemple l'article de J.T. MILIK dans *JJS*, 23, 1972, p. 143 sq. ou celui de É. PUECH dans *Les Dossiers d'Archéologie* 189, janvier 1994, pp. 97-102.

de rappeler que Qumrân est un établissement juif parce que, comme le souligne J.-B. Humbert, il n'y avait guère que des Juifs dans la région[14] ; ensuite, comme le précisent K. Galor et N. Golb, parce que la présence de ce qui pourrait être des bains rituels, des *miqva'ot*, et la mise en évidence d'inscriptions hébraïques sur la céramique trouvée à Qumrân laissent peu de doute à ce sujet.

D'autre part, le lien qui unissait autrefois Qumrân aux manuscrits et aux Esséniens s'est distendu, et l'interprétation que les spécialistes en donnent aujourd'hui n'est plus aussi catégorique, à l'exception de certains partisans de la théorie traditionnelle. La discussion a montré qu'un nombre important de faits remet fondamentalement en question l'identification du Khirbet Qumrân comme centre majeur de l'une ou l'autre secte juive, notamment essénienne. Tous s'accordent cependant à reconnaître qu'avant d'émettre la moindre interprétation définitive, il est impératif que tout le matériel archéologique mis au jour par le Père de Vaux et ses équipes soit publié.

Il n'en reste pas moins vrai que l'étude du site a fait d'énormes progrès au cours de ces toutes dernières années. Le fait le plus frappant concerne son intégration, sa mise en perspective dans un contexte géographique, économique et culturel plus large, à savoir l'Orient hellénisé. Nous l'avons déjà dit : lorsque le Père de Vaux entreprit la fouille de l'établissement de Qumrân, il n'avait à l'époque aucun site ni aucun matériel de comparaison ; il lui était dès lors facile, sinon nécessaire – mais peut-on le lui reprocher ? – de le considérer comme "unique" et "isolé". Or, depuis 1958, les fouilles se sont multipliées des deux côtés du Jourdain : contre l'unicité de Qumrân, Y. Hirschfeld cite par exemple les établissements de Horvat Salit, Khirbet el-Muraq, Ramat Hanadiv, 'Aïn Boqeq, Qasr e-Leja, Shoham, El-Qasr, Givat Shaul, Tel Goded, Rujum Hamiri, Khirbet Salit, Tel Aroer, Tel Arad, En-Gedi, etc. Aucun d'eux n'est une copie conforme de Qumrân, mais ils présentent tous les mêmes composantes topographiques, architecturales et matérielles. Quant à l'isolement du site, il n'en est plus question aujourd'hui puisque Khirbet Qumrân – qui se situe à une journée de marche de Jérusalem et à deux heures de Jéricho –, se trouvait, dans

---

14 Il faut néanmoins rappeler que les Nabatéens étaient aussi très impliqués dans les affaires politiques et économiques de la Palestine depuis le IIIe siècle av. J.-C. au moins, et qu'il ne faut pas exclure sinon une présence, du moins une forte influence de ce peuple à Qumrân et dans toute la région jusqu'à Gaza. Rappelons aussi qu'Hérode le Grand était le fils d'un Iduméen, Antipater, et d'une princesse arabe. Pour un survol de l'histoire du royaume nabatéen, voir ZAYADINE, F., *Le royaume nabatéen*, dans *Les Dossiers d'Archéologie* n°163, septembre 1991, pp. 10-17.

l'Antiquité, au croisement de routes commerciales importantes : l'une venant de Jérusalem et qui, passant par la forteresse d'Hyrcanion, traversait le Jourdain, une deuxième arrivant de Jéricho et une troisième se dirigeant vers En-Gedi. En outre, comme le montre la mosaïque de Madaba réalisée au VIe siècle de notre ère, la mer Morte était une voie importante de navigation reliant les deux rives et, bien au-delà, la Méditerranée au golfe d'Aqaba. P. Donceel-Voûte pense d'ailleurs que les deux bateaux représentés naviguant sur ses eaux transportent l'un du sel, l'autre du bitume, denrées provenant du "Lac Asphaltite", c'est-à-dire la mer Morte, et qui étaient très appréciées des marchands[15]. Une vision nouvelle de l'économie de la région prend forme petit à petit où, à côté du sel et du bitume que l'on vient d'évoquer, les dattes, l'indigo (traité à 'Aïn Feshkha comme le soutient M. Bélis), l'encens de baumier et les parfums faisaient l'objet d'un commerce très lucratif. Le climat et le paysage étaient peut-être aussi différents : si les spécialistes le confirment, un taux de pluviométrie plus élevé, un niveau des eaux de la mer Morte plus haut, des sources d'eau douce plus abondantes ont sans doute exercé une influence insoupçonnée jusqu'ici sur l'activité des habitants de la région ; l'exploitation de vignobles est même envisagée par R. Donceel car le système d'adduction d'eau sur la terrasse marneuse du khirbet Qumrân est suffisamment complexe. La fertilité de l'oasis de Jéricho, cette terre "bénie à l'excès" comme disait Flavius Josèphe[16] a pu englober une région plus vaste qu'on ne l'imaginait, au nord-ouest de la mer Morte.

LES PROBLÈMES QUI SUBSISTENT

Malgré ces avancées remarquables, le bémol est de mise car un grand nombre de questions restent encore aujourd'hui sans réponse précise.

En ce qui concerne **les manuscrits et les Esséniens**, il reste un point fondamental sur lequel les spécialistes ne sont pas d'accord ; celui de l'origine des rouleaux : d'où viennent-ils et qui en sont les auteurs ? Autrement dit, l'hypothèse essénienne telle que l'ont définie E. Sukenik, A. Dupont-Sommer et R. de Vaux est-elle encore acceptable ? Une fois encore, les avis s'opposent. Y trouvera-t-on un jour une réponse ? Dans l'état actuel des choses, nous ne le croyons pas, à moins qu'une nouvelle découverte n'apporte enfin des réponses déterminantes qui mettraient un

---

15 Communication personnelle.
16 Flavius Josèphe, *Guerre des Judéens*, IV, 475.

terme définitif à la discussion. En attendant, plutôt que de se poser la question de la valeur de l'hypothèse essénienne, ne faut-il pas d'abord s'interroger sur sa plausibilité ?

L'étude conjointe de la paléographie et du C14 a confirmé la datation des premiers savants qui ont étudié les manuscrits : certains rouleaux datent du IIIe-IIe siècle avant J.-C., la grande majorité du Ier siècle av. J.-C. et quelques autres du Ier siècle ap. J.-C. Ces données sont corroborées par quelques indices historiques contenus dans les manuscrits qui font référence à des personnages des IIe et Ier siècles avant notre ère comme les souverains séleucides Antiochus IV et Démétrius III, la reine Alexandra Salomé ou le général romain Aemilius Scaurus. Enfin, les styles des poteries mises au jour dans les grottes appartiennent à des types caractéristiques de la période située entre 150 av. et 100 ap. J.-C. Or, pour cette phase, nous ne disposons que de rares textes contemporains, ceux de Philon, de Pline l'Ancien et, surtout, de Flavius Josèphe qui, dans sa *Guerre des Judéens* et *Les Antiquités Judaïques* évoque, entre autres, la période couverte par les manuscrits. Les informations qu'il donne sur les Esséniens pourraient peut-être suffire à faire croire que ces juifs pieux sont les auteurs et/ou les propriétaires des précieux rouleaux[17]. En outre, la notice de Pline l'Ancien qui situe la secte des Esséniens non loin d'En-Gedi, semble, pour beaucoup, mettre un terme à toute discussion : les habitants de Qumrân et les Esséniens ne faisaient qu'un. H. Eshel, J. VanderKam et K. Galor apportent un argument supplémentaire qui, en première analyse, s'avère déterminant : le site de Qumrân et plusieurs grottes à manuscrits (7Q, 8Q et 9Q par exemple) sont indubitablement liés car ils sont situés sur la même terrasse, et il est impossible d'atteindre ces cavités sans passer par le site. En d'autres termes, lorsqu'on parle du site de Qumrân, il faut comprendre qu'il s'agit non seulement de l'établissement proprement dit mais aussi des grottes à manuscrits. Pour les partisans de la théorie traditionnelle, il est donc correct de dire que les manuscrits et Qumrân appartiennent à une même réalité, celle du monde essénien dont le khirbet Qumrân aurait été le "quartier général", la principale résidence du Maître de Justice et de ses disciples. É Puech, se basant sur un passage de le *Document de Damas* (A1 : 3-11), a proposé une histoire de la fondation de la secte de manière très précise, conforme

---

[17] Il ressort de notre discussion que les spécialistes interrogés ici sont unanimes pour dire que les Esséniens ne sont pas les auteurs de TOUS les manuscrits. Par contre, plusieurs d'entre eux soutiennent qu'ils en étaient les propriétaires. Voir questions 42 *sq*.

à la chronologie de l'établissement échafaudée par le Père de Vaux ; selon ses recherches, le Maître de Justice, fondateur du mouvement essénien, devait s'appeler Simon ; il s'installa à Qumrân en 152 av. J.-C., vingt ans après la mort de son père, le grand prêtre Onias III. Le Prêtre Impie était Jonathan Maccabée, grand-prêtre illégitime (parce que n'appartenant pas à la lignée de Sadoq) désigné en 152 par Alexandre Balas. Les Esséniens vécurent à Qumrân pendant plus de deux siècles avant d'en être délogés par les Romains au cours de la Première Révolte juive (66-74 ap. J.-C.). Avant de disparaître, ils prirent soin de dissimuler leur précieuse bibliothèque dans les grottes voisines dont certaines d'ailleurs avaient servi d'habitation permanente si l'on en croit notamment H. Eshel. L'attribution des rouleaux à la secte des Esséniens serait d'autant plus évident que, comme le rappelle É. Puech, ce mouvement religieux, pour ce qu'on en connaît, est celui qui répond sans doute le mieux au contenu des manuscrits dits sectaires.

Ce scénario bien connu maintenant est contesté par plusieurs savants représentés ici par P. Donceel-Voûte, Y. Hirschfeld et N. Golb, ainsi que par Jean-Baptiste Humbert, M. Bélis et K. Galor, mais à des degrés divers. Les premiers contestent tout lien entre les rouleaux et l'établissement de Qumrân, le caractère du site, celui des grottes et du cimetière, la valeur des indications fournies par les auteurs anciens, la relation des manuscrits avec les Esséniens. Les seconds acceptent un lien du site avec les Esséniens mais à une époque tardive. Sur tous ces points, le consensus dont nous parlions plus haut a volé en éclats.

Comme nous le rappelait A. Caquot, l'une des erreurs commises par les partisans de la théorie traditionnelle fut de prendre l'hypothèse de Sukenik qui, comme le souligne N. Golb, semblait raisonnable à l'époque, comme une base sûre : parmi les sept premiers rouleaux mis au jour dans la grotte 1, trois au moins présentaient un caractère "sectaire". Du coup, le professeur israélien émit l'hypothèse que tous les manuscrits de la grotte 1 appartenaient à une secte qui pouvait être celle des Esséniens. Mais Sukenik mourut en février 1953 sans jamais connaître le contenu des autres grottes, ce qui l'aurait peut-être amené à modifier son jugement ; au lieu de cela, son hypothèse fut reprise et étendue à tous les manuscrits découverts dans les autres grottes. Or, plusieurs indices autorisent les chercheurs cités au paragraphe précédent à relativiser voire même à mettre en doute cette hypothèse : ils relèvent des domaines de l'étude des textes et des recherches archéologiques.

Les données des auteurs anciens sur les Esséniens, quoique relativement pauvres, sont très précieuses, et des exemples de parallèles frappants entre les manuscrits sectaires et les notices antiques nous ont été donnés par H. Eshel. Néanmoins, il apparaît également que les différences sont importantes à la fois entre les auteurs anciens et le contenu des manuscrits sectaires, mais aussi parmi les manuscrits et même entre les notices antiques elles-mêmes, à telle enseigne que J.-B. Humbert n'hésite pas à dire que les auteurs anciens ont été lus avec une incroyable naïveté et une étroitesse d'esprit. Il ne peuvent pas être pris pour des historiens et des géographes modernes. En outre, les manuscrits font état de pratiques dont ne parlent ni Flavius Josèphe ni Philon, comme par exemple la prescription divine de suivre un calendrier solaire de 364 jours au lieu du calendrier lunaire de 354 et sur laquelle les auteurs anciens ne disent mot. Plus embarrassant encore : aucun d'eux ne parle du Maître de Justice. Les manuscrits eux-mêmes contiennent des textes dont le contenu semble inconciliable avec la théorie essénienne. L'exemple du rouleau intitulé *Prière au bien être du roi Jonathan* (4Q448) est éclairant. D'après la théorie traditionnelle, les rois asmonéens, c'est-à-dire les Maccabées et leurs descendants, étaient considérés comme des grands prêtres illégitimes aux yeux des Esséniens, et par conséquent sans autorité aucune, car ils ne faisaient pas partie de la lignée de Sadoq, le prêtre de David et Salomon. Or le 4Q448 montre au contraire que son ou ses auteurs tenai(en)t en haute estime certains souverains de cette dynastie qui régna de 165 à 63 av. J.-C. Nous savons que le roi Jonathan est un souverain asmonéen (Jonathan Maccabée ou Alexandre Jannée dont le nom hébraïque était Jonathan). Pourquoi les Esséniens auraient-ils prié pour le salut de ce roi alors qu'il appartenait à une dynastie proscrite ? H. Eshel, pourtant farouche partisan de la théorie traditionnelle, reconnaît que la seule réponse plausible est que ce manuscrit a été apporté de l'extérieur, de Jérusalem, à Qumrân. On peut alors légitimement se demander s'il fut le seul manuscrit à avoir suivi ce périple et si, par conséquent, la théorie essénienne des manuscrits n'est pas en train de s'effriter.

Selon M. O. Wise et ses collègues[18], la description qu'a faite Flavius Josèphe des principaux partis religieux juifs du tournant de notre ère a été un élément déterminant dans l'attribution des manuscrits aux Esséniens ; or le tableau qu'il donne de ces mouvements religieux est par trop schématique et certainement réducteur[19]. Il n'énumère que les principaux partis religieux actifs entre le milieu du Ier siècle av. J.-C. et la destruction de Jérusalem, qu'il nomme *haireseis*, c'est-à-dire sectes, partis,

---

18 WISE, M., ABEGG, M. et COOK, E., *op. cit.*, pp. 37-38.
19 *Antiquités judaïques* XVIII, 15-25.

mouvements, écoles : à savoir les Pharisiens, les Sadduccéens, les Esséniens et les Zélotes. Mais on sait par d'autres sources juives et chrétiennes que cette énumération est incomplète puisqu'il ne cite pas les Samaritains, les disciples de Jean-Baptiste, les Thérapeutes et les Chrétiens. En outre, comme J.-B. Humbert et H. Eshel l'ont rappelé à plusieurs reprises, il est certain que ces groupes étaient eux-mêmes subdivisés en plusieurs mouvements plus ou moins dissidents, voire antagonistes : par exemple, on sait que celui des Pharisiens comprenait deux maisons distinctes, celle de Hillel et celle de Shammaï, plus rigoriste. Il en allait sans doute de même des autres, à commencer par les Esséniens. Tout cela jette une lumière plus que ténue sur les différents milieux juifs de cette époque et donne le sentiment que le tableau peint par l'historien juif du Ier siècle de notre ère n'est pas aussi net et précis qu'il y paraît de prime abord.

Tous s'accordent à dire qu'aucun manuscrit ne parle de ses auteurs et que le mot "Essénien" n'y apparaît pas (et pour cause, il s'agit d'un terme grec). Aussi, dans les réponses données sur l'origine des manuscrits, à côté de celle adoptée par les partisans de la théorie traditionnelle, deux attitudes prévalent : celle incarnée par A. Caquot, spécialiste des textes sémitiques depuis de très longues années, qui admet aujourd'hui humblement qu'on ne peut plus répondre avec certitude ; l'attribution de ces manuscrits reste alors une question (provisoirement ?) sans réponse. L'autre, qui rencontre l'approbation de spécialistes de plus en plus nombreux, et dont N. Golb s'est fait le champion, qui défend l'hypothèse d'une origine hiérosolymitaine (c'est-à-dire venant de Jérusalem) et hétérogène des rouleaux. Selon le savant américain, cette hypothèse est la seule recevable pour expliquer les nombreuses différences qui existent entre les textes et les notices des auteurs anciens sur les Esséniens, et les divergences entre les manuscrits eux-mêmes. J.-B. Humbert rappelle à juste titre que personne aujourd'hui ne peut démontrer que <u>tous</u> les manuscrits découverts à Qumrân sont esséniens ; il paraît raisonnable de considérer que les rouleaux n'appartiennent pas à un seul groupe de juifs pieux mais à plusieurs ; certains sont esséniens, d'autres sadducéens, etc. Leur dépôt dans les grottes de la mer Morte a été une opération planifiée et de longue haleine, réalisée avant le siège de Jérusalem par les Romains en 68 ap. J.-C. Un point précis va dans ce sens, A. Caquot et N. Golb l'évoquent à juste titre : il s'agit du nombre très important de "mains" différentes qui ont écrit ces rouleaux. M. O. Wise, M. Abegg Jr. et E. Cook le résument très clairement : "Les spécialistes pouvant désormais examiner par eux-mêmes l'ensemble des preuves contenues dans les manuscrits, un fait curieux devint manifeste : des centaines de scribes différents avaient participé à leur élaboration. Étant donné que chaque copiste avait une écriture individualisée, comme c'est d'ailleurs le cas pour nous aujourd'hui, il fut possible de repérer chaque scribe en particulier et de déterminer quels rouleaux chacun d'eux avait copié. En fait, s'il y eut plusieurs centaines de scribes impliqués dans cette entreprise, rares sont ceux qui semblent avoir participé à l'écriture de plus d'un texte. À peine une demi-douzaine de "récidives" ont été constatées. Il va sans dire qu'une telle situation cadre mal avec la théorie aujourd'hui incontestée selon laquelle les scribes de Qumrân effectuèrent toute leur tâche sur le site. S'il en eût été ainsi, on aurait trouvé un petit nombre d'écritures, et beaucoup plus de textes auraient pu être attribués à chacun d'eux. (...) il est désormais logique de supposer que la plupart des rouleaux sont venus d'ailleurs. De fait, une fois ce principe acquis, la perspective se modifie et il devient alors nécessaire de prouver que certains manuscrits ont bien été composés à Qumrân"[20].

Cette question de l'origine des manuscrits est particulièrement intéressante pour les textes de la grotte 7. Ces derniers occupent une place singulière parmi ceux mis au jour dans les grottes, d'abord parce qu'ils ont tous été rédigés en grec sur papyrus ce qui, selon P. Donceel-Voûte, marque l'intégration de ce fonds dans un monde polyglotte et hellénistique, celui de l'Orient hellénisé[21] ; ensuite parce que certains d'entre eux ont été reconnus comme appartenant au corpus des textes chrétiens, notamment le 7Q4 et le 7Q5[22]. Ces textes ont été datés par paléographie de la première moitié du Ier siècle de notre ère[23]. On comprend dès lors la passion qui caractérise le débat dont ils font l'objet : y a-t-il vraiment des textes chrétiens parmi ceux retrouvés à Qumrân ? La question est d'importance car, dans l'affirmative, elle relancerait celle, tout aussi cruciale, de la date de rédaction des Évangiles, du moins de celui de Marc[24]. En effet, les travaux de rétroversions des Évangiles menés par Jean

---

20 WISE, M., ABEGG, M. et COOK, E., *op. cit.*, pp. 34-35.
21 Cependant, James VanderKam a justement rappelé que des textes en grec ont été retrouvés dans une autre grotte, la grotte 4, ainsi que des *papyri*. En réalité, ce qui caractérise la grotte 7, c'est le fait qu'il s'agit de la seule grotte où l'on ait retrouvé une telle homogénéité de matériel et de langue dans les textes.
22 Le 7Q4 a été identifié comme une copie de la première lettre que Paul écrivit à Timothée (4, 1), le 7Q5 comme un passage de l'Évangile de saint Marc (M 6, 52-53) par le père J. O'Callaghan (voir bibliographie).
23 Voir notamment l'ouvrage de THIEDE, C. P., *Qumrân et les Évangiles, op. cit.*, 1994.
24 La question ne se pose pas dans les mêmes termes pour le 7Q4 étant donné que tout le monde s'accorde à reconnaître que les épîtres de saint Paul ont été rédigées très tôt, dans les années 50 et 60 ap. J.-C.

Carmignac et Claude Tresmontant ont montré que la version grecque des Évangiles était en réalité la traduction d'un texte écrit dans une langue sémitique (hébreu ou araméen)[25], ce qui signifie que le fragment de Marc retrouvé dans la grotte 7, et daté de 68-69 au plus tard (date de fermeture supposée des grottes), serait en réalité la traduction d'un texte plus ancien encore, ce qui rapprocherait la date de rédaction primitive des Évangiles de celle de la vie du Christ. Le problème est que le 7Q5 est un fragment minuscule, pas plus grand qu'un timbre poste (3,94 x 2,7 cm), sur lequel figure une petite vingtaine de lettres dont une dizaine à peine sont identifiées avec certitude. Les objections à cette identification ne manquent donc pas, même si les arguments de C. P. Thiede, papyrologue allemand renommé qui défend l'identification du 7Q5 avec un passage de l'Évangile de Marc, ont aussi leurs défenseurs[26]. É. Puech, Y. Hirschfeld et H. Eshel prennent sans hésiter position contre une telle identification ; N. Golb et J. VanderKam restent plus réservés. En réalité, la question est encore loin d'être définitivement réglée.

Celle du *rouleau de cuivre* reste, elle aussi, débattue. Ce document exceptionnel soulève en effet quelques objections quant à la date de son dépôt dans la grotte 3 et la réalité de son contenu. É. Puech, qui l'a minutieusement étudié (voir bibliographie), lui attribue une date antérieure à 68 de notre ère, sans autre précision. Quant à l'époque de son dépôt, A. Caquot, Y. Hirschfeld et H. Eshel rappellent que des manuscrits ont été découverts dans des grottes de la région au IIIe siècle puis aux IXe-Xe siècles, et que par conséquent, les grottes de Qumrân ont pu être "visitées" après la destruction du site par les Romains en 70-71 ap. J.-C. Est-ce dire que des manuscrits ont pu être déposés dans ces grottes après leur fermeture en 68-69 de notre ère ? On est en droit de se poser la question. Toutefois le caractère original de ce rouleau, son matériau et sa situation singulière, en avant de la grotte et à l'écart des autres manuscrits, en font un document très particulier et unique, et rien ne permet de généraliser aux autres textes les conclusions qui le concernent.

---

25 CARMIGNAC, J., *La naissance des Évangiles synoptiques*, éd. F.-X. de Guibert (Œil), Paris, 1983 ; TRESMONTANT, Cl., *Le Christ hébreu*, éd. F.-X. de Guibert (Œil), Paris, 1983.
26 Voir par exemple les articles de C. FOCANT et M.-C. CERUTI-CENDRIER, respectivement contre et pour les arguments de Thiede, dans B. BIOUL (dir.), *Jésus au regard de l'Histoire*, Dossiers d'Archéologie 249, janvier 2000, pp. 78-79. Parmi les opposants, on retiendra les noms de Maria Victoria Spottorno, Kurt Aland, G. Segalla, Graham Stanton et Ernest A. Muro ; parmi les partisans, ceux de Marta Sordi, Herbert Hunger, Sergio Daris, Orsolina Montevecchi et Kurt Schubert (pour plus de détail, cfr. ALBERTO, S., *Vangeli e Storicità*, Milan, 1995). À l'instar de Norman Golb et James VanderKam, Shermaryahu Talmon reste prudent, sans écarter la possibilité que la grotte 7 contienne des textes chrétiens. Voir bibliographie.

L'étude de **l'établissement de Qumrân** a elle aussi connu une grande révolution. Au cours de ces dix dernières années, un nombre de plus en plus important de chercheurs a commencé à contester le lien entre les manuscrits et le site de Qumrân considéré comme le centre majeur de cette communauté. Selon ceux-ci, représentés ici par P. Donceel-Voûte, Y. Hirschfeld et N. Golb, Qumrân ne peut pas être relié aux Esséniens pour plusieurs raisons : premièrement, les *loci* considérés par les fouilleurs comme des magasins, des cours ou des pièces à caractère communautaire, tel le réfectoire, n'ont rien de particulier ; on les retrouve dans d'autres sites comme Horvat Salit, Khirbet el-Muraq ou Ramat Hanadiv ; le *scriptorium*, longue pièce rectangulaire située juste au sud de la grosse tour carrée où l'on a mis au jour des fragments de table stuquée et deux encriers, a reçu ce nom parce qu'on ne savait pas comment interpréter une installation sans parallèle à l'époque : à l'examen, rien ne vient étayer l'hypothèse selon laquelle les manuscrits ont été copiés dans cette pièce car il est impossible d'écrire sur cette table pendant de longues heures, et parce que les encriers n'ont pas été retrouvés dans la même pièce ; la deuxième raison est que l'archéologie aérienne et les prospections réalisées autour de l'établissement n'ont jamais révélé l'existence de chemins convergeant vers le site, pas plus que celle d'habitats satellites, type huttes ou tentes dont H. Eshel, par exemple, suppose l'existence. Troisièmement, les grottes elles-mêmes n'ont pu servir que d'abris provisoires, comme le prouvent les petits objets mobiliers qu'on y a recueillis ; en aucun cas, il ne s'agissait d'habitations permanentes. Ici encore, l'archéologie aérienne n'a pas révélé l'existence de traces d'un chemin reliant ces grottes au site et qu'auraient dû laisser ceux qui l'empruntèrent dans l'Antiquité. Aussi, le lien entre les grottes et l'établissement de Qumrân qu'évoquaient J. VanderKam, H. Eshel et K. Galor, s'il est exact sur le plan géographique, demeure pour le reste, comme le rappelle à maintes reprises Y. Hirschfeld, une spéculation[27].

---

27 Ce lien n'est pas le seul. Plus importante encore est la relation qu'on peut établir entre le site et les grottes en se basant sur le type des jarres retrouvées dans l'un et l'autre endroit. Cette question est fondamentale parce que plusieurs passages des manuscrits sont utilisés par certains chercheurs pour interpréter les ruines, et vice versa. Pourtant, à notre connaissance, il reste à démontrer que les jarres des grottes ont été effectivement fabriquées pour conserver les manuscrits ou qu'elles appartiennent bien aux habitants du site qui étaient également propriétaires des rouleaux. Les analyses par activation neutronique conduites par Jan Gunneweg et Marta Balla (voir bibliographie) ont permis de comparer des échantillons du four de Qumrân avec ceux provenant de 16 jarres à manuscrits. Neufs d'entre elles sont faites dans la même argile que celle du four, ce qui signifie qu'elles ont bien été faites sur place. C'est le cas notamment de la jarre portant l'inscription *Roma* retrouvée dans la grotte 7 ; les autres céramiques (30 échantillons), poteries à usage domestique, ont une composition chimique différente. Alors, d'où viennent-elles ?, et à qui appartenaient-elles ? En d'autres termes, on peut admettre un lien physique entre l'établissement et les grottes, mais le lien intellectuel reste encore à démontrer.

En outre, on comprend mal pourquoi les Esséniens de Qumrân n'auraient dissimulé qu'une partie (importante il est vrai) de leur trésor littéraire dans des cavités voisines du site et caché le reste dans des grottes parfois distantes de plus d'un kilomètre vers le nord ; ici, le lien géographique ne joue plus et résiste mal à l'analyse : peut-on alors encore parler de manuscrits esséniens de Qumrân ?

Mais la question n'est pas réglée pour autant. Quelle était la véritable nature de l'établissement de Qumrân ? Comme l'ont rappelé nos savants, près d'une dizaine de théories différentes ont été proposées : forteresse, villa royale asmonéenne puis centre religieux, villa à caractère industriel, etc., mais aucune ne s'est encore imposée. La clé réside une fois encore dans la mise à la disposition du public de tout le matériel mis au jour par le Père de Vaux, et sa comparaison avec celui des sites contemporains fouillés dans la région. D'ici là, tout est susceptible de modification.

Conclusion

Il faut bien se rendre à l'évidence : la vision chère au Père de Vaux d'une communauté essénienne résidant à Qumrân et ayant caché ses trésors manuscrits dans des grottes voisines de l'établissement est de plus en plus difficile à accepter telle quelle aujourd'hui. Est-ce à dire qu'il faut la rejeter d'un bloc ? Peut-être pas, mais il faut certainement la réviser drastiquement. Le problème est de savoir comment. Si l'on s'accorde à dire que l'établissement de Qumrân et certaines grottes à manuscrits forment un seul et même ensemble, il faut alors étudier les rouleaux et le matériel archéologique conjointement, ce qui revient à dire que les spécialistes des textes ont aussi à interpréter le site, et les archéologues qui travaillent sur le site doivent également traiter les manuscrits au-delà du simple document archéologique qu'ils sont. C'est ce qui se passe aujourd'hui. Mais cette démarche nous paraît dangereuse car inévitablement l'interprétation du site influencera celle des manuscrits et vice versa. C'est d'ailleurs ce qui s'est produit. Cette voie nous paraît sans issue. Posons les choses comme elles sont : nous avons à faire à deux types de documents différents : les manuscrits d'une part, les ruines de Qumrân de l'autre. Leur unique lien est géographique et physique puisque les premiers ont été mis au jour dans des grottes voisines du second, et, pour certains (une minorité) dans des jarres identiques à celles mises au jour sur le site. Mais nous avons vu la limite de cet argument qui n'explique d'ailleurs pas pourquoi des grottes situées beaucoup plus au nord du site ont aussi été choisies comme caches à rouleaux. C'est la raison pour laquelle plusieurs spécialistes, archéologues pour la plupart, estiment plus raisonnable d'aborder l'étude des textes et des ruines indépendamment l'une de l'autre ; les premiers par des spécialistes des textes antiques, les secondes par des archéologues avertis, connaissant parfaitement l'histoire de la région au cours de la période du Second Temple, de manière à ce que les travaux des uns n'influencent pas ceux des autres. La tentation est trop grande – et beaucoup y succombent, volontairement ou pas – de faire coïncider les résultats des études des uns avec ceux des autres. On sait pertinemment bien aujourd'hui que d'après la théorie traditionnelle, l'histoire du mouvement essénien a été établie en se fondant sur celle de l'occupation de l'établissement de Qumrân[28]. Or il s'avère que la chronologie du site établie par le Père de Vaux est appelée à être modifiée par les recherches actuelles menées sur le site et sur le matériel[29]. Faudra-t-il alors modifier aussi celle des Esséniens ou chercher un ou plusieurs autres mouvements correspondant mieux à l'histoire des manuscrits ?

Il n'est pas du tout déshonorant de rectifier une théorie si c'est au profit de la science. Le cas des manuscrits et du site de Qumrân est, à cet égard, symptomatique. Il n'est pas unique. Les exemples de Mari, en Syrie, ou de Tanis, en Égypte, nous le rappellent ; les conceptions de leurs premiers fouilleurs ont imposé une vision de ces sites qui s'est avérée par la suite inexacte ou obsolète. Grâce au courage et à l'humilité des archéologues actuels, leurs interprétations ont été heureusement corrigées (et elle le seront peut-être encore dans quelques décennies) sans pour autant renier les mérites réels des savants qui ont fouillé ces sites voici cinquante ans et plus. L'espoir que la recherche connaisse un tel développement existe aussi pour Qumrân.

---

[28] Nous en voulons pour preuve l'analyse faite par M. O. Wise et ses collègues sur les seuls textes. Celle-ci les a conduits à reconsidérer totalement l'histoire de la secte (quelle que soit son origine), auteur et propriétaire de certains manuscrits parmi les plus importants comme la *Règle de la Communauté*, le *Commentaire de Nahum* et l'*Éloge du roi Jonathan*, et l'identité de certains personnages déjà cités comme le Menteur et le Prêtre Impie : "Le Maître de Justice commença son ministère à la fin du IIe ou au début du Ier siècle av. J.-C., peut-être durant le règne d'Alexandre (Jannée *NDLA*). Après leur venue au pouvoir sous le règne de Salomé, les Pharisiens persécutèrent le Maître et son groupe dont les sympathies allaient aux Sadducéens et finirent par le contraindre à s'exiler. Quant Hyrcan II accéda au trône, il tenta à nouveau de détruire le Maître et ses disciples. L'intervention romaine mit un terme à la guerre civile juive opposant Pharisiens et Sadducéens, Hyrcan et Aristobule", *ibidem*, p. 44. Selon les auteurs, au terme d'une démonstration tout à fait acceptable, le Menteur serait Siméon ben Chetah et le Prêtre Impie Hyrcan II.

[29] Elle l'a déjà été par J.-B. Humbert. Voir en fin de volume, p. 265.

ANNEXES

1. L'affaire Moïse Shapira
2. Principales hypothèses concernant l'origine des manuscrits et le caractère de l'établissement de Qumrân

Proposition de chronologie de Qumrân
par Jean-Baptiste Humbert.

Chronologie générale

Glossaire.

Bibliographie générale.

Index général

Index des livres bibliques et des manuscrits cités.

Annexe 1

L'AFFAIRE MOÏSE SHAPIRA

En 1883, l'affaire Shapira défraya la chronique par le prestige des personnalités mises en cause et la fin tragique d'un des principaux acteurs.

À la fin du XIXᵉ siècle, Moïse Shapira tenait un magasin d'antiquités à Jérusalem, renommé notamment à cause de ses fameuses poterie "moabites" couvertes d'écritures en hébreu ancien qu'il offrait à la curiosité – et souvent à l'incrédulité – des touristes occidentaux.

En 1883, il se rendit à Londres, au British Museum, pour vendre les fragments d'un ancien manuscrit du *Deutéronome* qu'il prétendait provenir d'une grotte des bords de la mer Morte. Des spécialistes des études bibliques, très en vogue à l'époque, identifièrent et authentifièrent ces fragments qui furent achetés par l'illustre musée pour une somme considérable – on a parlé d'un million de livres sterling – et aussitôt exposés à force de grandes annonces publicitaires. Tous les plus grands savants de l'époque se précipitèrent pour admirer les plus anciens témoins du texte biblique de l'époque.

Parmi ceux-ci, vint de Paris l'orientaliste français Charles Clermont-Ganneau, célèbre pour sa découverte de la stèle dite de Mesa qu'il avait rapportée au Louvre après ses fouilles en Transjordanie. Or Clermont-Ganneau avait eu maille à partir à plusieurs reprises avec Shapira qu'il accusait de fraude et qu'il dénonçait comme fabriquant dans un livre célèbre intitulé "Fraudes archéologiques en Palestine". Supputant une nouvelle duperie, le savant français s'était rendu à Londres pour examiner la précieuse trouvaille mais, s'étant vu refuser ce privilège, il dut se contenter de l'étudier à travers sa vitrine d'exposition. Néanmoins, après une évaluation rapide, Clermont-Ganneau décréta qu'il s'agissait d'un faux et qu'on avait utilisé de vieux rouleaux de parchemin provenant d'une synagogue : on distinguait encore, disait-il, le tracé des marges et des lignes-guides du texte, œuvre du faussaire. Le scandale fut énorme. La réputation du savant français était telle que tous les autres spécialistes se rangèrent à son avis. Le marché fut annulé. Humilié et déconsidéré publiquement, Moïse Shapira se suicida quelques mois plus tard, en 1884, dans une chambre d'hôtel qu'il avait louée à Rotterdam.

Dans les années 1910, sa fille, Myriam Harry, tenta de réhabiliter la mémoire de son père en écrivant un roman publié en France sous le titre "La petite fille de Jérusalem". Bien plus tard encore, la découverte des manuscrits dans des grottes près de l'établissement de Qumrân amena les savants à s'interroger à nouveau sur l'authenticité des fragments de Shapira. John Allegro, l'un des membres de la première équipe chargée de la publication de ces manuscrits, publia un ouvrage intitulé "*The Shapira Affair*" où il examinait les reproductions des fragments de l'antiquaire de Jérusalem à la lumière des documents de Qumrân. La mise au jour de ceux-ci dans la région occidentale de la mer Morte, et leur étude ont montré qu'en définitive, l'antiquaire de Jérusalem a effectivement pu détenir des documents originaux. En 1947, John Trever l'ignorait encore, d'où son scepticisme. D'après Colette Sirat, Directeur d'Études de paléographie hébraïque médiévale à l'École Pratique des Hautes Études (IVe section) de Paris (Sorbonne), il ne reste des "fragments Shapira" que des reproductions qu'elle a utilisée dans son article paru dans la *Revue des Études juives*. Toutes les recherches menées pour retrouver les originaux ont échouées.

Bibliographie
• ALLEGRO, John Marco, *The Shapira Affair*, Garden City, New York, 1965.
• CLERMONT-GANNEAU, Charles, *Les fraudes archéologiques en Palestine*, suivies de *Quelques monuments phéniciens apocryphes*, Paris, éd. Leroux, 1885.
• HARRY, Myriam, *La petite fille de Jérusalem*, dans *La Petite Illustration*, Paris, 1914.
• SIRAT, Colette, *Les fragments Shapira*, dans *Revue des Etudes Juives*, CXLIII, 1984, p. 95-111.

Annexe 2

PRINCIPALES HYPOTHÈSES CONCERNANT L'ORIGINE DES MANUSCRITS ET LE CARACTÈRE DE L'ÉTABLISSEMENT DE QUMRÂN

Origine des manuscrits

La polémique concernant l'origine des manuscrits est loin d'être achevée. Bien des questions restent en suspens. La principale, nous semble-t-il, concerne l'attribution des manuscrits : faut-il les considérer tous comme appartenant à un seul et même mouvement ou faut-il, au contraire, envisager des origine diverses ? Dans le premier cas, la date de rédaction ou de copie des rouleaux (IIIe-s. av./Ier s. ap. J.-C.) permet d'écarter plusieurs identifications de première heure comme celle des Karaïtes médiévaux, des Zélotes voire, peut-être, des Judéo-Chrétiens ; dans le second, une attribution au cas par cas devient nécessaire car s'il est évident que des manuscrits antérieurs à notre ère ne peuvent être attribués au mouvement zélote ou judéo-chrétien, il n'en est pas forcément de même pour les rouleaux plus récents.

1. Origine essénienne des manuscrits

Les travaux pionniers réalisés dans les années cinquante par des savants renommés tels que Éléazar Sukénik et André Dupont-Sommer, ont soutenu l'idée que les Esséniens étaient les auteurs et les propriétaires des manuscrits retrouvés dans des grottes près de Qumrân. La raison en était relativement simple : pour ces éminents chercheurs, et leurs successeurs, les Esséniens constituaient le groupe dont les croyances et les pratiques religieuses présentaient la plus grande affinité avec celles qui figurent dans les manuscrits non-bibliques sectaires. En outre, il existe quelques parallèles entre les descriptions des Esséniens faites par les auteurs anciens classiques (Philon, Flavius Josèphe, Pline, etc.) et les traits caractéristiques de la communauté tels qu'ils transparaissent à la lecture des rouleaux. La force de la démonstration est telle qu'aujourd'hui encore, l'hypothèse essénienne est la plus répandue. Mais à bien y regarder, cette opinion permettait surtout d'expliquer ou d'interpréter les données tirées des sept manuscrits retrouvés dans la grotte 1. Or trois manuscrits sur sept (et même sur six, si l'on considère que les deux copies du livre d'*Isaïe* proviennent d'un seul ouvrage original) contiennent des considérations sectaires fortes, radicalement opposées à celles des autres mouvements juifs pieux contemporains. Aussi, au fur et à mesure que les manuscrits étaient publiés, et en particulier ceux de la grotte 4, la diversité de leur contenu et des points de vue exprimés dans l'un ou l'autre texte ont amené un certain nombre de chercheurs a reposer la question de l'origine des rouleaux, et donc de l'identité de leurs propriétaires.

2. Origine sadducéenne des manuscrits

Lawrence Schiffman, de l'université de New York, adopte une position plus nuancée : selon ce chercheur, un tiers des manuscrits est sectaire et appartient à un même groupe ; les autres, amenés à Qumrân par la secte qui en était propriétaire, ont été composés par des auteurs différents, à des époques différentes. Schiffman propose d'identifier les auteurs des manuscrits sectaires avec un groupe de Sadducéens dissidents ou avec une communauté essénienne aux racines sadduccéennes. Sa thèse repose avant tout sur l'analyse du 4QMMT ou 4Q394-399 intitulée *Miqsat Ma'aseh ha Torah*, "Certains des ouvrages de la Loi" (ou "Lettre halakhique"). Il démontre que ce texte suit la *halakhah* (la réglementation pratique) des Sadducéens telle qu'on peut la connaître par les écrits rabbiniques comme la *Mishna*. Il en va de même du calendrier particulier qui apparaît dans le *rouleau du Temple* et le livre des *Jubilés*. Selon lui, la *Mishna* (*Yadayim* IV, 6-7), ouvrage rédigé vers 200 ap. J.-C., rapporte une série de désaccords entre Pharisiens et Sadducéens sur plusieurs points qui portent non pas sur la légitimité des prêtres de Jérusalem mais sur des règles de pureté dont quatre figurent déjà dans le *MMT* qu'il date du IIe siècle av. J.-C. Dans chacun des quatre cas, Schiffman reconnaît des parallèles frappants entre les pratiques des Sadducéens et celles du ou des auteurs du *MMT*. Il reconstitue ainsi l'histoire de la communauté : dans un premier temps, les prêtres "dissidents" encouragent et conjurent leurs anciens collègues de revenir sur leurs engagements et de les rejoindre ; ensuite, devant le refus de ces derniers, s'ouvre une phase pré-essénienne bientôt suivie, vers 150 av. J.-C. et l'arrivée du Maître de Justice, d'une phase essénienne qui voit la communauté s'installer à Damas (c'est-à-dire Qumrân qui était alors dans la juridiction administrative de Damas et pouvait être désigné par le nom de la cité syrienne). Au cours de cette phase, le ou les Maître(s) de Justice s'oppose(nt) aux souverains asmonéens qualifiés de "Prêtres Impies", et adoptent des positions et un mode de vie franchement esséniens. La théorie de Schiffman ne rencontre pas l'adhésion de la communauté savante car les parallèles qu'il établit entre la position sadducéenne et celle décrite dans la *MMT* ne sont pas aussi évidents qu'il le dit. De surcroît, il existe, dans les manuscrits, des conceptions ou des doctrines qui sont radicalement opposées à celles professées par les Sadducéens comme par exemple l'existence d'une multitude d'anges auxquels les Sadducéens ne croyaient pas (cf. *Actes des Apôtres* 23, 8), ou le pouvoir omnipotent du destin (prédéterminisme) qui sont des notions totalement étrangères aux conceptions sadducéennes.

3. Origine hiérosolymitaine (de Jérusalem) des manuscrits

Cette thèse est soutenue par le professeur Norman Golb, de l'Université de Chicago, qui s'attache à différencier les manuscrits du site et de l'établissement de Qumrân. N. Golb défend l'idée que l'ensemble des manuscrits ne constitue pas la bibliothèque d'un seul groupe mais une sorte de panel ou d'échantillon de toute la littérature juive du tournant de notre ère. Selon lui, les manuscrits viennent de plusieurs bibliothèques de Jérusalem et de collections particulières, et remontent, pour la plupart, à l'époque asmonéenne. Ils ont été cachés dans différents endroits du désert de Judée devant l'arrivée imminente des troupes romaines. Ces textes reflètent donc les conceptions d'une grande partie de la population de l'époque répartie en différents groupes, mouvements et sectes. Ceci, selon N. Golb, explique les différences et les contradictions flagrantes qu'on a pu relever entre manuscrits. Néanmoins, plusieurs chercheurs mettent en avant le fait que, malgré la diversité réelle des contenus, il n'existe pas un seul manuscrit qui puisse être identifié comme une œuvre pharisienne, l'un des groupes de Juifs pieux les plus puissants du tournant de notre ère.

4. Origine qumrânienne des manuscrits

La dernière proposition intéressante porte le nom de "hypothèse de Groningue". Elle a été élaborée par Fl. Garcia Martinez et A. S. Van der Woude. Elle distingue nettement les origines des Esséniens et les origines de la communauté de Qumrân qui serait l'auteur et la propriétaire des fameux manuscrits. L'origine des Esséniens doit être recherchée dans la tradition apocalyptique juive des IIIe-IIe siècles av. J.-C. dont témoigne le livre d'*Hénoch*, avant la persécution d'Antiochus IV Épiphane (175-164), alors que celle de la communauté de Qumrân se trouve à l'intérieur du mouvement essénien proprement dit, vers la fin du IIe siècle avant notre ère. La communauté serait née d'une rupture à l'intérieur du mouvement, et l'acteur principal de cette sécession serait celui que les textes sectaires appellent le Maître de Justice. Il aurait reçu, par révélation divine, l'interprétation correcte des textes bibliques, et aurait été suivi par quelques fidèles parmi lesquels bon nombre de prêtres. Selon les textes sectaires qumrâniens, les motifs de cette rupture furent d'une part, une interprétation particulière des normes de la Torah par rapport au calendrier, au Temple et à la ville sainte, et des normes de pureté concernant le culte, les personnes et les objets ; et d'autre part, une forte attente eschatologique dans laquelle le présent est perçu comme "la fin des jours". En outre, le Maître de Justice aurait préconisé également des *halakhot* (réglementations pratiques) différentes pour la vie quotidienne. Les autres groupes d'Esséniens, refusant de croire au caractère révélé des interprétations du Maître de Justice, auraient suivi un autre chef que les manuscrits sectaires nomment "le Menteur". Contre le Maître de Justice s'élevèrent aussi les dirigeants asmonéens appelés dans ces mêmes manuscrits "Prêtre(s) Impie(s)". Fl. Garcia Martinez et A. S. Van der Woude distinguent une période préqumrânienne qui va de Jonathan (160-143) à Simon (143-134), et qui est marquée par le conflit avec les autorités de Jérusalem, et une période qumrânienne proprement dite qui voit la persécution du Maître de Justice par Jean Hyrcan (134-104) et l'installation de ses disciples à Qumrân.

Annexe 2

Caractère de l'établissement de Qumrân

L'autre grand débat qui agite toujours le monde des spécialistes concerne le caractère de l'établissement de Qumrân. Faut-il l'étudier en relation avec les manuscrits et identifier les propriétaires des textes avec les résidents du site, ou bien considérer les rouleaux et les ruines séparément ? La question reste ouverte tant que le matériel de Qumrân n'aura pas été intégralement publié. La théorie du Père de Vaux voit dans les ruines, les vestiges d'un établissement essénien où vivaient les auteurs et propriétaires des manuscrits retrouvés dans les grottes voisines. Pendant près de quarante ans, cette interprétation a fait la quasi-unanimité chez les savants. Mais aujourd'hui, la situation a changé parce que les manuscrits sont presque intégralement édités, et parce que le matériel archéologique commence péniblement et lentement à être publié. En outre, de nouvelles fouilles ont été menées sur le site et dans ses environs entre 1996 et 2003. Et elles se poursuivront sans doute, apportant ainsi du nouveau matériel. Voici les principales interprétations du site que l'on propose aujourd'hui.

1. Une villa rustica

Pressenti, en 1987, par l'École biblique pour participer à la rédaction du rapport final des fouilles du Père de Vaux (ce projet n'aboutira pas suite à un désaccord entre les deux parties), Robert Donceel, de l'Université catholique de Louvain, aidé de son épouse Pauline Donceel-Voûte, travaille sur le matériel de Qumrân depuis longtemps. Leurs recherches les ont amenés à la conclusion que Qumrân ne pouvait être l'établissement communautaire cher au Père de Vaux. Trop d'indices allaient à l'encontre d'une telle hypothèse. Dans de nombreux articles publiés depuis 1992, R. et P. Donceel proposent plutôt d'y voir les vestiges d'une de ces nombreuses exploitations spécialisées qui s'échelonnent entre Jéricho et le sud de la mer Morte. De nombreux indices vont en ce sens : abondance des monnaies d'argent mises au jour qui suggère un rôle commercial du site, production de verre soufflé et de vases de pierre, confection de vases à parfum dans lesquels ont été retrouvés des restes fossilisés de baume et de bitume, présence d'éléments de "luxe" comme des pierres ciselées, de la céramique décorée, des éléments stuqués. Qumrân est donc pour eux une villa et comme telle, s'organisait en deux parties : une *pars urbana* à caractère résidentiel, bénéficiant entre autres d'un "cénacle" ou salle à manger à l'étage (le *scriptorium* du Père de Vaux), et une *pars rustica* spécialisée notamment dans la fabrication de parfums et de baumes. Dans les environs immédiats du complexe, des équipes constituées en partie ou par moment d'esclaves ont pu être mises au travail. Un sceau de pierre recueilli sur le site mentionne, en grec, un "Joseph" : ce nom est commun en Palestine gréco-romaine, mais on peut relever que plusieurs personnes dans la famille d'Hérode le portaient (dont un frère et un oncle du roi). L'interprétation générale du site a ses adeptes, mais celle du *locus* 30 (*scriptorium*) comme salle à manger ne paraît pas suffisamment convaincante pour bon nombre de spécialistes.

2. Une manufacture de manuscrits

En 1993, H. Stegemann propose de lier Qumrân – qu'il considère comme un centre essénien– à l'établissement de Aïn Feshka (ce que proposent tous les spécialistes d'ailleurs), et d'y voir un centre de production de manuscrits : les peaux, provenant des troupeaux de petit bétail (moutons et chèvres) de la région, devaient être traitées à Aïn Feshkha en utilisant les propriétés chimiques particulières des eaux de la mer Morte (sorte de tannerie), tandis que la phase finale de la production des rouleaux de cuir, et la copie des textes étaient effectuées à Qumrân même, avant une vente éventuelle ou une redistribution aux divers groupes esséniens. Qumrân était en quelque sorte une manufacture de manuscrits et une maison d'édition couplée avec une bibliothèque installée dans trois pièces du rez-de-chaussée (*loci* 4, 1 et 2) situées au sud de la tour. De façon plus précise, la salle 4, comportant des banquettes le long des murs, aurait joué le rôle de salle de lecture tandis que les quelque 900 manuscrits de la bibliothèque auraient été entreposés sur des rayons ou dans des jarres dans les pièces 1 et 2. Cette hypothèse reste encore fragile, et mérite d'être nuancée, corrigée et complétée.

3. Une ferme asmonéenne puis un centre essénien

En 1994, Jean-Baptiste Humbert, qui dirige la publication du matériel archéologique de Qumrân, propose à son tour une nouvelle hypothèse. Une comparaison avec d'autres installations contemporaines des bords de la mer Morte le conduit à considérer Qumrân comme une ferme-villa royale asmonéenne fondée à la fin de l'époque hellénistique, et dépendant peut-être de la forteresse de l'Hyrcania située au sud-ouest de Qumrân. Les bâtiments, probablement détruits ou abandonnés en même temps que l'Hyrcanion lors de la campagne de Gabinius vers 57 av. J.-C., auraient été réoccupés par les Esséniens qui en firent une installation à destination religieuse habitée seulement, de façon permanente, par une quinzaine de personnes tout au plus. Le Père dominicain interprète certains *loci* de façon originale présentant, par exemple, l'enclos nord du "centre essénien" comme une "cour réservée aux sacrifices", tandis que dans la partie méridionale, la grande salle 77 ne serait pas un réfectoire mais une sorte de sanctuaire aux autels nombreux (interprétés auparavant comme des piliers) où l'on faisait des offrandes. Cependant, peu de spécialistes le suivent dans cette dernière interprétation.

4. Une auberge sur la route commerciale vers Jérusalem

En 1994, Alan Crow et Lena Cansdale interprétaient les constructions de Qumrân comme un port sur la mer Morte, un poste de douane et une auberge sur la route de l'encens, du baume, du natron, des dattes, du sel et du bitume vers Jérusalem. Comme les Donceel, ils soulignent la présence de vaisselle en pierre de très haute qualité provenant de Jérusalem, de verres luxueux et d'un trésor monétaire important. La haute teneur en sel de la mer Morte permettait de transporter des cargaisons plus lourdes que sur les mers moins salines. Selon eux, la présence d'un quai sur la mer Morte, au pied de Qumrân, est la preuve d'une installation commerciale. Ils interprètent le cimetière comme l'endroit où reposent les voyageurs décédés en cours de route, aux abords de l'établissement. Dans un article relativement récent (*The Climate of Jordan in the Past and Present*, 1985), le professeur Numan Shehadeh, du département de Géographie de l'Université des Émirats arabes unis, affirme qu'au début du Ier s. av. J.-C., les pluies n'étaient pas rares dans la région et que le climat aux deux premiers siècles de notre ère était assez humide. Des fragments de bois trouvés dans la rampe romaine de Masada indiquent un taux de pluviométrie supérieur de 50% à l'actuel. Il semble aussi que le niveau de la mer Morte ait été plus élevé qu'aujourd'hui comme l'indique, semble-t-il, la carte de Madaba (VIe siècle ap. J.-C.) qui ne représente pas la péninsule de Lisan.

5. Une forteresse

Selon le Père de Vaux, Qumrân était une forteresse aux VIIIe-VIIe siècles av. J.-C., avant d'être abandonnée jusqu'au IIe siècle. N. Golb, de l'Université de Chicago, et l'un des adversaires les plus acharnés de l'hypothèse "traditionnelle", défend l'idée que Qumrân était, du fait de sa tour, une forteresse judéenne qui fut détruite par les Romains en 70 ap. J.-C. De fait, le Père de Vaux reconnaissait que le site avait été occupé par une garnison romaine jusqu'en 73 ap. J.-C. au moins. Ce qui frappe d'abord le visiteur, c'est bien sûr la tour massive qui ferme le site au nord et dont les murs ont jusqu'à 1,5 m d'épaisseur. Elle est renforcée par un glacis ce qui montre qu'elle jouait un rôle défensif important dans l'établissement. Autour du site, existe un mur dont il ne reste aujourd'hui que des vestiges. Le parement de certaines sections extérieures est semblable à celui que l'on retrouve à Masada et à l'Hérodion. Le site était aussi un poste de contrôle sur la route commerciale où transitaient le sel, le baume, l'asphalte, etc. exportés vers Jérusalem. Pour N. Golb, les tombes du cimetière principal sont celles des soldats qui se sont battus pour la prise de Qumrân lors de l'avancée des Romains vers Masada.

De fait, le Père de Vaux avait constaté que les bâtiments avaient été ruinés par une action militaire dont on retrouve des traces sous forme de murs détruits, de couches d'incendie et de pointes de flèches. Pour Norman Golb, ces dernières prouvent que ce sont des soldats romains qui ont attaqué l'établissement. Frank Cross avait déjà précisé que les murs extérieurs avaient été minés par des tunnels ; cette technique était utilisée par les assaillants lorsqu'ils ne pouvaient pas ou n'arrivaient pas à faire des brèches dans un mur. Les tunnels étaient étayés par des poutres en bois qui, une fois le travail de sape achevé, étaient brûlées, provoquant par leur destruction l'effondrement de la partie de l'enceinte visée. Golb attire également l'attention sur les citernes retrouvées en grand nombre sur le site. Leur capacité totale est de 1 127 m^3, soit 1 127 000 litres, de quoi fournir de l'eau à 750 personnes pendant 8 mois (une personne utilise en moyenne 6 litres d'eau par jour). Pour Norman Golb, Qumrân a bien été une forteresse, et pendant un long moment. L'hypothèse de Golb est cependant rejetée par la grande majorité des spécialistes ; la raison principale est que les murs de l'établissement sont beaucoup trop minces pour être ceux d'un fortin (moins d'un mètre). Reste la tour massive dont on explique la présence par l'habitude qu'on avait à l'époque de pourvoir les habitations d'une construction de ce type destinée avant tout à servir de refuge en cas d'attaque.

6. Une maison forte à caractère agricole

L'interprétation donnée par Yizhar Hirschfeld rejoint celle des époux Donceel. L'archéologue israélien souligne d'abord que Qumrân est un établissement caractéristique – et non pas unique – de Judée à la fin de la période hellénistique et au début de la période romaine car il existe de nombreux sites similaires de maisons fortifiées en Judée présentant plusieurs points communs (une situation sur une position élevée permettant un contrôle et une surveillance des routes passant à proximité (celles conduisant à Jérusalem et à Jéricho) ; un complexe très étendu couvrant plusieurs centaines de m^2 ; la combinaison d'une tour fortifiée et de quartiers résidentiels ; un système d'adduction d'eau très élaboré ; des installations agricoles qui montrent que le travail de la terre était l'occupation principale des propriétaires ; une destruction des sites au cours de la Première Révolte). La localisation de Qumrân sur un plateau, à 60 m au-dessus de la mer Morte, en fait un poste d'observation tout à fait remarquable sur toute la partie septentrionale de la mer Morte et les routes côtières jusqu'à Aïn Feshkha. L'élément qui domine les bâtiments principaux est sans conteste la tour. Pour Y. Hirshfeld, toute cette partie de l'établissement correspond à la *pars urbana*, le quartier d'habitation du site. Le reste constitue la *pars rustica*, la zone industrielle, et le système d'alimentation en eau permettait de stocker celle-ci dans des bassins pouvant contenir, au total, jusqu'à 1 127 m^3 d'eau ; c'est une quantité considérable mais pas exceptionnelle pour la région. Enfin, l'archéologue israélien insiste sur le fait qu'une étude systématique des grottes a démontré qu'il ne s'agissait pas de lieux d'habitation permanents mais de caches. En conclusion, Qumrân n'est pas une forteresse ; la tour le rendait défendable, mais les quartiers d'habitation aux multiples entrées et à la construction irrégulière sont caractéristiques d'un complexe à caractère civil. Les installations industrielles et les traces de travail de la terre prouvent que l'occupation principale de ses habitants était liée aux travaux agricoles. L'intégration de tous ces éléments – tour, quartiers résidentiels et installations – indique que Qumrân fonctionnait comme une maison forte à caractère agricole.

7. Centre de purification rituelle

Cette théorie a été proposée par Edward M. Cook (Cook, E. M., *What was Qumran? A ritual purification center*, dans *Biblical Archaeology Review*,

22, 6, 1996, pp. 37-75). Celui-ci estime que toutes les théories présentées ci-dessus pèchent sur un point essentiel : aucune ne parvient à concilier le site de Qumrân, les manuscrits et le cimetière. Selon E. Cook, la quantité d'eau que l'on peut collecter sur le site dépasse de loin la quantité nécessaire pour le boire et la toilette des habitants dont il estime le nombre à 50/70 personnes environ (la taille du secteur résidentiel et la quantité de nourriture disponible dans la région empêchent l'existence d'une population plus importante). Pour lui, les réservoirs sont des bains rituels (*miqva'ot*) et Qumrân est un centre régional de purification. Pour soutenir cette interprétation, E. Cook se base sur un passage du *rouleau du Temple* 46, 16-18 : "Vous prévoirez aussi trois emplacements à l'est de la ville, séparés les uns des autres, où ceux qui ont une affection cutanée, un écoulement génital ou une émission nocturne iront". Il s'agit, pour E. Cook, d'un ordre, d'une injonction de se rendre dans un centre de purification construit à l'est de Jérusalem. Ce centre correspond à l'établissement de Qumrân où les personnes rituellement impures pouvaient se purifier. Certaines fosses ou puits de Qumrân et d'Aïn Feshkha servaient de "buanderies" où l'on nettoyait les vêtements. C'est pourquoi, les hommes fréquentant Qumrân s'abstenaient de tout commerce, activité considérée comme "salissante" et "souillante". Cette hypothèse permet également d'expliquer la prépondérance des squelettes masculins dans le cimetière.

Proposition de chronologie de Qumrân par Jean-Baptiste Humbert

Dates	Synthèse du P. de Vaux		Reconsidérations		Niveaux proposés
	Histoire	de Vaux	Archéologie	Révision pour Qumrân	
800 av. J.-C. ?	2 *Chron.* 26, 10	Fortin israélite FER II	Poterie		Niveau 1 Petit fortin FER II
700 av. J.-C. ?					
580 av. J.-C. ?					
	Abandon				**Abandon**
135 av. J.-C. ?	Jean Hyrcan	Période Ia			
104 av. J.-C. ?	Alexandre Jannée	Période Ib	Monnaies	Résidence aristocratique asmonéenne	Niveau 2 Phase A
63 av. J.-C. ?	Pompée à Jérusalem				
56 av. J.-C. ?	Gabinius détruit l'Hyrcanion		Renforcements dans le bâtiment central la "résidence" en ruine est barricadée Restauration complète des bâtiments	Après l'une des 3 destructions : Qumrân réinvesti avec un camp de retranchés	Niveau 2 Phase B
40 av. J.-C. ?	Raid parthe				
34 av. J.-C. ?	Antoine donne la mer Morte à Cléopâtre				
31 av. J.-C. ?	Hérode soumet la mer Morte Seconde destruction de l'Hyrcanion Séisme (selon Fl. Josèphe)	Fin de la Période Ib : Séquence "séisme. Incendie. Exil".	Début du cimetière "Dépôts d'ossements" (*locus* 135)	Installation d'un "nouveau groupe"	Niveau 3 Phase A
30 av. J.-C.	**Abandon**		Installations sectaires *loci* 77, 86, 111, 120, 121, 122, 135 et système hydraulique élaboré	Centre sectaire des rites ?	Niveau 3 Phase B
10 av. J.-C. ?					
de 1 à 50 ap. J.-C. sans précision	Réinstallation et développement des installations	Période II	Désaffectation des installations cultuelles : *loci* 77, 86/89, 122, 135	Apogée du site Essénisme (?) conforme aux sources historiques	Niveau 3 Phase C
			Creusement des grottes artificielles		
c. 60 ap. J.-C.			Dissimulation des rouleaux		
c. 68 ap. J.-C.	**Destruction et dispersion**				
132-135 ap. J.-C.		Période III Avant-poste romain ? Présence de révoltés ?	Avant-poste romain	Architecture réduite	Niveau 4
			Séisme	Nombreuses fractures dans la terrace marneuse	**Abandon ?**

Chronologie générale

ÉPOQUE HELLÉNISTIQUE (333-63 AV. J.-C.)

323. Mort d'Alexandre le Grand à Babylone ; partage de son empire.

332. La Palestine est conquise par les armées d'Alexandre.

Les Lagides (Ptolémées) en Égypte.

Les Séleucides en Syrie et Babylonie.

Ptolémée I Sôter (323-282).

Séleucos I Nicator (311-281).

320-200. La Palestine soumise aux Lagides. Les archives de Zénon de Caunos (259-258) mentionnent une province ptolémaïque de "Syrie-Phénicie" qui englobe le pays des Juifs.

Ptolémée II Philadelphe (282-246).

Antiochus I Sôter (281-261).
Antiochus II Théos (261-246).

Ptolémée III Évergète (246-222).

Séleucos II Callinicos (246-225).
Séleucos III Ceraunos (225-223)

Vers 250. 72 rabbins traduisent la Bible hébraïque en grec pour les Juifs de la communauté d'Alexandrie. Ils établissent pour se faire un dictionnaire hébreu-grec qui sera utilisé pour traduire les livres de Flavius Josèphe et les Évangiles.

Ptolémée IV Philopator (222-205).

Antiochus III le Grand (223-187).

Ptolémée V Épiphane (204-180).

200 av. J.-C. : victoire d'Antiochus III sur Scopas, général de Ptolémée V, à Panéion (Césarée de Philippe).

200-142. La Palestine soumise aux Séleucides.
190 (ou 189). Antiochus III est défait par les Scipions près de Magnésie du Sipyle.
188. Traité d'Apamée. Antiochus III doit céder ses possessions anatoliennes et grecques aux Romains et à leurs alliés, Rhodes et Pergame.

Ptolémée VI Philométor (180-145).

Séleucos IV Philopator (185-175).

• Début des difficultés entre les Juifs et les dirigeants séleucides ; conflits entre les grands prêtres à Jérusalem. Séleucos IV (187-175) tente de se procurer de l'argent en pillant les richesses du Temple (II *Macc*. III, 1-12).

Ptolémée VI Philométor, Cléopâtre II et leur frère Ptolémée VII Physcon (170-145) corégents

Antiochus IV Épiphane (175-164) : campagnes militaires contre l'Égypte.

169. Pillage du Temple par les troupes d'Antiochus IV.
167. Décret interdisant le culte juif. Antiochus IV dédie le temple de Jérusalem à Zeus Olympien.
• Début de la révolte des Juifs avec le prêtre (*kohen*) Matthatias, dont un aïeul s'appelait Asmonée.
166. Son fils Judas, dit Maccabée ("le marteau"), lui succède (166-160).

Antiochus V Eupator (164-162).

164. Le Temple est reconquis et purifié (fête de la Dédicace). Rédaction du livre de *Daniel*.
163. Antiochus V rend aux Juifs la liberté religieuse.
• Alliance de Judas avec Rome.

Démétrius I Sôter (162-150).

161. Nikanor, général de Démétrius Ier est battu par Judas à Chapharsalama.

	Alexandre Balas (150-145).	160. Continuation de la lutte contre les Séleucides ; nouvelle victoire sur Nikanor (fête du "Jour de Nikanor") à Adasa en mars. Mort de Judas Maccabée en avril/mai à Béerzeth. 160-143. Jonathan, frère de Judas (nommé grand prêtre en 152) ; extension du territoire des Juifs par des conquêtes militaires. **Vers 149.** Jonathan est nommé stratège et méridarque (gouverneur) par Alexandre Balas. Il bat Apollonius, gouverneur de Coélé-Syrie.
Ptolémée VII Physcon (145-116).	Démétrius II (145-140 et 129-125). Antiochus VI Dionysos (145-142).	145-144. Jonathan confirmé dans ses charges par Démétrius II puis Antiochus VI. Renouvellement des alliances avec Rome et Sparte. 143. Jonathan est capturé et tué par Tryphon
	Tryphon (142-138). Antiochus VII Sidétès (138-129). Décadence et anarchie du royaume.	143-134. Simon, autre frère de Judas (grand prêtre et gouverneur en 142). 142-63. Indépendance des Juifs (dynastie des Asmonéens). 141. Renouvellement des alliances avec Rome et Sparte. 134-104. Jean Hyrcan, fils de Simon (celui-ci a été tué par son gendre Ptolémée). Jean Hyrcan conquiert Moab et la Samarie. 104-103. Aristobule I, fils de Jean Hyrcan, prend le titre de roi. 103-76. Alexandre Jannée, frère d'Aristobule, lui succède
Vers 84. Arétas III, roi de Nabatène, conquiert la Coélé-Syrie. 70. Tigrane, roi d'Arménie, maître de toute la Syrie.		73-67. Alexandra, épouse d'Alexandre Jannée, assure le pouvoir.
64. À Antioche, Pompée réduit la Syrie en province romaine.		67-64. Hyrcan II et Aristobule II, ses fils, se disputent le pouvoir royal et la fonction de grand prêtre. 65. Hyrcan II et Arétas III assiègent Jérusalem. Sur l'injonction de Pompée, ils doivent se retirer et sont ensuite vaincus par Aristobule II. 63. Pompée, général romain, alors en opération en Syrie, intervient dans les affaires intérieures` des Juifs. Accueilli par les partisans d'Hyrcan II, il pénètre en Judée par la vallée du Jourdain et s'empare de Jérusalem après un siège de trois mois. Il confirme Hyrcan II dans sa charge de roi et de grand prêtre, mais réduit son royaume à la Judée, l'Idumée, la Galilée et la Pérée.

Chronologie générale

ÉPOQUE ROMAINE (À PARTIR DE 63 AV. J.-C.)

44. Assassinat de César. Flavius Josèphe (*Ant.* XIV, 192-194) ne manque pas de rappeler tous les privilèges que le dictateur avait accordés aux Juifs, et qui seront confirmés par Auguste et Tibère : 1. Les Juifs n'ont pas d'obligation de prendre part au culte adressé au souverain ; 2. Ils ne pouvaient pas être contraints par d'autres de participer à des cultes étrangers ; 3. Ils avaient le droit de gérer de manière autonome leurs affaires religieuses et juridiques ; 4. Des cultes étrangers ne pouvaient pas être célébrés à Jérusalem (à l'exception de la zone occupée par les Romains) ; 5. Ils n'étaient pas soumis au service militaire.

40-31. Antoine en Orient, Octavien en Occident.

31. Le 2 septembre, Octavien triomphe d'Antoine et de Cléopâtre à la bataille navale d'Actium (côte occidentale de la Grèce, aujourd'hui Cap d'Aktio).
29. Octavien empereur (le Sénat lui décernera le titre d'Auguste à partir de 27) jusqu'en 14 ap. J.-C.
• La Syrie devient province impériale de type consulaire.
23. Premier recensement des citoyens romains dans tout l'empire.

9-6. Sentius Saturninus, légat de Syrie.
8. Deuxième recensement des citoyens romains de l'empire.
6-4. Quintilius Varus, gouverneur de Syrie.

4-2 av. J.-C. Quirinius, gouverneur de Syrie (?). Enregistrement "premier" de Quirinius en Syrie et en "Palestine". Il s'agit alors d'inventorier et d'enregistrer les biens et les personnes sur l'ensemble des provinces de l'empire romain.

50. Situation trouble en Palestine : Hyrcan II est grand prêtre et roi, mais c'est son ministre, Antipater, un Iduméen, qui dirige le pays.
47. César nomme Hyrcan ethnarque, c'est-à-dire "chef du peuple". Hérode, fils d'Antipater, est stratège de Galilée.

43. Antipater meurt empoisonné.
41. Antoine nomme tétrarques Hérode et son frère Phasaël, tous deux fils d'Antipater

40. Invasion parthe : Antigone, fils d'Aristobule II, est roi et grand prêtre. Hérode s'enfuit à Rome où il est nommé roi *de iure* par le sénat romain.
39-37. Lutte entre Hérode, allié des Romains, et Antigone, allié des Parthes.
37-4. Hérode prend Jérusalem avec l'aide de l'armée romaine de Syrie, et épouse Mariamne I, petite-fille d'Aristobule II et d'Hyrcan II. Il devient roi *de facto*. Il exécute Hyrcan II en 30 et Mariamne en 29 ainsi que ses deux fils Aristobule et Alexandre vers 7 av. J.-C..

24. Hérode reçoit la Trachonitide, la Batanée et l'Auranitide, puis Panéas.

Hiver 20-19. Début de la reconstruction du Temple par Hérode le Grand.
9-8. Disgrâce temporaire d'Hérode auprès d'Auguste.

4 av. J.-C. Naissance de Jésus à Bethléem. Fin mars-début avril, mort d'Hérode le Grand à Jéricho.
11 avril 4 av. J.-C. Archélaüs, fils d'Hérode le Grand, réprime une sédition à Jérusalem puis se rend à Rome pour recevoir l'investiture d'Auguste. L'empereur confirme le testament d'Hérode, mais finalement, refusera à Archélaüs le titre de roi. Flavius Josèphe décrit celui-ci comme un souverain brutal et injuste (*Guerre des Judéens* II, 111-117).

4 av. J.-C. – 6 ap. J.-C. Archélaüs ethnarque de Judée, d'Idumée et de Samarie.
4 av. J.-C. – 39 ap. J.-C. Hérode Antipas, tétrarque de Galilée et de Pérée. Il est le souverain du pays de Jésus (*Lc* 3, 1 ; 13, 31 sq.).
4 av. J.-C. – 34 ap. J.-C. Hérode Philippe, tétrarque de Gaulanitide, Batanée, Trachonitide et Auranitide ainsi que du district de Panéan (Iturée).
6 ap. J.-C. Auguste dépose Archélaüs et l'exile à Vienne (Gaule). Quirinius revient alors en Judée comme "juge et censeur" pour liquider la succession d'Archélaüs et soumettre le pays à l'empire. Le recensement qu'il opère est destiné à établir une assiette d'imposition sur la nouvelle province romaine.
6-41. La Judée est une province romaine dirigée par un préfet dont la capitale est Césarée.
6-9. Coponius, préfet de Judée.
9-12. Marcus Ambibulus, préfet de Judée.
12-15. Annius Rufus, préfet de Judée.
19 août 14. Mort d'Auguste, Tibère devient empereur.
14-37. Règne de Tibère.
15-26. Valerius Gratius, préfet de Judée.
26-36. Ponce Pilate, préfet de Judée.

33-34. Hérode Philippe meurt sans héritier et Tibère rattache sa tétrarchie à la province de Syrie.

36-41. Marcellus Marullus, préfet de Judée.
37-41. Caligula empereur.
37. Caligula donne à Agrippa I, fils d'Aristobule, les tétrarchies de Philippe et de Lysanias, avec le titre de roi (37-44).

41-54. Claude empereur. À Agrippa I, alors à Rome, qui a contribué à son avènement, Claude octroie la Judée et la Samarie. Son fils Hérode devient roi de Chalcis (41-48) et épouse Bérénice, fille d'Agrippa.
Printemps 44. Mort d'Agrippa Ier. La Judée redevient une province romaine dirigée par un procurateur (44-66).
44-46 ?. Cuspius Fadus, procurateur de Judée.
46 ?-48. Tiberius Iulius Alexandre, procurateur de Judée. Il s'agit du neveu de Philon d'Alexandrie qui, pour faire carrière dans l'administration romaine a renié la religion de ses Pères. Les juifs de l'époque le considèrent comme un apostat et un renégat.

4 av.-6 ap. J.-C. Révolte de Judas le Galiléen (*Ac.* 5, 37) et du Pharisien Saddoq qui prêchent le refus de l'obéissance et de l'impôt à Rome (origine des Zélotes).

Vers 27. Hérode Antipas, marié à la fille d'Arétas, roi de Nabatène, épouse Hérodiade, femme d'Hérode son frère (cf. *Mc.* 6, 14 sq).
Automne 27. Prédication de Jean-Baptiste et début du ministère de Jésus (cf. *Lc* 3, 2).
Vendredi 7 avril 30 (ou vendredi 3 avril 33). Mort et résurrection de Jésus de Nazareth dit le Christ.

Vers 35. Ponce Pilate fait massacrer des Samaritains au mont Garizim.
Automne 36. Rappel à Rome de Ponce Pilate.

39. Gaius Caligula ordonne d'ériger sa statue dans le Temple. Philon d'Alexandrie mène l'ambassade juive auprès de l'empereur pour l'inciter à renoncer à son projet. L'affaire traînera jusqu'à l'assassinat de Caligula.
Vers 39-63. Missions et voyages de Paul.

Chronologie générale

48-52. Ventidius Cumanus, procurateur de Judée.
48-53. Agrippa II, fils d'Agrippa I, roi de Chalcis.
• Claude "chasse de Rome les Juifs qui s'agitent à l'instigation de Chrestos" (Suétone). Voir *Ac.* 18,2.
52 (plutôt que 51). Gallion, frère de Sénèque, proconsul d'Achaïe.
52-60 ?. Antonius Félix, procurateur de Judée. Frère de l'affranchi Pallas, il épouse Drusille, sœur d'Agrippa II, déjà mariée à Aziz, roi d'Émèse (voir *Ac.* 24, 24).
53. Claude donne à Agrippa II les tétrarchies de Philippe et de Lysanias (53-93) en échange de Chalcis.
54-68. Néron succède à Claude comme empereur.
55. Néron ajoute au royaume d'Agrippa une partie de la Galilée et de la Pérée.
60 ?-62. Porcius Festus, procurateur de Judée.

62-64. Lucceius Albinus, procurateur de Judée.
Juillet 64. Incendie de Rome et persécution des chrétiens.
64-66. Gessius Florus, procurateur de Judée. Début de la Révolte.

66-67. Néron désigne Vespasien pour rétablir l'ordre en Palestine.
Avril 68. Galba empereur.
Juin 68. Suicide de Néron.

69-79. Vespasien empereur. Il confie à son fils Titus le siège de Jérusalem.

71-72. Lucius Bassus, légat de Judée.
73-74. Flavius Silva, légat de Judée.

Vers 48. Famine en Judée.

60. Arrêté au Temple à la Pentecôte 58, Paul comparaît devant Festus, le procurateur, et en appelle à César. Il plaide sa cause en présence d'Agrippa II et de sa sœur Bérénice.
62. Le grand prêtre Ananias fait lapider Jacques, le "frère du Seigneur" à Jérusalem.
Été 66. Le procurateur Florus fait crucifier des Juifs à Jérusalem. Troubles à Césarée et dans tout le pays.
Septembre 66. Gouvernement insurrectionnel à Jérusalem.
Octobre 66. Les troupes de Cestius Gallus, gouverneur de Syrie (63-66) sont incapables de réduire la révolte, et se font battre par les révoltés à Beth Horon, au nord-ouest de Jérusalem.
67. Vespasien reconquiert la Galilée.

68. Vespasien occupe la plaine maritime et la vallée du Jourdain, puis soumet la Judée. Les Sicaires se maintiennent à Jérusalem ainsi qu'à l'Hérodion, à Masada et à Machéronte.

70. Destruction de Qumrân.
Pâque 70. Titus investit Jérusalem avec ses légions.
29 août 70. Prise du parvis intérieur et incendie du Temple.

Été 71. À Rome, triomphe de Vespasien et de Titus. Arc de Titus sur le forum.
71. Après la révolte, le statut de la Judée change. Elle devient une province d'un rang supérieur, avec à sa tête un *legatus Augusti pro praetore*, puis *pro consule*, c'est-à-dire un gouverneur et représentant personnel de l'empereur issu de la classe sénatoriale, de rang prétorien puis consulaire. Césarée en devient la capitale administrative, et deux légions sont installées à demeure dans le pays : la dixième à Jérusalem, et la sixième dans la vallée d'Yizréel, en Galilée.

79-81. Titus succède à son père à la tête de l'empire.
81-96. Domitien, frère de Titus, devient empereur.
96-98. Nerva empereur.
98-117. Trajan empereur.

117-136. Hadrien empereur.

71-73. Lucius Bassus, gouverneur de Judée, réduit les derniers bastions de résistance à l'exception de Masada.
Pâque 73. Siège de Masada par Flavius Silva, gouverneur de Judée (73-81). Éléazar ben Djaïr et ses Sicaires s'entretuent plutôt que de se rendre.
• Rabbi Johannan ben Sakkaï fonde l'académie de Yabneh (Jamnia), héritière du sanhédrin. Gamaliel II lui succède : origines de la *Mishna*.

106. Trajan (98-117) annexe le pays des Nabatéens (Pétra) et crée un nouvelle province d'Arabie.
117. Soulèvement juif dans tout l'Orient.
131-135. Seconde révolte juive suite à un décret d'Hadrien (117-136) interdisant la circoncision et imposant la création d'une nouvelle ville romaine à l'emplacement de Jérusalem. Bar Kokhba en prend la tête et persécute les chrétiens parce qu'ils refusent de se joindre au soulèvement. Au lendemain de cette révolte, le nom de Judée est effacé, et Hadrien crée à la place la province de Syrie-Palestine dont la capitale est Césarée Maritime. Jérusalem est reconstruite en tant que colonie romaine et rebaptisée Aelia Capitolina. Elle n'est plus occupée que par des *goïms* (étrangers) et des chrétiens.

GLOSSAIRE

- **Apocryphe**. Du grec *apocryphos* : "soustrait au regard", "caché", "secret". Livre souvent rédigé entre 150 av. et 100 ap. J.-C. et qui n'a pas été retenu dans le canon biblique. La liste diffère d'une Bible à l'autre ; ainsi, le canon de la Bible catholique n'est pas tout à fait identique à celui de la Bible protestante (qui équivaut, lui, à celui de la Bible hébraïque) ; des livres considérés comme canoniques par les catholiques tels le *Livre de Tobit*, le *Livre de Judit*, les livres I et II des *Maccabées*, la *Sagesse de Salomon*, le *Siracide* (ou *Ecclésiastique*) ne le sont pas pour les protestants ou les juifs.

- **Asmonéen**. Adjectif désignant la dynastie juive qui prit le pouvoir lors de la révolte des Maccabées (qui débuta en 167 av. J.-C.) et qui gouverna le pays jusqu'à l'arrivée des Romains en Judée en 67 av. J.-C.

- **Autographe**. Texte écrit par l'auteur lui-même, de sa propre main, par opposition à un texte écrit par un copiste.

- **Canon**. Du grec *kanôn* : "règle", "loi". Ensemble de livres considérés comme d'inspiration divine.

- **Coenobium**. Mot latin d'origine grecque (*koino bios*, "qui vit en communauté") désignant un couvent, un monastère.

- **Éléphantine**. Île de Haute-Égypte, près d'Assouan, où se situait une colonie militaire juive au Ve siècle av. J.-C. Près de 40 lettres écrites en araméen y ont été mises au jour.

- **Eruv.** Prescription légale des rabbins qui permet une extension réduite de la zone d'habitation afin de se déplacer au-delà des limites de la cité ou de sa maison le jour du sabbath.

- **Eschatologie.** Du grec *eschatos logos* : "qui concerne l'extrémité ou la fin". Branche de la littérature religieuse qui traite des fins dernières de l'homme et du monde, de la vie après la vie, du jugement dernier, de la résurrection des corps, de l'immortalité de l'âme, etc.

- **Génizah.** Mot hébreu qui signifie "chambre de stockage". Il s'agit d'une pièce fermée, en général attenante à une synagogue, où sont conservés tous les livres tombés hors d'usage mais qui ne peuvent être détruits à cause de leur caractère sacro-saint.

- **Halakha.** Terme désignant des lois rituelles et civiles juives (comme l'observation du sabbath, les contrats, etc.) et tous les textes qui les concernent.

- **Havurah** (pl. *havurot*). Groupes de Juifs qui, d'après les sources rabbiniques, observaient ensemble les règles strictes de pureté rituelle et le paiement de la dîme, et qui prenaient à l'occasion leurs repas en commun.

- **Judaïsme rabbinique.** Forme du judaïsme la plus courante à partir du IIe siècle de notre ère. Elle regroupe divers enseignements de rabbis ("maîtres") ou de *hakhamim* ("sages") qui forgent la pensée et les pratiques juives d'alors. Le judaïsme rabbinique est l'héritier du judaïsme pharisaïque car les juifs rabbiniques acceptent comme eux la valeur de la tradition orale, l'angélologie, la résurrection des morts, etc.

- **Karaïsme.** Branche du judaïsme rabbinique qui s'éleva contre certains de ses aspects dans les années 800 de notre ère, avant d'atteindre son apogée aux Xe et XIe siècles. Les Karaïtes rejetaient les enseignements des rabbins et les éléments du judaïsme contemporains qu'ils considéraient comme mystiques et magiques ainsi que la loi orale représentée par le Talmud. Ils voulaient que les croyances et les pratiques religieuses reposent directement sur la seule Écriture (Torah écrite).

- **Keraia.** Mot grec signifiant "corne". Par extension, signe graphique d'une lettre hébraïque (le *vav* et le *yod*).

Glossaire

- **Khirbet**. Mot arabe signifiant "ruine".

- **Massorétique**. Qui relève de la *massorah* ou "tradition". Le terme fait référence à l'ensemble des traditions textuelles du haut Moyen Âge portant sur la lecture adéquate de la Bible hébraïque et de ses versions basées sur ces traditions.

- **Mezuzah** (au pluriel *mezuzot*). Voir phylactères.

- **Midrash** (au pluriel *midrashim*). Mot hébreu signifiant "explication". Méthode de l'interprétation biblique rabbinique dans laquelle un passage de la Bible est cité, puis une explication ou des explications en sont données. Les *midrashists* utilisaient plusieurs techniques, notamment les allégories, les jeux de mots et les *gematria* (une lettre ou un mot correspond à un chiffre ou à un nombre), pour déterminer la signification d'un texte. Les *midrashim* se répartissent en deux groupes : les *midrashim halakhiques* qui commentent avant tout des lois bibliques ; les *midrashim haggadiques* qui traitent principalement des aspects théologiques des textes bibliques.

- **Miqveh** (au pluriel *miqva'ot*). Bain rituel destiné à accomplir l'exigence juive d'immersion après avoir contracté une impureté rituelle.

- **Mishna**. Mot hébreu signifiant la seconde loi, celle de la tradition orale. Il s'agit de la première compilation systématique et exhaustive en hébreu de la loi orale, des enseignements normatifs en matière de droit et de morale, proposée par les rabbins qu'on appelle les tannaïms (les "enseignants", les "répétiteurs") au cours des deux premiers siècles de notre ère. La rédaction finale fut l'œuvre de Juda ha-Nassi vers 200 de notre ère.

- **Nahal**. Mot hébreu désignant un cours d'eau saisonnier, équivalent du mot arabe *wadi*.

- **Ostracon**. Mot grec signifiant "coquille", "écaille". Il désigne à l'origine un tesson de terre cuite ou un éclat de calcaire sur lequel on écrivait le nom de ceux qu'on bannissait, d'où le terme d'ostracisme. Par extension, il désigne tout fragment de terre cuite ou de pierre portant une inscription.

- **Pentateuque**. Mot grec (*pentateuchos*) signifiant "cinq livres". Appellation des cinq premiers livre de l'Ancien Testament (*Genèse, Exode, Lévitique, Nombres* et *Deutéronome*) réputés avoir été rédigés par Moïse.

- **Pentateuque samaritain**. Comme son nom l'indique, le Pentateuque samaritain contient les cinq livres de Moïse écrits en hébreu. Il diffère du texte massorétique (texte hébreu canonique de la Bible) sur près de six mille points. La plupart de ces différences sont minimes (par exemple des mots sont épelés différemment), mais d'autres sont plus importantes et reflètent à l'évidence des préoccupations idéologiques ; c'est le cas, notamment, des Dix Commandements dont l'un d'eux exige que soit construit sur le mont Garizim, la montagne sacrée des Samaritains, un autel pour honorer Yavhé.

- **Période du Second Temple**. Grande période formatrice de la religion et de la culture juive qui s'ouvre par l'exil à Babylone au VIe siècle av. J.-C. et s'achève par la destruction du Second Temple en 70 ap. J.-C.

- **Pesher** (au pluriel *pesharim*). Mot hébreu signifiant "interprétation". À l'instar des commentateurs modernes, ceux du tournant de notre ère commençaient leur texte en citant les premiers mots du livre biblique qu'il allaient commenter puis en les faisant suivre de leurs commentaires. Ils passaient ensuite aux versets suivants en les citant et en en donnant une explication qui commence toujours par une périphrase du genre "cette interprétation concerne…". Il en allait ainsi tout le long de l'ouvrage. À cause de ces citations et de ces commentaires, les *pesharim* sont devenus, dans le judaïsme ancien, une source d'information du texte biblique très importante. Les commentaires trouvés à Qumrân présentent trois traits particuliers : 1. Le commentateur fait constamment référence dans ses prophéties aux derniers jours (caractère eschatologique) ; 2. Il considère que la période à laquelle il appartient correspond effectivement à cette fin des temps dont parlent les prophètes. Son rôle est donc de déchiffrer les prophéties et de découvrir ainsi le message actuel de Yavhé ; 3. Ces commentaires qumrâniens contiennent un certain nombre d'indices historiques (personnages, événements, etc.) intéressants. On peut donc les considérer aussi comme des documents importants pour l'histoire juive au tournant de notre ère.

- **Phylactères**. Mot grec signifiant "talisman, amulette". Les équivalents hébreux sont *tefillin* et *mezuzot*. Il s'agit de petites boites ou capsules contenant des passages de l'*Exode* (13, 9 et 16) et du *Deutéronome* (6, 8-9) sous forme de petits fragments de parchemin qu'on liait sur la tête et le bras (*tefillin*) et sur les montants des portes des maisons (*mezuzot*) conformément aux prescriptions divines : "Les paroles de commandement que Je te donne aujourd'hui (…) tu en feras un signe attaché à ta main, une marque placée entre tes yeux ; tu les inscriras sur les montants de porte de ta maison et à l'entrée de ta ville" (*Deutéronome* (6, 8-9)). Une quarantaine de ces textes a été retrouvée dans les grottes près de Qumrân.

• **Première Révolte**. Appelé également "Grande Révolte". Il s'agit de la première rébellion juive contre l'occupation romaine qui débuta en 66 ap. J.-C., aboutit à la destruction du Temple de Jérusalem en 70 de notre ère et s'acheva par la prise de la forteresse de Masada en 74 ap. J.-C.

• **Pseudépigraphe**. Du grec *pseudepigraphos*, "qui porte faussement le titre de". Il s'agit de livres écrits au cours des derniers siècles avant J.-C. et des premiers siècles après J.-C. par des auteurs qui cachent leur identité derrière le nom d'un personnage illustre de l'Ancien Testament comme par exemple Adam, Abraham, Noé, Moïse etc.

• **Septante**. Traduction grecque de la bible hébraïque faite au IIIe siècle av. J.-C. par 70 rabbins, utilisée par les juifs d'Alexandrie, et qui inclut des livres considérés par la suite comme apocryphes ou pseudépigraphes.

• **Talmud**. Recueil de la tradition littéraire rabbinique (juridique et narrative) en hébreu ou en araméen, constitué de la *mishna* et de ses commentaires (*gemarah*). Il existe deux versions du talmud, toutes deux en araméen : celle de Jérusalem, achevée au Ve siècle ap. J.-C. ; celle de Babylone, terminée au VIe siècle. Le but de ce travail était de fournir un enseignement complet et des règles à suivre sur tous les aspects de la vie religieuse et civile des juifs.

• **Targum**. Mot signifiant littéralement "traduction". Ce terme désigne plus particulièrement les paraphrases araméennes de la Bible qui rassemblent traductions, études exégétiques et homilétiques. Depuis le retour d'exil à Babylone, à la fin du VIe siècle av. J.-C., l'hébreu cessa progressivement d'être utilisé comme langue vernaculaire pour devenir une langue sacrée, utilisée surtout dans la liturgie. Parlant plus volontiers l'araméen, de moins en moins de Juifs pouvaient comprendre les textes sacrés qu'on lisait dans les synagogues. Aussi, décida-t-on de les traduire. D'abord orales, ces traductions furent ensuite mises par écrit. Elles permettent de mieux comprendre comment les textes sacrés étaient compris au tournant de notre ère.

• **Tefillin.** Voir phylactères.

• **Torah.** Littéralement "enseignement". Le terme désigne les livres de l'Écriture Sainte révélés à Moïse sur le mont Sinaï, et qui constituent les cinq premiers rouleaux de la Bible, appelés Pentateuque.

• **Triclinium.** Mot grec signifiant "à trois lits de table". Le mot désigne une salle de réception, de banquet.

• **Wadi.** Mot arabe désignant un cours d'eau saisonnier, équivalent du *nahal* hébreu.

• **Yahad.** Mot hébreu signifiant "unité", "identité", "accord". Ce terme apparaît dans plusieurs manuscrits de la mer Morte où il désigne un groupe particulier de pieux qui a composé certains des manuscrits.

BIBLIOGRAPHIE

Liste des abréviations

Annales ESC	Annales Économies, Sociétés, Civilisations
BA	Biblical Archaeologist
BAR	Biblical Archaeology Review
BASOR	Bulletin of the American School of Oriental Research
BJS	Brown Judaic Studies
DBS	Dictionnaire de la Bible Supplément
DJD	Discoveries in the Judean Desert
DSD	Dead Sea Discoveries
HUCA	Hebrew Union College Annual
IEJ	Israel Exploration Journal
JJS	Journal of Jewish Studies
JNES	Journal of Near Eastern Studies
JSOT	Journal for the Study of the Old Testament
JSPSup	Journal for the Study of the Pseudepigrapha Supplementary Series
NRT	La Nouvelle Revue Théologique
PEQ	Palestinian Exploration Quarterly
RB	Revue Biblique
RevQ	Revue de Qumrân
SBLRBS	Society of Biblical Literature Resources for Biblical Study
SCrH	Scripta Hierosolymitana
STDJ	Studies on the Texts of the Desert of Judah

BIBLIOGRAPHIE NON EXHAUSTIVE

Quand cela était possible, nous avons privilégié les traductions françaises des ouvrages étrangers par rapport aux versions originales

ALLEGRO, J., *The Dead Sea Scrolls*, Harmondsworth, Penguin, 1958.

ALLEGRO, J., *The Treasure of the Copper Scroll*, Doubleday, Garden City, NY, 2ᵉ édition, 1964.

AUDET, J.-P., *Qumran et la notice de Pline sur les Esséniens*, dans RB 68, 1961, pp. 346-387.

BAIGENT, M. et LEIGH, R. *La Bible confisquée*, Paris, éd. Plon, 1992.

BAILLET, M., MILIK, J. T. et VAUX, R. de, *Les "Petites grottes" de Qumrân : exploration de la falaise. Les Grottes 2Q, 3Q, 5Q, 6Q à 10 Q. Le rouleau de cuivre*, dans DJD, 3, Clarendon Press, Oxford, 1962.

BAILLET, M., *Qumrân Grotte 4, III (4Q482-4Q520)*, dans DJD, 7, Clarendon Press, Oxford, 1982.

BAR-NATHAN, Rachel, *Hasmonean and Herodian Palaces at Jericho, vol. 3: The Pottery. Final Reports of the 1973-1987 Excavations*, éd. par E. Netzer, Israel Exploration Society, 2002.

BAR-NATHAN, Rachel, *The Pottery of Qumran and that of the Winter Palaces at Jericho*, dans Actes du colloque "Qumran: The Site of the Dead Sea Scrolls" organisé par Galor, K. et Zangenberg, J., du 17 au 19 novembre 2002 à Brown University, Providence, RI, USA, à paraître.

BARTHÉLEMY, D. et MILIK, J. T., *Qumran Cave 1*, dans DJD, 1, Clarendon Press, Oxford, 1955.

BEALL, T. S., *Josephus's Description of the Essenes Illustrated by the Dead Sea Scrolls*, dans SNTSM 58, Cambridge University Press, Cambridge, 1988.

BENOÎT, P., MILIK, J. T. et DE VAUX, R., *Les grottes de Murabba'ât*, dans DJD, 2, Clarendon Press, Oxford, 1960.

BELIS, Mireille, *Comment rétablir le lien perdu entre les Manuscrits de la mer Morte et leur housse de lin ?*, dans Actes du congrès international *The Dead Sea Scrolls – 50 Years After Their Discovery*, Jérusalem 20-25 juillet 1997, résumé paru dans *The Qumrân Chronicle*, juillet 1997.

BELIS, Mireille, *La Grotte 1 de Qoumrân : la découverte et son contexte historique*, dans *Le Monde de la Bible*, novembre/décembre 1997.

BELIS, Mireille, *Les housses des manuscrits de la grotte 1 : le lin et l'indigo*, dans *Le Monde de la Bible*, novembre/décembre 1997.

BELIS, Mireille, *Les textiles de Qumrân*, dans HUMBERT, J.-B. (dir.), *Fouilles de Qoumrân et de Aïn Feshkha*, Series Archaeologica, vol. II, Éditions Universitaires de fribourg, collection NTOA, Fribourg, 2003.

BELIS, Mireille, *Nomenclature révisée des grottes*, dans HUMBERT, J.-B. (dir.), *Fouilles de Qoumrân et de Aïn Feshkha*, Series Archaeologica, vol. II, Éditions Universitaires de fribourg, collection NTOA, Fribourg, 2003.

BELIS, Mireille, *The workshop at 'Ein Feshkha: A New Hypothesis*, dans Actes du colloque "Qumran: The Site of the Dead Sea Scrolls" organisé par Galor, K. et Zangenberg, J., du 17 au 19 novembre 2002 à Brown University, Providence, RI, USA, à paraître.

BERNARD, J., *Pour lire le 4QMMT. Quelques-unes des mises en pratique de la Torah*, dans *Le judaïsme à l'aube de l'ère chrétienne*, XVIIIe congrès de l'ACFEB (Lyon septembre 1999), publié sous la direction de Ph. Abadie et J.-P. Lémonon, *Lectio Divina*, 186, éditions du Cerf, Paris, 2001, pp. 63-94.

BETZ, O., *Was John the Baptist an Essene?*, dans SHANKS, H. (éd.), *Understanding the Dead Sea Scrolls*, Random House, New York, 1992, pp. 205-214.

BIOUL, B. *Les manuscrits de Qumrân. Un défi à relever*, dans BIOUL, B. (dir.), *Les fabuleuses découvertes du XXe siècle*, Dossiers d'Archéologie n°259, décembre 2000/janvier 2001, pp. 96-105.

BIOUL, B. *La Jordanie, des origines à la dynastie abbasside*, dans *Archéologia*, n°336, juillet/août 1997, pp. 16-27.

BONANI, G. *et al.*, *Radiocarbon Dating of the Dead Sea Scrolls*, dans *Atiqot* 20, 1991, pp. 27-32

BRANHAM, Joan R., *Generating Sacred Space at Qumran: Walls as Markers and Dividers*, dans Actes du colloque "Qumran: The Site of the Dead Sea Scrolls" organisé par Galor, K. et Zangenberg, J., du 17 au 19 novembre 2002 à Brown University, Providence, RI, USA, à paraître.

BRANHAM, Joan R., *The Long Wall at Qumran: Curtain of Sacred Space?*, dans *ASOR* Newsletter 46/2, 1996, pp. 28-29.

BROOKE, G. J., *The Biblical Texts in the Qumran Commentaries: Scribal Errors or Exegetical Variants?*, dans *Early Jewish and Christian Exegesis: Studies in Memory of William Hugh Brownlee*, édité par Evans, C. A. et Stinespring, W. F., 85-1000, SBL Homage Series, 10, Scholars Press, Atlanta, 1987.

BROOKE, G.J., *The Temple Scroll and the Archaeology of Qumran, 'Ain Feshkha and Masada*, dans *RevQ* 13, 1988, pp. 225-237.

BROOKE, G. J., *The* Pesharim *and the Origin of the Dead Sea Scrolls*, dans Wise, M.O., Golb, N., Collins, J.J. et Pardee, D.G. (éd.), *Methods of Investigation of the Dead Sea Scrolls and the Khirbet Qumran Site. Present realities and Future Prospects*, Annals of the New York Academy of Sciences, vol. 722, New York, 1994.

BROSHI, M., *The Archaeology of Qumran. A Reconsideration*, dans *The Dead Sea Scrolls: Forty Years of Research*, édité par Dimant, D. et Rappaport, U., E.J. Brill, Magnes Press, Yad izhak Ben-Zvi, Leiden et Jérusalem, 1992, pp. 103-115.

BRUCE, F.F., *Second Thoughts on the Dead Sea Scrolls*, Londres, 1956.

BURROWS, M., *The Dead Sea Scrolls*, Viking, New York, 1955.

BURROWS, M., *The Dead Sea Scrolls of St. Mark's Monastery, Volume II Fascicle 2: Plates and Transcription of the Manual of Discipline*, ASOR, New Haven, 1951.

BURROWS, M., *More Light on the Dead Sea Scrolls*, Secker and Warburg, Londres, 1958.

CALLAWAY, P. R., *The History of the Qumran Community: An Investigation*, dans *JSPSup* 3, JSOT Press, Sheffield, 1988.

CANSDALE, L., *Have the Dead Sea Scrolls Any Direct Connection With Early Christianity?*, dans *The Qumran Chronicle*, vol. 6, n°1/4, The Enigma Press, Cracovie, 1996, pp. 65-94.

CANSDALE, L., *Qumran and the Essenes*, J.C.B. Mohr, Tubingen, 1997.

CAQUOT, A., *Le livre des Jubilées, Melkisedeq et les dîmes*, dans *JJS* 3, 1982, pp. 257-264.

CARMIGNAC, J., *Les* Kittîm *dans la "Guerre des Fils de Lumière contre les Fils des Ténèbres"*, dans *NRT*, 1955, pp. 737-748.

CARMIGNAC, J., *La Règle de la guerre des Fils de Lumière contre les Fils des Ténèbres*, Letouzey et Ané, Paris, 1958.

CARMIGNAC, J. et GUILBERT, P., *Les textes de Qumrân traduits et annotés*, vol. 1, Autour de la Bible, Letouzey et Ané, Paris, 1961.

CARMIGNAC, J., COTHENET, É. et LIGNÉE, H., *Les textes de Qumrân traduits et annotés*, vol. 2, Autour de la Bible, Letouzey et Ané, Paris, 1963.

CHARLESWORTH, J. H., *The Origin and Subsequent History of the Authors of the Dead Sea Scrolls: Four Transitional Phases among the Qumran Essenes*, dans *RevQ* 10, 1980, pp. 213-234.

CHARLESWORTH, J. H., *Jesus within the Judaism: New Light from Exciting Archaeological Discoveries*, Doubleday, New York, 1988.

CHARLESWORTH, J. H. (éd.), *John and the Dead Sea Scrolls*, Crossroad, New York, 1990.

CHARLESWORTH, J. H. (éd.), *Jesus and the Dead Sea Scrolls*, Garden City, New York, 1992.

CHARLESWORTH, J. H. et al., *The Dead Sea Scrolls: Hebrew, Aramaic and Greek Texts with English Translations, vol. 1: Rule of the Community and Related Documents*, Mohr, Tübingen, 1994.

CLAMER, C. et al., *Fouilles archéologiques de 'Aïn ez-Zara/Callirhoé villégiature hérodienne*, Beyrouth, 1997.

CROSS, F. M., *The Ancient Library of Qumran and Modern Biblical Studies*, Garden City, Doubleday, New York, 1958.

CROSS, F. M., *The Contribution of the Qumran Discoveries to the Study of the Biblical Text*, dans *IEJ* 16, 1966, pp. 81-95.

CROSS, F. M., FREEDMAN, D. N. et SANDERS, J. A. (éd.), *Scrolls from Qumran Cave I: The Great Isaiah Scroll, the Order of the Community, the Pesher to Habakkuk, from Photographs by J. C. Trever*, Albright Institute of Archaeological Research, Shrine of the Book, Jérusalem, 1972.

CROSS, F. M., *The Ancient Library of Qumran and Modern Biblical Studies*, Baker Book House, Grand Rapid, MI, 1980.

CROSS, F. M., *Light on the Bible From the Dead Sea Caves*, H. Shanks (éd.), *Understanding the Dead Sea Scrolls*, Random House, New York, 1992, pp. 156-166.

CROSS, F. M., *The Ancient Library of Qumran*, Fortress Press, Minneapolis, 1995.

CROWN, A. D. et CANSDALE, L., *Focus on Qumran: Was It an Essene Settlement?*, dans *BAR* 20, 1994, pp. 24-73.

DANIEL, C., *Les "Hérodiens" du Nouveau Testament sont-ils des Esséniens ?*, dans *RevQ* 21 (VI), 1967, pp. 31-53.

DAVIES, Ph. R., *Behind the Essenes: History and ideology in the Dead Sea Scrolls*, Scholar Press, Atlanta, 1987.

DAVIES, Ph. R., *How not to do Archaeology. The Story of Qumran*, dans *BA*, décembre 1988, pp. 203-207.

DAVIES, Ph. R., *The Birthplace of the Essenes: Where Is "Damascus"*, dans *RevQ* 14, 1990, pp. 503-519.

DAVIES, Ph. R., *Who hid the scrolls and When? Reflections on some Recent Proposals*, dans *The Qumran Chronicle*, vol. 9, n°2/4, The Enigma Press, Cracovie, 2000, pp. 105-122.

DEL MEDICO, H. E., *L'énigme des manuscrits de la mer Morte*, Paris, 1957.

DEL MEDICO, H. E., *Le mythe des esséniens*, Paris, 1958.

DIMANT, D., *The Qumran Manuscripts: Contents and Significance*, dans *Time to Prepare the Way in the Wilderness: Papers on the Qumran Scrolls by Fellows of the Institute for Advanced Studies of the Hebrew University*, Jerusalem, 1989-1990, édités par Dimant, D. et Schiffman, L. H., *Studies on the Texts of the Desert of Judah*, E. J. Brill, Leiden, 1994, pp. 23-58.

DONCEEL, R., *Reprise des travaux de publication des fouilles au Khirbet Qumrân*, dans *RB* 99, 1992, pp. 557-573.

DONCEEL, R. et DONCEEL-VOÛTE, P., *The Archaeology of Khirbet Qumrân*, dans Wise, M.O., Golb, N., Collins, J.J. et Pardee, D.G. (éd.), *Methods of Investigation of the Dead Sea Scrolls and the Khirbet Qumran Site. Present realities and Future Prospects*, Annals of the New York Academy of Sciences, vol. 722, New York, 1994, pp. 1-38.

DONCEEL, R., *Qumrân*, dans *The Oxford Encyclopedia of Archaeology in the Near East*, vol. 4, Oxford University Press, New-York/Oxford, 1997, pp. 392-396.

DONCEEL, R., *Poursuite des travaux de publication du matériel archéologique de Khirbet Qumrân. Les lampes en terre cuite*, dans Kapera, Z.J. (éd.), *Mogilany 1995. Papers on the Dead Sea Scrolls offered in memory of Aleksy Klawek*, The Enigma Press, Cracovie, 1998, pp. 87-104.

DONCEEL, R., *Jéricho hellénistique et romaine. Khirbet Qumrân sur la mer Morte*, dans *Les Dossiers d'Archéologie* 240, janvier/février 1999, pp. 106-112.

DONCEEL, R., *Synthèses des observations faites en fouillant les tombes des nécropoles de Khirbet Qumrân et des environs*, dans *The Qumran Chronicle*, vol. 10, The Enigma Press, Cracovie, 2002, pp. 11-114 et 21 ill.

DONCEEL-VOÛTE, P., *"Coenaculum" – La salle à manger à l'étage du locus 30 à Khirbet Qumrân sur la mer Morte*, dans *Res Orientales*, vol. IV, "Les banquets d'Orient", Paris, 1994, pp. 61-84.

DONCEEL-VOÛTE, P., *Les ruines de Qumrân réinterprétées*, dans *Archéologia* 298, février 1994, pp. 24-35.

DONCEEL-VOÛTE, P., *Traces of Fragrance along the Dead Sea*, dans "Parfums d'Orient", *Res Orientales* XI, Leuven, 1998, pp. 93-123.

DOUDNA, Gregory, *Correction of an Error in Archaeological Interpretation: The Dating of the Qumran Cave Scroll Deposition*, dans Actes du colloque "Qumran: The Site of the Dead Sea Scrolls" organisé par Galor, K. et Zangenberg, J., du 17 au 19 novembre 2002 à Brown University, Providence, RI, USA, à paraître.

DUHAIME, J., *Remarques sur les dépôts d'ossements d'animaux à Qumrân*, dans *RevQ* 9, 1977-1978, pp. 245-251.

DUPONT-SOMMER, A., *Les Écrits esséniens découverts près de la mer Morte*, Payot, Paris, 1964, réédité en 1996.

DUPONT-SOMMER, A. et PHILONENKO M. (éd.), *La Bible. Écrits intertestamentaires*, Coll. La Pléiade, Gallimard, Paris, 1987.

EISENMAN, R. H. et ROBINSON, J. M., *A Facsimile Edition of the Dead Sea Scrolls*, Prepared with an Introduction and Index, 2 vol. Biblical Archaeology Society, Washington D.C., 1991.

EISENMAN, R. H. et WISE, M. O., *The Dead Sea Scrolls Uncovered*, Element, Rockport, MA, 1992.

ESHEL, E. et ESHEL, H. et YARDENI, A., *A Qumran Composition Containing Part of Ps 154 and a Prayer for the Welfare of King Jonathan and His Kingdom*, dans *IEJ* 42, 1992, pp. 199-229.

ESHEL, E. et ESHEL, H., *4Q471 Fragment 1 and Ma'amadot in the War Scroll*, dans *Proceedings of the International Congress on the Dead Sea Scrolls, Madrid, 18-21 Mars 1991*, édité par Trebolle Barrera, J. et Vegas Montaner, L., éditions Brill, Leyde, 1992, pp. 611-620.

ESHEL, E. et KISTER, M., *A Polemical Qumran Fragment*, dans *JJS* 43, 1992, pp. 277-281.

ESHEL, E., *4Q477: The Rebukes by the Overseer*, dans *JJS*, 45, 1994, pp. 111-122.

ESHEL, H. et GREENHUT, Z., *Hiam el-Sagha, A Cemetery of the Qumran Type, Judaean Desert*, dans *RB* 100, 1993, pp. 252-259.

ESHEL, H., *Artificial Caves at Qumran*, dans Actes du colloque "Qumran: The Site of the Dead Sea Scrolls" organisé par Galor, K. et Zangenberg, J., du 17 au 19 novembre 2002 à Brown University, Providence, RI, USA, à paraître.

FITZMEYER, J.A., *The Dead Sea Scrolls: Major Publications and Tools for Study*, dans *SBLRBS* 20, Scholars Press, Atlanta, 1990.

FITZMEYER, J.A., *The Qumran Scrolls and the New Testament after Forty Years*, dans *RevQ* 13, 1988, pp. 609-620.

FLUSSER, D., *Judaism and the Origins of Christianity*, Magnes Press, Jerusalem, 1988.

FRÖLICH, I., *History as seen from Qumran*, article disponible sur le site web du *Orion Center for the Study of the Dead Sea Scrolls and Associated Literature*.

FRÖLICH, I., *Le genre littéraire des* Pesharim *de Qumrân*, dans *RevQ* 12, 1986, pp. 383-398.

GALOR, K., *Qumran's Plastered Installations: Cisterns or Immersion Pools?*, dans *Cura Aquarum in Israel*, édités par Ohlig, C., Peleg, Y. and Tsuk, T., Proceedings of the 11th International Conference on the History of Water and Hydraulic Engineering in the Mediterranean Region, Israel 2001 (2002), pp. 33-45.

GALOR, K., *Qumran's Plastered Pools: A New Perspective, Archaeological Excavations at Khirbet Qumran and Ain Feshkha*, dans *Studies in archaeometry and anthropology*, vol. II, édités par Humbert, J.-B. et Gunneweg, J., Presses Universitaires de Fribourg, 2003.

GALOR, K., *Qumran Plastered Installations: Cisterns or Immersion Pools?*, dans Actes du colloque "Qumran: The Site of the Dead Sea Scrolls" organisé par Galor, K. et Zangenberg, J., du 17 au 19 novembre 2002 à Brown University, Providence, RI, USA, à paraître en juillet 2004.

GARCIA MARTINEZ, F. et VAN DER WOUTE, A.S., *A "Groningen" Hypothesis of Qumran Origin and Early History*, dans *RevQ* 14, 1990, pp. 521-541.

GARCIA MARTINEZ, F., *Texts from Qumran Cave 11*, dans *The Dead Sea Scrolls: Forty Years of Research*, édité par Dimant, D. et Rappaport, U., E.J. Brill, Magnes Press, Yad izhak Ben-Zvi, Leiden et Jérusalem, 1992, pp. 18-26.

GOLB, N., *Les manuscrits de la mer Morte – Une nouvelle approche du problème de leur origine*, dans *Annales ESC* 40, 5, 1985, pp. 1133-1149.

GOLB, N., *Who Wrote the Dead Sea Scrolls*, dans *The Sciences*, mai-juin 1987, pp. 40-49.

GOLB, N., *Réponse à la "note" de E.-M. Laperrousaz*, dans *Annales ESC* 42, 6, 1987, pp. 1313-1320.

GOLB, N., *The Dead Sea Scrolls: A New Perspective*, dans *The American Scholar*, Spring, 1989, pp. 177-207.

GOLB, N., *Khirbet Qumran and the Manuscripts of the Judaean Wilderness: Observations on the Logic of Their Investigations*, dans *JNES* 49, 1990, pp. 103-114.

GOLB, N., *Khirbet Qumran and the Manuscript Finds of the Judaean Wilderness*, dans Wise, M.O., Golb, N., Collins, J.J. et Pardee, D.G. (éd.), *Methods of Investigation of the Dead Sea Scrolls and the Khirbet Qumran*

Site. Present realities and Future Prospects, Annals of the New York Academy of Sciences, vol. 722, New York, 1994, pp. 51-72.

GOLB, N., *Who Wrote the Dead Sea Scrolls. The Search for the Secret of Qumran*, éd. Touchstone, New York, 1995.

GOLB, N., *Qui a écrit les manuscrits de la mer Morte ? Enquête sur les rouleaux du désert de Juda et sur leur interprétation contemporaine*, traduit de l'anglais par Sonia Kronlund et Lorraine Champromis, Plon, 1998.

GORANSON, S., *Essenes: Etymology from "sh"*, dans *RevQ* 11, 1984, pp. 483-498.

GRELOT, P., *Notes sur le testament de* Lévi, dans *RB* 63, 1956, pp. 391-406.

GRELOT, P., *La* Prière de Nabonide *(4QOrNab)*, dans *RevQ* 9, 1978, pp. 483-496.

GUILBERT, P., *Le plan de la* Règle de la Communauté, dans *RevQ* 1, 1959, pp. 323-344.

GUNNEWEG, J. et BALLA, M., *How Neutron Activation Analysis Can Assist Research into the Provenance of the Pottery at Qumran*, dans *Historical Perspectives: From the Hasmoneans to Bar Kokhba in Light of the Dead Sea Scrolls*, Proceedings of the Fourth International Symposium of the Orion Center for the Study of the Dead Sea Scrolls and Associated Literature, 27-31 January 1999, édités par Goodblatt, D., Pinnick, A. et Schwartz, D.R., dans *STDJ* 37. Leiden, éd. Brill, 2001, pp. 179-185.

HACHLILI, R., *Burial Practices at Qumran*, dans *RevQ* 16, 1993, pp. 247-264.

HIRSCHFELD Y., *The Judaean Desert Monasteries in the Byzantine Period*, New Haven CT, 1992.

HIRSCHFELD, Y., *Early Roman Manor Houses in Judea and the Site of Khirbet Qumran*, dans *JNES* 57, 1998, pp. 161-189.

HIRSCHFELD Y., *Qumran, 'Ein Feshkha and the Perfume Industry of Judaea During the Reign of Herod the Great*, dans Actes du colloque "Qumran: The Site of the Dead Sea Scrolls" organisé par Galor, K. et Zangenberg, J., du 17 au 19 novembre 2002 à Brown University, Providence, RI, USA, à paraître.

HOPTROFF, R., RHODES, E.J., SHIMRON, A.E., *Dating Qumran by Optically Stimulated Luminescence*, dans Actes du colloque "Qumran: The Site of the Dead Sea Scrolls" organisé par Galor, K. et Zangenberg, J., du 17 au 19 novembre 2002 à Brown University, Providence, RI, USA, à paraître.

HUMBERT, J.-B., *Qumrân, Une nouvelle hypothèse pour interpréter les ruines*, dans *Le Monde de la Bible* 86, 1994, pp. 12-21.

HUMBERT, J.-B., *L'espace sacré à Qumrân : propositions pour l'archéologie*, dans *RB* 101-102, 1994, pp. 161-211, avec annexe de PFANN, S.J., pp. 212-214.

HUMBERT, J.-B., *Fouilles de Khirbet Qumrân et de Aïn Feshkha, Vol. I, Album de photographies, répertoire du fonds photographique, synthèse des notes de chantier du P. de Vaux*, Fribourg (Suisse), 1994.

HUMBERT, J.-B., *Le rouleau de cuivre de Qumrân : découverte et interprétation*, dans *Jordanie, sur les pas des archéologues*, Institut du Monde arabe, Paris, 1997, pp. 89-97.

HUMBERT, J.-B., *Notes du chantier de Qumrân, du R. P. de Vaux : de la stratigraphie à l'interprétation*, dans E-M. LAPERROUSAZ, *Qoumrân et les manuscrits de la mer Morte – un cinquantenaire*, Paris, 1997, pp. 49-55.

HUMBERT, J.-B., *Qumrân, esséniens et architecture*, dans *Mélanges offerts à Hartmut Stegemann*, Göttingen, 1998.

HUMBERT, J.-B., *La chronologie de Qumrân au premier siècle av. J.-C. de de Vaux et sa méthode. Un débat*, communication inédite tenue au Colloque tenu à Modène en 1998.

HUMBERT, J.-B. et GUNNEWEG, J., *Khirbet Qumrân et 'Aïn Feshkha, II. Études d'Anthropologie, de physique et de chimie. Studies of Anthropology, Physics and Chemistry*, dans *Novum Testamentum et Orbis Antiquus*, Series

Archaeologica 3, Academic Press, Éditions Saint-Paul, Fribourg, 2003.

HUTCHESSON, I., *The Essene Hypothesis After Fifty Years: An Assessment*, dans *The Qumran Chronicle*, vol. 9, n°1, The Enigma Press, Cracovie, 2000, pp. 17-34.

JAROSH, K., *Die Qumranfragmente der Höhle 7 (7Q) im computertest*, dans *Aegyptus* 80 (2000), 2002, pp. 147-168.

KAMPEN, J. I., *A Reconsideration of the Name "Essene" in Greco-Jewish Literature in Light of Recent Perceptions of the Qumran Sect*, dans *HUCA* 57, 1986, pp. 61-81.

KAMPEN, J. I. et BERNSTEIN, M. J. (éd.), *Reading 4QMMT: New Perspectives on Qumran Law and History*, SLB Sym 2, Atlanta, Ga, Scholars Press, 1996.

KAPERA, Z.J., *Some Remarks on the Qumran Cemetery*, dans Wise, M.O., Golb, N., Collins, J.J. et Pardee, D.G. (éd.), *Methods of Investigation of the Dead Sea Scrolls and the Khirbet Qumran Site. Present realities and Future Prospects*, Annals of the New York Academy of Sciences, vol. 722, New York, 1994, pp. 97-115.

KAPERA, Z. J., *Archaeological Interpretation of the Qumran Settlement. A Rapid Review of Hypothesis After the Discoveries at the Dead Sea*, dans Kapera, Z.J. (éd.), *Mogilany 1995. Papers on the Dead Sea Scrolls offered in memory of Aleksy Klawek*, The Enigma Press, Cracovie, 1998, pp. 15-31.

KAPERA, Z.J., *Recent Research of the Qumran Cemetery*, dans Kapera, Z.J. (éd.), *Mogilany 1995. Papers on the Dead Sea Scrolls offered in memory of Aleksy Klawek*, The Enigma Press, Cracovie, 1998, pp. 77-86.

KLINGHARDT, M., *Gemeinschaftsmahl und Mahlgemeinschaft. Soziologie und Liturgie frühchristlicher Mahlfeiern*, dans *Texte und Arbeiten zum neutestamentlichen Zeitalter*, 13, Tübingen, Francke Verlag, 1996.

LAMBERT, G., *Le Maître de Justice et la Communauté de l'Alliance*, dans *Analecta Lovaniensia Biblica et Orientalia II*, 28, Louvain, 1952.

LANKESTER HARDING, G., *Khirbet Qumran and Wady Murabba'at*, dans *PEQ* 84, 1952, pp. 104-109.

LANKESTER HARDING, G., *The Antiquities of Jordan*, Jordan Distribution Agency et Lutterworth Press, 1959, 1980[4].

LAPERROUSAZ, E.-M., *Qoumrân, l'établissement essénien des bords de la mer Morte : histoire et archéologie du site*, Picard, Paris, 1976.

LAPERROUSAZ, E.-M., *À propos des dépôts d'ossements d'animaux trouvés à Qoumrân*, dans *RevQ* 9, 1978, pp. 569-574.

LAPERROUSAZ, E.-M., *Note sur l'origine des manuscrits de la mer Morte*, dans *Annales ESC* 42, 6, 1987, pp. 1305-1312.

LAPERROUSAZ, E.-M., *Does the Temple Scroll Date from the First or Second Century BC?*, dans G.J. Brooke (éd.), *Temple Scroll Studies*, Sheffield Academic Press, Sheffield, 1989, pp. 91-97.

LAPERROUSAZ, E.-M., *L'établissement de Qoumran près de la mer Morte : forteresse ou couvent ?*, dans *Eretz-Israël* 20, 1989, Y. Yadin Memorial Volume, pp. 118-123.

LAPERROUSAZ, E.-M. (dir.), *Qoumrân et les manuscrits de la mer Morte. Un cinquantenaire*, éditions du Cerf, Paris, 1997.

LEONARD, R. D., *Numismatic Evidence for the Dating of Qumran*, dans *QCh* 7/3-4, 1997, pp. 225-234.

LICHTENBERG, H., *The Dead Sea Scrolls and John the Baptist: Reflections on Josephus' Account of John the Baptist*, dans *The Dead Sea Scrolls: Forty Years of Research*, édité par Dimant, D. et Rappaport, U., E.J. Brill, Magnes Press, Yad izhak Ben-Zvi, Leiden et Jérusalem, 1992, pp. 340-346.

MAGNESS, J., *The Archaeology of Qumran: a Review*, dans *The Qumran Chronicle*, vol. 8, n°1/2, The Enigma Press, Cracovie, 1998, pp. 49-62.

MAGNESS, J., *The Chronology of Qumran, Ein Feshkha and Ein el-Ghuweir*, dans Kapera, Z.J. (éd.), *Mogilany 1995. Papers on the Dead Sea Scrolls offered in memory of Aleksy Klawek*, The Enigma Press, Cracovie, 1998, pp. 55-76.

MAGNESS, J., *The Community at Qumran in Light of Its pottery*, dans Wise, M.O., Golb, N., Collins, J.J. et Pardee, D.G. (éd.), *Methods of Investigation of the Dead Sea Scrolls and the Khirbet Qumran Site. Present realities and Future Prospects*, Annals of the New York Academy of Sciences, vol. 722, New York, 1994, pp. 39-50.

MAGNESS, J., *The Archaeology of Qumran and the Dead Sea Scrolls Studies in the Dead Sea Scrolls and Related Literature*, Grand Rapid, Mich., William B. Eedermans, 2002.

MAGNESS, J. *Que sait-on de Qumrân ? Les nouvelles interprétations. L'histoire des manuscrits de la mer Morte. La découverte du site et la vie quotidienne*, éditions Bayard, Paris, 2003.

MAGNESS, J., *Why Scroll Jar?*, dans Actes du colloque "Qumran: The Site of the Dead Sea Scrolls" organisé par Galor, K. et Zangenberg, J., du 17 au 19 novembre 2002 à Brown University, Providence, RI, USA, à paraître.

MASON, S., *What Josephus says about the Essenes in his Judean War*, dans Wilson, S.G. et Desjardins, M. (éd.), *Text and Artifact in the Religions of Mediterranean Antiquity: Essays in Honour of Peter Richardson*, Waterloo, Wilfrid Laurier University Press, 2000, pp. 434-467.

MAYER, B. (dir.), *Christen und Christliches in Qumran ?*, Eichtätter Studien, XXXII, Verlag Friedrich Pustet, Regensburg, 1992.

MCCARTER, K.P., *The Mystery of the Copper Scroll*, dans *Understanding the Dead Sea Scrolls*, éd. Shanks, H., RandomHouse, New York, 1992, pp. 227-241.

METZGER, B.M., *The Furniture in the* Scriptorium *in Qumran*, dans *RevQ* 1, 1959, pp. 509-515.

MILIK, J.T., *Prière de Nabonide et autres écrits d'un cycle de Daniel : fragments araméens de Qumrân 4*, dans *RB* 63, 1956, pp. 407-415.

MILIK, J.T., *Ten Years of Discovery in the Wilderness of Judaea*, Londres, 1959.

MILIK, J.T., *Le rouleau de cuivre provenant de la grotte 3 (3Q15). Commentaire et texte*, dans Baillet, M. et al. *Les "Petites Grottes" de Qumran. Textes et Planches*, dans *DJD* 3, Clarendon Press, Oxford, 1962, pp. 211-317.

MURPHY-O'CONNOR, J., *Qumran, Khirbet*, dans *Anchor Bible Dictionary*, vol. 5, éd. D. N. Freedman, Doubleday, 1999, pp. 590-594.

NORTH, R., *The Damascus of Qumran Geography*, dans *PEQ* 87, 1955, pp. 34-38.

O'CALLAGHAN, *¿ Papiros neotestamentarios en la cueva 7 de Qumrân ?* dans *Biblica* 53, 1972, pp. 91-100.

O'CALLAGHAN, *¿1 Tim. 3, 16 ; 4, 1-3 en 7Q4 ?*, dans *Biblica* 53, 1972, pp. 362-367.

O'CALLAGHAN, *Los papiros griegos de la cueva 7 de Qumrân*, Madrid, 1974.

O'CALLAGHAN, *Los primeros testimonios des Nuevo Testamento*, Cordoue, 1995.

PATRICH, J., *Khirbet Qumran in Light of New Archaeological Explorations in the Qumran Caves*, dans Wise, M.O., Golb, N., Collins, J.J. et Pardee, D.G. (éd.), *Methods of Investigation of the Dead Sea Scrolls and the Khirbet Qumran Site. Present realities and Future Prospects*, Annals of the New York Academy of Sciences, vol. 722, New York, 1994.

PIXNER, B., *Unravelling the Copper Scrolls Case: A Study on the Topography of 3Q15*, dans *RevQ* 11, 1983.

PIXNER, B., *Wege des Messias und Statten der Urkirche*, éd. R. Riesner, Giessen, 1994² augmentée.

PIXNER, B., *Jerusalem's Essene Gateway, Where the Community Lived In Jesus' Time*, dans *BAR* 23, 1997, pp. 23-66.

PUECH, É., *Notes sur le manuscrit de 11QMelkisedeq*, dans *RevQ*, 12, 1987, pp. 483-513.

PUECH, É., *Un hymne essénien en partie retrouvé et les Béatitudes*, dans *RevQ* 13, 1988, pp. 59-88.

PUECH, É., *Le Testament de Qahat en araméen de la grotte 4 (4QTQah)*, dans *RevQ* 15, 1991, pp. 23-54.

PUECH, É., *4Q Apocaplypse Messianique (4Q521)*, dans *RevQ* 15, 1992, pp. 475-522.

PUECH, É., *Fragment d'une apocalypse en araméen (4Q246 = pseudo-Dan^d) et le "Royaume de Dieu"*, dans *RB* 99, 1992, pp. 98-131.

PUECH, É., *Fragments d'un apocryphe de Levi et le personnage eschatologique. 4QtestLévi^{c-d} (?) et 4Qaja*, dans *Proceedings of the International Congress on the Dead Sea Scrolls, Madrid, 18-21 Mars 1991*, édité par Trebolle Barrera, J. et Vegas Montaner, L., éditions Brill, Leyde, 1992, pp. 449-501.

PUECH, É., *La pierre de Sion et l'autel des holocaustes d'après un manuscrit hébreu de la grotte 4 (4Q522)*, dans *RB* 99, 1992, pp. 676-696.

PUECH, É., *La croyance des Esséniens en la vie future : Immortalité, résurrection, vie éternelle ? Histoire d'une croyance dans le Judaïsme ancien. Tome I - La résurrection des morts et le contexte scripturaire. Tome II - Les données qumrâniennes et classiques*. Préface M. A. Caquot, dans *Études Bibliques N.S.*, nos 21-22, 984 pp. Paris, 1993.

PUECH, É., *4Q246. 4QApocryphe de Daniel*, dans *Qumran Cave 4 . XVII Parabiblical Texts, Part 3*, dans *DJD* XXII par G. Brooke, J. Collins, T. Elgvin, P. Flint, J. Greenfield, E. Larson, C. Newsom, É. Puech, L.H. Schiffman, M. Stone, J. Trebolle Barrera, Oxford, 1996, pp. 165-184.

PUECH, É., *Qumrân Grotte 4 . XVIII. Manuscrits hébreux (4Q521-528, 4Q576-579)*, dans *DJD* XXV, Oxford, 1998.

PUECH, É., *The Necropolises of Khirbet Qumran and 'Ain el-Ghuweir And the Essene Belief in Afterlife*, dans *BASOR* 312, 1998, pp. 21-36.

PUECH, É., *Sept fragments grecs de la Lettre d'Hénoch (1 Hén 100, 103 et

105) dans la grotte 7 de Qumrân (=7Qhéngr), dans *Revue de Qumrân* 70, 1998, pp. 313-323.

PUECH, É., *Essénisme et christianisme. Les manuscrits de la mer Morte et Jésus*, paru dans les Actes du Colloque de Tréguier sur les *Vies de Jésus*, Œuvres et critiques, 26, 2, 2001.

PUECH, É., *Qumrân Grotte 4 . XXII. Textes araméens. Première partie (4Q529 - 4Q549)*, dans *DJD* XXXI, Oxford, 2001.

PUECH, É., *Le Judéo-christianisme dans tous ses états*, hors-série de *Lectio Divina*, Paris, 2001, pp. 41-66.

PUECH, É. et MÉBARKI, F., *Les manuscrits de la mer Morte*, Les éditions du Rouergue, Rodez, 2002.

PUECH, É., *Le rouleau de cuivre de la grotte 3*, édité par le Mécénat EDF et É. Puech (à paraître).

QIMRON, E. et STRUGNELL, J., *Qumran Cave 4, V: Miqsat Ma'ase Ha-Torah*, dans *DJD*, 10, Oxford, 1994.

REICH, R., *A Note on the Function of Room 30 (the "Scriptorium") at Khirbet Qumran*, dans *JJS* 46/1, 1995, pp. 157-160.

RÖHRER-ERTL, O., *Married Economists: Dates and Results Based on Skeletal Remains from Qumran*, dans Actes du colloque "Qumran: The Site of the Dead Sea Scrolls" organisé par Galor, K. et Zangenberg, J., du 17 au 19 novembre 2002 à Brown University, Providence, RI, USA, à paraître.

RÖHRER-ERTL, O., *Uber die Graberfelder von Khirbet Qumran insbesondere die Funde der Campagne 1956: Anthropologische Datenvorlage und Erstauswertung aufgrund der Collectio Kurth*, dans *RevQ* 19/1, 2001, pp. 3-46.

ROITMANN, A.D., *A Day at Qumran. The Dead Sea Sect and Its Scrolls*, Jerusalem, 1997.

ROTH, C., *The Historical Background of the Dead Sea Scrolls*, New York, 1959.

ROTH, C., *Why the Qumran Sect cannot have been Essenes*, dans *RevQ*, 1959/60, pp. 417 sq.

ROTH, C., *Qumran and Masadah: A Final Clarification Regarding the Dead Sea Sect*, dans *RevQ* 5, 1964, pp. 81-88.

ROTH, C., *The Dead Sea Scrolls: A New Historical Approach*, New York, 1965.

ROTHSTEIN, D., *From Bible to Murraba'at. Studies in the Literary. Textual and Scribal Features of Phylacteries and Mezuzot in Ancient Israel and Early Judaism*, UCLA Doctoral Dissertation, 1992, Ann Arbor, Mich., University Microfilms, 1993.

SAMUEL, Athanasius Jeshua, *Tresure of Qumran*, Londres, 1968.

SCHIFFMAN, L. H., *Reclaiming the Dead Sea Scrolls. The History of Judaism, the Background of Christianity, the Lost Library of Qumran*, The Anchor Bible Reference Library, Doubleday, New York, Londres, Toronto, Sydney, Auckland, 1995.

SCHIFFMAN, L. H., *Origin and Early History of the Qumran Sect*, dans *BA* 58, 1995, pp. 37-48.

SCHIFFMAN, L. H., *Les Manuscrits de la mer Morte et le Judaïsme*, traduction de Jean Duhaime, Fides, 2003.

SCHUBERT, K., *Die Religion der Qumranleute*, dans *Qumran. Ein Symposium*, Graz, 1993.

Scrolls of the Dead Sea: An Exhibition of Scrolls and Archaeological Artifacts from the Collection of the Israel Antiquities Authority, édité par SUSSMAN, A. et PELED, R., Washington D. C., Library of Congress en association avec Israel Antiquities Authority, 1993.

SHANKS, H., *Understanding the Dead Sea Scrolls*, Random House, New York, 1992.

SHANKS, H. (dir.), *L'aventure des manuscrits de la mer Morte*, édition du Seuil, Paris, 1996.

SHANKS, H., *L'énigme des manuscrits de la mer Morte*, Desclée De Brouwer, Paris, 1999.

SHIMRON, Aryeh E., *The Archaeometry of Plasters: Qumran Installations as an Example*, dans Actes du colloque "Qumran: The Site of the Dead Sea Scrolls" organisé par Galor, K. et Zangenberg, J., du 17 au 19 novembre 2002 à Brown University, Providence, RI, USA, à paraître.

SORDI, M., *E Marco scrisse subito*, dans *Il Timore* 19, mai-juin 2002.

SPOTTORNO, V., *Una nueva possible identificacion de 7Q5*, dans *Sefarad* 52, 1992, pp. 541-543.

STARKY, J., *Jérusalem et les manuscrits de la mer Morte*, dans *Le monde de la Bible* 1, 1977, pp. 39-40.

STECKOLL, S.H., *Preliminary Excavation Report in the Qumran Cemetery*, dans *RevQ* 6, 1968, pp. 323-344.

STEGEMANN, H., *Methods for the Reconstruction of Scrolls from Scattered Fragments*, dans *Archaeology and History in the Dead Sea Scrolls: The New York University Conference in Memory of Yigael Yadin*, édité par L.H. Schiffman dans *JSPSup* 8, JSOT/ASOR Monographs 2, Sheffield, JSOT Press, 1990.

STEGEMANN, S., *The Library of Qumran*, Eerdmans, Grand Rapids, MI, 1998.

SUKENIK, E. L., *The Dead Sea Scrolls of the Hebrew University*, édité par Avigad, N. et Yadin, Y., Magnes Press, Jérusalem, 1955.

SUKENIK, E. L., *Megillot Genuzot mi-tokh Genizah Qedumah she-Nimse'ah be-Midbar Yehudah: Seqirah Rishonah* (en hébreu), Bialik Institute, Jérusalem, 1948.

SUSSMANN, J., *Heqer Toldot ha-Halakhah u-Megillot Midbar-Yehudah: Hirhurim Talmudiyim Rishonim le-'Or Megillat"Miqsat Ma'ase ha-Torah"*, dans *Tarbiz* 59, 1989/1990, pp. 11-77.

TALMON, S., *The Calendar Reckoning of the Sect from the Judaean Desert*, dans *Aspects of the Dead Sea Scrolls*, édité par Rabin, C. et Yadin, Y., *ScrH*, Magness Press, Jerusalem, 1958, pp. 162-199.

TALMON, S., *The World of Qumran from Within*, Jérusalem et Leiden, 1989.

TALMON, S. et KNOHL, I., *A Calendrical Scroll from a Qumran Cave: Mishmarot B^a 4Q321*, dans *Pomegranates and Golden Bells: Studies in Biblical, Jewish, and Near Estern ritual, Law, and Literature in Honor of Jacob Milgrom*, édité par Freedman, D. N. *et al.*, Winona Lake, IN, Eisenbrauns, 1995, pp. 267-301.

TAYLOR, J. E. et HIGHAM, Th., *Problems of Qumran's Chronology and the radiocarbon Dating of Palm Long Samples in locus 86*, dans *The Qumran Chronicle*, vol. 8, n°1/2, The Enigma Press, Cracovie, 1998, pp. 83-96.

TAYLOR, J. E., *Qumran in Period III*, dans Actes du colloque "Qumran: The Site of the Dead Sea Scrolls" organisé par Galor, K. et Zangenberg, J., du 17 au 19 novembre 2002 à Brown University, Providence, RI, USA, à paraître en juillet 2004.

The Site of the Dead Sea Scrolls. Archaeological Interpretations and Debates, Actes du colloque "Qumran: The Site of the Dead Sea Scrolls" organisé par Galor, K. et Zangenberg, J., du 17 au 19 novembre 2002 à Brown University, Providence, RI, USA, à paraître en juillet 2004.

THIEDE, C.P., *The Earliest Gospel Manuscript? The Qumran Papyrus 7Q5 and Its Significance for the New Testament Studies*, Paternoster Press, 1992.

THIEDE, C.P., *Qumrân et les Évangiles. Les manuscrits de la grotte 7 et la naissance du Nouveau Testament. Le fragment 7Q5 est-il le plus ancien manuscrit de l'Évangile de Marc ?*, éditions F.-X. de Guibert, Paris, 1994.

THIEDE, C.P., *Ein Fisch für den Römischen Kaiser*, München, 1998.

TOV, E., *The Contribution of the Qumran Scrolls to the Understanding of the LXX*, dans *Septuagint, Scrolls, and Cognate Writings*, édité par Brooke, G. et Lindars, B., dans *Septuagint and Cognate Studies* 33, Scholars Press, Atlanta, 1992, pp. 11-47.

TOV, E., avec la collaboration de PFANN, S.J., *The Dead Sea Scrolls on Microfiche: A Comprehensive Facsimile Edition of the Texts from the Judaean Desert*, éd. Brill, Leyde, 1993.

Tov, E., *The Exodus Section of 4Q422*, dans *DSD* 1, 1994, pp. 197-209.

Trever, J.C., *Completion of the Publication of Some Fragments from Qumran Cave I*, dans *RevQ* 5, 1965, pp. 323-344.

Trever, J.C., *Scrolls from Qumran Cave 1*, Albright Institute of Archaeological Research and Shrine of the Book, Jerusalem, 1974.

VanderKam, J. et al., *Qumran Cave 4, XIV: Parabiblical Texts, Part 2*, dans *DJD* 19, Clarendon, Oxford, 1995.

VanderKam, J., *The Dead Sea Scrolls Today*, Eerdmans, Grand Rapids, 1998.

VanderKam, J., *Les manuscrits de la mer Morte et le Nouveau Testament*, dans Bioul, B. (dir.), "Jésus au regard de l'Histoire", *Les Dossiers d'Archéologie* 249, janvier 2000, pp. 142-149.

Vaux, R. de, *La grotte des manuscrits hébreux*, dans *RB* 56, 1949, pp. 586-609.

Vaux, R. de, *L'archéologie et les manuscrits de la mer Morte*, The Schweich Lectures 1959, Oxford University Press for the British Academy, Londres, 1961.

Vaux, R. de, *Archaeology and the Dead Sea Scrolls*, The Schweich Lectures 1959, Oxford University Press for the British Academy, Londres, 1973.

Vaux, R. de et Milik, J.T., *Qumrân Grotte 4. I. Archéologie* (par R. de Vaux avec des contributions de J. W. B. Barns et J. Carswell), *II. Tefillin, Mezuzot et Targums (4Q128-4Q157)* (par J. T. Milik), Clarendon Press, Oxford, 1977.

Vermes, G., *The Complete Dead Sea Scrolls in English*, Penguin, New York, 1997.

Vermes, G., *Essenes and Therapeutai*, dans *RevQ* 3, 1962, pp. 495-504.

Vermes, G., *The Etymology of "Essenes"* dans *RevQ* 2, 1960, pp. 427-444.

Vermes, G., *The Impact of the Dead Sea Scrolls on Jewish Studies during the Last Twenty-five Years*, dans *Approach to Ancient Judaism: Theory and Practice*, édité par Green, W.S., dans *BJS* 1, Scholars Press, Missoula, MT, 1978, pp. 201-214.

VERMES, G., *The "Pierced Messiah" Text – An Interpretation Evaporates*, dans *BAR* 18, juillet/août 1992, pp. 80-82.

VERMES, G., *The Present State of Dead Sea Scrolls Research*, dans *JJS* 45, 1994, pp. 101-110.

WACHOLDER, B.Z. et ABEGG, M., *A Preliminary Edition of the Unpublished Dead Sea Scrolls: The Hebrew and Aramaic Texts from Cave Four*, 2 fascicules, Biblical Archaeology Society, Washington D.C., 1991-1992.

WISE, M.O., *A Critical Study of Temple Scroll XXIX, 3-10*, dans *RevQ* 14, 1989, pp. 49-60.

WISE, M., ABEGG Jr, M. et COOK, E., *Les manuscrits de la mer Morte*, traduit de l'américain par Israël, F., éd. Perrin, coll. *Tempus*, Paris, 2003.

WOUTERS, H., FONTAINE-HODIAMONT, Ch., DONCEEL, R., AERTS, A., JANSSENS, K., *Antique Glass from Khirbet Qumrân. Archaeological Context and Chemical Determination*, dans *Bulletin de l'Institut Royal du Patrimoine Artistique*, 28, 1999/2000, Bruxelles, 2002, pp. 9-40.

YADIN, Y., *The Message of the Scrolls*, Simon and Schuster, New York, 1957.

YADIN, Y., *The Scroll of the War of the Sons of Light Against the Sons of Darkness*, Oxford University Press, Oxford, 1962.

YADIN, Y., *The Temple Scroll*, 3 vols and supplementary plates, Israel Exploration Society, Jerusalem, 1983.

YADIN, Y., *The Temple Scroll, The Hidden Law of the Dead Sea Sect*, Random House, New York, 1985.

ZANGENBERG, J., *Some Remarks on the Special Report on Qumran Cave Four and MMT. Review Article*, dans *QC* 4, 1994, pp. 67-72.

ZANGENBERG, J., *Hartmut Stegemann's Synthesis of the Dead Sea Scrolls. Review of H. Stegemann, Die Essener, Qumran, Johannes der Täufer und Jesus. Ein Sachbuch*, Fribourg, 1993, dans *QC* 4, 1994, pp. 93-111.

ZANGENBERG, J., *A German Anthology of the Qumran Texts*, dans M. Krupp, *Qumran-Texte zum Streit um Jesus und das Urchristentum*, Gütersloh 1993, *QC* 4, 1994, pp. 203-208.

ZANGENBERG, J., *Faszination "Qumran". Zum Stand der Schriften-Forschung*, dans NELKB 50/11, 1995, pp. 205-208.

ZANGENBERG, J., *Wildnis unter Palmen? Qumran im regionalen Kontext des Toten Meeres*, dans Z.J. Kapera (éd.), *Mogilany 1998. Papers on the Dead Sea Scrolls and the Bible in Honour of Otto Betz*, Cracovie, 1998.

ZANGENBERG, J., *Bones of Contention. "New" Bones from Qumran Help Settle Old Questions*, dans *The Qumran Chronicle*, vol. 9, n°1, The Enigma Press, Cracovie, 2000, pp. 51-76.

ZANGENBERG, J., *Qumran in a Regional Context*, dans Actes du colloque "Qumran: The Site of the Dead Sea Scrolls" organisé par Galor, K. et Zangenberg, J., du 17 au 19 novembre 2002 à Brown University, Providence, RI, USA, à paraître.

ZANGENBERG, J. et GALOR, K., *Qumran Archaeology in Transition. Remarks on the International* dans Actes du colloque "Qumran: The Site of the Dead Sea Scrolls" organisé par Galor, K. et Zangenberg, J., du 17 au 19 novembre 2002 à Brown University, Providence, RI, USA, dans Qumran Chronicle, 11, 2003, pp. 1-6.

ZEITLIN, S., *The Dead Sea Scrolls and Modern Scholarship*, dans *JQRMS*, Philadelphie, 1956.

ZIAS, J.E., *The Cemeteries of Qumran and Celibacy. Confusion Laid to Rest?*, dans *DSD* 7/2, 2000, pp. 220-253.

INDEX GÉNÉRAL

A

'Aïn Boqeq 158, 166, 168, 170, 172, 174, 239
'Aïn el-Ghazal 43
'Aïn Feshkha 8, 15, 21, 25, 41, 42, 43, 44, 67, 90, 142, 148, 166, 169, 174, 175, 176, 177, 178, 179, 182, 183, 188, 197, 202, 215, 216, 240, 260, 263, 264
'Aïn et-Tureibeh 179
'Aïn ez-Zara 172, 221
'Aïn Ghuweir (Ein Ghweir) 139, 148, 174, 179, 188, 216
'Aïn Qedeirât 33
'Ir-(ham) mèlah 34
Aaron 122, 133
Aaron (messie) 116, 122
Abegg, M. G. 31, 237 et n. 9, 243 n. 18, 244, 245 n. 20
Abel, F. M. 25 n. 12
Aemilius Scaurus 84, 85, 87
Agrippa I 39
Agrippa II 40
Albright, W. F. 23, 77, 84
Alcime 87, 99, 135
Alexandre Balas 87, 99, 242
Alexandre Jannée 37, 189, 249
Alexandre le Grand 111
Allegro, J. 25, 28, 124, 157, 212, 252
Amit, D. 225
Amram 80, 133
Amussin, J. D. 85
Ananias 114

Antioche 39, 40, 53, 201
Antiochus IV 85, 241, 258
Antonin (Caracalla) 20
Antonin le Pieux 43
Aqaba 240
Aristobule II 87, 249 n. 28
Ascalon 40
Assour 85
Audet 138
Avigad, N. 201

B

Babylone 16, 86, 118, 177
Baillet, M. 28
Bar Kokhba 54, 102, 111, 128, 165, 181, 187
Bar-Adon, P. 172, 174
Bar-Nathan, R. 67, 96, 171, 221
Barthélémy, D. 28
Baumgarten, A. I. 146, 147
Baumgarten, J. M. 135
Beal, T. 139, 140
Bechtel, E. H. 31
Benoît, P. 30
Bethléem 21, 22
Beth Shean 183
Beth Shéarim 149
Bethel 232
Beyrouth 23
Bir Ayyoub. Voir Siloé
Biran, A. 30
Branham, J. 217

Broshi, M. 164, 178, 179, 180, 186, 188, 222
Brown, R. 29
Brown (University) 147, 166, 177, 228
Brownlee, W. 21
Buqé'ah (plaine) 33, 37
Burrow, M. 23

C

Caire 20 et n. 2
Callirhoé 149, 158, 172
Caracalla (voir aussi Antonin) 20
Carmignac, J. 246 et n. 25
Cédron (vallée) 105
Césarée (Sébaste) 54, 176, 209
Charlesworth, J. 74, 150
Chrétien (-ne) 15, 16, 17, 20 n. 2, 49, 58, 80, 99, 100, 101, 104, 107, 114, 121, 123, 128, 129, 150, 151, 152, 163, 246 n. 26, 245, 255
Christianisme 7, 8, 54, 55, 94, 101, 114, 128, 129, 134, 135, 150, 151, 164, 210, 236, 238
Chypre 85, 88
Clamer, Chr. 175
Claudia (fille de Néron) 40
Clermont-Ganneau, Ch. 251, 252
Cross, F. M. 28, 48, 82, 83, 84, 102, 131, 141, 142, 208, 262
Crowfoot, G. 158
Cypros 172

D

Dakhla (oasis) 20
Daliyeh (wadi) 111, 112
Dalman, G. 25 n. 12
Damas 48, 53, 114, 117, 118, 146, 192, 257
Daniel, C. 152
David 114, 122, 126, 243
David (nahal) 54
Davies, Ph. 67
Démétrius III 85, 241

Dhiban (Dibon) 234
Dion Chrysostôme 58, 101, 138, 139, 175
Domitien 43
Donceel, R. 11, 159, 175, 177, 178, 183, 209, 219, 233 n. 4, 240, 259
Doudna, G. L. 94, 95
Driver, G. R. 164
Duke (université de) 23
Dupont-Sommer, A. 10 n. 2, 57, 58, 86, 93, 137, 141, 142, 192, 240, 255

E

École biblique 8, 14, 22, 24, 30, 31, 61, 64, 65, 70, 77, 155, 157, 159, 160, 189, 195, 211, 212, 213, 224, 228, 232, 234, 259
Ed-Dhib, M. 21 et n. 5, 53, 57, 75
Édom 183
Église primitive 55, 115, 129, 238
Égypte 7, 20 et n. 2, 38, 53, 161, 249
Ein Ghweir. Voir 'Aïn Ghuweir
Eisenman, R. 32, 114, 115, 238
Éléphantine 20 et n. 2
Élie 121, 122
El-Jib (Gibeon) 232
El-Qasr 170, 239
El-Zebn, A. 26
En-Gedi (En Geddi) 16, 105, 138, 142, 143, 149, 150, 158, 172, 174, 175, 176, 180, 181, 219, 224, 225, 239, 240, 241
En-Nahr (wadi) 54
Esdras 132
Essénien 8, 9, 15, 16, 17, 19, 49, 50, 57, 58, 59, 60, 61, 62, 63, 70, 89, 92, 93, 96, 97, 98, 100, 101, 103, 104, 105, 106, 107, 110, 111, 112, 113, 119, 120, 121, 123, 137-153, 164, 168, 169, 174, 175, 186, 189, 193, 200, 201, 210, 211, 217, 219, 224, 225, 227, 234, 235, 240, 241, 242, 243, 244, 247, 248, 249, 255, 256, 2567, 258, 259, 260, 261
Etats-Unis 23
Éthiopie 124

Index général

Eusèbe de Césarée 20 et n. 3, 54
Évangile 13, 33, 123, 130, 152, 237 et n. 8, 238, 245 et n. 22, 246
Ez-Zara 158, 168, 172, 174, 175, 216, 221

F

Fitzmyer, J. 29
Flavius Josèphe 39, 49, 57, 58, 62, 63, 69, 76, 87, 100, 101, 105, 126, 135, 138, 139, 140, 141, 142, 143, 144, 145, 146, 147, 149, 182, 238 n. 10, 240 et n. 16, 241, 243, 256
Flusser, D. 210
France 157, 212, 213, 252
Fröhlich, I. 87

G

Gabinius 261
Garcia Martinez, F. 113, 258
Garizim (mont) 124
Gibeon. Voir El-Jib
Givat Shaul 170, 239
Gomorrhe 25 n. 12
Goranson, S. 137
Gottesman, S. 24
Grande-Bretagne 76, 212
Grec 26, 27, 33 n. 19, 55, 58, 67, 80, 100, 127, 128, 137, 138, 139, 143, 185, 227, 238, 244, 245 et n. 21, 260
Groningue (école de) 68, 113, 114, 258

H

Harry, M. 252
Hasidim 137
Hazor 232
Heim, J. 218
Hérode Archélaüs 39
Hérode le Grand 37, 38, 39, 96, 152, 166, 169, 176, 195, 239 n. 14, 260
Hérodion 172, 262
Hesed. Voir Hasidim

Hever (nahal) 20, 181
Hippolyte de Rome 139
Honi 102
Hoptroff, R. 195
Horvat 'Elaq. Voir Ramat Hanadiv
Horvat Salit 162, 239, 247
Hunzinger, Cl.-H. 28
Hutchesson, I. 95
Hyrcan I (Jean) 35, 37, 62, 63, 85, 126, 166, 189, 191, 258
Hyrcan II 84, 85, 86, 87, 249 n. 28
Hyrcanion 62, 158, 166, 168, 169, 174, 181, 240

I

Isaïe 21, 22, 78, 115, 120, 123, 256
Israël 23, 24, 31, 32, 47, 48, 54, 64, 74, 93, 110, 118, 133, 134, 135, 144, 146, 149, 157, 167, 170, 186, 212, 214, 220, 222
Israël (messie) 116, 122
Issar, A. 179

J

Jacques (le Juste) 15, 114
Jacques (ossuaire) 77
Jean l'Essénien 144
Jean-Baptiste (saint) 15, 101, 120, 129, 150, 151 152, 244
Jérémie 54
Jéricho 20, 21, 38, 53, 54, 62, 67, 69, 96, 104, 105, 107, 108, 109, 111, 139, 149, 158, 168, 169, 170, 171, 172, 173, 174, 176, 179, 180, 181, 182, 219, 221, 227, 232, 234, 239, 240, 259, 263
Jérusalem 21, 22, 23, 24, 27, 30, 31, 37, 38, 48, 55, 62, 63, 64, 65, 66, 67, 68, 73, 76, 78, 85, 86, 87, 89, 91, 97, 104, 105, 107, 108, 109, 112, 114, 119, 121, 123, 124, 127, 128, 129, 135, 140, 142, 145, 146, 147, 148, 151, 155, 157, 158, 163, 165, 168, 172, 173, 174, 176, 201, 202, 212, 213, 214, 216, 217, 219, 231, 233,

234, 238 n. 12, 239, 240, 243, 244, 251, 252, 256, 257, 258, 261, 262, 263, 264
Jésus 15, 55, 65, 77, 101, 114, 115, 122, 123, 129, 150, 151, 152, 238 n. 12
Joash (stèle de) 77
Jonathan 62, 63, 84, 85, 86, 87, 89, 98, 99, 242, 243, 249 n. 28, 258
Jordanie 23, 27, 30, 33, 64, 65, 74, 78, 123, 157, 213, 231
Jourdain 104, 149, 183, 239, 240
Juda (désert) 32, 91, 106
Juda (pays) 48
Juda (royaume) 34
Judaïsme 20, 50, 54, 55, 79, 92, 94, 100, 101, 109, 110, 113, 115, 117, 126, 129, 134, 135, 143, 151, 236

K

Kando (Khalil Iskander Shahin, *alias*) 22 et n. 6, 23, 24, 77
Kapera, Z. 67, 217
Karaïte. Voir Qaraïte
Karak Moba 174
Kelso 232
Kenyon, K. 232, 233, 234
Ketef Jéricho 83
Khirbet el-Muraq 162, 170, 239, 246
Khirbet Mazin 90, 174, 179, 188
Khirbet Mird 20, 44
Khirbet Qazone 188, 214, 219
Khirbet Salit 170, 239
Kiraz, A. 23
Kition 85
Kittîms 85, 87, 88, 115
Klinghardt, M. 102, 140, 227
Kohat. Voir Qahat
Koweït 74

L

Lankester Harding, G. 24 et n. 11, 63, 64, 96, 206, 231, 233
Laperrousaz, E.-M. 156, 192
Lapp 232

Liban 74
Lippens, Ph. 24, 78
Louvain (université de) 24, 30, 158, 159, 211, 212, 213, 218, 259

M

Machéronte 109, 110, 148, 158, 168, 172, 174, 175
Madaba 240
Magen, Y. 67, 147, 167, 193, 208, 209, 221, 225, 226
Magness, J. 62, 95, 113, 142, 147, 161, 164, 169, 172, 189, 191, 194, 195, 209, 225, 234, 235
Maître de Justice 15, 48, 63, 86, 87, 98, 99, 110, 113, 114, 118, 119, 122, 151, 152, 241, 242, 243, 249 n. 28, 257, 258
Mardes. Voir Khirbet Mird
Maresha 83
Mari 249
Masada 20, 40, 54, 60, 65, 69, 78, 84, 90, 91, 92, 106, 109, 110, 150, 158, 163, 166, 167, 168, 170, 172, 174, 176, 190, 197, 205, 206, 207, 221, 238 n. 11, 261, 262
Mason, S. 141, 142
Mattathias 86, 137
Mazar, 143
Ménahem 49
Ménélas 87
Menteur 86, 114, 249 n. 28, 258
Mer Morte 8, 13, 14, 15, 16, 19, 20, 21, 24, 26, 35, 39, 49, 50, 54, 56, 58, 62, 66, 75, 88, 103, 104, 106, 121, 132, 138, 139, 140, 143, 148, 149, 158, 162, 172, 173, 174, 175, 176, 177, 178, 179, 180, 181, 182, 183, 192, 207, 214, 216, 218, 221, 223, 226, 227, 235, 236, 238, 240, 244, 251, 252, 259, 260, 261, 263
Meshorer, Y. 126
Messie 114, 115, 116, 121, 122, 123, 151, 152, 220
Milik, J. T. 25, 28, 47, 63, 65, 75, 86, 115, 124, 126, 127, 156, 180, 181, 193, 238

Moffet, W. A. 31
Moïse 120, 133
Moorey, P. R. S. 233 n. 4
Moschos, Jean 44
Muhammad, A. 21 n. 5, 75
Murraba'at (wadi) 20, 78, 233
Musa, K. 21 n. 5, 75

N

Nabatéen 166, 183, 239 n. 14
Nabatène 183
Nag Hammadi 11, 16, 20 et n. 2, 53
Nahariyah 232
Nash (papyrus) 23 et n. 9
Nébo (mont) 124
Négeb 33
Néron 39, 40
Netzer, E. 182
Noth, M. 33
Nouveau Testament 17, 107, 114, 127, 130, 152

O

O'Callaghan, J. 129, 130, 245 n. 22
O'Connor, M. 118
Ohan, L. 22
Omeyyade 69
Onias III 87, 98, 242
Origène 20 et n. 3, 53, 54
Oxtoby, W. 29
Oxyrhynchus 54
Ozias 34

P

Pacôme 161
Palestine 16, 20, 22, 23, 26, 40, 64, 67, 97, 105, 106, 128, 133, 139, 161, 165, 178, 218, 233 n. 4, 234, 237, 239 n. 14, 251, 260
Palestine Archaeological Museum 22, 27, 31, 64, 78
Paul (saint) 55, 114, 245 n. 22 et n. 24

Peitholaos 85
Peled, R. 226
Peleg, Y. 147, 167, 171, 193, 209, 221, 225, 226
Pentateuque 80, 128, 132
Pharisien 49, 50, 86, 88, 89, 92, 111, 121, 133, 137, 141, 152, 244, 249 n. 28, 256
Philon d'Alexandrie 49, 58, 101, 138, 142, 143, 145, 146, 175, 241, 243, 256
Pitchard 232
Pline l'Ancien 49, 50, 58, 60, 100, 101, 103, 104, 105, 106, 138, 139, 140, 141, 142, 143, 145, 148, 149, 175, 177, 180, 181, 182, 224, 241, 256
Pompée 85, 87
Poppée 40
Prêtre Impie 48, 49, 63, 86, 87, 98, 99, 114, 115, 119, 192, 242, 249 n. 28, 257, 258

Q

Qahat 133
Qaraïte 92, 125
Qasr e-Leja 170, 239
Qasr el-Yahud. Voir Khirbet Mazin
Qasr et-Tureibeh 174
Qimron, E. 32

R

Ramat Hanadiv 162, 166, 202, 209, 235, 239, 247
Regev, E. 163
Reich, R. 202
Rey, E. G. 25 n. 12
Rhodes, E. 195
Rhohrhirsch, F. 179, 198
Robinson, J. 32
Rockefeller Museum 31, 78, 157, 158, 209, 211, 212, 213, 235
Röhrer-Ertl, O. 178, 179, 188, 198
Roitmann, A. D. 226
Romain 39, 56, 85, 86, 87, 88, 95, 104,

105, 109, 114, 126, 142, 144, 165, 176, 180, 181, 215, 217, 242, 244, 246, 262
Roth, C. 49, 144, 145
Rothstein, D. 133
Rotterdam 252
Rousée, J.-M. 231
Rujum el-Bahr 90, 174, 179, 188
Rujum Hamiri 170, 239

S

Sadducéen 89, 92, 111, 112, 119, 141, 152, 244, 249 n. 28, 256, 257
Sadoq 87, 112, 242, 243
Saint-Étienne (couvent) 22
Saint-Marc (monastère) 76
Salahi, F. (Georges Ishaya Shamoun, *alias*) 21, 22, 24
Salomé (Alexandra) 85, 241, 249 n. 28
Samarie 111
Samaritain 55, 111, 244
Samaritain (Pentateuque) 55, 236
Samuel, A. J. (Mar) 22, 23
Sanctuaire du Livre 24
Saulcy, F. de 25 n. 12
Schiffman, L. 112, 113, 256, 257
Scrollery 28
Sébaste. Voir Césarée
Sel (ville du) 34, 45, 139
Séleucie du Tigre 20
Septante 55, 130, 236
Serge d'Élam 20, 53
Shahin, K. I. Voir Kando
Shamoun, G. I. Voir Salahi
Shanks, H. 21 n. 5, 26 et n. 13, 27 n. 15, 29, 30 et n. 17, 32
Shapira, M. 14, 22, 76, 77, 251-252
Sharett, M. 24
Shelomsiyon. Voir Salomé
Shimron, A. 194, 195, 198
Shoham 172, 239
Sichem 232
Silberman, N. 101
Siloé (Bir Ayyoub) 105
Siméon ben Chetah 135, 249 n. 28

Simon 87, 242
Simon Maccabée 48, 63, 85, 258
Sinaï (désert) 222
Sinaï (mont) 133
Sirat, C. 252
Sissn, B. 214
Skehan, P. 28
Skohen 74
Sowmy, B. 23
Starky, J. 28
Stern, S. 105, 121
Strange, J. 208
Strugnell, J. 28, 30, 31, 32, 33, 73, 74, 164, 208
Sukenik, E. 22, 23, 57, 60, 64, 77, 78, 92, 93, 94, 100, 101, 104, 137, 164, 240, 242
Sussmann, A. 226
Syrie 84, 85, 249

T

Ta'amireh 21, 26, 27, 75
Tabor, J. 147
Talmon, S. 99, 121, 246 n. 25
Tanis 249
Taylor, J. 181
Teixidor, J. 29
Tel Arad 170, 239
Tel Aroer 170, 239
Tel Goded 170, 239
Tell el-Far'ah (Tirzah) 206, 233
Tell el-Ful 232
Tell Qasile 232
Temple (Grand Temple de Jérusalem) 63, 67, 87, 97, 99, 110, 112, 124, 126, 143, 145, 146, 151, 163, 211, 217, 225, 258
Thérapeute 244
Thiering, B. 238 n. 12
Timothée Ier 20, 53
Tirzah. Voir Tell el-Far'ah
Titus 40, 104
Tournay, R. de 76
Tov, E. 31, 32, 70, 91
Tresmontant, Cl. 238 n. 10, 246
Trever, J. 21, 23, 76, 77

Tulul el'Alayik 227
Tyr 38, 39, 210

U

Ulrich, E. 31, 54

V

Van der Ploeg, J. 22, 77
Van der Woude, A. S. 113, 258
Vatican 27
Vaux, R. Guérin de 8, 9, 14, 15, 16, 19, 24, 25, 27, 30, 33-50, 58, 60, 61, 62, 63, 64, 65, 66, 70, 73, 75, 76, 93, 95, 96, 97, 100, 101, 104, 107, 108, 109, 110, 124, 126, 127, 143, 147, 149, 155, 156, 157, 158, 160, 161, 163, 164, 166, 167, 168, 170, 172, 175, 180, 182, 183, 184, 186, 188, 189, 190, 191, 192, 193, 194, 195, 196, 199, 200, 202, 204, 205, 206, 207, 208, 209, 211, 213, 214, 217, 218, 226, 228, 231, 232, 233 et n. 4, 234, 239, 240, 242, 248, 249, 259, 260, 260
Vermès, G. 30
Vesco, J.-L. 157
Vespasien 40, 95
Vitruve 169

W

Wacholder, B. Z. 31
Washington 28, 29, 31, 212
Weiss, Z. 219
Wise, M. O. 102, 237, 243, 244, 249 n. 28
Wright, G. E. 231, 233 n. 4

Y

Yadin, Y. 20, 30, 58, 65, 90, 91, 93, 133, 190, 207, 223, 231, 232
Yale (université de) 23
Yossi ben Yoesser 86

Z

Zadoq. Voir Sadoq
Zangenberg, J. 67, 168, 173, 177, 228
Zayadine, F. 239 n. 14
Zeevi, R. 144
Zeitlin, S. 76
Zélote 49, 50, 244, 255
Zias, J. 148
Zoar 121
Zohar, M 179.

INDEX DES LIVRES BIBLIQUES ET DES MANUSCRITS CITÉS

1QH (voir *Hodayot*)
1QIs^a (voir *Isaïe(a)*)
1QIs^b (voir *Isaïe(b)*)
1QM (voir *Rouleau de la Guerre*)
1QpHab (voir *Commentaire d'Habaquq*)
1QpNahum (voir *Commentaire de Nahum*)
1QS (voir *Règle de la Communauté*) 121
1Q1 (voir *Genèse apocryphe*)
1Q8 (voir *Isaïe(b)*)
1Q17-18 (voir *Livre des Jubilés*)
1Q21 (voir *Testament de Lévi*)
2Q19 (voir *Livre des Jubilés*)
1Q20 (voir *Genèse apocryphe*)
1Q23 (voir *Livre des Géants*)
1Q24 (voir *Livre des Géants*)
1Q28(a) (voir *Règle de la Congrégation*)
1Q33 (voir *Rouleau de la Guerre*)
2Q6-9 (voir *Livre des Nombres*)
2Q26 (voir *Livre des Géants*)
3Q5 (voir *Livre des Jubilés*)
3Q7 (voir *Testament de Juda*)
3Q15 (voir *Rouleau de cuivre*)
4QD (voir *Document de Damas*)
4Q27 (voir *Livre des Nombres*)
4Q28-44 (voir *Deutéronome*)
4Q169 (voir *Commentaire de Nahum*)
4Q196-199 (voir *Livre de Tobit*)
4Q200 (voir *Livre de Tobit*)
4Q213 (voir *Testament de Lévi*)
4Q214 (voir *Testament de Lévi*)
4Q215 (voir *Testament de Nephtali*)
4Q216 (voir *Livre des Jubilés*)
4Q242 (voir *Prière de Nabonide*)
4Q246 (voir *Apocryphe de Daniel*)
4Q248 (=*Actions d'un roi*) 85
4Q255-264 (voir *Règle de la Communauté*)

4Q266-273 (voir *Document de Damas*)
4Q285 (=*Nasi²*, 7 fragments) 115 (voir aussi *Rouleau de la Guerre*)
4Q321 (=*Leçons sacerdotales*) 120
4Q322-324 (=*Leçons sacerdotales*) 84
4Q400-407 (voir *Chant pour le sacrifice du sabbat*)
4Q427-432 (voir *Hodayot*)
4Q448 (=*Prière pour le bien-être du roi Jonathan*) 84, 85, 87, 89, 243
4Q468^e 85
4Q484 (voir *Testament de Juda*)
4Q491-496 (voir *Rouleau de la Guerre*)
4Q504-506 (voir *Paroles des Luminaires*)
4Q521 (voir *Apocalypse messianique*)
4Q523 63, 85, 87
4Q529 (voir *Paroles de Michel*)
4Q534-536 (voir *Naissance de Noé* ou *Naissance de l'élu*)
4Q538 (voir *Testament de Juda*)
4Q541 (voir *Testament de Lévi*)
4Q542 (=*Dernières paroles de Kehath*) 82
4Q543-547 (voir *Visions de 'Amram*)
4QD (voir *Document de Damas*) 135
4QExod-lev^f 81
4QJer^a 81
4QMMT (=4Q394-399 ou *Lettre Halakhique*) 98, 117, 119, 256
4QpeshIsa^a 88
4QpeshPs^a 98
4QpseudoÉzéchiel 88
4QSam^b 81
4QSam^c 202
4QTest 79, 85, 122, 202, 236
5Q11 (voir *Règle de la Communauté*)
5Q12 (voir *Document de Damas*)

Index des manuscrits cités 311

6Q15 (voir *Document de Damas*)
6Q20 (voir *Deutéronome*)
6Q30 (fragment non-classé) 81, 95
11Q12 (voir *Livre des Jubilés*)
11Q13 (voir *Rouleau de Melkîsedeq*)
11Q17 (voir *Chant pour le sacrifice du sabbat*)
11Q19 (voir *Rouleau du Temple*)
11Q20 (voir *Rouleau du Temple*)
Apocalypse messianique (=4Q521) 121, 122
Apocryphe de Daniel (=4Q246) 122
Apocryphe de Lévi 135
Chant pour le sacrifice du sabbat (=4Q400-407, 11Q17) 91
Collection de psaumes (voir *Hodayot*)
Commentaire d'Habaquq (=1QpHab) 21, 85, 86, 92, 151
Commentaire de Nahum (=1QpNahum, 4Q169) 85, 135, 249 n. 28
Deutéronome (4Q28-44, 6Q20) 14, 81, 251
Document de Damas (=*Fragments zadoquites*, 4QD, 4Q266-273, 5Q12, 6Q15) 47, 48, 80, 86, 98, 101, 113, 116, 118, 186, 237, 241
Fragments zadoquites (voir *Document de Damas*)
Genèse apocryphe (= 1Q1, 1Q20) 21, 73, 77, 80, 92
Hodayot (=*collection de psaumes*, 1QH, 4Q427-432) 21, 22, 92, 94, 98
Isaïe(a) (=1QIs^a) 21, 92, 202
Isaïe(b) (=1QIs^b, 1Q8) 21, 22, 92
Livre d'Esther 88
Livre d'Hénoch 78, 80, 127, 128, 130, 133, 258
Livre de Daniel 236
Livre de Josué 34, 45
Livre de Tobit (=4Q196-199, 4Q200) 80
Livre des Géants (=1Q23, 1Q24, 2Q26) 80
Livre d'Isaïe 21, 22, 78, 115, 120, 123, 202, 256
Livre des Jubilés (= 1Q17-18, 2Q19-20, 3Q5, 4Q216, 11Q12) 78, 80, 117, 133, 256
Livre des Maccabées 63, 88, 89
Livre des Nombres (=2Q6-9, 4Q27) 81, 215
Manuel de Discipline (voir aussi *Règle de la Communauté*) 21, 57, 61, 93, 117
Naissance de Noé (4Q534-536) 80
Paroles de Michel (4Q529) 80
Paroles des Luminaires (=4Q504-506) 80
Prière de Nabonide (4Q242) 80
Psaumes 20, 27, 80, 90, 208
Psaumes de Salomon 88, 89
Qadmoniot 30 (= un *ostracon*)102
Recueil des Bénédictions 80
Règle de la Communauté (=1QS, 1Q28, 4Q255-264, 5Q11) 21, 47, 48, 63, 67, 78, 79, 80, 92, 94, 98, 101, 113, 116, 117, 118, 120, 145, 202, 227, 249 n. 28
Règle de la Congrégation (=1Q28a) 47, 48, 80
Rouleau de Cuivre (=3Q15) 26, 46, 60, 79, 80, 81, 119, 123, 124, 125, 126, 127, 213, 227, 228
Rouleau de la Guerre (=*Règlement de la Guerre des Fils de Lumière contre les Fils des Ténèbres*, 1QM, 1Q33, 4Q491-496) 21, 22, 80, 85, 87, 92, 94, 100, 109, 117, 119, 143, 144
Rouleau de Lamech 77
Rouleau de Melkîsedeq (=11Q13) 122
Rouleau des Hymnes 80
Rouleau du Temple (=11Q19, 11Q20) 24, 74, 75, 80, 109, 113, 117, 119, 132, 135, 256, 264
Testament de Juda (=3Q7, 4Q484, 4Q538) 80
Testament de Lévi (=1Q21, 4Q213, 4Q214, 4Q541) 80
Testament de Nephtali (=4Q215) 80
Testament de Qahat 80
Testaments des douze patriarches 80
Visions de 'Amram (=4Q543-547) 80
XQPhil 224

Achevé d'imprimer en juin 2004
sur les presses de la Nouvelle Imprimerie Laballery
58500 Clamecy

Dépôt légal : juin 2004
Numéro d'impression : 405169

Imprimé en France